《西北法律文化资源》编辑委员会

《西北法律文化资源》编辑委员会
西北法律文化资源整理与应用研究中心

LEGAL CULTURAL RESOURCES IN
NORTHWEST CHINA

西北法律文化资源

主　　编：杜睿哲

执行主编：田庆锋

（第三辑·2019）

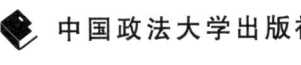
中国政法大学出版社

2020·北京

图书在版编目（ＣＩＰ）数据

西北法律文化资源. 第三辑, 2019/杜睿哲主编. —北京：中国政法大学出版社, 2020.9
ISBN 978-7-5620-8857-8

Ⅰ.①西… Ⅱ.①杜… Ⅲ.①法律－文化研究－西北地区－文集 Ⅳ.①D927.4-53

中国版本图书馆CIP数据核字(2020)第124629号

书　名	西北法律文化资源（第三辑·2019） XIBEI FALÜ WENHUA ZIYUAN DISANJI·2019
出版者	中国政法大学出版社
地　址	北京市海淀区西土城路 25 号
邮　箱	fadapress@163.com
网　址	http://www.cuplpress.com (网络实名：中国政法大学出版社)
电　话	010-58908466(第七编辑部) 010-58908334(邮购部)
承　印	北京九州迅驰传媒文化有限公司
开　本	720mm×960mm　1/16
印　张	21.75
字　数	360 千字
版　次	2020 年 9 月第 1 版
印　次	2020 年 9 月第 1 次印刷
定　价	95.00 元

目 录

CONTENTS

001 西部学界的忧思与欣喜

　　——《西北法律文化资源》序／谢　晖

▇ 学术前沿

003 古今之间：中国古代法律形式与法律体系的重新讨论

　　——"重新认识中国古代法律形式和法律体系"学术研讨

　　会会议综述／张晋伟　陈美媛

012 上下求索：中国法律史学七十年艰苦发展历程

　　——"回顾与前瞻：中国法律史学研究七十年"学术研讨

　　会综述／赵力苇　李邢琪

024 中国法律史中的西部经验

　　——第二届"中国法律史上的判例与法理"学术研讨会

　　会议论文综述／韩　青　吴　敏

▇ 西北农牧民政治文化

031 "广袤而狭小的生存空间"

　　——《中国西北农牧民政治行为研究》中的西北人文地理

　　学观点及其启示／王　勇

048 文化，抑或是国家？

　　——《中国西北农牧民政治行为研究》中的问题意识及其

　　再发现／王　勇

066 中国现代化进程中研究农民问题的独特视角、理论和时代
价值
——读《中国西北农牧民政治行为研究》的宏观
感受 / 郭忠宁

073 政治参与意识是新时代西北农牧民现代化的重要体现
——拜读《中国西北农牧民政治行为研究》体会 / 张番红

080 再论《中国西北农牧民政治行为研究》的独创性 / 侯万锋

089 论现代化进程中中国公民意识的培育
——读《中国西北农牧民政治行为研究》/ 张文静

095 现代国家·西北乡土·民主社会
——读《中国西北农牧民政治行为研究》的思考 / 韩世强

108 身份认同是新时代中华民族国家意识构建的
第一哲学 / 王瑞萍

118 以民谚为视角看西北文化
——《中国西北农牧民政治行为研究》述评 / 蔡小红

127 "官前马后少绕达"
——《中国西北农牧民政治行为研究》中的"大白话"
述评 / 邵吉梅

133 儒源脉动与家国认同
——《中国西北农牧民政治行为研究》的中华用典及意涵
阐发 / 王寿琮

▊ 档案方志与西北法律文化资源

145 晚清循化厅藏区夕厂与木红部落草山纠纷案论析 / 靳 鹏

153 清代《西和县志》中的法律资源论析 / 田庆锋 田嘉惠

165 《西宁府新志》中的法律资源述论 / 田庆锋 刘 晨

目录 ▓

▓ **法史镜鉴**

195 从"仵作"到"法医" / 吕　虹

213 清审转制度的情与法的考量 / 金　怡

228 金代法律人才的选拔和任用制度刍议 / 张晋伟　张耀文

236 秦到农时：捃摭秦国"农"策法律问题 / 常少华

▓ **现代法律文化**

257 未成年人人格权法律保护探究 / 时溪蔓

271 法律检索课教学内容和教学模式研究 / 田庆锋　李晋芳

292 论司法过程视阈下的法官裁判良知 / 张国文

304 缓刑与特赦：同案不同判困局的反思与突围
　　　　——以 2015 年特赦为考察对象 / 叶建平

318 甘肃企业对外清真餐饮投资政策法律风险识别与防范
　　　　——以对尼泊尔和阿联酋投资为例 / 王　兰　李泽宇

331 后　记

334 《西北法律文化资源》（第四辑）稿约

西部学界的忧思与欣喜

——《西北法律文化资源》序

谢　晖[1]

在当代中国的学术格局中，西部地区和中、东部地区一样，都是我国学术整体结构中的有机组成部分（由于学术事业作为文化事业的一部分，其也理所当然应被置于国家文化结构体系中）。这正如中国的政治结构体系、经济结构体系一样。无论在哪种结构中，西部的缺席，皆意味着相关结构的破损。一种破损的结构，可能会是低效的或者无效的。因为结构毕竟是一个整体，其效果既须从整体性中获得，也需要各要素、各部分互动地拱卫结构的整体性。只有这样，我们才能不仅生活在一个统一的政治结构和经济结构体系中，而且也生活于一个统一的文化结构和社会结构体系中。

当代西部的学术事业，面向多元、内容驳杂，既涉及全国学界探究的一般话题，更涉及西部学人对西部问题的专门研究，而且后一研究本身直接涉及西部学人以结构要素之身份，对全国性问题的参与。这应是我们关注西部学术的重要锚点。其中在法学领域，对西部法律文化资源的搜集、整理与研究，是令人期待的关键课题。因为就历史而言，西部尽管曾长期是国家统一领土的构成部分，但与此同时，也曾存在地方自治，甚至分裂割据的局面。自古以来，西部是我国各族群成员杂居之所，文化多元性明显，法律文化遗存丰富。就现实而言，西部地区历史遗存的特征不但仍然存在，而且更兼之一方面，我国东西部经济发展的明显不平衡，在一定意义上凸显了这种历史遗存；另一方面，社会的治理方式，不可避免地要赋予西部以一定的自主权和自治权，这自然也会在那里产生新的、进化了的社会规范、交往方式和秩序理念。

---

[1]　作者简介：谢晖（1964—），男，甘肃天水人，中南大学法学院特聘教授，博士生导师，哲学博士。

谈到进化，我们知道，尽管近现代以来，人类不断地被某种进化的理念所撼动、所裹挟、所牵引，但事实上我们所面对的任何进化，都只是我们历史和经验的一部分，是文明进化中历史和经验的当代表达。我们不可能因为进化而抛弃经验、逃脱历史。无论社会如何进化，如何变革，我们仍处在悠远的历史中，仍处于既有的经验世界中。这正如汤因比所言：

> "未来在真正降临之前一直是看不见摸不着的，因此，我们只有观察过去才能找到未来的智慧之光。过去的经验是我们得到关于未来智慧的唯一途径。经验是历史的别名……经验可以帮助我们做出判断，使我们能够做出更好的选择和决断。无论在顺境还是在逆境中，我们在处理社会事务时总要未雨绸缪。在规划未来的时候，我们竭尽所能地控制、塑造它，以便使之符合自己的期望。这种试图控制、塑造未来的自觉努力似乎是人类所特有的行为。它是令我们有别于共同居住于这个星球上的其他生物的特征之一。"〔1〕

这一历史观，清楚地表明人类进化中文化的规范性和逻辑制约性。今日之我尽管并非昨日之我，但也距昨日之我不太遥远。昨日之我的文化密码一定会在今日之我中存留并持续作用、代代相传。所以，一切旨在刻意革除既有传统的努力，其结果不但不会革除传统，反而会被传统所革除。因为种种革除传统的努力，一方面，将其用力方向置于自身的理念逻辑中，另一方面，却将历史经验的逻辑置于其理念逻辑的对立面，这必然会造成某种"理性的狂妄"，并因此阻碍人类文明的进化。对此，林毓生曾剀切地指出：

> "我们批评某一个价值，必须根据另外的价值，这些价值不是能够由自己创造出来的……理性的批判精神只能在文化演变过程之中发挥正面的效果，而不能脱离文化，用本身的力量创新一切的价值。假若一个人认为他的'理性'比所有的人都高、都多，所以他要用他的'理性'创造一个全新的价值系统，这个人将是毁灭文明的暴君。"〔2〕

---

〔1〕 ［英］阿诺德·汤因比：《变革与习俗：我们时代面临的挑战》，吕厚量译，上海人民出版社 2016 年版，第 1~2 页。

〔2〕 林毓生：《中国传统的创造性转化》，生活·读书·新知三联书店 1988 年版，第 51 页。

　　所以，面对历史经验的基本态度和有效方法，是尊重历史经验本身，把理念的逻辑置于实践的安排之下。这所反映的大概正是实践与理性间的一般关系和要求。在这个意义上，恰恰是当代中国西部的学者，在认真挖掘、整理、阐述西部的文化学术资源，进而勾连起两种关系：一是西部的历史经验与当代西部现实之间的文化勾连；二是作为国家政治、经济、文化结构要素（部分）的西部与国家（整体）之间的勾连，从而担当着纵向沟通和横向整合的基本使命。尤其当国家在市场经济、民主政治以及多元文化之背景下，强调通过法治来架构复杂社会的交往关系，并作为秩序构造之基本方式的时候，既以包罗万象的开放心态引进海外舶来的现代法律文化资源，也以丝丝入扣的守成姿态保护本国既有的传统法律文化资源，自是这一时代法律学人勾连汇通、兼容并包的应有作为。

　　但在当今时代，究竟如何勾连汇通、兼容并包？我以为，这已经和百多年前我国有人喊出类似口号时的情形大相径庭。众所周知，百多年前，作为"媒介中西——'冰人'"的沈家本先生，就特别强调媒介中西、汇通中外对彼时法制建设的必要性和迫切性。但其当时所面临的媒介、汇通任务，主要是如何克服固有观念，大刀阔斧地引进西方法律观念和制度，以与中国固有的法律传统互通有无、取长补短，胸怀国家、放眼世界地笃行改革、订立法律、建设法制。所以他强调说：

> "我法之不善者当去之，当去而不去，是为之悖。彼法之善者当取之，当取而不取，是为之愚。夫必熟审乎政教风俗之故，而又能通乎法理之原，虚其心，达其聪，损益而会通焉，庶几不为悖且愚乎。"[1]

　　但经过百多年持续不断的中西汇通，甚至有意识地通过权力强制的法律移植后，在法律和法治领域，一方面，我们至今仍然面临着如何继续全方位地引进、吸收、借鉴世界各国先进法治经验并以为我用的问题；另一方面，断裂式的文化改造所导致的固有传统在显性层面的凋落，并未完全销蚀其在隐性层面，特别是在人们的行为习惯和心理倾向方面的实存。这不得不令人重新审视、打量当下中西法律文化汇通的内容——即在吾国的国家立法和法

---

[1]（清）沈家本："裁判访问录序"，载沈家本撰：《历代刑法考》（四），中华书局1985年版，第2236~2237页。

制事实已经大体上移植了西人法律传统的基础上，如何再回过头来，审视吾国固有的法制传统和秩序经验——无论是作为大传统的国家法制经验，还是作为小传统的民间法、地方法制经验〔1〕，以便通过既有法制传统和秩序经验的梁架，解释、沟通并推进无论在精神、原则上，还是在规则、方法上，从总体上看已然明显西化了的法律在我国的有效通行。

在这方面，以王勇教授为代表的西北师范大学法学学术团队，完全克服了西部有些法学学术团队的固有问题，精诚团结，群策群力，业已从文献资料、研究方法、社会调研、理论阐释等方面，做出了一系列有意义的学术尝试。其中王勇的《有场景的法律和社会科学研究》、牛绿花的《藏族盟誓研究》、田庆锋的《清代中国西部宗教立法研究》等，都把研究的视角直接切入相关领域。与此同时，这个学术团队在杜睿哲院长的带领下，团结了李玉璧、吴国喆、曹明、苏婉儿等既有学术见识，也有鲜明个性的法律学者，在法学的其他领域精耕细作，成为陇上诸校法学院和法学学术团队中的"潜力股"与佼佼者。

该法学学术团队如果能够和陇上其他法学学术团队紧密合作，特别是在商贸法文化、农耕法文化、游牧法文化的关系研究领域，在藏族法文化研究领域（以牛绿花、吕志祥、常丽霞、韩雪梅、刘军君等为代表），在回族及穆斯林法文化研究领域（以马明贤、哈宝玉、马玉祥、虎有泽、拜荣静、陈其斌、巴于茜等为代表），以及在敦煌契书及法律文献研究领域（以李功国、陈永胜、韩雪梅、侯文昌等为代表）能精诚合作、集体攻关，形成陇上法学之特色，自然也就有了陇上法学之优势，有了陇上法学家与国内其他区域的法学家交流对话之基础，也有了陇上法学界和陇上其他人文—社科学术界团结协作之前提。

为此目的，西北师范大学法学院及法学学术团队，经长期酝酿，用心筹划，拟创办《西北法律文化资源》集刊。为此，王勇教授、睿哲院长嘱我写几句话。一直以来，我虽有强烈的深入西北、研究其法律文化资源之渴望，但或限于精力不济，或困于能力不逮，未能很好地将这一夙愿付诸行动！尽管如此，我也很乐见家乡法学界的同仁们此种独辟蹊径、别开生面、锲而不舍的努力。故面对邀约叮嘱，却之不恭不敬，受之也只能匆匆赘如上言。期

---

〔1〕 地方法制经验既有大传统的，也有小传统的，因此不能一概而论。

该刊能尽早面世，承西北秩序传统，开陇上法学新风，并进一步接受读者诸君之检验、点评、矫正。

是为序。

陇右天水学士　谢　晖

公元 2018 年 5 月 2 日于北京

学术前沿

古今之间：中国古代法律形式与法律体系的重新讨论

——"重新认识中国古代法律形式和法律体系"学术研讨会会议综述

张晋伟　　陈美媛[1]

暨中国法律史学会成立七十周年之际，2019 年 5 月 25 日，由中国法律史学会东方法律文化分会主办，西北政法大学刑事法学院、中华法系与法治文明研究院和司法惯例与诉讼法治现代化青年学术创新团队承办的"重新认识中国古代法律形式和法律体系"学术研讨会于西安顺利召开，来自全国各大高校的三十余名学者出席了本次会议。本次研讨会以"中华法文化"为中心，就我国古代法律的形式、内容、思想、价值等方面进行了深入交流，大会围绕"中国古代法律形式和法律体系"和"传统法律文明专题研究"两大主题，分为四个阶段组织探讨。现将本次会议报告论文主旨综述如下。

一、中国古代法律形式和法律体系

杨一凡《明代典例法律体系的完善与事例的作用》，首先对"明代法律"的相关问题进行了探讨，并分别就"明代的法律体系"和"明会典"发表了学术观点。在对前者的论述中，杨一凡通过分析前明各朝法律体系发展的基本情况，指出了明朝法律体系变革的现实性和必要性，并对就传统的"律例法律体系"提出了质疑。他认为，明代的法律体系的变革，始终坚持了"典为纲，例为目"的基本原则，其大致囊概了"大经之法、常经之法、权宜之法和其他法律"四个层次。针对"明会典性质"的辨析，杨一凡认为，明会典脱胎于明朝特殊的法律形式和体系，它既非"官修典志史书"，亦非单纯的"行政法典"，上述二论颇似盲人摸象，是对会典局部分析形成之论断；无论是从会典的编撰动因，或是其典文构成，都足以驳斥此论；在编撰的动机上，会典具有现实的法律意义，退而求其次，即使会典中夹杂有大量的"旧法"，但这些法律并非隔年皇历，仍有较强的现实适用性，因此，将其定性为"典

---

[1] 作者简介：张晋伟（1995— ），男，山西山阴人，西北师范大学法学院 2018 级法学理论硕士研究生；陈美媛（1994— ），女，甘肃高台人，西北师范大学法学院 2019 级法学理论硕士研究生。

志史书"显然有失偏颇；从内容上说，会典包罗万象，并不限于对"诸司职掌"等行政事务的单纯规制，因此，粗视其为"行政法典"，又恰如管中窥豹，未识其本质。职是之故，明会典应当是现实可行的综合性法典，亦属明朝法律体系的集大成者。

李雪梅《汉〈张景碑〉公文结构与定名》，是汉代法律公文研究之新硕果。碑文是研究我国古代法律重要的证据和媒介，出土于河南南阳的《张景碑》，客观上为我们研究汉朝的法律制度提供了重要的佐证。李雪梅从"告示"的角度出发，见微知著，系统地阐明了汉代公文的书写格式和传达程序。她认为，从内容上看，该文告具有严格的书写格式与书写用语，等级分明，形式严整；从文告的传送形式上看，汉朝已经初步形成了一套较为规范化和体系化的传送流程，保障了中央王朝政行令通。该文不仅向大众阐述了"透过碑文读法律"的切实可行性，也深刻揭示了汉朝法律文书的相关问题，对于日后汉律的研究具有重要价值。

尤陈俊《中国法律社会史研究的"复兴"及反思》，旨在修正现今法律社会史研究之歧途，重新定位法律社会史的研究路径。该文认为，20世纪末以来，尽管法律社会学似有"止水重波"之势，但究其本质，却与瞿同祖式的法律社会学相去甚远。一方面，现阶段之法律社会史学多以历史学或社会学的角度解释法律现象，却忽视了其"法律"的固有属性；另一方面，现阶段研究多流于表面，且受国外学界的影响颇深，不能客观准确地揭示相关问题。目前我国法律社会学的研究主要存在两大问题：即"特定法律文献对法史研究视野的限制"和"学术焦点对史料利用便利性的盲求"。为辨析此论，针对"如何开展法律社会学研究"的问题，作者以明清诉讼中的"健诉之风"为例，向大众作出展示，进而指出，在新时代法律社会学的研究中，我们应当珍惜瞿同祖先生的宝贵思想遗产，尤其是对"整体主义"的继承和把握，亦应重视学术研究的时效性和前瞻性，积极做到理论研究的"推陈出新"和"与时俱进"。

陈新宇《帝制中国的法源与适用论纲》，将"比（附）"作为研究重点，藉由实证研究及历史考证等多重路径，揭示了古代中华法文化的渊源和性质。该文认为，"比"这一法律形式，早在秦汉之际就不绝于史，主要用于解决"定罪量刑"与"官爵对应"的问题，其所援引对象明显具有灵活性和广泛性；汉朝至魏晋南北朝时期，"比"除了基础的动词用法外，还兼具"名词"

的功能，逐渐成为针对特殊法律案件的创设性表现形式，儒家经典也逐渐成为其所涵盖的重要对象；隋唐时期，其法律意义逐渐清晰，即处理法源竞合与数罪并罚之法理准则，"比""附"之间也趋于合流，渐成一种独立的法律词源；两宋时期，"比附"被再次规范化，并逐渐与"无正条"产生衔接；明清时期，"比附"发展到了一个新的高度，内容上更加具体化和正规化，程序上则更加严格化和专业化。该文进而指出，"比"通常被视为"法无正条"下的一种法律援引模式；法源上，其既可以是制定法，亦可是判例法；功能上，多用于个案的考量以及案情事实的深描与衡量；特质上，其除了一般的类推之外，还有更为重要的"名分的比附"和"特别的比附"的性质，超越了西方法学意义上的逻辑关系，兼具对传统儒家伦理和社会实效的考量；其高度的灵活性与可预测性，有利于化解律令执行的僵硬，弥补律令内容的不足，从整体角度贯彻儒家思想，进而保障帝制社会的稳定。

武宇航《古中国"亲属争产"中亲情伦理与所有权的共生》，向学者们阐释了古中国亲情伦理与所有权在"亲属争产"中的具体作用。该文指出，"亲属争产"既是对儒家尊卑伦理观念的挑衅，又是对"亲兄弟，明算账"朴素价值观的继承；在亲属争产的问题上，"国家"和"民间"分别从两个不同的层面予以引导和规制，并在各自领域内发挥着不可替代的作用；国家对"亲属争产"的规制形成于唐朝，鼎盛于宋元，衰落于明清；古代中央王朝对"亲属争产"的态度较显柔性，重视亲情伦理的感化作用，力图通过"感化息诉"化解矛盾，在司法环节中更加重视对证据（尤其是契约）的审核和认定，强调证据断案，最大程度地维护社会公正；在民间领域，亲属之间的财产关系更依赖于契约，双方通过契约明晰财产权的范围，保障自己的合法权益，以"亲邻"为核心的社会关系网络发挥着不可替代的见证和确认作用。

杨力民《论数字在中国古代法律中的意涵与功能》一文，藉由分析古代数字文化的哲学内涵，周密地论证了我国古代数字和法律的内在文化联系，将数字哲理引入法律研究。该文先就初民社会"数"与"律"的涵义及相互关系进行了梳理，进而对先秦时期数字文化与法文化的结合进行了考察。该文认为，"九"代表着宗族家事以及皇权；"三"有广泛众多之意象；"五"同时兼具"普遍"与"圆满"之价值；"七"则象征着循环往复、周而复始的空间立体观念；立法者通过将数字赋予哲学内涵，反映着古人对情理平衡的追求，深刻地体现着等级社会的法律价值观；在数千年的历史衍变中，数字深刻地影响着中华法律文化的形成与发展，澄清二者之间的文化联系，对法律史学的研究有着重要的意义。

李勤通《刑书源流与史志书写》，以唐代的"刑书"为主要研究对象，通过辨析"刑书"的概念及历史衍变，相对清晰地阐述了秦汉至唐朝"刑法志"的基本概况。作者认为，商周时代，刑书与刑律一体杂糅，但随着奴隶制的瓦解及大一统中央王朝的形成，"政刑"关系日趋分离，"刑书"的内容也不仅限于刑律，"政令"在某些场合亦以"刑书"相称；令、格、式在长期的历史演变中，逐渐成为行政法律的主要形式；"刑法志"本身历史衍变亦曲折复杂，从秦汉到隋唐，刑法志的重点记述对象，先后经历了由军律、刑律到广义上"法律"的转变；文法在古代多与刑法相通，《唐六典》以其通指"法律"，多是基于"以儒立国"及"体系继承"之考量；刑书与刑律并非同义替换，前者囊括了刑律和以令、格、式为代表的行政典章以及其他法律规章，而后者仅指狭义上的刑事典章。

闫乐强《中国古代法律体系的多重理论建构》，从多重角度阐释了中华法系的理论构建。该文认为，现有中华法文明之体系构建，多从国家立法的角度出发，忽视了乡规民约、家法族规、大经大法、祖宗之法、对外关系方面天下之法的实质存续；现阶段中华法系下部门法的研究，多承袭乃至照搬西方部门法的划分及研究方法，而忽视了中华法系本身的精髓；由于受西方"二元"理论的影响，当前"国家—民间"体系的构建与中国历史的实际情况难以吻合；中华法系应当确立符合自身特点的研究方法，六事法体系就是典型的代表；中华法律部门体系的研究，应当立足本土，而非盲目照搬西方。

二、传统法律文明专题研究

李俊强《浅析岳麓秦简中的"廷卒乙廿一"令》认为，"廷卒乙廿一"令是《岳麓书院藏秦简（伍）》中"廷卒令"的重要组成部分，主要涉及"道徼外来为间及来盗略人"之类的犯罪，其既有罪名之认定，亦有刑罚之适用；从整体来看，竹简主要记录了吏、民捕盗及相关渎职、连坐之法，内容严苛且条理清晰；在条文细节的解读上，对竹简的理解却困难重重，如"赏毋律，今为令"的解读、律令内容之分界等；"廷卒乙廿一"令体现了秦律之严苛，秦律本身的庞杂与稠密客观上导致了其整体编纂水平的简陋粗疏。

赵小磊《汉代郡县审判中的守文与不守文》对"法律条文"在汉代审判中的地位与价值进行了探讨。作者认为，"守文"被严格应用于司法审判的程序之中，法律条文成为地方官员裁决案件的主要依据；即使是上谳制度，地方官员亦无直接"不守文"裁判之权力，而应上报中央，由皇帝统一决断；两汉的地方司法裁判中的"非常态化"的"不守文"现象，主要产生于皇帝授予郡县司法官员"便宜从事"之权、允许地方官员以"上情书"的形式请求皇帝对案件予以特殊处理和官员出于个人原因违背司法制度三种情形；"守文"是汉代司法裁判的常态，"比"和"经义"是在"无条文法源"或"守文欠妥"的情境下的特殊适用。

胡兴东《9~13世纪中国死刑立法问题研究》通过对宋元时期死刑立法的考察认为，这一时期，中华法文化亦形成"南北"两种风格，两宋、辽金和元朝三类型，在四朝死刑立法上表现得尤为明显：宋朝死刑制度趋于严厉和繁杂，在部分罪名上通过增加"入死条件"控制死刑的数量；辽金在全面吸收唐律的基础上，开创出适合自身国情的死刑制度，经历了由"一国两制"到整个国家唐律化的过程，经济犯罪的死刑适用较为宽松；元朝在"参唐酌金"的基础上，大幅降低死刑的适用。作者进而认为，辽宋金元四朝之死刑制度，皆源于唐律，但又有所变通，四者既风格各异，又互有相通。

赵进华《"如故事"：宋代政治行政的法治逻辑》一文，围绕两宋之"故事"，向学者们阐析了两宋行政中的法治思想。作者指出，宋朝之"故事"囊括"前朝"和"国朝"两大部分，内容上可分为模范型故事、炯戒型故事和中性故事三类。作者认为，宋代"故事"的形成需要客观上的"典例属例"与主观上的"人为激活"两个条件；在效用时间上，新的"故事"源源不断地产生，而旧的故事还需要后人持续不断地坚持；在强制性上，由于皇权、环境等多重因素的影响，"故事"并非被一味地遵循；"故事"因具有法的特殊属性而在宋代的政治和行政中具有重要的指引和评价功能，既体现了古代礼法社会的政治约束意识，又体现了我国古代封建社会朴素的法治观念，为政令的变通留有一定的间隔。

翟家骏《沈家本对清代律例关系之洞见》，以清代律例关系为研究对象，以沈家本的法学视角，解读清代法律体系的形成、衍变和革新。作者指出，沈家本先生曾把明清两朝的律例关系比作"江沱汉潜"，律相对于例亦为主流（长江），义、序、礼、情作为清律的内涵，组成了"河水"；沈家本对汉唐之判例进行考证，并对其地位及功能进行了论证，认为宋朝及之后，统治者频繁颁布对特定区域或者特定犯罪的加重刑罚的敕条是"非法"或"非常法"，即朴素的"恶法非法"观；沈家本认为，例具有高度的灵活性，而律的内容却相对滞后和死板。作者认为，研究的立场或是角度不同，产生的结果亦有差异，这无非是"横看成岭侧成峰"的问题，薛允升与沈家本对"例"的态度因而迥异；在清末修律中，古典中国的"例"在司法实践中或许仍有形式性的延续。

李凤鸣《清代重案中的成案适用：以〈刑案汇览〉为中心》详细考察了"成案"在清代重案中的法律适用问题。该文将《刑案汇览》成案的适用总结为四种类型：援引成案进行直接裁判，多出现于"律例无专条规定"的条件之下，适用须得刑部或皇帝批复；援引成案论证可得适用的条例，这是一种间接适用成案的情境；比照成案结合其他法源加减刑罚或强化论证，成案在判决中多起辅助作用；援引成案并作出"非肯定性断语"，既肯定成案的法源地位，又为案件审判留有回旋之余地。作者认为，成案不适用的情形包括远年成案、未经通行和情节歧异三种。其研究对当今指导性案例制度建设具有重要意义。

田庆锋《清代蒙藏地方藏传佛教事务法制研究回顾与展望》对 60 余年来国内外清代蒙藏地方藏传佛教事务法制研究的现状进行了梳理，指出大批文献资料已被整理出来，与蒙古地方相比，藏区相关文献更显全面、充足，具体而言，涉及规范文本文献、地方档案文献、地方传世文献、地方志、游记以及相关社会调查报告等诸多方面；自 20 世纪 50 年代以来，相关专题的研究取得了丰硕的成果，以潘世宪、王辅仁为代表的一批学者，在宗教传播、政教关系、寺庙管理等方面取得了较大的进展，整体呈现出广泛性、创新性和多元性的特征，在研究领域、史料应用和研究方法等方面亦有值得精耕之处。

张田田《"拾麦"初探：聚焦现象、原理与纠纷解决》指出，"拾麦"是我国数千年农耕文化积淀的产物，"麦"是一种意象，包含着广义上"成熟的果实"，传统文化和社会舆论都将"拾麦"看作是合乎情理的行为，但对拾麦者的身份、行为亦有限制，暗含着对个人社会地位和尊严的否定；历代民间或官方，对拾麦或有规制，明清两代曾将单纯的"拾吃果物"视为坐赃，给予较轻的刑罚处罚；在现实的操作中，居民之间也更愿以私人方式解决，而非诉诸官府；当下以"拾麦"为代表的传统文化依然深刻地左右着国民的价值思维，并对司法实践产生一定的影响。

杜军强《服制作为法律形式与清代的法律适用模式》，分析和解读了"服制"的基本属性及其在具体案例中的法律适用，进而解读了"服制文化"在清律中的重要价值。作者认为，服制是大清律例的重要组成部分，应当是法律规范，具有普遍的法律约束力，而非系单纯的描述性语言；作为图像出现的丧服图，亦具有转化为法律的现实可行性，但其本身难以构成独立适用之规范，将其视为"不完全法条"更为贴切；清代对服制的适用大致有两大类：服制明确下的优先适用和服制不明确下的优先适用；在清代法律的适用上，服制必须服从于律令体系的基本精神，在一些具体案件中，宁可选择放弃服制，也要适用规制更严格、处罚更严厉的其他法条。

王斌通《清代〈都察院则例〉与〈钦定台规〉之关系辨析》通过对比成书时间、体系编排、内容修撰等方面的差异，对《都察院则例》与《钦定台规》作出了较为明确的考析。作者认为，《都察院则例》的具体颁布时间不应晚于乾隆中期，《钦定台规》乾隆八年正式成型；《都察院则例》多是对具体监察事务的规定，且与后修订的《钦定大清会典则例—都察院卷》保持高度重合，而《钦定台规》有关人事制度的规定则相较更多；《钦定台规》自成体系，且在编排模式上有所创新，是一部高度完善化的行政监察法典，而《都察院则例》则近乎会典之翻版；《都察院则例》虽以"则例"冠名，但并非独立意义上的部门则例，乾隆中晚期即已被束之高阁，是会典修撰的参照底稿，而《钦定台规》则是都察院唯一集中化、系统化、完备化的成文法典，在有清一代始终适用。

蔡晓荣《邻水而耕居：中国固有法中的水相邻关系及其近代衍变》一文，围绕水的相邻法律关系，以时间为主线，从国家和民间两个层面阐析了自秦汉以降中国"水相邻"法律关系的发展和革新。著者认为，官方对"水相邻"的立法整体上比较零散，未形成周密严格的法律制度，而官方在裁决"水相邻"案件时，也多适用"情理"；化解"水相邻"纠纷，多赖于民间的自我规制；自近代以来，"水相邻权"被引入且渐为人所熟知，"水相邻关系"在立法上被重视，在司法实践上结合中国实际情况，找到了一些行之有效的解决方案。研究我国历史中的水相邻关系，对于现如今的"法律移植"与"法律继承"有着重要的作用，对我国现有民法"相邻权"的适用亦有借鉴价值。

陈玺《唐宋之际钱法渊源厘革之轨迹》阐析了唐宋时期钱法关系之嬗变。他认为，古代中国对货币之规制由来已久，早在夏商，便已初现雏形；秦汉时期，《金布律》和《钱律》相继成为货币法律的重要渊源，诏令在货币管制中发挥着不可替代的作用；唐朝时期，"钱法"亦在前代之基础上有所发展，并根据实际情况持续嬗变，《唐律疏议》将钱币犯罪的名目进行了删减，对其处罚力度亦有所减轻；《神龙散颁刑部格》在继承唐律的同时，对货币犯罪的处罚亦更显严苛；玄宗时期的《刑部格》，是唐代"钱法"的又一次嬗变，在渊源、内容、效力等方面深刻影响着五代乃至宋朝的货币法律制度；"诏敕"作为特殊的法律，贯穿全唐，并在货币规制方面产生了巨大作用；五代各政权大体承袭了自秦汉迄于唐朝的基本"钱法"，其形式愈显多样，内容愈显全面，体系愈显规整；宋承残唐五代之余续，以诏敕变革为线索，呈现出较为鲜明的时代特色，在钱法的"渊源、对象和形式"上均出现了重大变革。

陈子远《中国古代"判例"没有"判例法"意义》通过对"判例法"和"判例"的概念辨析认为，中国古代并不存在实质意义上的"判例法"，即有其形而无其神；中国古代，判例法尽管会被司法审判所适用，但其有三大特征：一是判例应用必须得到"制定法程序"的提前认可；二是判例仅在制定法有疏漏时方得适用；三是政府在适用判例时没有严格准确的程序，其适用结果亦无可预测性。学界对关于"判例法"之讨论，侧面反映了一些问题。法律史学研究不需要盲目攀比于西方，中华法系有其独特的制度体系和理论内涵，将西方概念照搬于东方，显然是无的放矢。

马成和赵俊鹏《陕甘宁边区法制表达与逻辑脉络探析》一文，对抗战期间甘陕边区的法制建设进行了探讨。该文认为，陕甘宁边区是新民主主义革命得以成功的土壤，抗战时期，边区法制工作者通过具体实践，探索出一套"法理"与"情理"兼顾、民众拥护且实效较好的司法制度体系；在柔性表达上，边区法庭基本做到了"懂情理，合情理，用情理，显情理"，而在刚性规制上，边区的法制工作者以客观功效为基本出发点，最大效益地做到服务革命、团结民众以及解决现实问题；陕甘宁边区"法情结合"的司法模式，既是历史实践的产物，也是人民智慧的结晶，时至今日，仍对当前我国之法治建设有重要意义。

三、回顾与反思

与会期间，各类思想火花的迸发、各种学术流派的争鸣，充分展现了当前法律史学研究的百花齐放。学者之间相互借鉴、求同存异，不仅拓宽了自身的学术视野，更对今后法律史学的研究起到了积极的指引作用。本次研讨会不啻着眼于对法律史的特定问题研究，对法史研究方法之实践应用亦粲然可观。当前史学之研究，已不再囿于传统史料研究，而是结合法学发展之趋势、立足社会资源之收集，不断进行理论的吸收与创新；针对传统的史料文献研究方法，在坚持和巩固既有研究形式的基础上，强化批判性和取舍性思考，完善其类型和内容的互补性建设，深化其内涵价值发掘，创新其分析和探索模式，渐以形成完备的史料研究体系。针对法学的价值研究方法，在积极汲取外国先进理论的同时，立足于本土实践，逐步构建符合中华特色的法体系研究框架，重视法学研究的历史语境，还原其事实原貌，回归其本质；集百家之言，充分运用跨学科的、实践性研究方法，避免法史研究的"教义"式僵化，通过立足本土社会资源，发掘研究素材；注重史料考据和法学形式的双管齐下，充分实现历史学和法学的研究价值的有机统一。

上下求索：中国法律史学七十年艰苦发展历程

——"回顾与前瞻：中国法律史学研究七十年"学术研讨会综述

赵力苇　李邢琪〔1〕

2019年10月26日至27日，由教育部人文社会科学重点研究基地——中国政法大学法律史学研究院主办的"回顾与前瞻：中国法律史学研究七十年"学术研讨会在北京顺利召开。本次研讨会，汇聚了来自全国各大高校的近百位学者，参会论文分为"学术史瞰：法律史学研究七十年""古史论新：中国古代法专题""法制变革：近现代法专题""比较视野：法史研究的方法与学科交叉"和"法史教学：法史教学与考试"五个专题。

一、学术史瞰：法律史学研究七十年

以"法律史学研究七十年"为主题，张晋藩等七位学者，分别从不同角度回顾与点评了七十年来中国法制史学的发展。张晋藩《中国法律史学七十周年回顾展望》将中国法律史学的发展划分为四个阶段，指出1976年6月中国法律史学会成立，确定中国法制史的对象是一元的，即"法制"而非"国家加法制"；其研究不断扩大和细化，形成了诸如法制文化史、法制文明史、比较法制史、断代法制史、专题法制史等，并且开始走向世界。他认为，法制史学的发展要尊重传统、发展传统，激活其中有价值的民主性因素，将其融入现实的国家法治建设中；坚定文化自信，肃清西方中心论的影响，坚定走中国特色法律史学道路。

刘海年《回顾与展望：七十年中国法律史学的发展与新发展》，在充分肯定过往七十年法律史学发展的前提下，认为法律史学者要明晰目前取得的成就与客观需求的差距，强调法律史学要进一步加强史籍中法律文献梳理，加强对法律史料的研究，重视运用历史文献和文物中的法律史资料，适应中国特色社会主义法治建设，使研究成果符合或接近历史实际、更加科学，深挖

---

〔1〕 作者简介：赵力苇（1995—），女，河南焦作人，西北师范大学2019级硕士研究生；李邢琪（1995—），女，河南鹤壁人，西北师范大学法学院硕士研究生，主要从事民商法方向研究。

史籍中的法律文献，从历史的维度探索当今的前进方向，走稳中国法治建设之路。段秋关《重研史实，重述法史，重建史识》就新时代中国法律史学发展的领域、问题与方法提出了三点意见：应趋向纵深，开拓新领域；质疑成说，重述法史；潜心研讨，重述史实。

范忠信《中国传统文化的法治资源及今日传承体系建设》认为，中华民族五千余年来一直在追求着良善规则之治，炎黄老子敬天亲民的自然法治思想、儒家礼兴乐盛的礼法之治思想、法家威迫从善的刑法之治思想、汉儒天人合一的德法之治思想、明末清初启蒙派"公天下之法"的法治思想蕴含着法治理想的基本理念，存在着助益法治制度构建方面的基因；现代化的法治中国建设不应完全摒弃传统法律文化，而应着眼于"法制中国化"，从传统优秀法律文化中汲取诸如"死刑犯人道待遇""法定继承特留份"等优秀基因。

此外，李力《七十年来金文法律文献整理与研究的回顾与反思》系统回顾了自1980年以来中外学术界对金文法律文献的整理和研究成果。钟盛《中国法律史学界的法律文化研究回顾》对七十年来中国法律史学界的法律文化研究进行了回顾和展望。王宏治《略评70年来国内出版的几部中国刑法史》对七十年来"中国刑法史"相关著作进行了精准的点评。

二、古史论新：中国古代法专题

第二个专题收录的参会论文可以分为法律制度史专论、清代法制史、法律思想与法文化史三个领域。

（一）法律制度史专论方面

朱勇《"官法同构"：中国古代的大国治理之路》以清朝为例对"官法同构"的制度建构模式进行了系统探讨，认为它以"君、官、民"三者为主体，以调节君官关系、官官关系、官民关系、君民关系和民民关系为对象，紧紧抓住国家权力结构的重点部位与权力运作的关键环节，从而达到保障国家统一、维护皇权和维护中央集权的目的。然而，中央集权和统一管理并不等同于专制独裁，在"官法同构"的制度下，国家法制主要调整和约束的是"官"，始终将"治官"放于国家政治的核心，以通过治吏来实现治民，对当下国家改革政府机关、约束公权力、保障民主具有相当的借鉴意义。

郑显文《唐代司法自由裁量权的法律规制及其实践价值》以唐代司法自

由裁量权为例，通过翔实可靠的唐代法律文献，深入探讨了我国古代对司法自由裁量权的法律规制问题，认为唐律一方面通过各种方式给予法官自由裁量权以实现公平正义，另一方面通过提升立法的质量、建立完备的司法程序、提高司法人员素质、设立司法责任追究制对司法自由裁量权予以规制，以提高诉讼审判效率、实现个案正义、避免重大社会风险事件、实现法律效果与社会效果的统一。

屈超立《略论科举制对中国传统司法的影响》通过将宋明清科举制与当时的司法环境结合展开考察，系统总结了科举制对传统司法的正反两方面影响。他指出，通过大量的科举取士，一大批深知民间疾苦的知识型文官进入官僚队伍中，改善了秦汉魏晋南北朝以来地方官员素质低劣、司法腐败刑狱枉滥的情况；他认为作为中国传统文化精髓的科举取士与现代国家的司法考试或文官考试有着相同之处，这是我们重新审阅科举制度的意义所在。

蒋铁初《哀敬折狱与古代中国案件审理的传统》，从哀敬折狱对审理方式的影响、对事实审理的影响和实践局限性三方面对中国古代司法传统进行了分析。他指出，在哀敬折狱的司法思想影响下，中国古代在审理案件时优先选择伤害性小的审理方式，限制危害性较大的审理方式；在定案时要综合各种证据、多次审理、认定事实应当符合情理等。他认为，这是一种理想状态，要求司法者既要发现真相，又不能伤害诉讼参加人，对司法者德行要求极高，很难实现。但在哀敬折狱思想中，我们可以看到许多仍旧值得现代中国法治借鉴的、符合当下人权建设的理念。

张琼军《西汉食货诏令考论》对西汉食货诏令进行了系统考证分析。他指出，整个汉代的食货诏令可分为"赋税令；田、户令；赏赐、赈济令；货币令"四个方面。高祖至文景帝时期，由于社会经济破坏严重，统治者采用重本抑末、减轻赋税的方法休养生息，"罢兵赐复诏"，落实户籍田宅及爵位事宜，同时赈济援助灾民流民和确立"四铢钱"；汉武帝时期，因征伐四夷、兴功名利的需要，以至役费并兴，同时抚恤孝悌、鳏寡孤独，确立了"三官五铢钱制"；汉昭、宣帝时期承继武帝后期"思富养民"之策。

戴羽《西夏保辜制度探析》发现除已知的两条保辜条文外，还包括《烧伤杀门》与《出典工门》中各一条保辜条文，进而总结出这些条文的共同特点：所保均为主观恶意较小的斗殴杀伤，其量刑标准除视伤情等级外，还包括持武器与不持武器。西夏的保辜适用范围较之《唐律疏议》更为广泛，并且与赔命价的习惯法并行，由此可见西夏立法者在借鉴唐宋法律概念的同时，对其进行了有特色的改造。

（二）清代法制史专题

清代法制历来是我国古代法制史研究的一个重要问题。作为最后一个封建王朝，其法制典型反映了中华法系的优缺点，其独特的民族立法，在中国法律史学中占有相当重要的地位。

林乾《从包世臣"书三案始末"透视嘉道时期的司法危机》通过江苏铜山段李氏命案探究了嘉道时期的司法危机，指出嘉道年间司法腐败，上下官官相护，审案成为了势力较量，身份与地位不对等的案件，民众越上告越得不到伸冤，以至冤案更冤，司法权力被官吏践踏。他认为，在如今的司法实践中，防止司法权力泛滥同样是一个极其重要的命题；以史为鉴，我们要积极拓宽法律申诉途径，完善司法案件复审制度，加强多样化司法监督，以司法公平促进社会正义。

吴佩林《论清代州县衙门诉讼文书的多样性与复杂性——以〈南部档案〉中的"票"为中心》探讨了清代州县衙门诉讼文书的多样性与复杂性，指出清代知县在审理案件时，票据种类繁多，大类共分为单一的调查取证票、单一的差唤票、多种功能的票和重情案件的拘缉票。他认为这些票据作用并不单一，往往随案情的需要兼具不同功能，甚至会将多种功能集中于一票，要求书役一并执行；至清末随着法制改革，票稿制度被附卷存查制度取代，票据分类更加明确合理，有助于防范廉政风险，提高司法效率。

郭瑞卿《清代国家视野下的女性疾病与医疗：基于张李氏"烧香治病诓骗财务"案的考察》通过对乾隆年间张李氏"烧香治病诓骗财物"案及其判决结果的考察，指出由于涉及特权阶层和阶级民族关系而无法对其简单地定性，最后在政治因素的影响下，张李氏被判处绞监候。他认为，这从另一个层面反映出，清朝的司法活动往往受国家利益、阶级特权、社会影响等诸多因素的制约，保证司法的独立性对保障司法公正具有重要的意义。

李典蓉《清初"国法"的另立：试论康熙朝〈刑部新定现行例〉》一文，梳理了顺治至康熙年间法律的更迭，指出在入关之初，清统治者心中清朝"本国法律"是高于汉法的，只是为了统治需要，选定明律，进而认为由于满清本身习惯法的影响，满洲人对"例"的运用与认识更胜于明朝；《刑部新定现行例》满文与汉文本内容的差异充满了矛盾的民族情感，导致旗民杂处之地审拟案件难度大大增加。

田庆锋《清代蒙藏地方藏传佛教事务法制与中央立法的连接》对清代蒙藏地方藏传佛教事务法制与中央立法的连接原则、连接制度等问题进行了系统探讨，指出其连接原则是维护统一、因俗而治，连接的制度基础是蒙古和唐古忒官学教育、喇嘛敕封、喇嘛僧官、喇嘛朝贡、喇嘛年班、金瓶掣签等，在法律规范层面上的具体表现是基本法律概念相互吸纳、中央立法对地方宗教事务规范和制度整合。他认为，这些连接制度及其实践提醒当代国家完善相关法制不仅要深入研究地方宗教事务的复杂性，而且应该完善相关配套人才培养和制度建设，进行创新性立法。

(三) 法律思想与法文化史

春秋战国的大动荡大变革时期，百家争鸣，人才辈出，学术风气极其活跃，碰撞出了影响了中国数千年的思想与文化。

杜文忠《"道"之法意》系统考察了儒家"道"的理念及其对中国古代法律产生的深刻影响，指出在儒家理念中道有天道和人道，前者体现为"中"，后者则体现为"礼"；他认为，儒家之道不仅是单纯的理性逻辑演绎，还有着诸如"上古圣神"历史故事为其证成，信仰着重于依赖历史榜样，其政法意义在于保证"德位相合"的政治合法性，良法与恶法的区分在于此法是否合于天道。他进而认为，儒家追求的化俗而治的求善目的与当下"求真"的法律科学产生冲突，新时代如何有选择地吸收传统文化思想需认真探究。

春杨《儒家法理化与中国法律史学创新发展的关系与进路》指出，法律史学科长期以来在中国法律史学研究中对中国传统社会"法理学"构筑是空缺的；他认为，儒学法理化是对古代法律学的构建，通过对其深挖与再造能够有效避免对现代法律"水土不服"的问题，防止其"好像是一个与自己没有多大关系的、异己的存在"的困境发生，同时也能够在抽象领域更好地与西方法律学思想碰撞交流，以构建符合中国人生活方式的具有中国特色的法学理论体系，走出中国法律史学的创新道路。

邵芳《儒家天命之法律意义》探讨了儒家天命观的法律意蕴，指出儒家天命思想由来已久，孔子的天命思想包含着对于天的绝对意志的信仰，而"仁"是孔子在不断问礼中得到的天命启示，其仁学的开端就包含着"敬天"

和"保民"之天命基础，"诚"是为天人合一的枢纽，构建了中国传统法律中的秩序、和谐和诚信。她认为，其法律意义在于把情理融入法律实施过程之中，强调法治的前提是制度优良，提倡王道；这在某种程度上与当下的"良法善治"道路所契合，其倡导的"无讼"与"教化"对当下法律问题溯源治理具有相当的借鉴意义。

李守良《律典之得与律学吸纳：明代私家律学与清代法典的编纂》通过对明代私家律学和清代法典编纂的比较，考察了明代私家律学对清代法典编纂的影响。他认为，顺治初是受律学影响最大的时期，清政府"祥译明律，参以国制"；康熙时期，根据明清私家律学著作对《大清律集解附例》中的模糊及不周延之处进行修改，雍正乾隆时期继续修订；清政府在借鉴私家律学时，注重律著间的借鉴和吸收，与社会发展相同步，有所侧重。

罗冠南《我国继承制度中的价值取向和利益平衡》对中国古代继承制度进行了系统的分析，指出我国古代社会的继承不仅包括财产继承，还包括爵位、祭祀的继承，始终贯穿着财产代际向下单向流动、财产留在父系家族内部、家族内各子支均等且独立的原则，现代继承领域受传统和习惯的影响要大于其他部门法。他认为，在民法编纂的大背景下，当代立法不应忽视根植于民众心中的传统观念，在继承中追求自由、公平和秩序时，也要立足本土，兼顾家庭和谐与社会稳定。

袁瑜珍、可晓《天高皇帝远——传统乡土社会的自治与契约文化概略》通过对大量古代乡土公约史料的考察，指出在传统赖于家族与宗族存在的乡土社会的自治中，自然村落之内存在着"公共利益"，民间法与乡土契约占据了相当重要的位置；这种乡约的规束下，私约文化精致繁荣，百姓有私约如律令，在互助与交易的过程中自然而然地维系着他们的民事习惯与制度；工商业中的行帮会馆，是乡土生活秩序的外延形态，其行会规范也属于"公法"性质的"社会契约"。该文认为，乡约行规不是一个封闭的体系，从传统中借鉴这种中央集权模式之下的乡民自治情势，理应成为当下一个重要的研究课题。

王静《中国伦常条款的传承与创新——以"杀害尊亲属加重刑"为中心》对中国古代"杀害尊亲属加重刑"问题进行了系统分析，指出中国台湾地区"刑法"仍然保留着杀害尊亲属加重刑的规定，现存争论的实质是"国家主义"和"国家—家族主义"的论争。该文认为，杀害尊亲属加重刑逐步纳入我国刑法是必要的，体现着人类伦理精神的本质，有助于保护我国"国家—家庭—个人"三元结构，可以法明孝，维护社会公德；基于身份加重刑制度在现代法治国家中并非个例，不违背现代法治精神和国家宪法；将此制度纳入我国刑法之中，有利于对家庭存续的基本伦理进行保护，符合当下我国的基本国情。

张淑雯《天人合一思想与明代宗祧继承制度》指出，天人合一思想是明代宗祧继承制度的理论支点，并对此展开了详细的论述。该文认为，明代的宗祧制度是传袭身份特权的一种等级制度，根基于亲尊一体的宗法伦理原则，以"尊尊"主导"亲亲"，以"亲亲"补充"尊尊"，它的先天合理性源于尊天和祭祖的天人合一思想，以血缘和政治的双重标准，全方位地约束了上至君主下至百姓的社会群体，保障等级社会得以延续。在此基础之上，"德法共治"就成为明代处理承继纠纷的司法理念；"家国一统"成为明代宗祧制度的统治理想。

三、法制变革：近代法专题

第三个专题是：法制变革——近代法专题，参会论文主要从近代法律思想与法制变革、新中国法制建设与中华法系研究两个角度进行研讨。

（一）近代法律思想与法制变革

张仁善《民国法律史研究的多维视角》从时间度、空间度、事实度、效应度四个维度对民国法律史研究状况进行了系统分析。他认为，时间度上民国法律史研究可划分为"清末、民初、南京国民政府"三个时间区间；空间度上可划分为"地域空间、文化空间、虚拟空间"，在研究时应着眼于整体环境，客观看待当时中国存在的诸如满洲国法律体系等其他法律；事实度上，应着眼于"立法成就、司法改革成就、法律人才培养成就、律师制度的健全"四个方面；效应度上，民国时期法制建设盲目参照西方，法律效应不佳。

李启成《"宗旨"：沈家本法治理论的核心概念》对沈家本法治理论的核心概念"宗旨"进行了系统的考证分析，指出沈家本认为传统法制的"宗旨"只能来自圣经贤传，故而其修律的第一步是要整理传统律例；"宗旨"在具体法条分析时具有相当的重要性，判断的直接标准为是否符合唐律的"宽仁、平允"宗旨；在对待西方法律的态度上，沈家本认为"明西法之宗旨不是目的，目的在于会通中西"；"宗旨"之意图贯穿于沈家本修律的始末，形成了一套自有"宗旨"的法治理论。

李青《清末留日学生与法律近代化》从清末留日学生的角度出发，探索了与之相关的清末法律变革，指出清末甲午战争的失败和日本明治维新的成功，使全国产生极大震动，留日运动出现高潮，大量中国留学生东渡日本，为中国政府培养了专门的政法人才。这些留学生目睹了明治维新给日本带来的重大变革，开始在国内外积极参与办报，宣传立宪。1908 年清政府颁布的《钦定宪法大纲》从侧面反映出日本留学生在近代法制变革中起到的作用。

江照信《法律民族化运动：关于民国司法改革的一个整体观点》指出，民国司法改革一开始便具有一种独特的司法意识形态，即"司法独立＝司法自主＋裁判独立"，但由于这一司法制度的专业化基础薄弱以及没有考虑专业化的替代方案，在后期逐步出现了司法界的"礼法之争"，民国司法界逐渐开始重新讨论中国本位文化，司法辛亥派因而发起了一次以重建司法意识形态为主旨的文化运动。他认为，民国司法改革进程总体上可以视为一种独立的转型正义替代模式的实验；仔细思考理解民国司法改革的整体进程，能为我们当下司法改革提供一个意义非常宽广的历史镜鉴。

张超《孙中山监察权理论构想的实践困境——20 世纪 30 年代国民政府官吏惩戒权的归属争议问题研究》，围绕着监察权与惩戒权的权力分配问题展开讨论，指出南京国民政府时期中国监察制度采取的是弹劾权与惩戒权分立的制度，以致监察院在该时期始终在争取将官吏惩戒权划归自己管辖。该文认为，监察院争取惩戒权的历史表明，孙中山的五权宪法理论框架在实践中仅仅是蒋介石用以处理与其他派系关系的工具，监察院并未有真正意义上的监察权。

闫强乐《"陕派律学"研究回顾与展望》对"陕派律学"的研究现状给予了系统考察，指出"陕派律学"最早由沈家本、董康二人提及，晚清刑部分陕豫两派，而后以法国学者巩涛为最早，以中国学者闫晓君为最全，学界对其研究主要围绕着薛允升、赵舒翘和吉同钧三人展开。其中，闫晓君教授的建议颇有价值，即现阶段"陕派律学"研究的最大难题是史料收集的问题，整理"陕派律学"的文献将成为研究的重中之重。

曹瑞冬《民国中后期苏州娼妓禁政中的违警罚金》围绕违警罚金在判处和支配等方面的变迁来探讨警察权力的扩张与限缩，指出民国时期警察对娼妓明严暗纵，而违警罚金又是各警察机关的办公经费，但财政权与警察权的分离是民国时期违警罚金关系演进的趋势，政府希冀通过增加警饷来整肃贪污；随着"公库法"的推行，国民政府关于警察权与财政权分立之计划实际演变为县政府与公安局共同支配违警罚金的折中方案。该文认为，在改革的过程中，警察权逐渐被限缩在公共治安领域，实质上形成与财政权的分野。

曹鲁晓《国民政府对日战犯审判的 BC 级属性之检讨》对二战胜利后盟国对日战犯审判的类型进行了考察，指出 BC 级审判在层级上与 A 级审判不存在层级高低的分别，只是在工作的侧重上存在差异；在审理战犯后期，由于实践的反作用，国民政府实际上已拥有追究 A、B、C 三类罪行的权限；B 类罪行是国民政府审判最广为追究的罪名，而对 A 级罪名的使用与东京审判大相径庭。作者认为，从战后对日战犯审判的格局来看，A 级与 BC 级的两分法本身就不具有合理性，难以覆盖审判全貌。

（二）新中国法制建设与中华法系研究

谢丹《新中国成立之初的军事审判制度》从六个方面对新中国的军事审判工作进行了考察，指出新中国成立之初逐渐成立了军事法院、审判日本战犯的最高人民法院特别军事审判庭；起草基本法规，有力地促进和保障了初建的各级军事法庭的正常运行；培养专业干部，充实军事法院；完善军事刑罚，以"剥夺军衔"作为重要的刑罚；创新执行制度，主要表现为战场服刑和实行特赦。

颜丽媛《法律传统与现代化：缘何民众为杀死逆子的父母求情可获轻判》通过梳理近年来的案件，指出此类案件通常具有被害人具有重大过错、加害人主观恶性不大、倾向于宽大处理加害人等特点。著者认为中国传统法的孝文化和民意观是民众求情的内部动因，其最后获得轻判也是因为"求情最终仍是求法"，"情节较轻"等量刑制度是法律传统与法律现代化的连接点，并以此完成由求情向求法的转变；提高法律技术使法院能够在既有的法律框架下实现民众的请愿，是当前法治建设的必由之路。

魏志静《中国传统司法文化的现代借鉴——以提高民众司法满意度为视角》指出，我国目前司法存在着"公信力低、判决可接受性差、可执行力差"的问题。其原因是我国诉讼法在借鉴国外证据制度时盲目照搬，忽略了本国民众法律知识储备缺乏的现状；解决这一困境的方法是必须从我国古代优良的司法文化中寻找给养，这要求法官要有良好的道德水平、对狱讼之事怀有敬畏之心、知识全面并精通法理、注重运用司法心理学知识，最终在我国社会主义法治体系中形成"天理、国法、人情"高度融合的复合型公平正义观念。

四、比较视野：法史研究的方法与学科交叉

通过比较法学，与其他学科类比来进行中国法律史的研究，是近年来中国法律史学研究的趋势之一。

顾元《传统中国无主物先占制度初探——以唐律"山野物已加功力而辄取"条为中心兼与罗马法相比较》将中国传统法律文化中所蕴含的民法内容与罗马法相比较，指出尽管传统中国没有像罗马法那样以"权利"为中心的民事法律理论，但是也具有一套独特的财产法制度。他认为，中国民间有着一种不同于罗马法的足以可以用来分配和调整不同利益的自生秩序；中国传统法律虽无"物权"概念，但其实质内容则广见于法律典籍之中，核心和基本形式是土地所有权，具有建立中国特色物权法制度的可能性。

胡震《判决确定性的初步考察：以时间观念为中心》认为清代司法完全缺乏作为欧洲诉讼本质要素的"判定"；线性时间观的西欧型司法强调理性，而中国传统司法则较为排斥理性，强调公正；在西方上诉制度历经艰辛在中国大地生根发芽的基础上，我们不能盲目地对这两者作出对错评论，而是要探究两者的深层次差异，将移植的制度和我国本土法律文化传统相融合。

陈煜《荻生徂徕的中国法研究及其影响》考察了日本江户时代著名儒学研究者荻生徂徕的学术思想及其影响，指出徂徕的思想主要包括：效法圣人，学贵自得；先王之道，理在事中；儒者进取，经世致用。著者认为，徂徕的研究《明律国字解》一书，侧重于名物制度的训诂，采用"古文辞"的方法，以官制为脉络来解读律例，注意对律文的历史及制度源流进行梳理，强调在特定语境下解释字词并注意详略得当，带有浓厚的比较法色彩，促进了中国法乃至儒学知识在日本的传播，对江户藩法的继受产生了积极影响。

柴松霞《法制史与比较法之关系探析——以宪法史的发展变迁为例》通过对中西方学术界在宪政史上的发展历程进行比较认为，比较法学与法律史的关系十分密切，比较法学一般必然地要从法律史学的角度来研究法律制度；"比较史学"是通过两种或两种以上的历史现象的比较，来加深、扩大和验证

对历史学认识的一种方法；比较法学不管是作为一门学科还是一种研究方法，都离不开法律史的支持；在中国法治化进程中，我们在进行比较法学的研究时不能忽略法律史的重要作用，但基于比较法自身的局限性，更不能忽略法律其本身的独特性和民族性。

郭逸豪《从"ius gentium"到"ius inter gentes"——论欧洲中世纪到近代万民法概念的转变》，通过不同时代万民法的比较指出，欧洲中世纪国际法的基础来源于罗马法传统中的"万民法"，而后，随着皇帝、教皇和教会在国际法问题上的撤退，"正义战争"话语破产，宗教被赶出国际法的论证体系，以"主观权利"为核心的自然法开始确立，这种基于主观权利和意志论的自然法所导致的实证化也大力推动了近代国际法的发展。

李富鹏《全球法律史的中国写作——"复规范性"与法律史学的空间感》通过对学术史的考察，讨论了中国元素如何参与全球法律史的学术对话，表达出中国法律史的"非西方"的空间范式。他认为，欧洲学者也不断追问法律史的空间感，进行空间转向；这种空间转向，不仅决定了观察视野的变化，还会影响对"法"本身的界定；而"全球法律史"的空间转向最大的贡献，就是从民族国家或地区的边界中解放出来，从各种边界所确立的分析范式中解放出来，重新审视"复规范性"秩序的互动与生成。王浩臣《文字载体与二维法律空间下的中国传统法变迁》一文，通过对文字载体的发展的考察，探究了中国传统法的变迁。

五、法史教学：法史教学与考试

法史教学在中国法律史学的发展中极其重要。合理的课程设置、先进的教学方法和科学的法史课本，能够为中国法律史学研究队伍不断提供新生力量。

艾永明《论法学本科〈中国法律史〉课程体系的构建》对法学本科《中国法律史》课程体系的构建进行了论述，指出法律史学在学科建制中属于基础性的理论法学，与应用法学应形成相互吸收与借鉴的学科建设局面，但是当下《中国法律史》的课程存在着教材体例与教材结构不严谨、课程内容博杂且具有难度、课程内容与现实严重脱节的问题。他认为，《中国法律史》课程构建应遵循注重法的理念与价值和具有法律史学的通感两大原则，创新课程体例，优化课程结构和课程内容，以应对 2018 年法学专业新国标提供的新机遇和挑战。

何平《法律史学的学科建设及教学改革探讨》认为，法律史学的学科建设虽然一直在稳步发展，但是在日常应用中面临着危机；目前的中国法律史实践教学中，存在着授课难度大、重视程度不够、人才匮乏、课程开设时间不合理、学时不断被削减等问题；应该更新教学理念，克服功利主义和实用主义教育观，整合学科体系，优化教学内容，培养学生兴趣，激发热情，丰富教学手段，将传统教学方法与现代教学手段有机结合。

戴一飞和顾元《浸润中华法文化优秀传统，选拔德法兼修法治人才——以法硕联考中国法制史考查方式变迁为视角》指出，当下法硕联考中，对中国法律史的考察，在内容、认知层次和素养要求三方面的深度与广度不断提升，这不仅折射出我国法史研究的发展历程，也反映出我国法学教育水平以及法治人才素养不断提升；在未来，随着法律史人才队伍的不断扩充，中国法律史的研究必将硕果累累。

中国法律史中的西部经验

——第二届"中国法律史上的判例与法理"学术研讨会会议论文综述

韩 青 吴 敏[1]

2019 年 10 月 21 日，由甘肃政法大学法学院主办，甘肃省司法科学与区域法治发展协同创新中心、法治甘肃建设理论研究中心、甘肃省地方立法研究创新团队承办的第二届"中国法律史上的判例与法理"学术研讨会在甘肃兰州举行。甘肃政法大学法学院院长谢晖教授在开幕式上致辞，甘肃政法大学丝路法学院院长王存河教授主持了开幕式。来自云南大学、西北政法大学、兰州大学、西北师范大学、甘肃政法大学等省内外高校及研究机构的 20 余位专家学者参加了研讨会。

其中，侯文昌《敦煌吐蕃文借贷契约研究——以违限不偿之处分程式为视角》，通过对现存可考证的 21 件吐蕃文借贷契约和 27 件汉文借贷契约的梳理，指出敦煌出土的吐蕃文契约文书中借贷契约文书数量最多，并且将违限不偿之处分程式——违限取利、牵掣家资、保人担保在内容方面与同期敦煌汉文借贷契约做了逐一对比分析，认为二者同远多于异。同的方面有些是契约本性使然，更多的是反映了前者学习、沿用了后者的内容；异的方面在于有些是前者在学习后者内容时仍然保留了吐蕃"旧有规矩"的成分，是吐蕃乡俗惯例在民间契约中的显现，有些是前者瑕疵性的体现。深入分析吐蕃文契约之程式及内容，既可以探讨吐蕃传统文化对民间私契的影响，也可以考察其与汉文契约间的历史渊源关系。敦煌吐蕃文、汉文契约在梳理中古时期吐蕃与中原汉地间民事法律制度方面的交流与影响价值连城。

杜军强《"情理"的法源定性——基于对清代判决论证中"情理"作用的考察》一文，通过对清代刑部的部驳案件和基层的州县自理案件判决结构方面的对比分析，指出清代司法中"情理"和其他法律渊源在判决形成中的关系。他认为，情理在结构上是针对不特定的事实进行评价与指引而无具体

---

〔1〕 作者简介：韩青（1994—），女，甘肃陇南人，西北师范大学法学院 2019 级研究生；吴敏（1995—），女，安徽合肥人，西北师范大学法学院 2018 级硕士研究生。

的构成要件和法定效果，情理适用的方式是权衡与衡量，而非以律例的演绎或类比的方式适用；基于对清代部驳案件和州县自理案件判决的判决结构的考察，"情理"作为清代司法中的法律渊源和大清律、例并不处在同一层次上，但相互之间不存在排斥彼此适用的情形；情理与律、例都是判决形成的规范性材料，情理也具有清代司法之法律原则地位，可以当作实定的法律原则来对待；情理参与的司法论证是逻辑论证以外为结果妥当性和规范创造的必要性进行衡量、评价的修辞论证。

罗将《清代、民国河西契约文书所见"画字银"及其法律意义》系统考察了河西契约中画字银的分担方式、数额及分配规律。作者指出，古代契约交易过程中有饮酒食仪式，参加者一般为契约当事人、见证人及相关族人，其作用有二：一是具有公示的法律效力，以舆论约束契约当事人履行契约；二是考虑到传统中国房屋、土地等不动产的家族所有属性，交易合法化需要家族认可，因此饮酒食仪式是对交易行为的认可与确认。秦汉时期，契约签订时出现给付参与人报酬之事。唐宋之后，契约一般不写对中保人致酬，但致酬之事一直实际存在。因各地习惯不一，画字银又被称为"说合礼""合食礼""吃割食""画字约""中资""中人钱""谢中费"等，清代、民国河西地区契约文书中常以"画字银"称谓出现。画字银的分担方式以"酒食画字银外"为一般原则，即在契约正文约定，在正价之外另付酒食画字银，实践中还存在"酒食书字银在内""内书字在内外书字并酒食在外"的处理方式。清代画字银一般为交易标的额的1%～8%，民国时期画字银所占比重甚至高达标的额的34%。画字银的分配根据契约参与人的身份、作用不同，所得画字银也不同，一般存在如下规律：以族中长辈亲属、代书人、中人为序所得画字银数额依次递减，画字银均等分配属较少情形；民间白契、官方红契中均出现了"画字银"约定，画字银多在房屋、田地等不动产买卖中体现，凸显交易的隆重性和重要性。

阮兴《乡老讲息与官府断结：王朝州县治下的藏族部落纠纷解决形态——以甘南藏区为中心》通过对第一手资料清代循化厅档案的考察，指出晚清甘南藏区，通过先后设置洮州厅、循化厅被纳入清王朝州县体系进行管理，清政府"因俗而治"，任用当地藏族部落头目担任土官职务管理当地事务，同时利用、扶持当地有影响力的藏传佛教及寺院进行统治，形成了部落、寺院、官府三者相互依存又相互制约的社会结构；晚清甘南藏区部落纠纷多起因于争夺佃户、番庄、牛羊、草山草场、寺院等；由于循化厅官员大多任期短暂，不清楚当地风土人情，因此纠纷发生后的查处结果难以公正合理，从而难以使两造诚服、接受，加之藏区部落本身倚恃武力解决部落纠纷的传统仍在当地社会有很大的影响，乡老讲息与官府断结的甘南藏区部落纠纷解决机制应运而生；部落纠纷发生后，两造呈控官府，官府进行查处，但两造或其中一方不肯听从，官府则继续查办，乡老或受命或主动居中调解；两造或其中一方仍然抗拒不遵，或翻案滋闹，甚至武力反抗，于是官府带兵前往办案，以兵威迫令两造接受审判；在官府审判的过程中，乡老对纠纷进行讲息，形成两造均同意的评议，最后官府以乡老评议为基础作出判决，终结纠纷。他进一步指出，乡老讲息与官府断结不同于一般意义的调解或审判，非单纯的强制或合意，实质上是当地部落、寺院、官府相互斗争、相互妥协的结果，反映了晚晴甘南藏区部落纠纷解决的多元性和复杂性。

何君以"侵盗"为主线，兼与监守盗比较，追索侵盗在法律实践与律例修订中的线索，厘清侵盗在古典律学中的发展脉络。其报告《古典律学侵盗释义》指出，侵盗之表里内涵不同，从传世文献的使用到罪例的出现，由汉至宋侵盗从隐藏到明朗、从广义到狭义，逐步演变为监临主守自盗的扩大含义；侵盗与监守盗罪罪义在共性之下的区分，是明代律典对宋元侵盗的进一步解读；侵盗赃罪在清代沿袭明代侵盗钱粮例对监守盗的扩充，以侵盗钱粮为中心扩散的各个侵字例，都是对官财物之侵犯，体现了修律策略从简约到详密的转变。从犯罪对象都属官私财物的角度讲，唐律对盗罪的理解即非法占用。除盗不计赃罪名外，计赃论罪有三种盗罪，即强盗、窃盗和监临主守自盗。强盗针对私财物，窃盗不分官私财物，监守自盗针对官财物。扩大监守自盗范围的隐盗和侵盗，也只是官财物，而且是运输中的官财物。因此，监守自盗及侵盗均为对官财物的侵公之盗。

杨梅博士的报告《清代青海蒙藏地区治理研究》，通过对《筹议青海夷情衙门各章程折》的梳理指出，西宁办事大臣从设立之初到乾隆元年，机构的建立和职能是一个长期完善的过程，以乾隆元年为界可分为前后两期。其中，前期西宁办事大臣衙门官员设置没有定额，所需人员、物资都需临时酌设、置备，缺少往来文书使用唐古特文字的人员，遇事不能及时办理，也没有固定衙署；后期西宁办事大臣衙门设立专员办理蒙藏事务，确定有养廉银、心红纸张的费用及酬赏银两的数量，并开始设立固定衙署和专属兵役以供差使，继而从办公系统、人员、经费等方面实现了"临时性质"到"永久制度"的转变，逐渐形成实体化的行政机构；西宁办事大臣在青海蒙藏地区治理中位高权重，随着其管辖范围和权限的扩大，兼有统领州县之责，对西宁附近、西宁道府以下文官和镇协以下的武官，均具有考核之权。她进而指出，办事大臣的设立，对边疆地区民族治理产生了积极的影响，对后来青海行政区域的设置和社会发展均产生了深远影响，对当代民族地区的治理具有重要的借鉴和启示意义。

结合当今国际政治环境，方砚副教授做了主题发言，其论文《良政善治——缔造中国特色的"社会契约论"》从中国"良政善治"运行模式入手，用较短的篇幅描述出中国版"社会契约论"的简图，概述了中国良政善治下的政治优势，认为坚持实事求是、民本主义、整体统筹、民心向背、勤政敬德，在争夺国际话语权的过程中，一定能够创造出具有中国特色的、被世界其他国家和民族普遍接受的"共建、共融、共享"的"人类命运共同体"。

西北政法大学陈涛教授、甘肃政法大学法学院院长谢晖教授总结指出，法律史作为一门史学和法学的交叉学科，包含着丰富的法学理论和西部经验，此后的研究应运用新方法、新视角和新史料，借助区域特点，凝练研究方向。

西北农牧民政治文化

"广袤而狭小的生存空间"

——《中国西北农牧民政治行为研究》中的西北人文地理学观点及其启示

王　勇〔1〕

内容摘要：王宗礼、刘建兰和贾应生三位学者合著的《中国西北农牧民政治行为研究》（简称《农牧政治》）一书，对西北独特的地理和人文背景进行了详细的介绍和描述，清晰地勾勒了西北地区的人文地理，奠定了全书知识体系坚实的历史—地理唯物主义基础。《农牧政治》全景透视了西北地区多样而复杂的地形地貌和气候土壤等自然环境条件，可以说探寻到了西北地域空间文化的暗码和中国文明源起的"地理机会"，从某种意义上初创了一种"西北人文地理学"，因此，特别值得深入解读和进一步阐释。"广袤而狭小的生存空间"，便是西北人文地理学的"点睛之笔"。本文从广袤而狭小的生计空间、隔离而相融的文化空间、"农牧互动"与"地理机会"、"鲑鱼洄游"与"西北情结"四个方面对《农牧政治》进行了述评，初步阐发了书中的西北人文地理学观点及其理论贡献。

关键词：王宗礼　《农牧政治》　西北人文地理学　理论贡献　述评

王宗礼、刘建兰和贾应生三位学者合著的《农牧政治》〔2〕一书，系国家教委人文社会科学研究"八五"规划重点项目的最终研究成果，出版于1995年，先后印刷过两次。在这本书出版后不久，又陆续出版了《中国西北民族地区乡镇政权建设研究》〔3〕、《中国西北民族地区政治稳定研究》〔4〕、《中国

---

〔1〕　作者简介：王勇（1968— ），甘肃金昌人，西北师范大学法学院教授，法学博士，律师。主要的学术研究兴趣领域是西北法律文化、法理学、政治学理论与方法。
〔2〕　王宗礼等：《中国西北农牧民政治行为研究》，甘肃人民出版社1995年版。
〔3〕　刘建兰、王宗礼：《中国西北民族地区乡镇政权建设研究》，甘肃人民出版社1998年版。
〔4〕　王宗礼等：《中国西北民族地区政治稳定研究》，甘肃人民出版社1998年版。

西北地区社会现代化的困惑与出路》〔1〕、《西部开发与我国地缘经济安全研究》〔2〕等西北政治系列研究著作。这些著作，集中代表了以王宗礼教授为主持的研究团队在西北政治研究方面的开拓性成就，同时开启了此后西北基层政治与治理研究的历史先河，意义非常重大（见图1）。

《政治的逻辑——马克思主义政治学原理》	著作	王沪宁　主编	上海人民出版社
《西藏历史地位辨》	著作	喜饶尼玛　等著	民族出版社
《中国西北农牧民政治行为研究》	著作	王宗礼　刘建兰 贾应生　著	天津人民出版社
《20世纪西方政治思潮》	著作	徐大同　主编	天津人民出版社

图1　第二届中国高校人文社会科学研究政治学类优秀成果二等奖名单

《农牧政治》这本书尤其值得特别关注，在书的第一章中，作者对西北独特的地理和人文背景进行了详细的介绍和描述，清晰地勾勒了西北地区的人文地理，奠定了全书知识体系坚实的历史—地理唯物主义基础。这部分内容，全景透视了西北地区多样而复杂的地形地貌和气候土壤等自然环境条件，可以说探寻到了西北地域空间文化的暗码和中国文明源起的"地理机会"，从某种意义上初创了一种"西北人文地理学"，因此，特别值得深入解读和进一步阐释。〔3〕

"广袤而狭小的生存空间"，这是西北人文地理学的"点睛之笔"，在实证意义上，确实有三种具体的空间意象：小台塬，大沟壑；小绿洲，大沙漠；小帐篷，大草原。西北"广袤而狭小的生存空间"，正好对应于大东南（含历史上的中原地区）之"绵延而密集的生存空间"。这两类历史地理文化空间的分异、互补与竞争，已有著名的"胡焕庸线"所揭示。"胡焕庸线"即中国地理学家胡焕庸（1901—1998）在1935年提出的划分我国人口密度的对比

---

〔1〕　贾应生、王宗礼：《中国西北地区社会现代化的困惑与出路》，甘肃人民出版社1998年版。

〔2〕　丁志刚、王宗礼：《西部开发与我国地缘经济安全研究》，甘肃人民出版社2002年版。

〔3〕　2018年11月，笔者在河西学院法学院和甘肃政法学院马克思主义学院两校作了《国史上的"西北情结"及其法律地理学解释》和《"二点一存"的革命地理学蕴含及其法文化解释》的讲座，又加深了对宗礼导师代表作《农牧政治》之开拓性思想的理解。

线，最初称"瑷珲—腾冲一线"，后因地名变迁，先后改称"爱辉—腾冲一线""黑河—腾冲线"。[1]本文正是以"胡焕庸线"为参照，《农牧政治》中的西北人文地理学为重点，对大中国这一"文化时空体"的内在活力进行一种学理上的重构和阐释。

一、生计空间：广袤而狭小

《农牧政治》第一章的标题是"独特的地理和人文背景"，其中的第一部分内容就是全面描述西北地区农牧民"广袤而狭小的生存空间"，这部分内容精准地概括了西北农牧民生计空间的一个显著特点：广袤而狭小。书中除了引用许多具体而翔实的数据，直观地展现了西北地区国土面积之"广袤"之外，还引用了一个真实而有趣的访谈事例，在从北京开往乌鲁木齐的特快列车上，碰到了一位曾游历西欧不少国家的中国港澳地区的大学生，他不无自豪地向作者讲述了他游历西北的感受："不到大西北，就不知中国有多大。仅仅从陕西的省会西安，到新疆的首府乌鲁木齐，光特快列车就要乘整整41个半小时。要是在欧洲，40多个小时，列车早就横穿半个欧洲了。而在中国，连个大西北也穿不过去呀。"[2]可以看出，在当时外地人的眼中，西北地区的面积堪比整个欧洲。

接着，《农牧政治》还提供了西北地区的人均国土面积的数据资料，西北地区的广袤，也相对体现在西北地区人均占有国土面积上。据1990年7月1日第四次全国人口普查资料，西北总人口为7952万。倘以此计，西北人均占有国土面积为0.038平方公里。换句话说，也就是每26个多一点的人口就占有1平方公里的国土面积。这无论同我国其他五大区域相比，还是同世界上其他许多国家相比，其人均占有国土面积数，也是世界上最多的。[3]这种广袤的空间体验感，在西北地区真的是无可置疑。无独有偶，北京大学唐晓峰教授也认为：大地域感是中国社会知识和社会实践的基本特色，"地"的问题是理解中国古代文明的关键之一。[4]显而易见，唐晓峰教授所谓的中国人的"大地域感"，从中国国家版图形成的时空动力和文化板块——从"小中

〔1〕 胡焕庸："中国人口之分布——附统计表与密度图"，载《地理学报》1935年第2期。
〔2〕 王宗礼等：《中国西北农牧民政治行为研究》，甘肃人民出版社1995年版，第24页。
〔3〕 王宗礼等：《中国西北农牧民政治行为研究》，甘肃人民出版社1995年版，第24页。
〔4〕 唐晓峰：《当代学人精品 唐晓峰卷》，广东人民出版社2016年版。

国"到"大中国"——来看，应有古今体验上的不同，因此，今天对"大中国"的空间体验应是以大西北为主要锚点的。

在西北地区，与空间广袤相对应的就是有效生存空间的狭小。"西北地区区域面积的广袤，并不等于西北地区有效生存空间的广阔。相反，如此广袤的地域里人类有效生存空间却十分狭小。"地域辽阔，但资源匹配较差；土地绝对数虽大，但可利用土地比例较低；裸地、沙漠、戈壁等难以利用的土地面积所占比例大，宜农、宜牧、宜林的土地所占面积小；在宜农土地中，水地很少，旱地却很多；川地、谷地、塬地较少，坡地、山地较多。这就是除了广袤之外的"狭小"。这样一个对立而又统一的地理文化特点，非常贴切地展示了西北地区自然地理与人文地理的内在张力。书中还叙述道，西北不同地区土地资源条件差异也较大。在全国农业区划中，西北地区土地资源可划分为4个区：黄土高原区、甘新区、青藏区、陕北及宁夏部分地区。其中，黄土高原区中，"除渭河平原是良好的农耕区外，其余大部分地区属海拔1000~1500米的黄土高原，在长期流水侵蚀下，地面分割得支离破碎，形成了塬、梁、峁和沟壑交错分布的地形，为我国主要水土流失区。"[1]

此外，西北地区总体上水资源也相对贫乏，气候条件恶劣，主要表现在降雨量少、蒸发量大、连续无雨期长、无霜期较短、风多力强等方面。[2]老百姓甚至这样形容西北地区的干旱："山像和尚头，沟深没水流，三年两头旱，人畜饮水难。"[3]西北地区的草原也较为贫瘠。"产草量低造成了载畜量低，在许多地区，养一头羊竟需要20亩草地，养一头牛就更多了。""冬春牧草严重不足且质量较差，使西北草地年年陷入了牲畜饲养夏壮、秋肥、冬瘦、春死的恶性循环。"[4]在各呈异态的自然环境中，"西北地区是我国地形最复杂的地区之一。高原、沙漠、高寒山区、平原、河谷、大大小小的盆地，几乎汇集了绝大部分地貌类型。这些地貌类型既相互分割又相互交错。复杂的地理状况造成了复杂的生态环境。其中，每一种生态环境的相对独立，则为一定的文化在其中的繁衍创造了条件。"[5]

---

〔1〕 王宗礼等：《中国西北农牧民政治行为研究》，甘肃人民出版社1995年版，第26页。
〔2〕 王宗礼等：《中国西北农牧民政治行为研究》，甘肃人民出版社1995年版，第30页。
〔3〕 王宗礼等：《中国西北农牧民政治行为研究》，甘肃人民出版社1995年版，第31页。
〔4〕 王宗礼等：《中国西北农牧民政治行为研究》，甘肃人民出版社1995年版，第25页。
〔5〕 王宗礼等：《中国西北农牧民政治行为研究》，甘肃人民出版社1995年版，第41~42页。

需要特别指出的是，书中所谓的"有效生存空间的狭小"，并不意味着在狭小空间之外的广袤空间就是无效生存空间。这一点，似乎也是作者没有言明的地方，抑或是受制于"农民情结"之故。从纯粹的"农民情结"来讲，确实看重那块"狭小而有效的生存空间"，但是从"农牧民情结"特别是从"游牧民情结"的视角看，狭小空间之外的广袤空间也是有效生存空间，甚至就是"原始丰饶"。事实上，裸地、沙漠、戈壁等空间早已被西北农牧民开辟成为一个"游牧空间"，并从而演化了西北农牧民尤其是游牧民的生存逻辑：单位时间内放牧或移动空间最大化。这就是说，如果把泛中原农耕区即内地农耕民的生存逻辑概括为"单位空间内耕作或劳动时间最大化"的话，那么，游牧民的生存逻辑就正如上述。至于西北地区较为典型的农牧民即半农半牧民，其生存逻辑应是兼学前二者：在绿洲学农耕民，在草原学游牧民。因此，从事半农半牧的"农牧民"的生存模式和文化传承，需要特别关注。

换言之，正是因为西北农牧民的有效生存空间十分狭小，所以才激发了人们的主观能动性，迫使人们走向广袤的隙地空间寻求生存资源，其中最典型的就是游牧生计方式的发明。要理解"游牧"（nomadic pastoralism），不但要注意"牧"（pastoralism）的一面，还要特别注意"游"（nomadic）的一面，关键是要在"游动、迁移"这些经济生产活动的特征上作考察。游牧与一般的牲畜饲养方式具有本质上的不同。游牧是利用有限的草地植物资源维持生存的一种生产方式。农民和牧民的"收割工具"不同，牛羊既是牧民的"收割工具"，又是牧民的游牧"成果"即食物来源。农民的生计方式是：土地→种植谷物→收割谷物→获取食物（五谷）；牧人的生计方式是：草原、沙漠或戈壁→放牧牛羊→收割牧草→获取食物（肉奶制品等）。王明珂的研究发现，对游牧社会人群来说，"游动、迁徙"不只是让牲畜在各种季节皆能得到适宜的环境资源，更是人们逃避各种自然与人为"风险"（包括权力掌控与阶段剥削）以及利用更广大外在资源（如贸易与掠夺）的手段。因此，"游动"深深影响游牧人群的族群认同、社会结构、领袖威权以及社会道德与价值观。一个共通的基本原理是：资源丰则聚，资源寡则散。

当然，相较中原沃土及温润气候，西北地区的农牧民确实生活在贫瘠干旱的地方，但这不等于西北地区的农牧民就没有文化和制度文明上的创新，恰恰相反，由于生活在贫瘠干旱地区的人们，消费不起无效的制度安排这种奢侈品，因此，制度和文化上创新的可能性反而更大。比如，从大历史中的农业文明视野看，亦农亦牧、农牧互补和良性循环，正是最为自然的可持续发展的生态农业，是"反脆弱性"最强的生计方式之一。《农牧政治》中的"现代性"视角对此问题似乎有所遮蔽，当然，这是需要另文探讨的问题了。

二、文化空间：隔离而相融

西北地区广袤而狭小的生计空间，决定了西北农牧民各社群或族群之间既相互隔离又相互融合的文化空间演化版图。每一处狭小的生存空间一方面相对独立，这就为一定的文化在其中存续和繁衍创造了条件；另一方面，各个相对独立的生存空间之间又相互交错和连接，从而使隔离而相融这样一种对立统一的文化空间格局的出现成为可能。正如前述，在各呈异态的自然环境中，"西北地区是我国地形最复杂的地区之一。高原、沙漠、高寒山区、平原、河谷、大大小小的盆地，几乎汇集了绝大部分地貌类型。这些地貌类型既相互分割又相互交错。复杂的地理状况造成了复杂的生态环境。其中，每一种生态环境的相对独立，则为一定的文化在其中的繁衍创造了条件"。[1]也就是说，文化空间上的隔离而相融的特点与生计空间上的广袤而狭小的特点是不可分割的，这也正是地理因素与人文因素相互嵌入的内在意涵所在。《农牧政治》中以"板块式社会结构"这一概念进行了准确的概括，具有人文与地理的双重意涵（见图2）。"西北农牧区社会结构的一个突出特征是社会结构的'板块式'组合。社会各单元之间缺乏内在统一性，社会整合程度较低。""在这种低整合的板块式社会结构中，各板块之间的摩擦和冲撞，都有可能引起一定的群体政治行为。如不同民族之间的利益冲突、不同宗教信仰者之间的价值冲突、不同地区间的利益摩擦等，都可能孕育着某种群体政治行为。"[2]

---

〔1〕 王宗礼等：《中国西北农牧民政治行为研究》，甘肃人民出版社1995年版，第41~42页。
〔2〕 王宗礼等：《中国西北农牧民政治行为研究》，甘肃人民出版社1995年版，第258页。

图2　自然地理暨社会结构的"板块式"组合（以黄土高原为例）

对此，《农牧政治》中的相关论述相当深刻并富有洞见。不同小生态环境中的气候土壤条件又决定了不同的生产生活方式，"复杂的生态环境使之形成了复杂的生产方式。从大的方面讲，西北农牧区分布着农业、畜牧业两大类型的生产方式。从小的方面讲，这两类生产方式各自又可分为不同类型。同为农耕，有河谷平原农业、绿洲农业、高寒农业之分；同为畜牧，有游牧和住牧之分，草原畜牧和山地畜牧之分。这种各具特色的生产方式为不同文化形态提供了不同的物质基础"。[1]这样就孕育了全国最多样化的族群分布和文化分布的图景，当然，西北地区也就成了全国少数民族分布最多的地区之一。同时，"也正由于丝绸之路，位于亚洲腹地的西北，成为三大宗教（佛教、基督教、伊斯兰教）、三大语系（阿尔泰语系、印欧语系、汉藏语系）以及汉文化、阿拉伯文化、印度文化等多种文化的荟萃之地"。[2]"西北文化发展的多元化，主要表现在三大层次上。首先，从宏观层次看，西北文化的多元性表现为儒家文化、藏传佛教文化、伊斯兰教文化和现代文化的撞击与交汇。"[3]这些对西北地区文化之多元一体特征的精彩概括，在书中随处可见。

星罗棋布地分布在裸地、沙漠、戈壁、草原和沟壑之间的社群或族群，相互之间早已不是"邻国相望，鸡犬之声相闻，民至老死不相往来"那样的情形了，而是通过道路和驿站普遍地连接起来的，因此，相互隔离只是相对的。西北地区的人口流动是经常性的，"汉族向西北的流动，主要表现为出仕、戍边、屯垦移民、流放罪犯、灾民西流北进、寻找可耕土地、少数民族

---

〔1〕 王宗礼等：《中国西北农牧民政治行为研究》，甘肃人民出版社1995年版，第42页。
〔2〕 王宗礼等：《中国西北农牧民政治行为研究》，甘肃人民出版社1995年版，第43页。
〔3〕 王宗礼等：《中国西北农牧民政治行为研究》，甘肃人民出版社1995年版，第44页。

政权掳掠沿边人口和工匠等。少数民族向内地的流动，则主要取举族内附、扩展疆域、拓土殖民等形式"。[1]人口流动推动了相互之间的融合，"各具特色的自然环境、生产方式、民族分布、民族交往等因素，不仅导致了西北地区文化的多元交织状态，而且还导致这种文化多元状态的运动带有以下特点：其一，差异性和同质性并存。其二，宗教性和世俗性并存。其三，隔离性与包融性并存"。[2]可以看出，《农牧政治》在这里已经描绘出西北地区族群与文化分布上的"多中心连接网络"的特点了。

对西北地区农牧民之文化空间上的既隔离又相融这一对立统一性特征的分析，是《农牧政治》在理论上的诸多原创性贡献之一。"一般来说，任何一种文化体系总是与一定的文化隔离机制分不开的。这种文化隔离机制一般表现为三种形式，即自然隔离、社会隔离、心理隔离。自然隔离指山川、海洋、沙漠等自然地理环境造成的对文化传播的障碍；社会隔离指某一地区或民族为保持其文化的凝聚力所采取的排斥和抵抗异质文化的活动；心理隔离指一种文化在传递过程中所积淀的某一特有文化心理意识对接受异质文化所产生的心理障碍。就西北各文化体系而言，文化隔离机制的三种形式都有一定程度的表现。"[3]

应该说，自然隔离是一种最基础性的隔离类型，或者说，自然隔离正是社会隔离和心理隔离的物理基础，如果不存在自然隔离这一相对刚性的约束条件，那么，社会隔离和心理隔离一般是很难长久维持的。事实上，分布在西北地区的绿洲、河谷和台塬之间的裸地、沙漠、戈壁、草原和沟壑等这样一些"隙地"，并不像"蜀道之难，难于上青天"一样具有完全刚性的隔离效应，这就意味着西北地区内部的文化空间之间的融合程度可能相对高于西南山地区域。事实上，《农牧政治》中已经敏锐地观察到了这一点，"西北地区许多民族文化体系，除了有隔离性的一面，还有相融性的一面"。[4]相融是基于民间交流，"至于民间交流，更是不计其数。以至我们今天在藏区很多地方都可以看到藏汉文化交流的硕果"。如藏族民间故事《阴曹救母》就与汉族中流传的《劈山救母》接近。在果洛草原，有好几种棋艺同陕、甘、宁、青

---

〔1〕 王宗礼等：《中国西北农牧民政治行为研究》，甘肃人民出版社1995年版，第43页。

〔2〕 王宗礼等：《中国西北农牧民政治行为研究》，甘肃人民出版社1995年版，第48~50页。

〔3〕 王宗礼等：《中国西北农牧民政治行为研究》，甘肃人民出版社1995年版，第50页。

〔4〕 王宗礼等：《中国西北农牧民政治行为研究》，甘肃人民出版社1995年版，第51页。

汉族中流传的民间棋艺十分相似。如"久"就和内地的"方"图形几乎一模一样，"加吾"与内地的"兵抓和尚"图形相差不多，"加吾合"与内地的"跳茅房"相差不多，且其走法，判断输赢之标准完全一模一样，使人难以分辨。[1]

当然，对于隔离而融合的互动机制和比例关系，作者还有更为细致的分析和观察。作者发现，在西北地区内部的各亚文化之间，融合程度是有差异的。"在这里需要提出的是，迄今为止，在隔离性和相融性的关系上，隔离性一般占主导地位和支配地位，这尤其表现在回族、撒拉族、东乡族、保安族等宗教凝聚性文化中。以回族文化为例，回族文化是伊斯兰教文化与中华文化相交织相融汇而成的，而以伊斯兰教为信仰的伊斯兰文化自始至终居于回族传统文化的核心地位，一旦被触及，则竭力维护。其他民族文化，也有这类特点，只是表现程度不同罢了。"[2]

在这里，需要指出的是，《农牧政治》中的田野调研和观察结论是基于1990年代初期的情况而展开和总结的，如今，西北地区的交通和通讯条件已比那个时候有了大幅度的改善，甚至，"交通已经征服了海拔"，因此，"在隔离性和相融性的关系上，隔离性一般占主导地位和支配地位"的判断在新的时代背景下，似乎要作一些调整，即隔离性和相融性之间应达到了某种均衡态。对于隔离而相融的内在张力及其"中庸之道"的认识，《农牧政治》是极为深邃并富有前瞻性眼光的——总而言之，正是这些因素的相互作用，才使整个西北地区的文化发展形成了多元文化，以彼此分割又相互覆盖的方式共处于一种交织状态，既相互撞击又相互交汇，在撞击中吸取其他文化的精华，在交汇中保持自身文化的特色。

三、"农牧互动"与"地理机会"——西北人文地理学启示之一

"广袤而狭小的生存空间"，提供的正是农牧竞争与合作的地理条件，而农牧竞争与合作是人类文明发生的普遍内动力。"狭小"的绿洲、河谷和台塬之处，正是早期或幼年半农半牧文明的孕育之地，而"广袤"的裸地、沙漠、戈壁、草原和沟壑等这样一些"隙地"，则为牧业乃至游牧文明的发展壮大提

---

[1] 王宗礼等：《中国西北农牧民政治行为研究》，甘肃人民出版社1995年版，第52页。
[2] 王宗礼等：《中国西北农牧民政治行为研究》，甘肃人民出版社1995年版，第52~53页。

供了回旋余地或实验（试错）空间。这种适于文明发生的地理空间条件，从自然法角度讲，就是一种"正义空间"（行为自主，后果自负，没有任何第三方为其承担外部性后果或风险）。从某种意义讲，中国大西北的这种地理人文空间与欧洲有诸多相似之处。南昌大学法学院蓝寿荣教授的游记作品《原野中的城堡——欧洲行记》，[1]是一部极富想象力的作品，书中传神地表达了欧洲人的"空间正义"——原野中的城堡。这使人联想到了西北地区的"空间正义"："戈壁中的烽燧或庄寨"（河西走廊）、沟壑间的台塬和草原中的河谷。这与中原地区的"空间正义"——"田野中的村落"，有显著的区别。在西北地区，裸地、沙漠、戈壁、草原和沟壑这些原野仍旧是"隙地"，但是在中原地区，田野却是"被缝合的空间"，这里因此成了"绵延而密集的生存空间"。

"小台塬，大沟壑"，是黄土高原的空间意象——由积淀深厚的黄土构成的千塬万壑的空间格局。垅塬（原）不是"一个"，而是连绵不绝的"多个"，是"千高原"。千塬万沟，封而不闭，布而不满，聚而不挤，独而不统，小而不脆，俭而不奢，贫而不瘠，和而不同，孤而不寡，农牧互济。这些特征共同构成了最优地理政治，总是孕育着最强"反脆弱性"文化。陇原，垅原，拢原，龙原，隆原，这几个概念或高度通约，蕴含着中国文化初生时的元气和深层情感方式。"小绿洲，大沙漠"，是河西走廊和新疆的绿洲戈壁沙漠格局，绿洲上的农业与毗邻的戈壁沙漠上的游牧是一种竞争性互补关系。"小帐篷，大草原"，是青藏地区的高原河谷格局，低处向阳的河谷是游牧民的"冬窝子"，高寒地带的草原是游牧民的"夏窝子"，两地间有规律的聚散和移动是青藏地区农牧民的生存逻辑。具有回旋余地的地理空间，使居游之间、农牧之间的经常性互动成为可能，从而成了文明激活的内动力结构。

其实，具有回旋余地——比如上下游之间或山地和平原之间——这样一种文明发生的内动力结构，就隐藏在大中国人文地理的历史底色之中。唐晓峰教授的研究发现，黄河流域分布的早期人类聚落，具有这样一个特点：上游聚落多而小，下游聚落少而大。"聚落的最初形成，是一个自然生态的过程，而聚落规模一旦生成，人文空间关系便开始发育，人际关系成为与人地

---

〔1〕 蓝寿荣：《原野中的城堡——欧洲行记》，湖北人民出版社 2009 年版。

关系并行的一条历史地理线索。从外观上看,以特定地区,在接续发展的考古文化中,晚期的聚落群聚合性增强,单体聚落也常常大于早期的聚落。在运城盆地龙山文化向二里头文化过渡过程中,遗址分布逐渐呈现聚合的特点。在已经发现的遗址数量方面,二里头文化遗址与龙山文化遗址相比,数量有明显减少。如绛县境内的涑水河上游及里册峪河流域,龙山时期遗址有33处,二里头时期遗址有18处,减少近一半。""另外,中条山南麓及黄河北岸,尤其是芮城地区,龙山时期遗址有14处,二里头时期有5处,减少大半。在数量变化的同时,遗址规模也在变,二里头遗址的面积和规模超过了龙山时期遗址。这种规模上的变化当不是单纯的量变,它不仅反映了从龙山时期到二里头时期人类活动逐步聚合的一个特点,也说明聚落内部的复杂化。这应是文明起源过程中的一个重要方面。"〔1〕不难看出,上游聚落多分散,下游聚落多集中(见图3)。

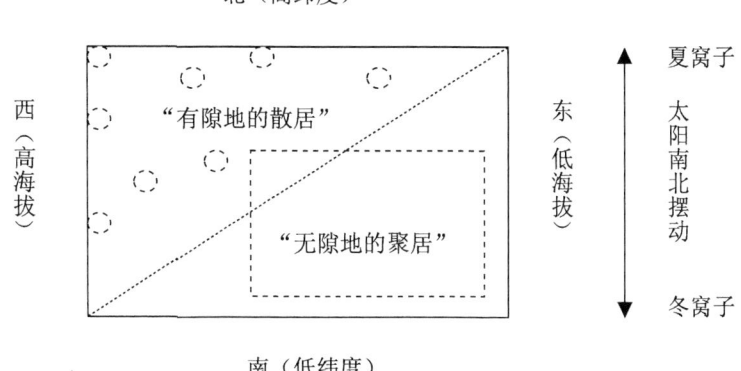

图3 中国西北—东南人文地理暨人地空间分布特点的一个比较

(以"胡焕庸线"为对角线的一个抽象示意图)

何炳棣教授也特别留意到黄河上游支流区域在文明初创时期的特殊地位。"华北农业发源于黄土高原和比邻高原东缘的平原地带。农作开始于黄土地带无数小河两岸的黄土台地。这些台地都高于河面几十尺甚至几百尺。台地既近水面又不受河面的淹没。应强调指出的是,这些数以千计的黄土台地遗址

---

〔1〕 唐晓峰:《当代学人精品 唐晓峰卷》,广东人民出版社2016年版,第70~71页。

几乎都不是沿着泛滥无制的下游黄河本身的。因此可以肯定地说，华北农业的起源根本与泛滥平原无关。"〔1〕钱穆的论述则更为直观和简明，"普遍都说，中国文化发生在黄河流域。其实黄河本身并不适于灌溉与交通。中国文化发生，精密言之，并不赖藉于黄河本身，他所依凭的是黄河的各条支流。每一支流之两岸和其流进黄河时两水相交的那一个角里，却是古代中国文化之摇篮。那一种两水相交而形成的三角地带，这是一个水桠杈，中国古书里称之曰'汭'，汭是两水环抱之内的意思。中国古书里常称渭汭、泾汭、洛汭等，即指此等三角地带而言……三角桠杈地带里面，都合宜于古代农业之发展。而这一些支流之上游，又莫不有高山叠岭为其天然屏蔽，故每一支流实自成为一小区域……""此等小水系，在中国古代史上皆极著名。中国古代的农业文化，似乎先在此诸小水系上开始发展，渐渐扩大蔓延，弥漫及于整个大水系……中国是一个大家庭，他能具备好几个摇篮，同时抚养好几个孩子。这些孩子成长起来，其性情习惯与小家庭中的独养子不同。这是中国文化与埃及、巴比伦、印度相异源于地理背景之最大的一点。"〔2〕

这里面，体现的正是文明发生的"地理机会"。对此，唐晓峰教授作过一个行动的说明："历史学家们从政治、经济、军事各个方面揭示出许多历史发展的机缘，而从历史地理学的观察角度，我们强调历史发展还须有一个地理机会。所谓地理机会，意思是具体的历史发展从不是在空中抽象地完成，而必当在一处或几处关键的地理部位上首先获得条件，最早发生，然后还是在地理上，渐渐扩大，最后完成。历史发展的地理机会，就是那个（些）最早具备条件的地理部位。善于'脚踏实地'思考问题的人，都会明白，历史发展没有地理机会是不可能的。英文的'发生'一词写作 take place，直译是'得一个地方'，很有地理意味。"〔3〕奥本海在《论国家》中亦特别强调：农人与牧人的接壤处是早期文明激发地带。〔4〕这一真知灼见也意味着，文明的发生，既要有安全的"姆庇之家"，也要有足够的回旋余地或实验（试错）

〔1〕 何炳棣："中国文化的土生起源：三十年后的自我检讨"，载何炳棣：《读史阅世六十年》，中华书局 2012 年版，第 395~396 页。

〔2〕 钱穆：《中国文化史导论》，商务印书馆 1994 年版，第 4~5 页。

〔3〕 唐晓峰："国家起源的'地理机会'"，载唐晓峰：《新订人文地理随笔》，生活·读书·新知三联书店 2018 年版，第 29 页。

〔4〕 唐晓峰："国家起源的'地理机会'"，载唐晓峰：《新订人文地理随笔》，生活·读书·新知三联书店 2018 年版，第 30 页。

空间。据此可以理解，西北地区"狭小"的绿洲、河谷、台塬和与其毗邻的"广袤"的裸地、沙漠、戈壁、草原及沟壑等这样一些"隙地"之间，正是文明发生的"地理机会"。台塬—沟壑间，可以发现家族的地理构成；绿洲—沙漠间，可以发现社群的地理构成；河谷—草原间，可以发现部落的地理构成。

四、"鲑鱼洄游"与"西北情结"——西北人文地理学启示之二

如果说，农牧互动是文明发生的内动力，那么，聚散互济，则是文明持续的内动力。相对于中原地区的低纬度低海拔，西北地区是高纬度高海拔地区，其"广袤而狭小的生存空间"，与中原地区"绵延而密集的生存空间"之间形成了一种空间结构上的竞争性互补关系，这也正是文化中国的"地理构成"或"空间形状"。"广袤而狭小的生存空间"，通常孕育"强合作，弱竞争"的文化；"绵延而密集的生存空间"，通常演变出"强竞争，弱合作"的文化。两者互补，才是理想状态。

从这里，似乎可以揭示出国史上之"西北情结"的秘密所在。众所周知，国史上对于"西北情结"有许多表述，兹摘录部分如下："大事于西""天道多在西北""西北为天门""肇国在西土""有大艰于西土""三代中东胜西之事少，西胜东之事多"（傅斯年）、"夫作事者必于东南，收功实者常于西北。故禹兴于西羌，汤起于亳，周之王也以丰镐伐殷，秦之帝用雍州兴，汉之兴自蜀汉"（《史记·六国年表》）、"自古中兴之主，起于西北，则足以据中原而有东南；起于东南，则不能复中原而有西北"（《宋史》卷三百五十八《李纲列传》）、"有圣人出，经理天下，必自西北水利始"（刘献廷）等。[1]

"两点一存"，可以说是最新版的"西北情结"。2009年6月7日，习近平同志到甘肃庆阳视察时，明确要求，"对南梁的革命历史一定要好好研究"，要突出两个方面：一是陕甘革命根据地"是中央和中央红军长征的落脚点，也是八路军奔赴抗日前线的出发点，这片热土孕育了革命，为中国革命作出了历史性的贡献"；二是陕甘革命根据地"是'硕果仅存'的革命根据地"。这就是著名的"两点一存"。2015年2月13日，习近平主持召开陕甘宁革命

---

[1] 刘乃寅："何以西北？——国史上的西北情结的渊源"，载《中国历史地理论丛》2007年第4期。

老区脱贫致富座谈会时强调，陕甘宁革命老区在我们党历史上具有十分重要而特殊的地位，它作为土地革命战争时期创建的红色革命根据地，是党中央和红军长征的落脚点，也是党带领人民军队奔赴抗日前线、走向新中国的出发点。革命老区是党和人民军队的根，我们不能忘记自己是从哪里来的，永远都要从革命历史中汲取智慧和力量。

从毛泽东的革命地理学和救国地理学思想中，也可以概括出"西北情结"的奥义所在。在毛泽东著名的建立革命根据地的思想中，地理分析是起到关键作用的。首先，他强调中国在地理上是一个大国，也说："中国是一个大国——'东方不亮西方亮，黑了南方有北方'，不愁没有回旋的余地。"毛泽东在《抗日游击战争的战略问题》中提到，"如果我们是一个小国，游击战争只是在正规军的战役作战上起些近距离的直接的配合作用，那就当然只有战术问题，没有什么战略问题。"因为中国是一个大国，充满回旋余地，所以"红色政权"能够在某一类地理地带存在。另外，毛泽东领导的土地革命，不仅是阶级选择——贫苦的农民，也有地理选择——反动力量薄弱的"边区"。[1] 这样的革命地理思想，其用武之地，当然要首选西北地区之"广袤而狭小的生存空间"，而不可能是中原地区"绵延而密集的生存空间"，因为后者没有"回旋余地"。

陕甘革命根据地，之所以能够成为"两点一存"，与黄土高原独特的地理地形特点密不可分——小台塬与大沟壑构成了一个"千塬万壑"的空间地理格局。这里"生地"多，但"死地"少。孙子兵法上讲，"死生之地，存亡之道，不可不察也"。"地者，远近、险易、广狭、死生也。""死地"的定义是"疾战则存，不疾战则亡者，为死地"，"无所往者，死地也"。即无法逃生之地，拼死一战则生，不战则无所逃也。"生地"是可以逃生之地，不须死战，有回旋余地。"视生处高"是处于顺势。因此，陕甘革命根据地是当时的历史条件下，有利的征兵、养兵和用兵之地。此外，攻位于汭，屯耕黄土地带，也是中国大历史中军事地理上的常胜之道。陕甘革命根据地的黄土，虽然略逊黄河金三角，但却胜于井冈山，从而为"军民大生产"及"自给自足"提供了基础条件。这里属于农牧交错地带，也是拉铁摩尔指称的"贮存

---

〔1〕 转引自唐晓峰："毛泽东的革命地理"，载唐晓峰：《新订人文地理随笔》，生活·读书·新知三联书店 2018 年版。

地", 是大历史中"南征北战"的地理枢纽。这里也是雷殷所谓的"内边疆"——"地非边隅, 岂成边疆?", 以及斯科特所谓的"弱国家空间"——"远离国民党反动派的统治中心"。同时, 这里还是伊恩·莫里斯所谓的"次幸运纬度带"。总之, 在当时的历史地理背景之下, 这里是中国共产党人所能占领的唯一的"形胜之地", 是天时、地利、人和兼具之地。

事实上, 从生物地理学的视角看, "鲑(归)鱼洄游"就是为了获得生存和繁衍的"回旋余地"或"冗余保险"。鲑鱼的"鲑"可谓一字双关——归家的鱼。鲑鱼的生存本能告诉它: 上游以生, 下游以养; 散以归家, 聚以入海。凡断此洄游者, 自绝其繁也。明知逆流洄游至上游是一个悲壮的征程, 但也是义无反顾, 逃离大海大江, 是为了"反拥挤", 是为了"向死而生"或生命系统的"重启"。这样一种生物地理学的道理, 与人文地理学的道理, 其实是相通的。西北与中原, 是一种疏密结合的地理文化板块——西北疏, 东南密, 因此有了战略回旋余地, 所以成了后来的"西北抗战大后方", 也就不难理解了。另外, 汉字"西"中便含有阴阳交合而生之意; 汉字"东"(東)中则含有太阳始升草木繁荣而养生之意。加之一年中太阳运行而引起的"东以过冬, 西以避暑"之规律, 那么, 东—西之间的这样一种周期性互动, 便蕴含着文明发生的"元动力"结构之谜(见图4)。

人在中原, 心系西北, 这就是"西北情结", 因此, "西北情结"的对应面就是"中原情结"——实质上是"中原诱惑"。中原的繁华和富饶, 是一把双刃剑, 在养育众生的同时, 也会腐蚀众生。孟德斯鸠在其《论法的精神》中多次提到了奢侈的危害性, "奢侈又伴随着城市的扩大而发展, 尤其是首都的繁荣。因此, 奢侈是与国家的财富、私人财产的膨胀以及集中于某些地区的人口增长相联系。人口越集中, 人们越具有虚荣心, 越想在细小的事情上表现出与众不同的风格。人口的极度膨胀使居民彼此互不相识, 则人们出人头地的虚荣心也会加倍膨胀, 这是因为有较多的成功机会在等待着人们。由于奢侈给予人们以这种希冀, 所以, 每个人都装出身份优越的姿态"。[1]"建文帝曾说: '我们如此奢华, 连老百姓不得已出卖的男女小孩的鞋上都要绣上花。'众多的人为一个人制作衣裳, 这难道是帮助众多缺衣少穿人们的办法吗? 十个人坐吃由一个农民在土地上劳作的收获, 难道是使众人免于忍饥挨

---

[1] [法]孟德斯鸠:《论法的精神》(上卷), 许明龙译, 商务印书馆2016年版, 第116页。

饿的方法吗？"〔1〕这就是中原的"致命诱惑"！"西北情结"体现在生活方式上是"俭而且慷"，是一种归家心态，不存在所谓"诱惑"。

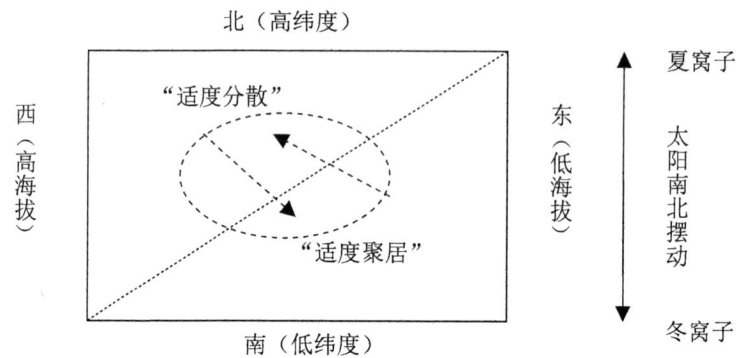

图4　中国西北—东南人地分布上的战略"回旋余地"

（以"胡焕庸线"为对角线的一个抽象示意图）

另外，科层优劣与人口规模之间也存在着高度的相关性。科尔指出，"社会规模"（social size）又一次被认为是一切问题的根源，社会规模过大，内部腐败的风险会随之增大。阿罗提出了"最优科层"理论——当组织或社会结构偏离最优科层时，只有两类情形，其一是科层高度偏低（"过于民主"），其二是科层高度偏高（"过于集权"）；组织理论的基本问题是：从底层到顶层的信息传送距离越长，信息因"信道噪声"而扭曲"失真"的程度就越高，从而决策失误的概率也就越高。这就是说，高密度聚居在平原地区的超大型社会很难形成并持续维持一种"最优科层"，官僚制的积弊始终挥之不去——正如孟德斯鸠所虑"坐享其成者日众，辛勤劳动者日寡"。对此，如果有一种时空结构上的防范或化解机制，无疑就是一个人口规模超大型国家的幸运所在。中国西北—东南人地分布上的战略"回旋余地"（见图2），正是中国的国家之幸。

西北的人文地理学，呈现出的是一种"多中心网络"或"去中心化网络"，有着类似于"区块链"的功能。架构和治理上的去中心化为区块链带来三个好处：容错性、抗攻击力和防合谋。构筑我们所在的这个世界的网络，

---

〔1〕 ［法］孟德斯鸠：《论法的精神》（上卷），许明龙译，商务印书馆2016年版，第121～122页。

被认为是自然产生的拥有多个中心点的随机网络。这种网络的构造，正是解释从微观世界到宏大宇宙，包括一切自然和社会神秘理论的关键所在。"多中心网络"或"去中心化网络"，与"部落社会结构网络"是通约的。由于"部落社会结构不可能达到高度文明，大规模的社会结构又不可能成为自由的社会"，因此，如何使两种社会结构之间实现优势互补，其实正是世界上许多国家梦寐以求的，不过这些国家很难从本国的历史和文化传统中寻找到"智慧的灵感"或"米提斯救援"。但是，在中国却有这样一种活着的"文化时空体"——西北与东南（中原）之间的人文地理互动结构。这样一种作为中华传统文化的人文地理学——真正的"大块文章"[1]，正是中华文明长盛不衰的独特战略文化资源所在，亟待我们的深度发掘和创造性利用。

---

〔1〕"大块"，即大地；"文章"，指错综的色彩花纹；"大块文章"当然就是大地上的斑斓景观。将山川大地的景观看作"文章"，是中国地理文化的一大传统。参见唐晓峰："大块文章"，载唐晓峰：《新订人文地理随笔》，生活·读书·新知三联书店 2018 年版。

文化，抑或是国家？

——《中国西北农牧民政治行为研究》中的问题意识及其再发现

王　勇[1]

内容摘要：王宗礼、刘建兰和贾应生三位学者合著的《中国西北农牧民政治行为研究》（简称《农牧政治》）一书，对关于西北问题的基本学术判断和理论定位意义非常重大，值得深入发掘或再发现。二十世纪九十年代初，在《农牧政治》的研究设计中，以现代性取向、公民政治和现代民族国家建构作为作者的基本理论假设和核心理论关切，确实是站在了当时国内政治学的理论前沿，因此代表了在那个时代中国政治学研究的最高水平。《农牧政治》中的问题意识具有相当的开放性，为今天的再解读和再发现留下了足够的空间，这也正是《农牧政治》的魅力所在。从西北地区，可以重新发现中国作为"文化"与"国家"的二重结构：从"农牧兼营"到"一体多元"，可以发现"文化中国"的历史底色；从面向公民政治的"民族国家"建构，可以发现"民族国家"的现代传统。接续《农牧政治》的问题意识与学术关切，对中国西北及中亚诸国农牧民政治文化和政治心理等展开进一步研究，对于夯实"一带一路"之相关基础理论意义重大。

关键词：王宗礼　《农牧政治》　问题意识　文化　国家　再发现

中国是一个文化，却假装是个国家，而且是个古怪的国家（Erratic State）。[2]

——白鲁恂（Lucian W. Pye）

天下大治，不分不活，不合不强。[3]

——徐勇

---

[1] 作者简介：王勇（1968— ），甘肃金昌人，西北师范大学法学院教授，法学博士，律师。主要的学术研究兴趣领域是西北法律文化、法理学、政治学理论与方法。

[2] Lucian W. Pye, China: Erratic State, Frustrated Society, Foreign Affairs, Fall, 1990, p.58.

[3] 徐勇："重新定义中国政治：基于一个新的分析框架"。此文系 2017 年 12 月 18 日许勇教授受"北京大学赵宝煦学术基金"邀请，做的"重新定义中国政治：基于新的分析框架"讲座的主要内容。内容详见 http://www.sohu.com/a/214058485_ 166202。

2018 年 5 月 1 日，美国杜克大学政治学系牛铭实教授应邀来西北师范大学法学院讲学，当天，牛铭实教授从笔者手里借走了王宗礼教授等完成于 1995 年的处女作——《农牧政治》，晚上在西北师范大学专家楼阅读。5 月 2 日早晨离兰时，牛铭实教授将书还给了笔者（是笔者仅有的收藏保留本），并对《农牧政治》作了如下评价：框架好，方向对，意义大，有前瞻，要顺着这个思路从细节切入继续研究下去。牛铭实教授的一部著作《豆选》，对中国共产党在陕甘革命根据地时期的基层民主经验进行了深度发掘；牛铭实教授的祖父牛伯超是民国时期甘肃临洮县的第一任县长（知县）；同时，牛铭实教授还整理出版了《中国历代乡规民约》等重要的关于中国基层治理的历史文献作品。因此，牛铭实教授对西北地区以及《农牧政治》这本书格外关注是可以理解的。

牛铭实教授对《农牧政治》的好评也印证了笔者多年来阅读这本书的一个直觉判断：《农牧政治》中的关于西北问题的基本学术判断和理论定位意义非常重大，值得深入发掘或再发现。20 世纪 90 年代初，在《农牧政治》的研究设计中，以现代性取向、公民政治和现代民族国家建构作为作者的基本理论假设和核心理论关切，确实是站在了当时国内政治学的理论前沿，《农牧政治》因此也代表了在那个时代中国政治学研究的最高水平，从农业问题或农牧问题切入，也抓住了中国政治的关键所在（见图 1）。《农牧政治》中的问题意识具有相当的开放性，为今天的再解读和再发现留下了足够的空间，这也正是《农牧政治》的魅力所在。

图 1　甘肃农业大学校门前的校史文化石刻之一

《农牧政治》尽管也使用了问卷调查和实地访谈等所谓的"实证研究"方法,但是,这本书的真正长处在于最大限度地发挥了"质性研究"的优势——三位作者都是土生土长于甘肃农牧地区,对研究的问题有很深的经验体会,写作中注入了浓厚的情感,并将学术研究的"童子功"体现得淋漓尽致;对西北地区基本国情的把脉、描述和定性都相当精确;围绕许多真实的案例与故事来"以事说理",大量运用"民谚"和"大白话"以增强论证的可信度和说服力,恰如其分地引用西方经典和中华用典以为"事理互参",从而完全去掉了那个时代尤其是今天这个时代仍然盛行的教条主义文风和形式化、格式化的叙事体例。因此,二十多年后,再翻开这本书,仍然很是耐读。

一、问题意识与逻辑主线——重新梳理

《农牧政治》的问题意识与逻辑主线,在书中的导论部分有明确的交代。"从西北地区农牧民的整体状况看,它既有着和整个中华民族农牧民一脉相承的共同传统和一般属性,又有着不同于我国其他地区农牧民的特殊个性,是中华农牧民一般性和西北地缘特殊性的统一……其中的特殊性,主要的有:生产方式更加落后,所处地域更加封闭,观念更加滞后和陈旧……西北地区的农牧民群体的结构较为复杂,价值观的多元化色彩明显……西北地区的农牧民生存条件更加严酷,生活水平更为低下,受教育水平也低于全国平均水平。"因此,"我们的研究试图达到两个目的:一是要说明西北地区农牧民的政治行为从总体上说是我国实现民主政治的深层障碍;二是通过西北地区农牧民政治行为的描述性分析,为预测、引导、调控农牧民政治行为服务。为此,我们认为西北地区农牧民的政治行为要与现代民主政治的要求相吻合,必须实现向理性化的转变"。[1]

可以看出,现代性取向、公民政治和现代民族国家建构,是《农牧政治》的基本主线和理论假设。其中贯穿全书的基本主线,从实质上透视,是非常清晰的,只是《农牧政治》在其中的个别章节,没有能够完整地表达出来,因此,有必要在这里重新梳理一下。

第一章的内容是"独特的地理和人文背景",从西北地区的历史人文地理和经济生产方式来看,可以把广义上的西北农牧民分为三种类型,即农民、

---

[1] 王宗礼等:《中国西北农牧民政治行为研究》,甘肃人民出版社 1995 年版,第 19 页。

牧民（包括游牧民）和农牧民（半农半牧民）。从这样的分类看，《农牧政治》中的"公民"，则是一个完全现代性的概念，当将其与前面的三种类型置于一起研究时，则有"时空压缩"的性质。虽然严格意义上的"公民"概念并不与特定的经济生产方式或职业联系在一起，但是，"公民"却与后来出现的城市市民或中产阶级有密切的联系。

当然，"公民"的核心含义还是指认同民族国家的具有独立人格和权利意识的个人或自然人。总之，将农民、牧民（包括游牧民）、农牧民（半农半牧民）和公民这几个概念放在一起讨论时，问题是非常复杂的，"时空压缩"的性质显著——从历时性上看，农民、牧民（包括游牧民）、农牧民（半农半牧民）可以视为是公民的历史前身，而其中的农牧民又是农民和牧民（游牧民）的历史前身，或者说，农民和牧民（包括游牧民）是从农牧民这个源点处分化出来的（农牧民是农—牧大分化之前的生计形态）；从共时性上看，农民、牧民（包括游牧民）、农牧民（半农半牧民）和公民也可以出现在同一时空之下，比如将"公民"更多地与城市市民或中产阶级联系起来时。

如上所述，如果从西北地区的历史人文地理和经济生产方式的角度，将西北农牧民分为农民、牧民（包括游牧民）和农牧民（半农半牧民）这三种类型的话，就应该把这个分类主线贯穿全书。比如，第二章中的内容是，讨论政治人格类型及其演化顺序：从臣民、草民、牧民到公民。从表象上来看，这是一个标准尺度不统一的分类，因为这个分类把认同标准或人格独立与否的标准与生产方式或职业类型混在一起了，当然也把共时性标准与历时性标准混在一起了。但是，从实质上来看，上述的分类还是有统一标准可循的——臣民实质上更多是指农民；草民更多与农牧民（半农半牧民）相联系；牧民中包括了游牧民；公民的典型主体是城市市民（有城市户口的居民）。

依此标准，第四章中的政治认同分类，即家族认同、部落认同、宗教认同、民族认同和国家认同，也应有特定的职业身份依托：农民（臣民）更多与家族认同和国家（家国）认同相联系；农牧民（草民）则表现为"混合认同""叠加认同""文化混血"或"机会主义"型认同；牧民（游牧民）则更多与部落认同、宗教认同、民族认同及其对国家的"叠加认同"相联系；市民（公民）从理论上主要与国家认同相联系。最后一章是政治行为的理性化，从政治认同的视角讲，理想目标应该是把上述的各种类型的政治认同导向以国家认同为主导的"叠加认同"。

二、发现"文化": 从西北看"文化中国"的历史底色——从"农牧兼营"到"一体多元"

《农牧政治》从西北地区的政治人格的类型分析入手, 对西北地区农牧民的认同多样性、文化多样性和行为复杂性进行了全景透视。"西北农牧民中存在着四种基本的政治人格类型: 臣民人格、草民人格、牧民人格和公民人格。这四种类型的政治人格有着各自不同的特征, 在现实社会政治生活中具有不同的反映和作用, 而且它们彼此影响、交织和相互弥补, 形成了错综复杂的人格形态。"[1]"在对西北农牧民政治行为的调查和研究中, 我们发现比较准确地把握其政治人格的现状和发展趋势是十分困难的。由于我国西北部独特的自然地理、复杂的民族关系(交往、冲撞与相互影响和融合)和多变的历史环境等状况, 西北农牧民的政治人格也表现出比较复杂的现象: 其一是他们的政治人格不具有惟一性, 而是多重人格的交织反映。"[2]杨平教授的研究也发现, "就具体的农牧民而言, 很难纯粹地认定他(她)属于哪类人格"。[3]

可见, 复杂多样是西北地区历史人文地理及族群或社群分布的一个显著特点, 因此, 从这里可以真切地看到一个作为"文化共同体"的中国。正是这个"文化共同体"面相, 才激活了美国政治学家白鲁恂(Lucian W. Pye)的问题意识。白鲁恂指出, 中国是一个文化, 却假装是个国家, 而且是个古怪的国家(Erratic State)[4]。显而易见, 白鲁恂是以西方特别是近代欧洲的"民族国家"标准或"前结构"(或"前见")来观看"中国"的。一方面, 中国是一个"文化共同体", 另一方面, 中国又是一个"政治共同体"即"民族国家"; 而且, 即使作为一个"民族国家", 看起来也很奇怪, 还是不完全与西方"民族国家"相同。事实上, 正是有了白鲁恂这样一种旁观者的反思性观察视角, 才提醒了我们这些土生土长的中国人, 要重新认识自己, 就需要克服"只缘身在此山中, 不识庐山真面目"的这种"井蛙视窗", 以看到中国的多样性和复杂性。

在西北地区, 之所以可以清晰地看到一个作为"文化共同体"的中国,

---

〔1〕 王宗礼等:《中国西北农牧民政治行为研究》, 甘肃人民出版社 1995 年版, 第 64 页。
〔2〕 王宗礼等:《中国西北农牧民政治行为研究》, 甘肃人民出版社 1995 年版, 第 63~64 页。
〔3〕 杨平:《西北民族地区农牧民政治参与研究》, 科学出版社 2015 年版, 第 86 页。
〔4〕 Lucian W. Pye, China: Erratic State, Frustrated Society, Foreign Affairs, Fall, 1990, p. 58.

这就要从西北地区的历史底色谈起。西北地区，从地理空间范围上讲，其实有大西北和小西北之分，其中的大西北是在小西北的基础上拓展开来的。小西北的主要范围是黄土高原，其中的黄土高原东南边缘是中国农牧文明的历史地理起点。这里最早产生自给自足的农牧部族，从事"农牧兼营"，随着这里人口增长所导致的人地资源的矛盾，于是就开始出现了最早的农牧分化——"农耕的归农耕，游牧的归游牧"，也就是分别走向中原地区"专业化农耕"和大西北地区的"专业化游牧"。这也就是宫本一夫所发现的，中国新石器时代的平面社会分支过程。黄土高原出现了最早的动植物的驯化，也就是说，这里最早出现了狩猎采集型社会向农牧社会的演化；从西周以后随着寒冷干燥气候的出现，这里又开始了农业与畜牧型农业及其发展型即游牧社会的历史分化（见图2）。[1]

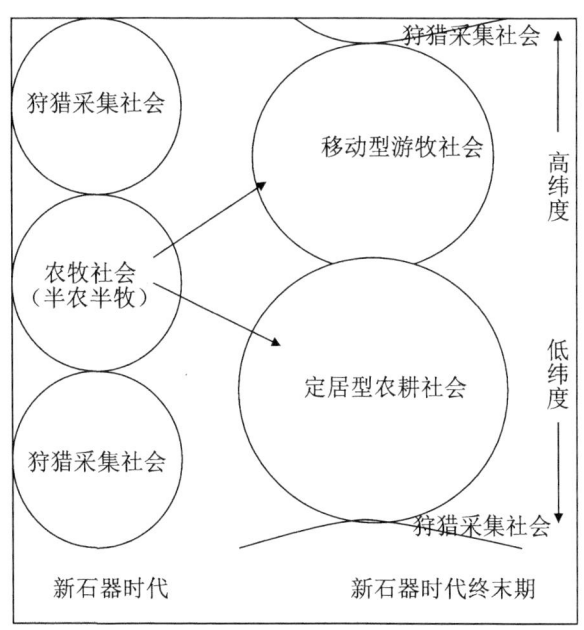

图2 黄土高原新石器时代的平面社会分支过程

于是，分化就造成了以下的结果：农耕定居文明和移动游牧文明各自相

---

〔1〕 ［日］宫本一夫：《从神话到历史：神话时代夏王朝》，吴菲译，广西师范大学出版社2014年版，第232~233页。

对独立地发展，并分别演化出如下对应的文明类型或观念范畴——村落与部落；社群与族群；宗族与民族；家族认同、家国认同与部落认同、民族认同；世俗的儒家伦理信仰与相对超验的宗教信仰。但是，分化不等于分裂，两种文明类型在黄土高原的东南边缘和西北方位分别发展的同时，一直无法完全脱离产生它们的母体——"农牧兼营"，即"冗余保险"，而这个"农牧兼营"或"农牧民"就是中国文化的"一体"之根，多样化和复杂化的民族或宗族类型及其文化形态都是在这个"一体"之根上开枝散叶的结果。一花开两叶，但始终连着根。这就是"一体多元"的历史地理唯物主义基础。也由此，我们发现了"多元一体"这个提法的问题所在："多元"会倾向于强调多个文化上的起源，这样就使"一体"的实现难以落实并很难有说服力。

因此，西北地区的多元族群或社群及其文化类型，是"一体"基础上的"多元"，而不是"多元"前提下的"一体"。这正是《农牧政治》从"农牧民"切入进行研究的重大理论贡献和方法论创新所在。借此，我们就可以理解作为典型的"农牧民"的"草民"，乃是一种"前政治人格"，是农民和牧民这两种"政治群体"分化之前的形态。事实上，《农牧政治》中对草民的描述是非常精准的。"草民仅仅是民，但却没有民的意识，也缺乏民的修养，他们犹如草木只对自然的寒暑有感知一样，仅对人生的饥饿生存的欲望有感知，除此以外对于政治等问题几乎一无所知，所以其生存仅仅具有本能的特性。"[1]"在对西北农民的调查研究中我们发现，大部分农民都表现出一种草民人格的倾向和特征，在个别以农耕为主要生产活动并且宗教性较淡的偏远地区的少数民族中也存在着一定的草民政治人格特性。"[2]草民即农牧兼营的时代，正是"天—人关系"的时代，人们高度依赖于天地自然提供的资源而生存，尚未过渡到所谓商周之变——"人—人时代"。质言之，草民人格是一种"非政治人格"。

那么，"政治人格"又有什么特点呢？那就是明确意识到自己是处于一个团体或组织之中的成员，自己的利益只有在这个团体或组织之中才能最大化。质言之，具有政治人格的人，能够理解这个道理："组织得以存在，是因为这些个人目标的集合之间有非空交集，并且，对追求这一交集之内的目标而言，

---

[1] 王宗礼等：《中国西北农牧民政治行为研究》，甘肃人民出版社1995年版，第77页。
[2] 王宗礼等：《中国西北农牧民政治行为研究》，甘肃人民出版社1995年版，第79页。

个人因参与组织而付出的代价小于他因参与组织而分享的规模经济效益。"〔1〕事实上，为了说明这个道理，《农牧政治》中恰切地引用了戴维·杜鲁门的一段论述："事实上，我们认为，离开团体，尤其是离开那些每时每刻都在活动的有组织、有潜力的团体去谈论政治，构成政治过程的那些行为就无法得到很好的理解。"〔2〕这对于政治人格的"组织载体"之性质的揭示，可谓一语中的。

于是，我们就能理解，臣民是有政治人格的，牧民是有政治人格的，公民是有政治人格的。他们的共同之处在于具有这些政治人格的人至少有一个坚实的团体归属或组织认同。区别在于，臣民人格与家族认同、家国认同是密切联系的。牧民"这种政治人格既不像臣民政治人格那样具有比较强烈的世俗政治责任感而缺乏超世俗的出世感，也不像草民政治人格那样仅仅处于浑浑噩噩的生存欲望之中，而是既具有其对社会和现实的关注，也具有其超乎现实之上的世外理想——某种神圣的宗教信仰。这种政治人格以其宗教性为根本特征，统摄着整个人格发展的一切方面，建构起特殊的政治人格风貌：既关注政治又不参与（或干涉）政治，既过着世俗的人间生活又憧憬着美好的来世福报"。〔3〕牧民政治人格常常是依托于部落或族群而显现出来的。公民政治人格，当然是与认同一个大型的地域国家，尤其是民族国家联系在一起的。

然而，问题的复杂性在于，当我们以臣民人格、牧民人格、公民人格来进行理论分类时，忽视了介于这些人格类型之间的"中间地带"或"过渡地带"。分类是为了逻辑上的清晰表达，但是，清晰地或者说"泾渭分明"地进行表达的代价就是对复杂性的遮蔽。事实上，《农牧政治》的作者已经发现，草民"这种政治人格由于其传统和现代两重特性的丧失而处于不知所为的状态，它向公民政治人格转化的最大益处就在于它对政治生活一无所知，也最易为政治所操纵"，〔4〕草民政治人格的盲目性和盲动性，以及长期处在社会底层的经验使它缺少理性，容易被任何一种政治力量所操纵。是的，草民容易被任何一种政治力量所操纵，但也不一定都是"被操纵"，他们有可能在上述

---

〔1〕 汪丁丁：《经济的限度》，中国计划出版社 2017 年版，第 11 页。
〔2〕 王宗礼等：《中国西北农牧民政治行为研究》，甘肃人民出版社 1995 年版，第 247 页。
〔3〕 王宗礼等：《中国西北农牧民政治行为研究》，甘肃人民出版社 1995 年版，第 84 页。
〔4〕 王宗礼等：《中国西北农牧民政治行为研究》，甘肃人民出版社 1995 年版，第 93 页。

三种政治人格之间进行机会主义的选择，也有可能选择一种"叠加认同"的态度，而后者的可能性反而更大。也就是说，草民最有可能在臣民人格与牧民人格之间进行人格衔接或"文化混血"，从而有望克服牧民人格和臣民人格的执著偏向，[1]因此，或有利于多种传统型政治认同向国家认同的转化；或有利于多种传统政治认同的创新性转化和本土更新。在阅读了新疆著名作家周涛《游牧长城》中对甘肃"草民"的描写后，笔者体会到了什么是"直击心灵的文字"，文中的甘肃"草民"，实际上是憨而不傻，狡而不诈，是很有生存智慧的。总之，正因为有草民的存在，才使未来中国人政治人格的生成具有了开放性空间以及"反线性进化"的特征。

不可否认，中国近代以来学习西方的时机非常不好，因为这一时期正是西方国家主义盛行的时期，而西方近代民族国家或民族主义的形成是为了打造战争机器，进行殖民扩张。在此背景之下，中国为了救亡，而不得已走向国家主义的"内外双修"之路，这就导致了"救亡压倒启蒙"。但是，当中国独立并日益复兴起来之际，就必须将"民族国家"建设与"民主国家"建设这两个视角结合起来，也就是"外修国家，内修文明"，这也正是中国的历史文化上的传统优势所在。正如前述，源起于先周黄土高原的"半农半牧"与"农牧民"，正是原型中国的经济形态和人群构成，其形成伊始，便开始了两个方向的分化式演进——中原农业酋邦（国家）中的"家户小农"和西北游牧部落。这就是说，作为典型的"农牧民"的"草民"，乃是农民（臣民）和牧民这两种"政治群体"分化之前的形态。于是，通过回溯到"半农半牧"与"农牧民"这个历史源点，就可以重构出中国文化及其载体演化的"一体多元"之时空版图，进而便可以开放出"叠加认同"这一中国本土性的政治认同模式。这正是从西北看到的"文化中国"的历史底色。

三、发现"国家"：从西北看面向公民政治的"民族国家"建构

《农牧政治》的叙事中贯穿着一个"二重奏"或"复线结构"，除了多样

---

[1] 牧民人格即部落认同的执著表现之一："民主改革后，作为基本政治单位的部落不存在了，整个政治结构和政治制度发生了史无前例的巨变。然而，作为深层次结构的政治文化、政治认同仍然潜存在群众的心理结构中，并在一些方面显示出自己的重要影响。进入 80 年代后，部落认同感在西北一些民族地区有所强化，并在许多方面继续影响着牧民群众的政治意识和政治行为。"参见王宗礼等：《中国西北农牧民政治行为研究》，甘肃人民出版社 1995 年版，第 135 页。

化的"文化中国"这一隐性维度之外，书中还贯穿了一个更为重要的显性的维度，即现代性取向、公民政治和现代民族国家建构，这是《农牧政治》的基本主线和理论假设。《农牧政治》将公民政治人格视为现代化发展中的理想政治人格，明确指出，以人类的现代化为价值基点，则适应现代化目标的政治人格是"公民政治人格"。"公民"一词最先出现于古希腊语中，意指具有公民权的那些社会成员，而公民权既包括了居住权，也包括了人身自由、政治选举等方面的权利，所以公民实质上指的就是自由民。[1]公民政治人格是现代民主政治的人格基础，没有这种人格型态，现代民主政治就不可能建立起来。在此价值判准的观照之下，作者对其他的政治人格类型进行了比较分析：臣民政治人格是我们看到的最为接近现代性人格的一种政治人格型态；草民政治人格是西北农牧民中最涣散、最游离于政治之外，又对政治具有潜在的破坏力的政治人格型态。西北农牧民的公民政治人格的形成存在着极大的障碍，但是，公民政治人格必须在既有的现实政治人格的基础上才能形成起来。这样，创造从既有政治人格向现代政治人格转化的各种现实条件就是十分重要的了。[2]

基于对《农牧政治》问题意识与逻辑主线的重新梳理。笔者认为，从西北看面向公民政治的"民族国家"建构的思路可以用以下的图示表示出来（见图3）。

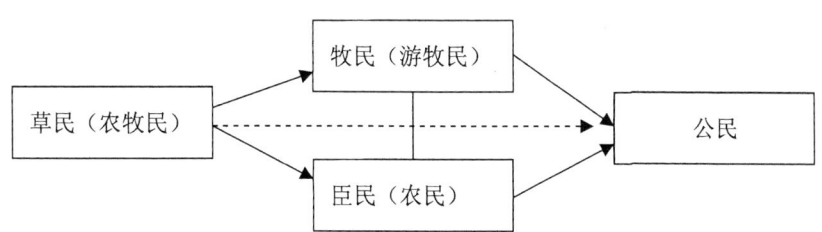

图3　时空压缩背景下的西北地区公民政治人格类型及现代化取向

很显然，近代以来，中国的民族国家建构是在西方列强及日本帝国主义的致命威胁下启动的，是历史的必然选择，也是救亡图存的唯一选择。基于对这一历史使命的延续，《农牧政治》明确地指出了西北地区农牧民政治认同

〔1〕　王宗礼等：《中国西北农牧民政治行为研究》，甘肃人民出版社1995年版，第89页。
〔2〕　王宗礼等：《中国西北农牧民政治行为研究》，甘肃人民出版社1995年版，第95页。

转化的历史道路：从家族、部落到现代国家。这个顺序的设定是非常必要，也是非常重要的。如果没有面向公民政治的"民族国家"建构，中国要强大和复兴是不可能的，因此传统的政治认同需要进行现代性的转化。对于西北地区农牧民尤其是农民的家族认同，通过实证调查，作者发现了这一认同的三个局限所在：家族认同感在一定程度上制约着农民群众的"国家认同感"向高层次的发展；家族认同感在一定程度上削弱了训练合格公民的机制；家族认同感在一定程度上制约着农村以公共权力为基础的权威的运行。

此外，《农牧政治》还发现了在西北地区面向公民政治的"民族国家"建构的其他诸多不利因素。比如，"从认同强度看，在一般情况下，对家族、部落认同的强度高于对民族、宗教的认同；对家族、部落的认同强度高于对国家的认同；对民族、宗教的认同强度高于对国家的认同。概括地说，对较小规模的群体的认同强度高于对规模较大的群体的认同"。[1]这是在政治认同类型方面的不均衡格局。再比如，"西北农牧民中存在着四种基本的政治人格类型：臣民人格、草民人格、牧民人格和公民人格"。"其中，从数量上来看占主导地位的是草民人格和牧民人格，从力量上来看占主导地位的则是臣民人格，而现代的公民人格则忽隐忽现，犹如一只希望的船帆在茫茫大海上艰难地前行。四种人格的基本比重表明西北农牧民政治人格的传统性与现代性并存，而丧失传统性与现代性的政治人格比例较大。"[2]这是在政治人格生态方面的不均衡。

不均衡还算不上是难题，令人困惑的是，西北农牧民的这种所谓多样而复杂的政治认同之不均衡，是极为微妙的，很难看出谁是一家独大的政治认同类型。"在这种多重人格中，占主导性的既非传统的政治人格，也非现代的政治人格，这一点决定了西北农牧民政治行为现代化的难度"，"这些多重人格相互交织，相互影响，既有利于国家政治的一面（如实现政治控制和相对稳定），也有不利于国家政治的一面（如政治无知和政治盲动），这就给我国西北部的政治现代化建设造成了抉择艰难的局面"。[3]这就是说，是有利的政治资源，还是不利的政治资源，并不是一目了然、泾渭分明的。有鉴于此，运用政治智慧进行顶层设计，进行因势利导，便显得至关重要。书中多次指

---

〔1〕 王宗礼等：《中国西北农牧民政治行为研究》，甘肃人民出版社1995年版，第165页。

〔2〕 王宗礼等：《中国西北农牧民政治行为研究》，甘肃人民出版社1995年版，第64页。

〔3〕 王宗礼等：《中国西北农牧民政治行为研究》，甘肃人民出版社1995年版，第64页。

出，草民政治人格类型，是西北地区分布数量最多的一种人格类型，由于这种人格类型的存在，使西北地区农牧民整体政治认同的演进处于一个"临界状态"——向传统和现代、向有利和不利两个方面转化的势能和资源同时存在，因此，最需要的是"治大国若烹小鲜"的智慧，找准时机和关键部位，举重若轻地发力即可，万不可用力过猛。正如牧驼人巧用鼻绳而不是笼头去控制身躯庞大的骆驼一样（见图4）。

图4 牧驼人用鼻绳拴骆驼（执关楗即治大国。领悟驼鼻棍绳的玄机，与"治大国若烹小鲜"的要旨是通约的。试想，若用笼头去控驭庞大的骆驼乃至驼队，用了吃奶的力气也不讨好。鼻唇棍绳儿就非同寻常了。骆驼的鼻唇处是全身神经最敏感亦最柔嫩的地方。能司此玄机，就是轻触轻感的艺术了。）

令人欣慰的是，有利于国家认同的趋势已经出现。"在部落与部落的争执中，请求中央政府或地方政府调解或仲裁。这一切都使具有很强的部落认同感的藏族群众产生了更高一层的归属感，即对国家治理的归属感。这种归属感就正是国家认同感。"[1]当然，"运用宪法和法律武器，严格规范宗教机构、教职人员、旧的部落头人以及家族组织对农牧民政治行为的渗透和影响"，[2]这样一种治理取向则具有重大的现实紧迫性。这就是政治智慧中的轻重缓急之道，只有确保西北地区总体政治稳定和国家统一的前提下，才能考虑西北地区的政治转型的最优路径问题。因此，当《农牧政治》的作者将其理论关切与特定的时代背景密切联系起来时，面向公民政治的"民族国家"建构，在西北地区，其意义就显得非常重大。强调"西北国族"与"东南民主"并不矛盾，这是由中国现代国家发展的区域不平衡因素所决定的。联系2018年

〔1〕 王宗礼等：《中国西北农牧民政治行为研究》，甘肃人民出版社1995年版，第136页。
〔2〕 王宗礼等：《中国西北农牧民政治行为研究》，甘肃人民出版社1995年版，第316页。

宪法修正案"中华民族伟大复兴"即"中华民族入宪",可以发现,《农牧政治》中所体现出来的"多民族国家建构"思想是很有洞见的。因此,在西北地区,强调政治社会化和政治行为理性化,是极有理论远见和政治前瞻性的。

四、"深奥的简洁":从西北重新发现"文化"与"国家"的二重结构

至此,我们便可以理解,白鲁恂之所以认为"中国是一个文化,却假装是个国家,而且是个古怪的国家(Erratic State)",是因为中国本身就是一个"文化"与"国家"的二重性存在。这一点很像自然科学中的一个重要发现——"波粒二重性"。波粒二重性(又称波粒二象性,Wave-particle Duality)是微观粒子的基本属性之一,是指微观粒子有时显示出波动性(这时粒子性不显著),有时又显示出粒子性(这时波动性不显著),在不同条件下分别表现为波动和粒子的性质;一切微观粒子都具有波粒二象性。你注视它时,这是一个粒子;你不注视它时,它是一个光波。据此,可以这样想象"中国的形状":一旦外部环境不利时,则内敛为一个"民族国家";而当外部环境和平时,则舒展为一个"文化联体"。这是一种"深奥的简洁":既要保持内部的多样性和竞争活力,又要保持外部的独立性和综合国力,正如徐勇教授所讲,"不分不活,不合不强"。这正是中国历史智慧的自然"涌现",而并非某位政治家设计的结果。

在《农牧政治》中,这样一种具有"二重性"特质的中国,尽管没有直接表达出来,但是,具有类似意涵的论述,比如"多重政治人格交织并存"的论述,在书中却随处可见。

(1)"族群有别"与"文化混血"交织并存。"西北各民族间不仅存在着地域上的联系,而且存在着族源上和血缘上的联系。这种族源上和血缘上的联系,亦为西北各民族群众所承认。在西北回族群众中,多有'回爹汉妈''回回是姑爷,汉民是舅亲'的说法。许多阿訇也是以此来宣传民族团结的,且收到了较好的效果。在甘肃、青海的藏区中,也流传着'甥舅之亲'的说法。""在藏族群众中,不仅广为流传着文成公主、金城公主进藏的故事,金城公主之子赤松德赞王子一岁认舅的故事,而且在著名的《格萨尔》的传说中,称格萨尔的叔叔为汉朝公主之子,挎着'在汉地吉祥国度制造的'神奇的宝刀。因而,民族认同的强化,在一定程度上也强化了各民族在血缘基础

上的情感，有助于各民族农牧民群众对多民族国家的认同。"[1]这是从族源上建构起来的"文化混血"。

（2）语言方面的"文化混血"。比如，"有不少汉语、阿拉伯语、波斯语的混合词组。如：别玛尔了（生病了），塞白布不好（机遇不好），别乃塞卜（碰不上好运），尼卡哈催人呢（该婚配了），他糟蹋尼尔埋底（他不爱惜食品），鼠迷透了（倒霉得很），乌巴力得很（可怜得很）等。虽然从语言学的角度看，不能将上述用语视为一种独立的语言，它仍从属于汉语。但它确实存在于回族等民族中，并常常发挥着联络民族成员感情，强化民族认同的特殊社会作用"。[2]事实上，西北地区在民族语言方面的融合现象极为常见，一方面存在着诸多阿音汉字、藏音汉字、蒙音汉字等现象，另一方面还有大量的当地民族方言与汉语结合在一起而无法分离，这对于规范地研究语言文化的学者以及执行国家通用语言规范的政府官员来讲，的确带来了极大的困扰，但是，这些现象在民间社会存续，却在客观上有利于民族团结和民族融合。纳日碧力戈提出的中华"各族语言互联体"的概念，是很有启示意义的。因此，在知识方面或治理方面追求"清晰化"的努力，是一把"双刃剑"，祛除了杂质，也就清除了自生自发的民间秩序得以"涌现"的空间。

（3）"多元认同"与"叠加认同"交织并存。对于这个主题的内容，《农牧政治》展开了较多的篇幅进行了论述，作者发现，在国家认同上，西北地区的农牧民表现出地域认同、血缘认同、成就认同、政策认同、干部认同和体制认同的"交错"与"叠加"。比如，在西北地区，由于同一族群也存在着"大散居，小聚居"的人地格局，由此而造成的更多是"地域认同"，而不全是民族认同、部落认同和宗教认同。"由于地域对民族生存具有十分重要的作用，每个民族都对其聚居的地域产生了一种强烈的依恋感。甚至将其升华为宗教仪式。如藏民族的祭山祭湖，蒙古族的祭敖包祭尚西，哈萨克族忌讳损坏或拔掉草地上的青草等，均是其对民族共同区域的认同情感的表现。"[3]地域认同有利于"地地得人，人人得事"的理想格局，同时，本地空间神圣化也有利于对本土生态环境的保护。另外，从认同结构看，作者还发现，西北地区农牧民群众的认同表现为多层次认同兼容与冲突的并存。西北农牧民

---

[1] 王宗礼等：《中国西北农牧民政治行为研究》，甘肃人民出版社1995年版，第154页。
[2] 王宗礼等：《中国西北农牧民政治行为研究》，甘肃人民出版社1995年版，第150页。
[3] 王宗礼等：《中国西北农牧民政治行为研究》，甘肃人民出版社1995年版，第150页。

的政治价值观具有"多元化"特征,"西北农牧民中存在的政治价值观主要有这样几类:以实惠为中心的价值观,以信仰为中心的价值观,以传统为中心的价值观和以权威为中心的价值观"。[1]显然,在这里,《农牧政治》已经把"多元认同"与"叠加认同"之间的内在张力完全表达出来了。确实是"你中有我,我中有你",但是,"你—我"还是有区别的。

其实,在西北地区,"少数民族""牧民""信仰宗教的人群"这三类主体之间存在着显著的重叠关系,有鉴于此,杨平在对西北民族地区农牧民政治参与问题进行研究时,提出以"教民政治人格"来取代"牧民政治人格"——"为了不使牧民这样一个职业术语引起人们的歧义,笔者根据西北民族地区这类农牧民群体的特点,使用了'教民'这样一个更为准确的概念,既为了避免词义的解释,又能较为准确地体现西北民族地区这部分农牧民表现出来的普遍的政治参与意识。"[2]无独有偶,笔者也在一篇文章中,对《农牧政治》中的政治人格理论这一原创性分析框架进行了一个"创新转化"。笔者提出,中国法律文化研究中的传统性与现代性、人治与法治的二元分析模式并不能准确阐释当代中国西部法律文化的复杂特性;当代中国西部法律文化明显具有多元混合、交织并存的特点,其基本型态可概括为臣民人治型法律文化、草民自治型法律文化、牧民神治型法律文化和公民法治型法律文化四种。阐释西部多元法律文化互动的现状及其未来变迁的趋势,进而为西部乃至整个中国的法治建设寻找最佳的切入点,将具有重大的理论和现实意义。[3]

（4）"部落认同"与"家族认同"交织并存。在西北地区,大量存在着部落的山神信仰与村落的天地（土地庙为载体）信仰二者之间的通约。也就是说,这里的部落与村落其实很难严格地区分开来,族群认同与社群认同也很难严格区分开来,这大概是源于半农半牧经济生产方式的遗存。一般而言,部落是基于族缘认同和部分地缘认同,家族是基于血缘和地缘叠加认同。《农牧政治》的作者调查发现,"尽管在甘青一带的藏族部落,地缘关系占据了首位,但还残存着一些血缘上的关系。这类部落常常在其名称之后缀以'仓'

---

〔1〕 王宗礼等:《中国西北农牧民政治行为研究》,甘肃人民出版社1995年版,第98页。

〔2〕 杨平:《西北民族地区农牧民政治参与研究》,科学出版社2015年版,第87页。

〔3〕 王勇、李玉璧:"中国西部法律文化的基本型态与现实表征",载《西北师大学报（社会科学版）》2001年第6期。

'桑''藏'，以标明其部落所具有的家族性。有些部落在其名称后缀以'沙'词，实与汉语的'氏'为同源词。有些部落名称，同时也是该部落属民的姓氏。凡世袭的部落首领之下，大多有其直属部落与从属部落之分，直属部落大多与该首领系同谱同宗。在高原畜牧经济中存在的互助要求，以及部落在地缘和血缘上的双重性，则使其部落具有较大的凝聚力。实行包畜到户后，经济上的互助行为比较经常地发生在血缘关系和地缘关系两重性的牧民之中，并往往使其在交往中最先增强了部落认同感。"[1]这里的"部落认同感"其实也就是"家族认同感"，或者说是部落与家族的"叠加认同"。

通过阅读相关的考证文献，笔者还发现，汉语中的"祖"与"族"，"宗族"与"民族"，"社群"与"族群"这几组对应的字或词的区别或无区别，或是基于同义同源，或是基于发生学上的先后顺序而产生。比如，只从发生学上看，上述几组概念中，前者早于后者，后者是从前者中分化出来的，即"族"是从"祖"中分化或派生出来的，"族群"是从"祖地"膨胀的人口中被"挤压"到高寒地区而产生的，因此，初期形成的"族群"中带有"宗族"因素是可以理解的。从这个意义上讲，"祖赋人权"相对于"天赋人权"和"神赋人权"来说，是一种"元理论"，即后两种是前者中分化出来的。当然也可以说，最早的"祖赋人权"中，就叠加着"天赋人权"和"神赋人权"，是混沌一体的。"社群"重在"依地建群"，"族群"重在"以人建群"，区别主要在于人群是否具有移动性。

（5）"时空压缩"与"进化特征"交织并存。草民人格具有"前政治人格特征"，牧民人格和臣民（农民）人格具有传统政治人格特征，而公民政治人格却具有现代政治人格特征，《农牧政治》把这些类型放在一起讨论，显然具有"时空压缩"与"进化特征"交织并存的方法论取向。这一方法论下的本土理论发现频繁出现。比如，中国的臣民不同于西方的"臣服之民"，并不具有所谓的"奴性"。"臣民政治人格并非表现为一种劣根性，而是表现为中华政治文明的睿智，集中了中国传统政治理想的精华。现代许多学者所指出的许多劣根性，细细分析并非臣民政治人格所固有的，而往往是理想政治人格蜕变的产物，即正是未能坚持理想的臣民政治人格而导致的恶果。正因为这样，我们才认识到政治人格的复杂性，才提出了多重政治人格交织并存的

---

〔1〕　王宗礼等：《中国西北农牧民政治行为研究》，甘肃人民出版社 1995 年版，第 134 页。

看法。""臣民政治人格不单单是一种臣服人格，而是一种比较完善的自我伦理型人格。"[1]相对于臣民，"'草民'一词，只是一种形象化的比喻，很难说就十分准确地概括了这一类人格的特征。所谓'草民'，主要是相对于'臣民'而言的。在调查分析中我们逐渐地发现，存在着大量的不同于臣民也不同于现代公民的另一种人格型态，这种人格型态也和奴隶人格相去甚远"[2]"草民却对政治'淡而远之'，游离于其外，任凭政治由政治家去推动。由此我们可以说这种社会成员是一种'政治无意识阶层'，或者说是一种'无政治阶层'。"草民常常是"服从并不崇敬具有权威性的人"，[3]草民一方面小富即安，但也常常相信"谋事在人，成事在天"，具有人与自然的双重依赖性，从某种程度上讲，草民身上其实体现着很高的生存智慧或"反脆弱"天赋。

《农牧政治》在最后一章"政治行为的理性化"中，在重点强调西北民族地区的基层治理、基层民主和村民（牧民）自治这三个要旨之后，指出，要"形成社会决定政权（而非政权决定社会）的正确关系，使农牧民在与政权的接触中了解政治、认识政治，进而理性化地对待政治；使农牧民在政治生活中感知自己理性的力量，发现自己驾驭自己的现实可能性，从而将天命观、神权论、迷信和不合理的传统习惯逐出自己的政治行为领域"[4]这里的"形成社会决定政权，而非政权决定社会"的观点，尤其具有理论上的前瞻性和学术关切的高境界。《农牧政治》的论证策略亦具有极大的包容性和开放性，实质上蕴含着对"文化"与"国家"之二重结构进行优势互补和动态平衡的思想。"现代社会并不是一个不要家庭、亲情，不要民族情感，排斥宗教信仰的社会。现代社会是一个家庭情感、民族情感与社会认同、国家认同有机结合起来的社会。同样，实现国家政治整合，并不是绝对排斥传统认同，而是要积极调动传统认同中的一切积极因素，强化国家认同并在此基础上使国家认同上升到一个更高的层次，从而有效地实现社会政治体制和社会政治生活的一体化。"[5]

在西北发现一个超越并内含"文化"与"国家"之二重性的"复杂中

---

〔1〕 王宗礼等：《中国西北农牧民政治行为研究》，甘肃人民出版社1995年版，第65~66页。

〔2〕 王宗礼等：《中国西北农牧民政治行为研究》，甘肃人民出版社1995年版，第76~77页。

〔3〕 王宗礼等：《中国西北农牧民政治行为研究》，甘肃人民出版社1995年版，第82页。

〔4〕 王宗礼等：《中国西北农牧民政治行为研究》，甘肃人民出版社1995年版，第341页。

〔5〕 王宗礼等：《中国西北农牧民政治行为研究》，甘肃人民出版社1995年版，第174~175页。

国"——其实也就是"智慧中国"，这正是对白鲁恂的疑问的最好回答，也是《农牧政治》这部开拓性著作有待被人重新发现的一个重大的学术贡献。"乡土中国"有人读，"游牧中国"也有人读，然而，这个"二分法"的代价却是遮蔽了最关键的一环——"农牧中国"。"农牧中国"——从农牧合作到农牧竞争——才是文明旋风搅动天下的真正的"风暴眼"。最后，特别附上几年前写的一首小诗《率真的宗礼 可敬的导师》，以表达对宗礼导师的敬意。

> 牧驼河西走廊，枕书大漠戈壁。
> 师道惠岩门下，[1] 开创西北政治。
> 志在总理一国，学以国族团结。
> 兴致豪气放歌，趣味情义桃李。

---

〔1〕 阚珂对王惠岩先生讲课有这样的评价："我对王惠岩教授非常了解，关于国家政权问题，他有自己的理论体系，而且他口才极佳，讲课效果好。"详见阚珂："我的导师在人民大会堂讲课"，载https://mp.weixin.qq.com/s/h8ksQ5uUvmh9xK8KBJP8Lg。

中国现代化进程中研究农民问题的
独特视角、理论和时代价值

——读《中国西北农牧民政治行为研究》的宏观感受

郭忠宁[1]

内容摘要：王宗礼、刘建兰、贾应生所著《中国西北农牧民政治行为研究》（以下简称《农牧政治》）从政治态度和政治行为视角出发对相关问题进行研究，非常具有洞见性，在理论的运用上，不论是宏观的政治行为的分析还是政治人格、政治价值、政治认同、政治参与等各环节的分析，没有直接运用西方政治学理论范式进行分析或者运用马克思主义的理论进行一般性分析，而是在中国传统政治文化的视域下，考虑到农牧民的宗教性、民族性的特殊性，结合西方理论的方法和可供参考的理论进行分析，使论述更具有说服力，至今仍然具有独特的时代价值。

关键词：现代化　中国　西北农牧民　政治行为

改革开放以后中国的现代化步伐不断加快，在现代化进程中，存在很多影响中国发展的问题，这其中，农民问题的解决尤为重要，特别是西北牧民、农民聚居在一起的特殊群体问题。王宗礼、刘建兰、贾应生所著《农牧政治》从政治态度和政治行为视角出发对相关问题进行研究，非常具有洞见性和独特性，在理论的运用上，不论是宏观的政治行为的分析还是政治人格、政治价值、政治认同、政治参与等各环节的分析，没有直接运用西方政治学理论范式进行分析或者运用马克思主义的理论进行一般性分析，而是在中国传统政治文化的视域下，考虑到农牧民的宗教性、民族性的特殊性，结合西方理论的方法和可供参考的理论进行分析，使论述更具有说服力。该专著出版至今已有二十几年，再次阅读，书中深刻分析了九十年代农牧民的政治行为，不仅为当时党和政府的政策制定提供了参考，开拓了中国政治学研究的新领

---

〔1〕　作者简介：郭忠宁（1985—），甘肃正宁人，西北师范大学马克思主义学院思想政治教育专业博士，研究方向为高校思想政治教育。

域，而且就当前而言，也对构建具有中国特色、中国话语的中国政治学具有十分重要的意义，对于推动国家治理体系和治理能力的完善和提高提供了借鉴。

一、独特的分析视角——政治行为研究

对于初次阅读本书的读者来说，从书名来看，或许会提出诸多问题。从政治学的视野研究九十年代的中国，值得研究的话题很多，为什么作者选择农牧民？为什么选择西北地区？为什么从政治行为的视角进行研究？作者在著作的导论部分进行了详细的论述，他们把了解农民定位为中国政治生活的底蕴，是政治学人的内心蕴藏。自从鸦片战争以来，中国在探索走向现代化的道路上取得了很大的进步和成绩，中国社会正在由传统农业社会向现代工业社会转型，20 世纪 90 年代，就中国社会的基本结构而言，农民仍占人口的绝大多数，农村社会仍然是中国社会的主体，农业作为国民经济基础的地位也依然不容动摇。农民、农业、农村问题很大程度上是影响中国现代化进程、政治稳定和社会发展的关键因素。不论是从马克思主义经典作家对于农民问题的关注，还是从中国历史上农民的政治态度决定政权稳定与否的状况来看，抑或是从当前农村社会和农民的基本状况来看，认识和研究转型期的农牧民，都是我国政治管理中一个重要问题。农民在某种程度上是左右历史、左右政局的巨大力量。以上例证足以说明农民问题在当时的重要性。尤其是作者在分析当前农村社会和农民的基本状况时谈道："改革开放在不同程度上改善了农民的生活，对于大多数农民来说温饱问题已经初步解决。但随之而来的是需求层次推进开始发挥作用了。农民又开始寻找新的目标，产生新的渴望和新的需求。"[1]这对于认识近二十几年来国家关于"三农"问题的对策和中国共产党对新时代我国社会主要矛盾转变的正确判断具有指导意义。党的十九大报告指出，中国特色社会主义进入新时代，我国社会主要矛盾已经转化为人民日益增长的美好生活需要和不平衡不充分的发展之间的矛盾。我国稳定解决了十几亿人的温饱问题，总体上实现小康，不久将全面建成小康社会，人民美好生活需要日益广泛，不仅对物质文化生活提出了更高要求，而且在民主、法治、公平、正义、安全、环境等方面的要求日益增长。

---

〔1〕 王宗礼等：《中国西北农牧民政治行为研究》，甘肃人民出版社 1995 年版，第 5 页。

为什么选择西北地区？西北地区是中华民族的发源地之一，在传统文化、思想意识上与其他地区的农牧民有很大的一致性，但又有其特殊的一面：生产方式落后，地域封闭，观念滞后和陈旧；群体的结构较为复杂，价值观多元化色彩明显；生存条件严酷，受教育水平低于全国平均水平。对于这样一个特殊群体的分析和把握，有助于我们更好地了解中国农民，更好地了解中国国情，从而有利于我国政治社会的稳定和现代化事业的建设。这也使我们更加深刻认识改革开放以来中央高度重视西部地区发展和"三农"问题的战略部署。中共中央在1982年至1986年连续五年发布"三农"主题的一号文件，这些文件的名称在农村改革史上成为专有名词——"五个一号文件"。2000年10月，中共十五届五中全会通过的《中共中央关于制定国民经济和社会发展第十个五年计划的建议》，把实施西部大开发、促进地区协调发展作为一项战略任务，强调："实施西部大开发战略、加快中西部地区发展，关系经济发展、民族团结、社会稳定，关系地区协调发展和最终实现共同富裕，是实现第三步战略目标的重大举措。"2004年起中央又连续15年发布关注"三农"的一号文件。党的十九大报告将"乡村振兴战略"确定为新时代国家战略之一。2018年中央一号文件《中共中央国务院关于实施乡村振兴战略的意见》发布，计划到2020年乡村振兴取得重要进展，制度框架和政策体系基本形成。作者们选择西北地区农牧民进行研究的时代性和前瞻性由此可见一斑。"三农"问题的解决是中国现代化进程中的重要任务，也是政治学研究的热门话题。

为什么从政治行为的视角研究西北地区农牧民？从一般意义上讲，行为是一个人内在特质的外在表现，子曰："始吾于人也，听其言而信其行；今吾于人也，听其言而观其行，于予与改是。"（《论语·公冶长》）从学术研究的角度，对农民的研究可以从多种角度进行，如可以研究农民的社会结构、农民的生活方式、农民的风俗习惯等。从政治学的角度，作者们所关注的是农民与政权的特殊关系，认为农民的政治社会态度是决定政权稳定与否的关键因素，着眼于以政治态度为核心的农牧民政治行为研究。作者从了解国情的宏观视野、解释中国政治过程的特征、对农民的现实关怀和抹不去的农村"情结"等方面，选择进行政治行为研究。具体而言，对农民进行政治行为分析，有助于我们更加深入地了解中国农民、了解中国国情；对农民进行政治行为分析，有助于我们解释中国政治过程的行动特征，了解中国政治的深层结构。关于对农牧民进行政治行为研究的独特价值，作者选择这一研究农牧民问题的特色视角，除了对中国政治学发展和政治学应当承担起现实政治关怀的考虑外，还与其童年和青少年时期的经历有关。书中谈道，"我们的童年和青少年基本上都是在农村度过的，农民的艰辛、困苦，农民的质朴、无华，还有农民的狡黠、狭隘等，在我们的心灵上留下了难以抹去的印象。在我们的心灵深处总是存留着一种'剪不断''理还乱'的农村'情结'，需要加以梳理。从情感上说，我们不止一次地为农民的英雄壮举所震撼，但从理智上说，我们又不能不冷静地对中国农民的行为进行审视，以寻找其行为的依据和准则"。[1] 体现出本书不仅仅是一本学术著作，更是一本歌颂西北地区农牧民心灵的"史诗"。通过研读，使笔者深入地了解到关于农牧民历史、宗教信仰、生活饮食习惯和服饰建筑风格等方面的文化特征，了解到他们生活中更深层的一面，从历史发展的角度去看西北地区农牧民的政治行为，消除了以往对农牧民生活方式的偏见或一些不正确的主观判断。此外，有学者对2000—2015年间《政治学研究》发表的文章做了计量分析，发现"政治行为类"研究成果高居第一，政治行为正在日益成为中国政治学研究的重点。[2] 这也体现出研究成果在发现问题方面的敏锐性及学术影响的开拓性和前瞻性。

二、独特的理论分析

在政治行为的宏观理论分析方面，作者既借鉴了欧美行为主义理论和定量研究方法，又从马克思主义研究政治行为的观点，深入到了政治行为发生的经济关系和社会结构背景，与西方政治行为研究理论和分析方式相比更加深刻、更加客观。作者认为，一方面政治行为的研究，不能只看到政治行为本身的形式，还必须深入考察政治行为背后的经济利益动因。另一方面，中国现实社会和政治的发展，也对政治学的研究提出了新的要求。始于21世纪70年代末的改革进程和市场化进程，对中国社会结构的突出影响是使得社会结构由同质性向异质性转变。过去行为上的"步调一致"，正在被差异性所取代，这种差异性，对政治决策、政治过程显然发挥着越来越大的作用，这就要求中国的政治学研究不能仅仅停留在由概念到概念的抽象推演上，而应当去关注丰富多彩的政治现实，将研究人的政治行为放在一个突出位置，承担

---

〔1〕 王宗礼等：《中国西北农牧民政治行为研究》，甘肃人民出版社1995年版，第17页。

〔2〕 俞可平："中国政治学的主要趋势（1978—2018）"，载《北京大学学报（哲学社会科学版）》2018年第5期。

起政治学应当承担的现实社会责任。习近平总书记指出："要按照立足中国、借鉴国外，挖掘历史、把握当代，关怀人类、面向未来的思路，着力构建中国特色哲学社会科学"。〔1〕中国社会科学院政治学研究所所长、《政治学研究》主编房宁指出："探索和构建新时代中国政治学，需要立足当代中国、放眼世界，面向真问题，开展真研究，形成真成果。学者们要在立足本国国情中去伪存真，在国际比较中认识中国，形成原创性作品，坚持政治学研究的正确方向。"〔2〕这充分体现了一个政治学研究者探索构建中国政治学，研究中国现实真问题的使命和担当。

关于政治人格的分析，作者借鉴了国内外学者对于人格研究的众多成果。国外有从精神病理学的角度进行研究的，例如弗洛伊德从内在性情结的角度进行研究，尼采从文化学的角度研究希腊悲剧时发现的"酒神型人格"和"太阳神型人格"。国外学者的这类研究成果虽然可以借鉴，但作者认为对于我们的政治人格分析并不存在十分重要的指导意义，在中国的现实生活中也难以找到对应的情况，未予以采用，作者从政治学的角度，在中国文化的基础上分析人格型态，力图避免非人本化的和似是而非的人格分析理论。通过调查、分析和研究发现，西北农牧民中大体存在着四种基本的政治人格类型：臣民政治人格——传统的理想人格形态；草民政治人格——传统和现代人格的双重丧失；牧民政治人格——顺乎又超乎政治的非权力型人格；公民政治人格——现代化发展中的理想政治人格。经调查研究，发现我国西北农牧民政治人格十分复杂，很难确定一种非常明晰的人格型态。也就是说一个人可能具备多种政治人格特征，这也说明了在现代化进程中西北农牧民政治行为特征的复杂性，直接运用西方的理论分析更不能解释西北农牧民的政治人格特征，根据实际分析总结的四种政治人格，在现实中很容易找到对应的"座号"，具有说服力。

关于政治参与的分析，作者提到在西方，古希腊就有典型的公民参与的历史，在西方古典民主理论中，卢梭提出人民主权在国家中高于一切，现代政治学家罗伯特·达尔也认为，政治参与对领导人的决策产生间接影响，政治发展理论学者认为政治参与是政治发展的重要标志之一，群众的参与是识

---

〔1〕 "习近平在哲学社会科学工作座谈会上的讲话"，载《人民日报》2016 年 5 月 17 日。

〔2〕 倪星："面向真问题，开展真研究，形成真成果——'新时代中国政治学的发展'学术研讨会暨《政治学研究》2018 年华南地区中青年作者座谈会综述"，载《政治学研究》2018 年第 4 期。

别发达的政治体制和先进的近代政治体制不可缺少的因素。通过以上的分析可以看出，政治参与是民主政治发展的重要指标，尤其是不断推进国家治理体系和治理能力现代化的进程中，在政治体制设计方面更应该体现群众的参与。然而，精英民主主义理论家们对政治参与持否定态度，认为大多数公民缺乏作为民主公民的能力，应当把民主政治的稳定和有效的运转委托给深刻领会民主主义价值的贤明的杰出人士。这似乎符合中国现实情况。对此作者没有完全采纳，而是在分析综合中得出"上述理论是在经济和政治相当现代化的西方国家产生的，许多理论事实也都来自于西方社会。中国是否存在或现实需要精英民主理论？中国没有大众的政治参与或限制其政治参与将会对国家政治生活和民主视野产生什么样的影响？只有深入思考问题之间的相互关系和进行大量实证研究才可能得出真正科学的结论。"[1]作者通过调查并结合实际情况，重点分析了西北农牧民政治参与比较集中的几种方式。典型的规范性参与方式有：农牧民政治选举行为、村委会的选举及议事、反映式的温和参与；诉讼式的法律参与；非规范性政治参与方式有：批判式民怨、个体自裁行为、暴力反抗与集合行为。作者对每一类型的参与方式进行了例证，用数据比例关系和对话方式进行说明，充分展现了当时农牧民政治参与表达方式的基本类型。如在调查中问到农民关于选举态度的问题："你为什么来参加选举"时，他们答道："公家让我们来，我们就来。"调查显示，97.6%的人不了解选举的政治意义，55.8%的人不了解候选人的情况，虽然《村民委员会组织法》（试行）于1987年11月24日公布，根据其规定，村民委员会是村民自我管理、自我教育、自我服务的基层群众性自治组织，但在一些乡镇调查中，99.8%以上的农牧民不知道该法。对于和自身利益不直接相关的事情，他们多采取不闻不问的态度，"少管闲事为好"，这与改革开放后形成了鲜明的对比，农牧民宁肯通过其他方式甚至不合法手段也很少运用诉讼方式维护自身利益。作者运用对话式的语言表达和具体问题的调查比例非常清楚地揭示农牧民政治参与的准确意图，但运用西方理论则很难解释。作者根据调查分析指出，农牧民政治参与的主要障碍表现在：政治制度化水平不高、农牧民受教育程度较低、参与意识不强、参与途径不通畅等，通过国家对西部农牧地区的政策倾斜，如支援西部计划、对口支援、加强科教文卫事业建

---

〔1〕 王宗礼等：《中国西北农牧民政治行为研究》，甘肃人民出版社1995年版，第179页。

设等有针对性的措施，提高农牧民政治素质，增强其参与意识，促使农牧民政治参与不断向规范性参与方式转变。

三、时代意义

《农牧政治》一书研究和成书时间是 20 世纪 90 年代，从其研究地区、研究对象的特殊性来说，对国家制定经济社会发展政策具有重要参考价值，从当前来看，对推进国家治理体系和治理能力现代化也具有十分重要的意义。

20 世纪 90 年代初期，随着改革开放的深化，国家各项事业在不断发展的同时也面临多方面的挑战。从国际上看，东欧剧变，苏联解体，社会主义运动进入低潮，民族分裂主义势头上升，西北地区亦面临挑战。从国内看，改革开放的深入推进，一方面改善了人们的生活，但另一方面地区之间和不同群体之间在经济发展水平方面的差距不断拉大，对于西北农牧民地区采取何种方式进行管理，需要了解农牧民的真实政治态度，进行正确引导。《农牧政治》一书深入分析了西北农牧民的政治人格、政治态度、政治价值观等隐性政治行为和政治参与等显性政治行为，建议一方面倡导国家大力发展西部经济和科教文卫事业，满足群众的正当需求，另一方面提出对非法群体政治行为应当防范和控制，才能促进民族团结，保持社会政治稳定。这为国家近 20 年来采取针对性措施提供了参考，也反映了中国政治发展的方向和研究方法的创新，充分显示出该书的时代价值。

从当前看，党的十九大作出中国特色社会主义进入新时代的科学论断，提出实施乡村振兴战略的重大历史任务，我国现处在全面建成小康社会的决胜期，制订了《国家乡村振兴战略规划（2018—2022 年）》，不断推进国家治理体系和治理能力现代化，相比全国其他地区，农村尤其是西北农牧民地区的现代化发展和治理能力现代化任务更为紧迫，书中就加强农牧区基层政权建设，加快西北地区特别是农牧区经济社会的发展，加强民族团结、做好宗教管理、引导农牧民适应现代化进程等方面提出了富有洞见性的建议和切实可行的措施，应在借鉴书中有益成果的基础上，根据当前西北农牧民地区发展实际情况，不断创新，通过实施乡村振兴战略，加强农村基层基础建设，健全乡村治理体系，提升乡村治理能力，使农牧民安居乐业、社会安定有序，打造共建共治共享的现代农牧区社会治理格局，推进国家乡村治理体系和治理能力现代化。

政治参与意识是新时代西北农牧民现代化的重要体现

——拜读《中国西北农牧民政治行为研究》体会

张番红[1]

内容摘要：我国是人口大国又是农业大国，建设社会主义现代化强国归根结底落脚于农民的现代化，可以说"没有农民的现代化就不可能有国家的现代化"，所以党的十九大报告强调提出"实施乡村振兴战略"。而人民日益增长的美好生活需要与发展不平衡不充分的社会主要矛盾在我国西北农牧区尤其明显，新时代着力提升和扩大他们的有序政治参与意识不仅是考量现代公民的重要指标之一，也是推进农村现代化的有力表征，对于决胜 2020 年全面建成小康社会，实现中华民族伟大复兴具有重要理论意义和现实指向性。

关键词：新时代　政治参与　西北农牧民　公民权利　现代化

　　我国是名副其实的人口大国，统计数据显示，2017 年末我国有 13.9 亿人口，占比世界总人口的 18.67%，其中农村居民为 6.74 亿人，占全国总人口的 48.5%。可见，我国要决胜 2020 年全面建成小康社会，完成现代化建设目标，促进乡村振兴，尤其是西北农牧民有序政治参与是其重要体现。恩格斯曾经指出："农民到处都是人口、生产和政治力量的非常重要的因素。"[2]中国作为一个农业大国，要实现党的十九大确定的宏伟目标，农民的现代化是关键，乡村振兴的落脚点还是指向农民。正如美国学者罗吉斯所言，一个国家要想发展起来，"必须研究农民，对农民缺乏了解造成很多发展计划的失败"。[3]这也就是新中国成立以来党和政府始终高度重视"三农"问题的根本原因所在。

---

〔1〕　作者简介：张番红（1976— ），男，法学博士，甘肃政法学院马克思主义学院副教授，研究方向：马克思主义基本原理。
〔2〕《马克思恩格斯选集》（第 4 卷），人民出版社 2012 年版，第 295 页。
〔3〕　王宗礼等：《中国西北农牧民政治行为研究》，甘肃人民出版社 1995 年版，第 2 页。

一、现代化缘起与政治体制改革

现代化反映着"人类控制环境的知识亘古未有的增长，伴随着科学革命的发生，从历史上发展而来的各种体制适应迅速变化的各种功能的过程"。[1]自 18 世纪西欧资本主义率先完成了从工场手工业向机器大工业的跨越，其标志符号是"机器时代"的到来。这场以"蒸汽机"的使用与推广为先导的史无前见的工业革命，以摧枯拉朽之势引领和主宰了世界的近现代化轨迹，并深刻影响和建构了全球政治经济格局直到现在，其表征为以葡萄牙、西班牙、荷兰、英国、法国、德国、日本、俄罗斯以及美国 9 个国家沿着不同的现实理路和实践坐标，以风云激荡之势相继演绎了大国登上世界政治舞台的精彩一幕与崛起图景。而一些国家对现代化的憧憬与期待孕育起"满怀希望的革命"[2]心理，体认了其现代化布满荆棘的艰辛历程，渴望摆脱"传统社会"藩篱束缚，试图以全新的现代化姿态跻身主流国家之列。[3]同时，竞相将现代化作为一项全球趋势和国家政治战略来经营。

其实，从现代化的缘起可以发现，现代性是工业革命和"政治革命的结果，是新制度和新价值观念的化身，同时它又是无穷变迁的一个新阶段"。[4]现代化表征为多维政治参与有序扩大。政治体制整合核心指向民主，当秉持"以人为本"理念。新中国成立以来的政治整合实践表明，我国高度重视社会主义政治制度建设，始终秉持"经济建设为中心"与"发展才是硬道理"的普遍理念，始终坚持政策的稳定性与连续性，始终坚持政治体制改革的社会主义方向，积极培育和践行社会主义核心价值体系，重视和加强党的建设，着力于不断提升党的制度建设科学化水平。[5]同时，要进一步简政放权，着力营造公平竞争市场环境，继续取消和下放行政审批事项，加快建立和完善政府权力清单制度，探索实行负面清单管理模式，继续推进财税、金融、价格、科技管理体制等方面改革。另外，我国一元化的"1+8"体制的领导制

---

〔1〕 [美] C.E. 布莱克：《现代化的动力》，段小光译，四川人民出版社 1988 年版，第 11 页。

〔2〕 金耀基：《从传统到现代》，中国人民大学出版社 1999 年版，第 91 页。

〔3〕 北京大学世界现代化进程研究中心：《现代化研究》（第 1 辑），商务印书馆 2002 年版。

〔4〕 [德] 沃尔夫冈·查普夫：《现代化与社会转型》，陈黎、陆宏成译，社会科学文献出版社 1998 年版，第 63 页。

〔5〕 张新平等："政治稳定视野下中国政治和谐稳定发展的基本经验"，载《国家行政学院学报》2013 年第 3 期。

度长期延续是缘于"大一统"的集权主义文化观，苏联体制是其理论渊源和参照模式，革命党向执政党的思想转变不彻底是其现实大背景，是党的集体领导与民主制度弱化等历史、现实和传统的自然选择结果。西方国家的精神力量来自于国家意志、宗教信仰和职业精神。而我国主要是依靠党的创新理论武装和科学精神浇灌。新时代，我国存在社会结构断裂性元素，主要是缘于政治体制改革滞后导致权力运行边界不明，以及过多干预微观经济活动，造成广泛寻租和贫富差距拉大，阻碍了创新和公民社会构建。一个强大的政党能够借助于一个制度化的公共利益平台来整合各种利益，能够为超越狭隘地方观念的忠诚和认同奠定基础，成为维系各种社会整合力量的纽带。北京航空航天大学高全喜教授认为，当前我国有关民主政治理论内涵五种模式分别为中国特色社会主义民主政治理论、自由主义代议制民主理论或自由民主理论、左派激进主义民主理论、民主社会主义民主理论以及新近流行的从西方移植过来的审议民主理论。而民主政治建构"公民社会"的前提和应有之义就是防范权力垄断导致社会专制，实现价值认同是政治稳定的根本支撑。[1]总之，我国政治领域改革是以坚持中国特色社会主义政治权力架构为前提，以行政体制改革为主要内容的政治管理体制革新，是以助推政治制度完善，调整社会关系与缓解社会矛盾，提高政治整合效能，推动"高度民主、法制完备、富有效率且充满活力"为目标的社会主义政治体制理想模型。

二、政治参与是西北农牧民作为公民的一项基本权利

"公民"一词最先出现于古希腊语中，是指具有公民权的社会成员，后来演变为现代社会的法律概念，发端于对个体权利的回应、关切、尊重与维护。公民社会是基于共同利益和价值诉求，以协商与契约为主要载体，以平等、自由和自治为核心精神，具有非政府性、非营利性、相对独立性、公开性、开放性、参与性、自愿性以及人本主义、多元主义和法治原则等内在规定性，并介于"公共权力"与"私人权利"之间的非强制性空间存在和社会形态。而公民社会得以实现的根本保证大多指向依法治国。[2]现代社会的政治学强

---

〔1〕 孔德永："动态理解政治认同与政治稳定"，载《中国社会科学报》2014年第4期。

〔2〕 有学者认为，依法治国的核心指向是依宪治国，为此必须坚持党的领导与人民主体地位，维护宪法的权威和尊严，弘扬宪法精神，完善宪法监督制度，健全宪法解释程序机制。王宗礼："依法治国的根本在于依宪治国"，载《甘肃日报》2014年11月17日。

调国家需要具备功能专门化且高度差异的一体化组织结构，以及确保公民有序政治参与的理性化与世俗化并存的决策制定程序。

（一）政治参与是考量西北农牧民公民意识觉醒的基本指标之一

尽管在马克思主义经典著作中，没有明确提出公民"政治参与"的概念，这并不妨碍其中蕴含着丰富的政治参与思想，在他们的文献论述中仍然较为系统地浸润了公民"政治参与"观点，充分体现了马克思主义民主政治参与的独特优势。利益分化有利于公民有序政治参与的扩大是现代政治发展大趋势。[1]政治参与是现代民主政治制度生成的一种普遍行为，是现代民主价值的重要表征之一。公民政治参与有序扩大对于服务型政府建设以及推进社会主义政治文明都具有十分重要的理论和实践意义。当前，我国西北农牧民民主意识和政治参与意识薄弱，对于政治参与了解得少，政治参与具有盲从性且热情不高。[2]为此，党的十五大报告指出，社会主义民主政治的"本质是人民当家作主"。[3]党的十六大报告也强调，要着力健全民主制度，丰富民主形式，不断"扩大公民有序的政治参与，保证人民依法实行民主选举、民主决策、民主管理和民主监督"。可见，扩大公民政治参与旨在推动人民当家做主，使人民通过自己的"国家权力机关参加制定宪法、法律和各项政策，保障人民当前和长远的根本利益"[4]，维护公民的基本民主政治权利。因为，有效保障公民政治参与有序扩大的人民民主制度"是社会主义的生命"。而"没有民主，就没有社会主义，就没有社会主义现代化"[5]，激发和扩大公民有序政治参与热情，保证人民"依法实行民主选举、民主决策、民主管理和民主监督，享有广泛的权利和自由，尊重和保障人权"[6]，能够卓有成效地促进民主政治的有序推进与科学发展。

（二）政治参与是西北农牧区政治现代化发展的有力表征

我国西北农牧区政治制度化水平不够，农牧民政治素质跟不上，缺乏集

---

〔1〕[美]塞缪尔·P.亨廷顿：《变化社会中的政治秩序》，王冠华等译，上海人民出版社 2008 年版，第 7 页。

〔2〕王宗礼等：《中国西北农牧民政治行为研究》，甘肃人民出版社 1995 年版，第 182~183 页。

〔3〕《江泽民文选》（第 2 卷），人民出版社 2006 年版，第 28 页。

〔4〕《毛泽东思想辞典》，中共中央党校出版社 1989 年版，第 69 页。

〔5〕《邓小平文选》（第 2 卷），人民出版社 1994 年版，第 322 页。

〔6〕《江泽民文选》（第 3 卷），人民出版社 2006 年版，第 554 页。

体政治力量，政治参与方式和目的不明确、不规范以及合法途径不够顺畅等因素阻碍了农牧民的有序政治参与。[1]为此，有学者认为，如果社会要维系紧密共同体，政治参与的有序扩大必然伴随着"更强大的、更复杂的和更自治的政治制度的成长"[2]。同时，公民政治参与扩大要和政治体制改革相适应，大力发展经济、文化和社会事业，健全工作机制，着力疏通和拓宽政治参与渠道，加强民主政治程序建设，广泛动员人民参加公共事务和社会事务管理，提高公民在公共决策领域的参与度，充分发挥民主党派和社会组织在公民政治参与中的积极作用，大力保障普通党员的民主政治参与权，大力发展基层民主与党内民主，有效整合各种资源，以提高公民有序政治参与的能力和水平。[3]政治参与的实质是政治资源的有效分配，尽可能最大限度地分享民主政治权利。

（三）依法规范基本民主权利是实现政治参与有序扩大的重要保障

民主是与专制相对立的政治范畴，民主在东西方文化中源远流长且截然不同。作为一种现实的政治制度，民主彰显了社会交往与决策的基本准则和社会治理新范式。在我国，民主一词最早见于《尚书》中的"天惟时求民主，乃大降显休命于成汤……代夏作民主"，其意为作民之主。孟子的"民为贵，社稷次之，君为轻"就是这种思想的集中体现。在我国古代，民主意指"人民的主人"。在西方，古希腊历史学家希罗多德在其《历史》一书中最早指出，"民主"是由"人民"和"统治"两词构成，指代人民统治及其政权或者权力。古希腊哲学家亚里士多德（Aristotélēs）认为，民主是映射多数人执政的政体形式。从17世纪英国哲学家洛克（John Locke）到18世纪法国启蒙思想家卢梭（Jean-Jacques Rousseau）等资产阶级思想家不断发扬光大民主内涵，并设定民主就是按照人民意志实施统治和管理。奥地利经济学家熊彼特（Joseph Alois Schumpeter）认为，民主很好地体现了人民通过投票决定其权利归属问题。20世纪美国政治学家罗伯特·达尔（Robert Alan Dahl）认为，民主是多元利益集团的互动博弈和妥协。英国政治学家柯尔认为民主是人民参

---

[1] 王宗礼等：《中国西北农牧民政治行为研究》，甘肃人民出版社1995年版，第195~196页。

[2] ［美］塞缪尔·P.亨廷顿：《变化社会中的政治秩序》，王冠华等译，上海人民出版社2008年版，第65页。

[3] 杨平："对西北乡村农牧民政治参与的思考"，载《兰州大学学报（社会科学版）》2011年第6期。

与政治决策。而马克思主义则认为，归属于上层建筑范畴的民主，彰显的是一种国家形态和基本制度，其本质在于强调人民是国家主体，并映射人民自我规定性，意在用制度形式保障公民基本权利。同时，民主政治参与主体外延从人民扩大到公民，彰显了公民意识觉醒不断趋向理性和成熟。公民政治参与的核心内容是着力保护其民主政治权利，充分发扬"人民民主，保证全体人民真正享有通过有效形式管理国家、特别是管理基层地方政权和各项企业事业的权力，享有各项公民权利"。[1]其中包括政治系统有限度地开放公民政治参与过程，从低层次政治参与开始培育能力和意识，优化政治参与主体的选择，着眼于改善民生和提升文化素质以及提升政治系统的控制效力和统治信度。[2]当然，公民政治参与有序扩大以"社会稳定"为基础，创造有利的体制机制和社会条件，保障参与条件不断优化，参与意识不断提升，以实现政治参与方式的多样化和参与效果的科学化，并保障公民政治参与有效扩大契合于国家经济社会文化的现代化发展程度。

由此可见，实现科学而高效的社会整合，离不开农牧民政治参与意愿和自主意愿的正确表达，因为作为"确定的人、现实的人，你就有规定，就有使命，就有任务"。[3]在现代社会，民主政治的前提和基础指向公民社会，其价值取向就是公共之善治。民主更是现实中关涉政体的工具性问题。协商民主作为近年来兴起的新型民主范式，展示了社会主义民主政治的优越性，是较先前的选举民主更为契合现代社会要求的理想型民主制度之一。公民政治参与热情和意愿作为一个变量，展现为对政治的制度性参与，可以使国家政治体系和治理结构更加合理，政治关系更加民主，政治制度更加完善，旨在优化和提升社会整合效力。当今任何一个国家，如果它的国民"不经历这样一种心理上和人格上向现代性的转变，仅仅依赖于外国的援助、先进技术和民主制度的引进，都不能成功地使其从一个落后的国家跨入自身拥有持续发展动力和发展能力的现代化国家的行列"。[4]民主作为公民维护其政治权利的重要原则，是表征政体民主化程度的重要指标。为此，学者施芝鸿认为，伴

---

〔1〕《邓小平文选》（第1卷），人民出版社1989年版，第322页。

〔2〕王宗礼等：《中国西北农牧民政治行为研究》，甘肃人民出版社1995年版，第199~204页。

〔3〕《马克思恩格斯全集》（第3卷），人民出版社1972年版，第329页。

〔4〕［美］阿历克斯·英格尔斯：《人的现代化：心理 思想 态度 行为》，殷陆君译，四川人民出版社1985年版，第7页。

随社会公众价值和利益诉求多元化，以及公民意识的觉醒，一元化指导思想在扩容中能应对多元化社会，加快构建充分反映中国特色、民族特性与时代特征的价值体系，以彰显社会整合凝魂聚气、强基固本的正能量。利益多元化是政治参与有序扩大的前提，制度建设必须有足够空间容纳政治参与的扩大和出路设计。新常态下，借助于移动"互联网+"媒体优化政治参与机制，同时，互联网的便捷、高效与透明为公民政治参与提供了技术保障、有效载体和重要平台，极大地提升了公民的政治参与热情。当然，我国宪法赋予了公民依法享有以合法路径自主分享政治生活的权利。

总之，要构造有中国特色公共领域，建设现代国家制度体系，改革和完善决策体制，实现话语民主和协商民主，生成合理的利益均衡和权力制约机制，构设多元化的利益诉求与表达渠道，并有效提升公民政治社会化水平，着力扩大和积极推进依法治国基础上的公民政治参与意愿、能力和水平。

再论《中国西北农牧民政治行为研究》的独创性

侯万锋〔1〕

内容摘要："西北情结"是西北学人绕不开的永恒主题。本文通过管窥王宗礼等教授的专著《中国西北农牧民政治行为研究》，认为该研究成果的独创性体现在四个方面：一是由于西北空间的特殊性，从国家行政区划的战略考量看，政治体系介入西北问题具有递弱化倾向；二是鉴于研究主题的特定性，从西北农牧民身份的特殊性看，对其政治行为的研究应当予以综合考量；三是正是研究方法的科学性，从政治学学科特征看，必须引入综合分析的科学范式；四是基于研究结论的前瞻性，从农牧民政治行为理性化的目标看，对于新时代推进西北地区社会治理现代化不无裨益。

关键词：西北地区　政治行为　理性化　西北情结　学术情怀

引论：西北学人绕不开的"西北情结"

早在 20 多年前，王宗礼等教授从政治学学科视野出发，较早地介入研究西北地区问题，认为"这一地区既有着和整个中华民族农牧民一脉相承的共同传统和一般属性，又有着不同于我国其他地区农牧民的特殊个性，是中华农牧民一般性和西北地缘特殊性的统一"。〔2〕从经济社会发展水平、民族宗教状况、地缘政治经济特征和国家长治久安的角度讲，西北地区是我国较为独特的政治战略区域。〔3〕由于西北少数民族地区各级政府的权力是在一个特殊的时空环境下运行的，这一时空环境的主要特点是地域广袤、人口居住相对分散、通讯不便、交通不便，越是上一级政府，权力辐射的空间距离越远，其权

---

〔1〕　作者简介：侯万锋（1977— ），男，甘肃省宁县人，现任甘肃省社会科学院公共政策研究所所长、研究员。研究方向为民族政治学、政治社会学、农村政治学及地方治理研究等。

〔2〕　王宗礼等：《中国西北农牧民政治行为研究》，甘肃人民出版社 1995 年版，第 7 页。

〔3〕　丁志刚："政治学视野中的西北问题——国家政权系统与西北地区治理"，载《西北师大学报（社会科学版）》2005 年第 5 期。

力下乡的成本也就越高（此即所谓"山高皇帝远"）[1][2]。同时，乡村社会流动现象的普遍存在，给西北少数民族地区乡村发展带来积极的促进作用的同时，也对社会稳定和社会治安又提出新的挑战。抑制西北少数民族地区乡村社会流动的负向后果，发挥其积极功能，核心在于创新制度。[3]西北地区特殊的地缘政治因素、跨国民族因素、跨国宗教和教派因素，使得能否实现这一地区的有效治理和良性发展，对于维护国家安全和确保主权独立，具有较为重要的现实意义。正如王宗礼教授所言，他们都出生于堪称中国最贫困落后的西北农村。农民的艰辛困苦，质朴无华，抑或狡黠狭隘等，在作者的心灵深处总是存留着一种"剪不断""理还乱"的农村"情结"。[4]这种"西北情结"是政治学研究者绕不开的永恒主题。

一、西北空间的特殊性：国家行政区划与政治体系介入西北问题的递弱化

政治活动是政治组织、社会群体和个体在一定的地域上所进行的与政治有关的所有活动，它必然与该地域的地理空间和自然环境有着千丝万缕的复杂关系。现代政治体系以国家政权为核心，要实现对特定区域内公共事务治理的善治目标，必然要积极介入并调控政治组织、社会群体和个体的政治活动和政治过程。一般说来，政治体系为便于行政管理和实现其主权，就会依据一定的原则，根据地理条件进行区域级别划分与调整。这样一来，行政区划的合理调整和科学划分必然成为政治体系介入地方公共事务治理的必备要素。

政治体系要有效地捍卫主权独立、维护社会政治稳定和确保社会秩序良性运行，必须形成一个自上而下、由高到低、衔接紧密、整合度高的行政区划体系。由于各国的具体国情不同，世界各国的行政区划的体系和称谓也不同。如日本的一级行政区为都、道、府、县，其下均设有市、町、村等级行政区；法国的行政区划实行省、市镇两级制；英国实行郡、区两级制等。一般来说，中国现行的行政区划大致包括四级：一是省、自治区、直辖市，国家

---

〔1〕 王勇："共性与个性：西北少数民族地区政府权力运行机制的改革与完善"，载《人大研究》2008 年第 1 期。

〔2〕 杨平："对西北乡村农牧民政治参与的思考"，载《兰州大学学报（社会科学版）》2011 年第 6 期。

〔3〕 张文政："西北少数民族地区乡村社会流动的社会后果分析"，载《新疆社会科学（汉文版）》2009 年第 5 期。

〔4〕 王宗礼等：《中国西北农牧民政治行为研究》，甘肃人民出版社 1995 年版，第 16 页。

在必要时设立特别行政区；二是地区、盟、自治州、地级市；三是县、自治县、旗、自治旗、县级市；四是乡、民族乡、镇。多种类别的行政区划建制并存是我国行政区划的显著特点。有按省、县、乡分等的地域型建制，这是我国基本的行政区域建制；有以城市化发展为依据，按直辖市、直辖区、镇分等的城镇型建制；有按自治区、自治州、自治县分等的民族型建制，虽然这一类数量少，但所辖面积却占全国国土面积的60%；还有香港及澳门特别行政区等的特殊型建制。

差异是地区之间区别的基本特征，由于不同地区之间存在差异，才会有民族、种族、文化、制度等方面的多样性，才可以区分不同的区域。"西北地区是我国多民族聚居地，几个主要的少数民族有着自己相对独立的生活空间。有着各自共同的经济生活，共同的宗教信仰和共同的心理素质，这就造成了西北地区各民族既相互联系、又相对独立的格局。"[1]《中国西北农牧民政治行为研究》正是立足西北地理空间的独有性，来探讨这一特定空间内特定群体的政治活动及其所产生的各种政治事项的空间分布和地区差异。西北地区地域广大辽阔，"但地域的广袤并不等于西北地区有效生存空间的广阔"。[2]从现行行政区划看，"在政治上，首都北京是全国的政治中心；下一个层次是各个省级政府的所在地城市和直辖市，它们是省级范围的政治中心；再下一个层次是省辖市，其下属是县"。[3]有中心，有边缘，各级地区相互联系，"形成一个与地理形态相吻合的地域社会"。[4]首都、最早设立的直辖市、最早设立的经济特区和对外开放省份都集中在东部地区，其政治发展水平高于西北地区，这使得该地区拥有的政治资源相对较少，这些地区地方政府在政策能力方面相对较低。西北地区地域辽阔，地形复杂，交通不便等，都会使得政治信息的传播速率下降，在行政过程中政治权力的能量随距离的增加而逐步衰减。西北地区地理空间上的独有性和国家行政区划上的非中心化，使得政治体系介入该地区地方事务治理必然呈现递弱化的倾向。

---

〔1〕 王宗礼等：《中国西北农牧民政治行为研究》，甘肃人民出版社1995年版，第8页。

〔2〕 王宗礼等：《中国西北农牧民政治行为研究》，甘肃人民出版社1995年版，第24页。

〔3〕 杨龙："中国经济政治的空间分布"，载《学术界》2003年第1期。

〔4〕 童中心：《失衡的帝国》，贵州人民出版社2002年版，第182页。

二、研究主题的特定性：西北农牧民身份及其政治行为的综合性考量

人类自有政治组织以来就有政治行为的存在，但政治行为作为一个独立的研究领域，其历史并不长。在当代政治学领域，政治行为是指"与治理过程有关的人的思想和行为。[1]它既包括可观察到的人的行为（投票、反抗、正常秘密会议、竞选），也包括人的内心反映（思想、知觉、判断、态度、信仰）"。实际上，"政治行为不仅包括一般的个人行为，而且包括组织、集团以及政府等的行为，不仅包括可以直接被经验地观察到的显性行为，而且还包括引起外在显性行为的内在隐性行为，即人的心理活动"。[2]也有学者抽取政治行为的若干本质属性，从狭义层面理解政治行为。一是侧重从心理过程解释政治行为的形成机理，根据政治主体和政治环境的互动关系来界定政治行为，强调政治行为是政治主体能动性的集中表现，同时又受到客观规律的制约。[3]二是认为政治行为是人们关于政治生活的各种活动，主要指可见的政治行为，如竞选、抗议、罢工、战争等。[4]三是认为政治行为既包括可观察到的人的行动（投票、反抗、游说、竞选），也包括人的内心反映（思想、知觉、判断、态度、信仰），是"与治理过程有关的人的思想和行动"。[5]四是从政治行为特有的手段、目的入手，将政治行为界定为"政治主体围绕政治权力而展开的分配权威性价值的活动"[6]。也就是说，政治系统与其他系统的一个不同之处在于，它是"通过一些互动为社会分配权威性价值"[7]。"理解政治行为不能离开与社会、政治、经济和文化等活动之间的联系。政治的人应与经济的、社会的和文化的人联系在一起考察，这样才能理解一个人

---

〔1〕 [美] 杰克·普拉诺等：《政治学分析辞典》，胡杰译，中国社会科学出版社1986年版，第105页。

〔2〕 王宗礼等：《中国西北农牧民政治行为研究》，甘肃人民出版社1995年版，第11页。

〔3〕 李景鹏：《权力政治学》，黑龙江教育出版社1995年版，第85~92页。

〔4〕 中国大百科全书出版社编辑部编：《中国大百科全书·政治学》，中国大百科全书出版社1992年版，第508页。

〔5〕 [美] 杰克·普拉诺等：《政治学分析辞典》，胡杰译，中国社会科学出版社1986年版，第107页。

〔6〕 杨光斌主编：《政治学导论》，中国人民大学出版社2000年版，第191页。

〔7〕 [美] 戴维·伊斯顿：《政治生活的系统分析》，王浦劬译，华夏出版社1989年版，第24页。

的政治行为。[1]"

王宗礼教授认为，无论是个体政治行为还是群体政治行为，都是环境刺激的产物。在外部政治环境的刺激下，作为主体的农牧民个体和群体，并不是一块心灵的"白板"，而是有特定人格特征的，因此，研究农牧民政治行为应从政治人格分析开始，然后依次分析农牧民的政治价值观、政治态度、政治认同等隐性政治行为，再分析政治参与等外在显性政治行为。人们政治人格的定型，政治价值观、政治态度以及政治认同状况的形成，政治参与方式的选择、程度的确定，都与个体政治社会化过程有关。[2]从研究主题看，王宗礼教授的研究试图达到两个目的：一是说明西北地区农牧民的政治行为从总体上说是我国实现民主政治的深层保障；二是通过西北地区农牧民政治行为的描述性分析，为预测、引导、调控农牧民政治行为服务。王宗礼教授强调，西北地区农牧民的政治行为要与现代民主政治的要求相吻合，必须实现向理性化的转变。总体上看，《中国西北农牧民政治行为研究》从分析西北地区独特的地理与人文背景入手，沟通内在与外在、个体与群体、理论与现实等诸方面。重点探讨了西北农牧民个体隐性政治行为、显性政治行为和它们形成的机理，以及群体政治行为及其差异性，进而提出西北农牧民政治行为调控的目标是理性化。[3]具体来说，要实现西北农牧民政治行为的理性化，就要转变基层政府组织的职能，强化以基层人大为核心的政权建设，加强民族区域自治制度与基层社会生活群众性自治制度的有机结合，形成社会决定政权（而非政权决定社会）的正确关系，使农牧民在与政权的接触中了解政治、认识政治，进而理性化地对待政治；使农牧民在政治生活中感知自己理性的力量，发现自己驾驭自己的现实可能性，从而将天命观、神权论、迷信和不合理的传统习惯逐出自己的政治行为领域。[4]

三、研究方法的科学性：政治学学科特征与综合分析范式的引入

国内外学者对"科学"一词给出了不尽相同的界定。概括起来，"科学可

---

[1] 王宗礼等：《中国西北农牧民政治行为研究》，甘肃人民出版社 1995 年版，第 12 页。
[2] 王宗礼等：《中国西北农牧民政治行为研究》，甘肃人民出版社 1995 年版，第 18~19 页。
[3] 王宗礼等：《中国西北农牧民政治行为研究》，甘肃人民出版社 1995 年版，第 19 页。
[4] 王宗礼等：《中国西北农牧民政治行为研究》，甘肃人民出版社 1995 年版，第 332~333 页。

被认为是通过一定方法和途径而获得的关于客观世界的系统知识"。[1]科学必须具备以下特征：一是客观性。科学是对客观世界的认识与探究，它所揭示的是自然现象与客观规律。二是知识性。科学是解蔽、去伪、求真进而创设理论和定理的行为，是丰厚的知识累积。三是系统性。科学有着严密的逻辑结构、完整系统的知识体系。四是可验证性。科学可以接受检验和确证，既可被证实，也可被证伪。五是可预见性。科学具有时空上的可逆性和反演对称性，可从已知预见未知。政治学是不是科学？政治学是什么样的科学？这是政治学研究者必须关注的最基础、最前沿的问题。正如德怀特·沃尔多所说："……自从政治研究获得自我意识之后，对这样一些问题的讨论一直在进行着。"[2]较之经济学、法学，政治学似乎具有更多的人文色彩；社会科学的各学科较之人文科学离实证、计量、统计等纯科学的方法似乎更近一些。自然科学的一些研究方法对经济学、社会学、政治学等的介入更早也更充分，这些学科研究对象的特征决定了类似实证的方法似乎更容易被接纳。事实上，"政治学知识的系统性、积累性和很大程度上的普遍性、客观性、可验证性已经为其奠定了科学的基础。"[3]

　　研究方法的科学性是任何学科独有且较为显著的特征。"在政治学方法论的主要内容（本体论、认识论、研究范式和技术方法）中，前三者是从发现问题到解决问题的一整套认知与手段，带有世界观和哲学的背景，更为宏观、间接和深刻。但这四个方面的主要内容只是方法论的不同层次，它们互相交叉，而不是截然分开。在一个大的研究范式下，各种具体方法可以综合使用。"[4]王宗礼教授在对西北农牧民政治行为研究方法的选择上，并不拘泥于某种具体方法，而是根据揭示研究对象的需要而灵活地加以运用。他认为，农牧民的现实政治行为不仅应当从现实的经济关系、社会关系、政治关系中去寻找，而且应从几千年传统文化的积淀中去寻找；不仅应当从可观察到的

---

〔1〕 科学的基本规定性是由亚里士多德奠定的。他认为，能够作为科学研究对象的事物必须具备"普遍的"和"永恒的"特质。但科学及科学的特征究竟是什么，一直难有定论。1987年《中国大百科全书·哲学》认为科学是"以范畴、定理、定律形式反映现实世界多种现象的本质和运动规律的知识体系。"

〔2〕 ［美］格林斯坦、波尔斯比编：《政治学手册精选》（上卷），竺乾威等译，商务印书馆1996年版，第141页。

〔3〕 王振海："论政治学的学科特征"，载《政治学研究》2000年第3期。

〔4〕 马苹："政治学方法论的体系结构解析"，载《理论界》2014年第5期。

经验事实中归纳、描述，而且还应当从其人格模式去演绎；既要注重其实证描述，又要注重概括分析。[1]一方面，他指出，西方行为主义政治学在政治行为研究方面发现了一套"纯科学"的研究方法，对研究西北地区农牧民政治行为问题有重要的启迪。"行为主义政治学所倡导的社会调查方法，如计量法、访问法、观察法等具体方法，仍然是我们研究政治行为时所应当遵循的。"[2]另一方面，他强调，马克思主义的研究方法主要是阶级分析法和利益分析法，贯彻在其中的总的方法论则是历史唯物主义。它首先将人看成是社会关系的产物，分析人的阶级归属，并将人们政治行为的动机与物质利益原则联系起来。由于人们所处的阶级不同，因而其利益要求也就不同，因此就导致了人们政治行为的差异性。马克思主义的方法论为研究农牧民政治行为提供了总的指导，同时也为我们整合其他方法提供了一个基础。

四、研究结论的前瞻性：农牧民政治行为理性化与西北地区社会治理的现代化

由于国家和社会是社会发展进程中的两个基本活动空间，加之执政党对国家繁荣和社会稳定的追求，社会治理不仅成为国家治理的有益补充，而且使得二者难以分割。社会治理能力现代化作为建设中国特色社会主义、推进国家治理体系现代化的重要手段，是当前中国应对社会转型带来的复杂社会问题的自觉选择。党的十八大以来，西北地区在国家相关政策的扶持引导与市场经济驱动下，在包括社会治理在内的经济社会发展上取得了历史性成就。但由于受多重因素的影响，西北地区发展相对滞后，也为该地区社会治理带来了较大困难和挑战。新时代西北地区如何实现社会治理体系和社会治理能力现代化的目标，不仅成为各级党委政府必须直面的现实难题，而且是理论界和智库机构必须予以高度关注的理论课题。

目前，国际国内政治经济社会正发生深刻复杂的变化，各种市场资源和社会要素快速流动，城乡、区域之间收入分配差距扩大，各种思想文化交流交融，群众利益诉求日趋多样化，利益矛盾日渐突出。这使得过去一些行之有效的管理理念、管理制度、管理手段、管理方法都有待发展和创新。民族

---

〔1〕 王宗礼等：《中国西北农牧民政治行为研究》，甘肃人民出版社1995年版，第21页。
〔2〕 王宗礼等：《中国西北农牧民政治行为研究》，甘肃人民出版社1995年版，第20页。

地区治理现代化作为国家治理体系的重要组成部分，与国家治理体系息息相关，不可分割。首先，民族地区公共事务治理能力是国家治理体系和治理能力的具体化。国家治理体系和治理能力现代化体现在多个层面，衡量国家治理体系现代化的一个重要标准就是协调性，即从中央到地方，从政府治理到社会治理，各种制度安排作为一个统一的整体相互协调、密不可分。民族地区治理体系和治理能力现代化是保障少数民族合法权益、巩固和发展和谐民族关系、促进各民族共同发展的重要途径。其次，国家治理体系和治理能力是民族地区公共事务治理能力的基础。治理体系是治理能力的载体，治理能力是治理体系的应用。民族地区公共事务治理需要与党和国家相关部门、各省市自治区形成密切的协同工作机制，发挥民族地区公共事务治理主体的创造性和活力，促进民族地区公共事务治理能力不断提升，形成适合民族地区的公共事务治理模式。

西北地区社会治理既具有公共事务治理的普遍性特点，也具有民族地区的特殊性。应结合民族地区自然地理条件、历史文化特征、资源禀赋和生态约束来综合考量，从民族地区的实际出发，因地制宜地推进公共事务治理现代化。从治理环境的复杂性看，西北地区公共事务治理除了要适应全球化、市场化、城市化的发展趋势外，还要与这一地区自身发展环境相结合。加之农村人口比重大且居住分散，导致地方政府行政成本增加，在公共事务治理过程中处于弱势地位，与内地尤其是东部沿海地区存在较大差距。西北地区又是不同民族和宗教并存，民族文化碰撞、交流和融合的交汇点，由血缘关系、信仰关系、地缘关系形成的社会认同，结合传统的、本土性和族群性资源形成特殊的社会治理结构，发挥着特殊的社会资本优势。[1]在多民族、多宗教、多文化、多传统的社会环境中，各种社会的、经济的、政治的、文化的、宗教的、民族的矛盾，以及历史的和现实的矛盾相互纠缠、盘根错节，将在较大程度上影响民族地区公共治理现代化的进程。

实际上，早在20多年前，王宗礼教授就指出，西北农牧民的政治行为结构中还存在着许多不合理性的因素，这形成了西北农牧区走上现代化道路和政治民主化道路的最大障碍。因此，实现农牧民政治行为理性化是这一地区

---

[1] 贺金瑞："当代中国民族问题治理体系和治理能力现代化初探"，载《中央民族大学学报（哲学社会科学版）》2014年第4期。

实现经济、政治以及社会现代化的前提之一，也是其重要内容。实现农牧民政治行为理性化就是将农牧民的政治行为从传统的命定论、宗教观、宗法观、迷信、旧的传统和习惯以及情感的奴役下解放出来，实现其个体政治行为的自觉。也就是要把农牧民的政治行为建立在农牧民对行为的目的以及达到这一目的的手段的自觉思考和选择的基础上。要树立农牧民对人类理性的信任，要相信人类理性在认识环境与自我，把握自身，把握社会等方面的充分能力。从这一重要研究结论看，西北农牧民政治行为理性化，对于推进西北地区社会治理的现代化目标，仍具有前瞻性的借鉴价值。

结语：新时代政治学人的"学术情怀"

"情怀"作为学术研究的真精神，对其的探讨注定会对学术研究者们起到非常重要的规范和引领作用。这种情怀，实际上是研究者的"家国情怀"，是新时代中国知识分子的精神特质、行为风尚和价值追求。对于显性的政治学来说，政治学人更要用学术书写家国情怀，通过追求崇尚学术精神，树立治学情怀，与时代发展同频共振，与祖国同呼吸、共命运，真正将个人理想和抱负与国家、社会以及时代赋予的使命紧密结合在一起，融入民族复兴的伟大实践中。无论从王宗礼教授等的《中国西北农牧民政治行为研究》这一重要研究成果来管窥，还是他30年的教研历程来回顾，都体现着政治学人蕴含的对家国的深沉挚爱。学术研究的本质是探求真知、真理及未知，实现知识再造和创新。但学术的思想性、科学性、探究性等特质，决定了学术研究过程是漫长的、孤寂的并且是艰辛的。王宗礼教授等的《中国西北农牧民政治行为研究》的独创性成果，一方面，来自于他作为政治学人的仰望星空、心怀高远，在成就"大我"中完善"小我"；另一方面，又奠基于他作为政治学人的脚踏实地、低调为人，在做好"小我"中体现"大我"。这对于我们年轻的学生来说，无疑是一种最佳的学术研究状态、宝贵的学术活动体验，更应该是我们不变的"学术情怀"。

论现代化进程中中国公民意识的培育

——读《中国西北农牧民政治行为研究》

张文静〔1〕

内容摘要： 现代化是党和人民百年来的奋斗目标，党的十九大报告中提出到 2035 年基本实现现代化，到 2050 年要把我国建设成为富强民主文明和谐美丽的社会主义现代化强国。而适应现代化目标的政治人格是公民政治人格，目前我国臣民政治人格、草民政治人格、牧民政治人格除了在西北地区外在中国其他地区也都存在着，这些政治人格的存在阻碍了中国民主政治的发展，阻碍了现代化的进程。要促使这三种政治人格向公民政治人格转化，首先就要形成公民意识。虽然随着中国现代化进程的进一步加快，人民的生活水平得到了极大的提高，但公民意识却没有随着经济的增长而增强。

关键词： 公民 公民意识 政治人格

由王宗礼教授主编的《西北农牧民政治行为研究》（以下简称《农牧政治》）一书一经出版就在中国产生了巨大广泛而且深远的影响，对研究西北地区的政治稳定、政治发展做出了巨大贡献。在出版二十多年后再读这本书，更是让笔者感受到了好的作品的持久性、前瞻性，它能不断地为我们提供思想养分，激励着后人继续进行研究。笔者仅就本书的第二章政治人格这一章及其时代价值谈一点自己浅薄的看法。

一、问题的提出

作为政治行为主体的"政治人"，其"政治人格"决定着人们的政治价值观、政治态度、政治参与、政治社会化等政治行为，《农牧政治》一书中将西北农牧民的政治人格分为臣民、草民、牧民三种，并分别对这三种政治人格的形成、特点进行了分析，认为和现代化相适应的理想人格是公民政治人

---

〔1〕 作者简介：张文静，西北师范大学马克思主义学院 2017 级博士生。

格，为了形成理想的公民政治人格，就必须对西北农牧民中存在的这三种政治人格进行引导、改造，促使其向理想人格转化。作者分析认为臣民政治人格是有利于向理想人格转化的，"事实上，理想的臣民政治人格十分有利于向现代化人格转化，现实的臣民政治人格也有向现代性政治人格转化的有利因素，只要有适当的气候和条件，臣民政治人格极易转向公民政治人格"。[1] 草民政治人格虽然涣散、游离于政治之外，但只要合理把控，也可使其为统治者服务，促使其向公民政治人格转换。牧民政治人格由于其宗教性，增加了其向公民政治人格转化的难度，但也隐含着一些积极的方面。

现代化是党和人民百年来的奋斗目标，党的十九大报告中提出到 2035 年基本实现现代化，到 2050 年要把我国建设成为富强民主文明和谐美丽的社会主义现代化强国。而适应现代化目标的政治人格是公民政治人格，"以人类现代化为价值基点，则适应现代化目标的政治人格是公民政治人格"。[2] 目前我国臣民政治人格、草民政治人格、牧民政治人格除了在西北地区外在中国其他地区也都存在着，这些政治人格的存在阻碍了中国民主政治的发展，阻碍了现代化的进程。要促使这三种政治人格向公民政治人格转化，首先就要形成公民意识。虽然随着中国现代化进程的进一步加快，人民的生活水平得到了极大的提高，但公民意识却没有随着经济的增长而增强。中国公民意识淡薄影响了我国现代化的进程，因此，培育公民意识既是中国政治发展的必然要求，也是现代化的基本要求。

二、培育公民意识的当代价值

培育公民意识具有如下两方面价值。

第一，培育公民意识有利于促进城镇化的进程。城镇化的概念可以理解为：农村人口向城镇集中的过程，当今中国已经进入了城镇化迅速发展的时期。2014 年政府工作报告中指出："城镇化是现代化的必由之路，是破除城乡二元结构的重要依托。要健全城乡发展一体化体制机制，坚持走以人为本、四化同步、优化布局、生态文明、传承文化的新型城镇化道路，遵循发展规律，积极稳妥推进，着力提升质量。今后一个时期，着重解决好现有'三个 1

---

〔1〕 王宗礼等：《中国西北农牧民政治行为研究》，甘肃人民出版社 1995 年版，第 92 页。

〔2〕 王宗礼等：《中国西北农牧民政治行为研究》，甘肃人民出版社 1995 年版，第 89 页。

亿人'问题，促进约 1 亿农业转移人口落户城镇，改造约 1 亿人居住的城镇棚户区和城中村，引导约 1 亿人在中西部地区就近城镇化。"但在城镇化的过程中，广大农民深受封建专制思想的影响，民主意识差，基本上不参与国家的政治生活；法律意识差，不能运用法律的武器维护自己的合法利益；责任意识差，不能承担相应的社会责任。这些都阻碍了我国城镇化的进程。因此，只有大力培育公民的民主意识、法律意识、责任意识，才有利于我国城镇化进程的加快。

第二，培育公民意识有利于促进现代化的进程。广义的现代化包括了政治上的民主化，经济上的工业化，社会生活上的城市化，思想领域的自由化和民主化，学术知识上的科学化，文化上的人性化等。在全球化浪潮的冲击下，中国正在经历着一场深刻的变革。中国的现代化进程逐渐加快，在经济领域取得了举世瞩目的成就，国家经济实力增强、人民物质生活富足，"中国模式"也为世界各国所研究。但我国政治体制改革却举步艰难，虽然 2014 年政府工作报告中，政府一再提到政治体制改革的问题，但改革已经步入深水区。虽然人民开始了解并渴望民主、自由、平等、法制，但腐败问题、食品安全问题、环境污染问题、道德责任感的滑坡问题等都是实现国家现代化必须解决的问题。处在转型期的中国正面临着由传统社会向现代社会、农业社会向工业社会、封闭型社会向开放型社会转型的历史考验。如果社群成员缺乏公民意识，社会就没有建立公民道德与伦理的价值体系，也不能自我约制以维持社会秩序，甚至个人的私欲和贪婪可能会危害到整体社群的共同利益。因此，培育中国公民的法制意识、民主意识、责任意识，对我国实现现代化具有重要的意义。

三、公民意识培育的主要内容

中西方学者关于公民意识的研究成果颇丰，也给我们提供了一些研究思路，在此基础上，本文认为民主意识、法律意识、责任意识是公民意识培育的主要内容。

（一）民主意识

民主，作为一种美好的政治理想，自古以来就是人们追求的目标。从雅典的公民大会到 21 世纪初的自由民主时代，人类的历史就是一部不断追求民主的历史。

虞崇胜将民主的实现概括为"权为民所赋""权为民所用""权为民所控"。"主权在民"是民主的基本特征，这里的"民"就是公民，这就要求人民要发挥自己主人翁的地位，来监督权力的运作，参与国家事务的管理并对社会承担相应的义务，这些都是一个现代化国家对其公民的基本要求。因此，培育公民意识，首先就要培育公民的民主意识。

（二）法律意识

在西方，公民文化培育的一个重要的方面就是培育公民的法律意识，古希腊伟大的思想家苏格拉底为了维护国家的法律，做个守法的公民，献出了自己的生命。"依法治国"是我国的基本国策，培养了解法律、遵守法律、正确运用法律的公民，是维护国家安全、保障良好社会秩序的基础，也是一个现代化国家对其公民的基本要求。因此，培育公民意识，也要培育公民的法律意识。

（三）责任意识

马克思曾经说过："作为确定的人，现实的人，你就有规定，就有使命，就有任务。至于你是否意识到这一点，那都是无所谓的，这个任务是由你的需要及其与现实世界的联系而产生的。"[1]责任是与自由相对的一个概念，也可以理解为"公"与"私"的关系，我国学者在研究的过程中非常重视个人的自由，但更关注个人对他人和社会的责任，只有公民以主人翁的身份对社会和他人承担责任，我国出现的腐败问题，群体事件问题、环境问题、食品安全等问题才会得到根本的好转。因此，培育公民的责任意识也是培育公民意识的重要组成部分。

四、公民意识培育的途径

目前中国正经历着由传统社会向现代化社会的转型，公民意识是现代化社会的思想文化基础。当今社会，如何培育公民意识，实现现代化？本文认为，应该从制度、经济、法律等方面为公民意识的培育提供保障。

第一，良好的政治制度是支撑。所谓政治制度，是指社会政治领域中要

---

〔1〕《马克思恩格斯全集》（第3卷），人民出版社1960年版，第329页。

求各类政治实体加以遵循相对稳定的行为准则。它是多层次的结构，内层是国体，中层是政体、国家结构形式以及政党、公民政治行为的基本准则等，外层是一系列具有明显可操作性的规则、程序、方式等。国家是否具有良好的政治制度直接影响着公民意识的形成，有利于公民主体意识的形成，有利于公民参与意识的形成。因此，我们应该进一步完善我国的人民代表大会制度、选举制度，实现公民由被动参与向主动参与的转变。

第二，市场经济是基础。市场经济是现代化的基本要求，我国从1992年确定实行市场经济以来，经济建设取得了令人瞩目的成就，人民的生活水平得到了极大的提高，已经进入了全面建设小康社会的新时期，公民的思想意识也得到了极大的提高。市场经济的发展有助于自由、民主、平等等现代公民理念的形成。市场经济是以自由交换、等价交换为原则的，商品交换双方具有平等的权利与义务关系，这使得长期适应了封建统治的人民开始了解平等、自由，也开始关心和自己利益相关的一些活动，比如，参与本企业的管理、参与社区活动、参与村民选举、自觉学习法律知识。同时也强化了公民的权利、义务意识。使公民开始由"臣民"向"公民"转化。因此，我们应该进一步完善我国的市场经济体制，为公民提供一个开放、公平、自由的环境。

第三，法治国家是保障。法治国家是当今社会主流的治理方式，我国的法治之路经历了漫长的过程，到今天已经取得了巨大的成就。邓小平早就指出"为了保障人民民主，必须加强法制，必须使民主制度化、法律化，使这种制度和法律不因领导人的看法和注意力的改变而改变"，[1]我国强调，发展社会主义民主政治，最根本的是要把坚持党的领导、人民当家作主和依法治国有机统一起来，要做到让人民有法可依、有法必依、执法必严、违法必究。公民意识的成长要求公民积极参与国家各项事务，但在公权力面前，个人权利就有可能受到损害，使很多人因害怕承担责任，而不愿意承担社会的责任。因此，只有制定良好的法律，保障人民在政治、经济、社会等各领域的权利，并严格按照其执行。就像有的英国学者指出，一个国家属于法治国家，从一般意义讲，就是这个国家是根据法律——固定的法律规则——来治理的，而不是按照个人意志的专断和刻薄条件来治理的。只有这样，才能在制度上为

---

〔1〕《邓小平文选》（第2卷），人民出版社1993年版，第46页。

公民主体意识、公民权利意识和公民参与意识的形成提供保障。

总之，公民意识的培育是一个长期的过程，只有实现了从臣民到公民的转变，具有了现代人的民主意识、法制意识、责任意识，才能加快中国现代化的进程。

现代国家·西北乡土·民主社会

——读《中国西北农牧民政治行为研究》的思考

韩世强[1]

内容摘要：王宗礼等所著《中国西北农牧民政治行为研究》对中国西北农牧民政治行为进行了多方面的研究，熟练地运用政治行为理论对研究对象进行多方位的剖析，而且还对中国西北的自然、文化、民族、人文、社会、政治和经济等状况进行了大量的社会学和人类学的描述与分析。这种对乡土文化的挖掘也是人类学和社会学的传统，作为区域性的研究对学术的贡献也是显然的。作者既是政治学"本土化"的早期实践者之一，又是中国"三农问题"的较早提出者之一。书中的多学科的方法交叉运用熟稔，规范研究和经验研究巧妙结合，定量研究和定性研究相互补充。

关键词：现代国家　西北乡土　民主社会

中国学者在 20 世纪初就认识到对国外的政治理论不能原封不动地照搬，这样，既无法解释中国特色的政治现实，又不能推动中国政治学的进步与发展。所以在译介西方政治学的同时，也开始了政治学"本土化"的探索。学术界在 20 世纪 90 年代开始提出"中国政治学本土化"的诉求，到了 21 世纪初，"本土化"便成为中国政治学界最强有力的声音之一。中国西北学者在 20 世纪 90 年代初就参与了这一"本土化"进程，开始探索"政治学本土化"的实践，"以中国为方法"[2]，《中国西北农牧民政治行为研究》[3]、《中国西北民族地区政治稳定研究》[4]、《中国西北民族地区乡镇政权建设研究》[5]、

---

〔1〕　作者简介：韩世强（1974— ），甘肃庆阳华池人，兰州交通大学讲师，西北师范大学在读博士。主要研究方向为政治社会学与马克思主义原理。

〔2〕　杨光斌："以中国为方法的政治学"，载《中国社会科学》2019 年第 10 期。

〔3〕　王宗礼等：《中国西北农牧民政治行为研究》，甘肃人民出版社 1995 年版。

〔4〕　王宗礼等：《中国西北民族地区政治稳定研究》，甘肃人民出版社 1998 年版。

〔5〕　刘建兰、王宗礼：《中国西北民族地区乡镇政权建设研究》，甘肃人民出版社 1998 年版。

《中国西北地区社会现代化的困惑与出路》[1]共同构成了"中国西北地区政治社会问题研究丛书",在国内产生了不小的学术影响。至今,该丛书还是研究西北民族地区政治稳定和社会发展领域很有学术分量的参考文献。[2]尤其是曾获教育部第二届人文社会科学研究优秀成果政治学类二等奖(1998)的《中国西北农牧民政治行为研究》(以下简称《西北农牧》)一书,令笔者这个西北晚辈感到非常震撼!就其内容和方法而言,本书对中国西北农牧民政治行为进行了多方面的研究,熟练地运用政治行为理论对研究对象进行多方位的剖析,而且还对中国西北的自然、文化、民族、人文、社会、政治和经济等状况都有大量的社会学和人类学的描述与分析。《西北农牧》一书的作者既是政治学"本土化"的早期实践者之一,又是中国"三农问题"的较早提出者之一。在"改革开放之前的很长时期内,由于只有政治意识形态而无经验性社会科学研究"[3],面对中国改革开放以来的市场化转型,"中国的政治学不能仅仅停留在由概念到概念的抽象推演,而应当去关注丰富多彩的政治现实"[4]。西北学人的这种探索精神难能可贵。书中多学科的方法交叉运用熟稔,规范研究和经验研究巧妙结合[5],定量研究和定性研究相互补充。马克思·韦伯理想类型法的多次精准运用,对现象的分析入木三分,给人留下深刻的印象。还有进入现场、获取实地经验、个案调查、用事实说话、用第一手资料来表述农牧民的政治行为,令人折服。其学术价值受到了王惠岩先生的肯定。"据我所知,就我国目前的政治学研究而言,专门以农牧民的政治行为为研究对象进行比较全面的分析研究的研究成果还不多见,而专门深入研究西北农牧民的政治行为并形成比较系统的研究成果的,这是仅见的一份。无疑,作者的这一工作是具有独创性的。""作为一个老政治学工作者,我还是为有志于政治学理论研究的年轻一代所取得的任何成果和进步感到欣慰。"[6]

---

〔1〕 贾应生、王宗礼:《中国西北地区社会现代化的困惑与出路》,甘肃人民出版社1998年版。

〔2〕 岳天明:"中国政治社会学:学科传统、确立和发展困局",载《福建论坛(人文社会科学版)》2017年第1期。

〔3〕 杨光斌:"以中国为方法的政治学",载《中国社会科学》2019年第10期。

〔4〕 王宗礼等:《中国西北农牧民政治行为研究》,甘肃人民出版社1995年版,第16~17页。

〔5〕 规范研究本质上是一种应然分析,它重在理论推导和价值判断,主要回答"应该怎样"的问题,与目标导向和实质属性紧密相关。经验研究本质上是一种实然分析,它重在客观例证和事实判断,主要回答"是什么"的问题,它与事物现状和现象属性紧密相关。

〔6〕 王惠岩:"中国西北农牧民政治行为研究·序",引自王宗礼等:《中国西北农牧民政治行为研究》,甘肃人民出版社1995年版,第2页。

作为后辈,再次拜读《西北农牧》,深受"现实政治关怀的使命"〔1〕和"服务现实政治"推动政治学发展的精神所感动。

一、"乡土"社会中的"家"与"国"

聚焦西北的"乡土社会",不仅凝聚着作者们的"家与国"的"情结"、对"乡土社会"的无限热爱和依恋,而且也充满着对乡土社会的改变和对国家进一步发展的殷切期待。以"生于斯,长于斯"的西北农牧民政治行为为研究对象,是家国情怀的一种表达。作为出生于、成长于"堪称中国最贫困落后的西北农村"的一分子,心灵深处不断地被农民的艰辛困苦、朴实无华、孤立无援、狡黠狭隘等特质所激荡,留下了"难以抹去"的烙印,总存有"剪不断""理还乱"的"情结",〔2〕而面对这些,事实上也是对知识人的灵魂拷问,为何"如此逆来顺受、保守胆小的农民一次又一次成为中国改朝换代的重要力量"?〔3〕所以,"不了解中国农民,就不可能了解中国社会,也就更谈不上了解中国政治"。〔4〕"历史与现实的双重启示"揭示了"中国政治生活的底蕴",即"农民性"。这既是中国农耕文化的特点,又是中国文明的特点,显示着当代中国与现代化的距离。

西北之地不管在文化上还是战略上,在中国几千年来都非常重要。作者深切地体会到了西北在国家战略中的重要地位,又无奈地看到了西北"山高皇帝远"的落寞。只能以政治学对"现实政治的关怀"和"现实政治的责任"来关注这片乡土,以引起国家的重视,"为现实政治服务"。〔5〕"西北地区是中华民族的发源地之一,其中陕西和甘肃的部分地区还曾经是中华民族活动的中心地带,有着发达的农耕文明和悠久的文化传统。但这一地区又是多民族聚居地区,是历史上民族融合和民族冲突的重要场所,也是中外经济文化交流的要冲。因此,就这一地区农牧民的整体状况看,它有着和整个中华民族农牧民一脉相承的共同传统和一般属性,又有着不同于我

---

〔1〕 王惠岩:"中国西北农牧民政治行为研究·序",引自王宗礼等:《中国西北农牧民政治行为研究》,甘肃人民出版社1995年版,第1页。

〔2〕 王宗礼等:《中国西北农牧民政治行为研究》,甘肃人民出版社1995年版,第17页。

〔3〕 王宗礼等:《中国西北农牧民政治行为研究》,甘肃人民出版社1995年版,第17页。

〔4〕 王宗礼等:《中国西北农牧民政治行为研究》,甘肃人民出版社1995年版,第1页。

〔5〕 王宗礼等:《中国西北农牧民政治行为研究》,甘肃人民出版社1995年版,第18页。

国其他地区农牧民的特殊个性，是中华农牧民一般性和西北地缘特殊性的统一。"〔1〕

但深入大西北，现实却让人无奈。交通闭塞，环境艰苦，经济文化落后，多民族多元文化，政治方面"山高皇帝远"，尤其相对东部沿海的快速发展，西北部发展缓慢不前，更让人不得不担忧和揪心。"生产方式更加落后，所处地域更加封闭，观念更加滞后和陈旧。"〔2〕东南沿海一带，新思想、新风气、新潮流、新观念、新教育都在不断兴起，但"西北地区仍然在传统的樊篱中步履蹒跚、踯躅不前"。而西北农牧民"在以儒家文化为根基的人生观方面，在受自然经济所规定的保守、封闭方面，在对社会政治的大一统意识、忠君爱国意识、清官期盼意识、重义轻利意识等方面，都与其他地区的农牧民有着很大的一致性"。"西北地区的农牧民似乎更痴迷于过去的传统，更不愿意离开生于斯长于斯的黄土地。他们对外面的天地羡慕但却止于无奈，缺乏追求的勇气和激情，对于自己的现状虽不一定知足，但却不去改变。命定观、迷信观非常普遍。"〔3〕

这种直面乡土社会的"生态"需要一定的勇气和魄力。这种甚于解剖自己的行为本身就是一种责任。这种责任感不仅仅是个人的良心发现，更应该是学术共同体学术伦理的基本共识。这又何尝不是理性的政治行为呢？这里的山水草木，这里的村社乡民，爱之切，恨之切。本书声明：此研究"与我们的经历有关。我们都出生于堪称中国最贫困落后的西北农村。我们的童年和青少年时期基本上是在农村度过的"。〔4〕更为主要的是"农民的艰辛、困苦，农民的质朴、无华，还有农民特有的狡黠、狭隘等，在我们的心灵上留下了难以抹去的印象。一种'剪不断''理还乱'的农村'情结'留存心中，需要加以梳理"。〔5〕事实上，这种"主观式"的出场并不影响理性客观的分析与研究，恰恰是学术真诚的"价值中立"。相对落后的西北社会体现了中国社会发展"最短的板"，映照着中国社会的现代化发展走了多远，也是中国革命所追求的目标和结果，更是社会主义共同富裕的证明。但作为西北人，应

---

〔1〕 王宗礼等：《中国西北农牧民政治行为研究》，甘肃人民出版社 1995 年版，第 7 页。
〔2〕 王宗礼等：《中国西北农牧民政治行为研究》，甘肃人民出版社 1995 年版，第 7 页。
〔3〕 王宗礼等：《中国西北农牧民政治行为研究》，甘肃人民出版社 1995 年版，第 7 页。
〔4〕 王宗礼等：《中国西北农牧民政治行为研究》，甘肃人民出版社 1995 年版，第 16 页。
〔5〕 王宗礼等：《中国西北农牧民政治行为研究》，甘肃人民出版社 1995 年版，第 16 页。

该为国家、民族、社会的繁荣与发展尽一份力,这也可以从作者后来持续不断地进行这方面的研究予以证明。例如:社会主义民族关系与国家和社会的稳定以及西北地区构建和谐民族关系研究[1];强化各民族的"国族"意识,大力发展社会主义市场经济,形成各民族的利益共同体的研究;新时期构建西北地区和谐民族关系的研究[2];族际政治整合,政治与文化认同,公民身份的认同以及公民教育等研究[3];还有后发多民族国家在政治发展中应当把国家建构作为优先主题,努力培育国家认同、促进政治整合、提升国家自主性和国家能力、建设现代国家制度体系并适时推进国家的民主化进程。[4]这些都无不体现了一种殷切的家国情怀和忧患意识。其根本原因在于作者深刻地认识到,中国的现代化政治生活最终离不开农牧民理性的政治行为。他们理性的政治行为一方面是国家现代化和政治民主化的标志之一,另一方面是改革开放后的中国广大农村的现代政治生活的全部呈现。

二、政治行为与政治社会

政治学家们自古就重视对政治行为研究。这与政治行为与政治社会生活是高度相关有关。"人生来就是政治动物"。马克思·韦伯也强调政治行为的经验研究,"个人及其行动是基本单位,是社会的'原子'"[5]。政治行为主义侧重于探讨"社会政治生活的过程,而不像传统政治学那样注重探讨事物的本质"[6]他们认为"政治的真实内容应当是政治体系内部的活动和其围绕制度展开的行为"[7]。一般地,有什么样的政治社会就会有什么样的政治行为。人的行为首先取决于它在社会经济结构中所处的地位,本质上取决于

---

〔1〕 王宗礼:"多族群社会的国家建构:诉求与挑战",载《马克思主义与现实》2012年第4期。

〔2〕 王宗礼:"对西北地区构建和谐民族关系的战略分析与对策建议",载《甘肃社会科学》2006年第4期。

〔3〕 王宗礼:"国家建构、族际政治整合与公民教育",载《西北师范大学学报(社会科学版)》2013年第6期。

〔4〕 王宗礼:"国家建构视域中的后发多民族国家政治发展",载《当代世界与社会主义》2013年第5期。

〔5〕 [美]D. P. 约翰逊:《社会学理论》,南开大学社会学系译,国际文化出版公司1988年版,第268页。

〔6〕 王沪宁:《当代西方政治学分析》,四川人民出版社1988年版,第50~51页。

〔7〕 王沪宁:《当代西方政治学分析》,四川人民出版社1988年版,第50~51页。

所处的社会关系。《西北农牧》的研究者认为政治行为是社会政治结构的核心，研究政治行为有利于科学地描述和认识政治现象和政治事实，揭示政治过程的动态特征，了解社会和政治生活的深层结构〔1〕。对农民政治行为进行历史性多学科多视角的考察，不仅能更加深入地了解中国农民、了解中国国情，还可以揭示中国政治过程的动态特征，了解中国政治的深层结构。政治过程实际上是政治行为的互动过程，政治结构在本质上也是政治行为的互动结构，农民是中国政治生活中的一支重要力量。

从中国西北的农牧民的政治行为来观察中国政治生活具有一定的历史意义和学术的前瞻性。"窥一斑而见全豹"，及时及早地发现了"三农"问题，发现了我国农村社会和农民的状况堪忧。就是在今天，这些问题依然没有很好地得以解决。"农民的转化、分化和重组持续进行，困难丛生"，"农民正处在空前的躁动中"，"农村问题和农民问题日益突出。"〔2〕同时，从国家方面来看，"随着联产承包责任制的推行，在停滞的农村社会造成了连锁反应。一石激起千层浪，农村社会的多元化格局正在形成，农民中蕴藏的能量开始释放，传统农村社会的整合机制遇到了现代力量的挑战，农村改革中的政策效应开始递减，农村发展中深层次的矛盾和问题开始暴露，农民不满足现状的情绪正在滋生。"〔3〕那个时候，农村剩余劳动力的转化难问题、民工潮问题、农民负担加重问题、农民收入增长缓慢问题、农田撂荒、粮食播种面积下降问题、农村基层政权组织软弱无力问题、宗教问题、封建迷信活动蔓延问题、农民集团犯罪率和个体犯罪率上升问题等，都是"三农"问题的突出表现。"这些问题的汇合和集聚，在农村社会形成了一种涌动的潜流，构成了对农村社会发展和稳定的威胁。而这种种问题的此起彼伏，实际上左右和反映着农民的政治和社会态度，并通过农民的政治和社会态度而对现实政权和政治运行产生影响"〔4〕所以，"中国目前最大的政治问题是稳定问题"〔5〕。这一问题一直延续到现在，成为国家政治社会生活的主要部分，国家的管制成本不断提高。

---

〔1〕 王宗礼等：《中国西北农牧民政治行为研究》，甘肃人民出版社1995年版，第16页。
〔2〕 王宗礼等：《中国西北农牧民政治行为研究》，甘肃人民出版社1995年版，第4~5页。
〔3〕 王宗礼等：《中国西北农牧民政治行为研究》，甘肃人民出版社1995年版，第4~5页。
〔4〕 王宗礼等：《中国西北农牧民政治行为研究》，甘肃人民出版社1995年版，第4~5页。
〔5〕 王宗礼等：《中国西北农牧民政治行为研究》，甘肃人民出版社1995年版，第17页。

事实上，这些都与国家的政治生活密切相关。农民的政治态度和政治行为对于社会稳定与发展具有不可小视的作用。对于身处现代化进程中的各个后发国家来说，农民始终是他们首要关注的因素。亨廷顿警告人们："在现代化政治中，农村扮演着关键性的'钟摆'角色"，相对于'常数'的城市来说'农村的作用是个变数'：它不是稳定的根源，就是革命的根源。"〔1〕"如果农民默许并认同现存制度，他们就为该制度提供了一个稳定的基础。如果农民反对这个制度，他们就会成为革命的载体"〔2〕马克思在《路易·波拿巴的雾月十八日》中谈及法国小农时就指出：农民"不能代表自己，一定要别人来代表他们。他们的代表一定要同时是他们的主宰，是高高站在他们上面的权威，并从上面赐给他们雨水和阳光。所以，归根到底，小农的政治影响表现为行政权支配社会"〔3〕。这也是政治社会矛盾的方面，农民在国家的地位很重要，但这一群体怎么能成为一个自觉的阶级，思想家们感到困惑。莫斯卡所说"在所有社会中——从那些得以简单发展的、刚刚出现文明曙光的社会，直到最发达的、最有实力的社会——都会出现两个阶级——一个是统治阶级，另一个是被统治阶级。前一个阶级总是人数较少，行使所有社会职能，垄断权力并且享受权力带来的利益。而另一个阶级，也就是人数更多的阶级，被第一个阶级以多少是合法的、又多少是专断和强暴的方式所领导和控制。被统治阶级至少在表面上要供应给第一个阶级物质生活资料和维持政治组织必需的资金"〔4〕。"谁不了解农民，谁就不了解中国国情，谁不研究农民，谁就无法了解中国政治。"〔5〕随着中国经济大力发展，东部沿海地区发展较快，西北地区属于"后发型"区域，既受到全球化进程的冲击又受到国内"先发型"地区的挤压的双重挑战。这就需要改变集中计划型经济体制和高度集权的政治体制所带来的局面，需要国家进行战略上的大调整。在这样

---

〔1〕 [美]塞缪尔·P.亨廷顿：《变化社会中的政治秩序》，王冠华、刘为等译，上海人民出版社 2008 年版，第 241~242 页。

〔2〕 [美]塞缪尔·P.亨廷顿：《变化社会中的政治秩序》，王冠华、刘为等译，上海人民出版社 2008 年版，第 241~242 页。

〔3〕 《马克思恩格斯选集》（第 1 卷），人民出版社 2012 年版，第 763 页。

〔4〕 [意]加塔诺·莫斯卡：《统治阶级》，贾鹤鹏译，译林出版社 2002 年版，第 97 页。

〔5〕 王宗礼等：《中国西北农牧民政治行为研究》，甘肃人民出版社 1995 年版，第 7 页。

的背景下，2000 年，中央政府制定了"西部大开发战略"〔1〕来支持西部的发展。现实政治和政治现实深刻地影响着农牧民政治行为的政治社会化过程，政治社会化的缺失又更大的作用于人们的政治行为。作者关切地呼吁：市场经济是理性的政治行为的现实起点；发展教育事业是理性的政治行为的有力杠杆；政治体制改革与理性政治行为密切相关。〔2〕"中国需要民主化，民主化是中国现代化的重要组成部分。所以要通过不懈的努力来引导、促进农牧民，甚至全国人民的理性化趋向，那才是中国全面现代化的标志。"〔3〕

所以，研究中国农牧民的政治行为有利于中国社会的稳定和中国现代化建设事业。而这一切，离不开农牧民的理性的政治行为来实现中国现代化。但离开了对农牧民政治参与的训练、充分的政治社会化的培育，"山高皇帝远"的政治社会化缺失〔4〕又带来了理性化的困难，政治民主化的实现和国家的现代化道路任重而道远。

三、理性政治行为的实现：自治还是主导？

理性政治行为意味着整个民主社会的实现。在中国，民主社会的实现是依靠国家主导还是社会自治，这是一个复杂问题。中西方政治行为的研究背景的最大区别就是西方社会危机导致西方学者对政治行为的关注和重视，而在中国，理性政治行为主要靠国家和政府的主导、引导。不管对于民主有多大的争议，民主的发展需要结合中国实际。民意的传达需要组织和制度提供渠道来实现，宪法和法律的保障才能实现民主的正常运转，限制政府和避免多数人暴政仍是民主的任务。理性政治行为在改革开放以后的乡村社会主要表现为村民自治。乡村社会从改革开放前的国家"铁板一块"的隶属和一部

---

〔1〕 2000 年 1 月，国务院西部地区开发领导小组召开西部地区开发会议，研究加快西部地区发展的基本思路和战略任务，部署实施西部大开发的重点工作。2000 年 10 月，中共十五届五中全会通过的《中共中央关于制定国民经济和社会发展第十个五年计划的建议》，发行长期国债 14 亿元，把实施西部大开发、促进地区协调发展作为一项战略任务，强调：实施西部大开发战略、加快中西部地区发展，关系经济发展、民族团结、社会稳定，关系地区协调发展和最终实现共同富裕，是实现第三步战略目标的重大举措。载 https://baike.sogou.com/v118705.htm? fromTitle = % E8% A5% BF% E9% 83% A8%E5%A4%A7%E5%BC%80%E5%8F%91，最后访问日期：2020 年 7 月 10 日。

〔2〕 王宗礼等：《中国西北农牧民政治行为研究》，甘肃人民出版社 1995 年版，第 331~341 页。

〔3〕 王宗礼等：《中国西北农牧民政治行为研究》，甘肃人民出版社 1995 年版，第 341 页。

〔4〕 王宗礼等：《中国西北农牧民政治行为研究》，甘肃人民出版社 1995 年版，第 241 页。

分到后来的内卷化乡村政治的普遍现实。[1]理性政治行为何以可能？多年来，中国"二元"社会制度给中国乡村带来的影响是深远的。乡村的权力结构的"二元化"，即党和政府自上而下的领导与村民自下而上的选举村委会。"村民自治"和"党与政府的领导"经常有冲突，最终是政府对乡村的强控制局面。从1982年《宪法》规定村民自治到《村民委员会组织法》再到现在，乡村自治几十年，村委会几乎变成政府机关的延伸机构。"政府加强了对村庄的控制，陷入了内卷化处境。"[2]关于村民自治，国外的研究的主要理论路径有三种：一是村民自治应该成为公民社会崛起的发端，从而会导致更大范围甚至全国的政治重构的自由民主理论；二是将选举产生的村委会视为国家权力的分支的权威主义的路径；三是将经济发展作为左右村民自治建设的主要动因的发展主义路径。自由民主忽略了国家权威在事实上操纵着村庄的选举和治理这一事实。权威主义路径又忽略了作为乡村社会的真正主体。经济发展影响村民自治，但一定会有一些国家和社会因素介入乡村政治。所以，"不可否认的是，村民自治终究是具有民主性和自治性色彩的基层自治制度。"[3]今天

---

〔1〕 近几年关于乡村政治的内卷化讨论比较热，可谓大家有所共识。例如，董国礼："政权内卷化及其影响下的农业经济绩效"，载《学海》2001年第1期；范志海："论中国制度创新中的'内卷化'问题"，载《社会》2004年第4期；何艳玲、蔡禾："中国城市基层自治组织的'内卷化'及其成因"，载《中山大学学报（社会科学版）》2005年第5期；任晓伟："党的执政能力建设与社会主义经济改革的内卷化"，载《广西社会科学》2005年第4期；崔效辉："论20世纪中国地方国家政权的内卷化"，载《公共管理高层论坛》2006年第1期；凌鹏："围绕'内卷化'的讨论——一次新的范式转型"，载《开放时代》2006年第5期；程平源："内卷化的权力及其微观分析"，载《江淮论坛》2007年第6期；贺东航："中国村民自治制度'内卷化'现象的思考"，载《经济社会体制比较》2007年第6期；李锦顺、毛蔚："乡村社会内卷化的生成结构研究"，载《晋阳学刊》2007年第2期；韩世强："乡村治理中的内卷化研究——以甘肃紫村的治理为例"，西北师范大学2008年硕士学位论文；李祖佩："基层治理内卷化——乡村治理中诸种力量的表达及后果"，华中科技大学2010年硕士学位论文；马良灿："'内卷化'基层政权组织与乡村治理"，载《贵州大学学报（社会科学版）》2010年第2期；郭卫民、刘为民："我国行政体制内卷化倾向浅析"，载《国家行政学院学报》2011年第6期；耿羽："灰黑势力与乡村治理内卷化"，载《中国农业大学学报（社会科学版）》2011年第2期；贺雪峰："论乡村治理内卷化——以河南省K镇调查为例"，载《开放时代》2011年第2期；汪杰贵："我国农民自组织'内卷化'危机与出路"，载《党政视野》2015年第1期；李祖佩："乡村治理领域中的'内卷化'问题省思"，载《中国农村观察》2017年第6期。

〔2〕 贺东航："中国村民自治制度'内卷化'现象的思考"，载《经济社会体制比较》2007年第6期。

〔3〕 刘伟、刘瑾："中国农村村民自治：何种民主？何以民主？"，载《领导科学论坛》2016年第1期。

的乡村现实是理性的政治行为大多被理性的经济行为所代替。国家在"以工哺农"[1]的时代,大力开展新农村建设、乡村治理等政策,但国家法团主义[2]盛行,政府成为主要的"法团"力量,与民争利导致的农牧民上访和集体行动等非理性行为增加,几乎见不到理性的政治行为。

国家与社会的关系,在黑格尔和马克思那里也有过讨论。虽然讨论背景不同,但实质可以借鉴。政治国家决定市民社会还是市民社会决定政治国家。当然,这个问题不能离开政治社会时代背景而简单讨论。但我们所面临的现实是,"国家层面上民主制度的缺失,伴随而来的将会是政权合法性衰退、国家汲取能力的弱化以及整个国家治理效力的下降。另一方面,社会民主可以看作是整个国家民主的一部分,即处在政权组织末梢的基层政治组织和基层自治组织。"[3]应该说,社会民主是对国家权力民主的有益补充,是协调国家和社会、提高国家治理能力的重要路径,构成国家权力体系民主运转的社会基础。因为,在现代社会发展的趋势中,"国家与社会之间的二元边界不断淡化,呈现出逐渐融合的趋势,社会民主与国家民主之间必然会以某种形式产生衔接和互动。社会民主通过承担基层治理的功能、培育基层公民意识,从而滋养着国家民主的发展;国家民主通过为社会民主的发展提供制度后盾,促进着社会自治力量的生长。"[4]而在中国的西北农村,基层政治组织的建设和基层自治组织的建设的任务同样非常艰巨。[5]

中国农民对社会主义的建设与发展在很多方面是有创造性贡献的。70年代末,万里在安徽省支持和推广包产到户,更具有政治的自觉性和主动性。

---

〔1〕 2006年1月1日起废止《农业税条例》,农民不需要交个人所得税。在中国乡村社会存在了几千年的皇粮国税从此消失了。

〔2〕 学者们根据国家与社会力量的对比将法团主义分为"国家法团主义"和"社会法团主义",或者"权威法团主义"和"自由法团主义"。国家法团主义强调国家的主导作用,社会法团主义强调社会的自我治理能力。大多数发达国家因为市场经济的充分发展,公民社会和国家建构存在一致性,因此,大多采用社会法团主义;而发展中国家则多采用国家法团主义。参见张静:《法团主义及其与多元主义的分歧》,中国社会科学出版社2005年版。

〔3〕 刘伟、刘瑾:"中国农村村民自治:何种民主? 何以民主?",载《领导科学论坛》2016年第1期。

〔4〕 刘伟、刘瑾:"中国农村村民自治:何种民主? 何以民主?",载《领导科学论坛》2016年第1期。

〔5〕 王宗礼等:《中国西北农牧民政治行为研究》,甘肃人民出版社1995年版,第170~171页。

他提出了著名的"好政治和坏政治"的观点。[1]农民们的创新得到国家领导人的认可和支持，才形成一种全国性的体制。而近代乡村建设派们认为，农民的"愚、穷、弱、私"这四大疾病需要发动整个社会的力量对此加以诊治才可以解决，[2]所以提倡大力发展教育来解决这一问题，成为当时中国的"第三条道路"[3]方案。从乡村教育到村民自治再到乡村治理，革命成功了，革命的目标似乎在实现中。对于乡村问题的病灶到底是民主之病还是乡村的问题，甚或是农民的问题，这是今天仍然需要回答和解决的问题。不论是早期的乡村建设运动，还是之后的新生活运动，甚至近年来的新乡村建设、乡村治理和乡村扶贫等，都无法真正从根本上解决农民自身的问题，正像一些社会调查早已指出，"农民并没有成为这些社会工程建设的主体，至少许多外来的干预力量都没有考虑到农民自身的需求和认知。随着时间和空间的转变，统一的意识和核心的问题会发生转变。"[4]事实上，今天的核心问题还是在解决乡土社会所面临的问题和怎么满足乡村社会的迫切需要。基层社会农牧民的声音在哪？谁来关注他们的意愿和想法？如《西北农牧》作者所言，"提高政治的控制效力和统治信度，使公众参与建立在与政府相互依赖的基础上，这样更好的体现民意。"[5]社会民主化、国家现代化最终的问题还是解决利益的分配与均衡的问题。所以，理性化的政治行为应该以哪种方式实现？

四、政治行为理性化何以可能？

在农村税费改革、取消农业税后，农民负担不再成为"三农问题"的矛

---

〔1〕 参见徐勇："农民改变中国：基层社会与创造性政治——对农民政治行为经典模式的超越"，载《学术月刊》2009年第5期。

〔2〕 赵旭东："乡村成为问题与成为问题的中国乡村研究"，载《中国社会科学》2008年第3期。

〔3〕 第一条道路是地主阶级和买办性的大资产阶级的建国方案，维护的是地主阶级和大资产阶级的根本利益，以国民党为代表。第二条道路是农民阶级和小资产阶级的建国方案，其目的是建立一个工人阶级领导，以工农联盟为基础的，团结一切可团结的力量的人民民主专政的共和国，以共产党为代表。第三条道路是指民族资产阶级及其知识分子提出的社会民主主义路线，这些民主党派企图在国共两党之间"严守第三者立场"，幻想走第三条道路，即用和平改良的办法使国民党政府"刷新政治"。他们力图效仿西方，在中国实行议会制，责任内阁制和地方自治制，把中国建立成一个强大的资本主义共和国。

〔4〕 赵旭东："乡村成为问题与成为问题的中国乡村研究"，载《中国社会科学》2008年第3期。

〔5〕 王宗礼等：《中国西北农牧民政治行为研究》，甘肃人民出版社1995年版，第209页。

盾和焦点，而保持乡村基层社会的稳定在中国独特的政治运作逻辑下，成为一件足以影响全局的大事。维稳一直是社会的主要任务和目标，这在群体政治行为的研究中予以呈现。作者对群体政治行为的特点和成因做了大量的分析，也对这一行为的防范和管控予以思考。[1]

纵观近四十年的发展历程，从统治到管制再到管理甚至治理[2]，对国家而言，其实践活动目标不变，就是实现人民的理性政治行为，有序参加国家与社会的管理与治理。既实现了国家稳定与社会和谐，又实现了人民的正当权益，即真正的人民当家做主的社会。"从封建帝国时代的'官政自治'到民国时代的'专政劣治'、从集体化时代的'集权统一'到改革开放时代的'乡政村治'，中国乡村社会治理经历了四次转型。历次村治转型与巨变，对中国乡村社会关系、社会团结与社会秩序都产生了重大影响。因此，有必要将这四次转型放置在农民、基层政权与国家之三维互构关系的场域中认知，并从中探索乡村治理的历史经验与变动规律，提炼其中的经验教训。"[3]

关于乡村社会治理，人类历史有很多经验告诉我们：不能缺失对广大农民群体主体性权利的保护与尊重。"在乡村社会治理实践中，一味地向乡村社会索取资源，这种治理最终必然走向劣治，必然遭到底层民众的唾弃与抵制。尊重农民主体性、重建农民主体，就是要树立农民是乡村社会治理的主体和直接受益人的价值理念，就是要将尊重和实现农民基本的社会权利作为乡村社会治理的目标。"[4]学者呼吁，关注乡村社会和农民的实际需求，他们面临的困难是什么，然后才是有针对性地去治理。"在乡村社会治理实践中，国家和基层政权组织应改变自上而下的思维逻辑，应当从乡村资源的索取者转化为乡村社会公共产品的供给者，应当多关注一下农民需要什么样的治理、他们对治理有什么要求，该群体面临的主要困难和实际需求是什么，面对农民的具体困难和需求国家和政府能做什么，该做什么。这种治理逻辑的转变，实际上是社会公平正义原则在乡村社会治理中的具体运用和体现。"[5]重视村落内生性组织的培育是破解当前乡村社会治理困境的重要路径。"所有民主的

---

〔1〕 王宗礼等：《中国西北农牧民政治行为研究》，甘肃人民出版社 1995 年版，247~268 页。

〔2〕 几者的区别参见杨光斌："以中国为方法的政治学"，载《中国社会科学》2019 年第 10 期。

〔3〕 马良灿："中国乡村社会治理的四次转型"，载《学习与探索》2014 年第 9 期。

〔4〕 马良灿："中国乡村社会治理的四次转型"，载《学习与探索》2014 年第 9 期。

〔5〕 马良灿："中国乡村社会治理的四次转型"，载《学习与探索》2014 年第 9 期。

价值和意义，只有通过公民参与才能真正实现。换言之，只有通过公民参与，民主政治才能真正运转起来。可以说，没有公民参与，就没有民主政治。公民参与是实现公民权利的基本途径，公民参与可以有效防止公共权力的滥用，可以使公共政策更加科学和民主，并且促进社会生活的和谐与安定。国家必须建立和完善公民参与的法律制度，建立足够的合法参与渠道，使公民的政治参与不仅有畅通的渠道，而且有法可依，以便最大限度地满足公众参与公共生活的需求，从而维护公民的正当权益。"[1]这就要求关注乡村社会最现实、最迫切的问题，关注农民最基本的权利，然后通过国家与社会、基层政权与农民的协商与合作，实现乡村社会和谐与繁荣，实现国家现代化治理的要求。在新时代，中国共产党人对社会政治的发展有了新的认识，在对自身执政经验的高度概括和创新的基础上提出了"国家治理体系和治理能力现代化"这一全新理念。"从实践上说，国家治理体系的现代化也是政治现代化的重要内容。推进国家治理体系和治理能力的现代化，势必要求在国家的行政制度、决策制度、司法制度、预算制度、监督制度和社会治理等重要领域进行突破性的改革。"[2]

所以，农牧民理性的政治行为，完善的现代政治人格，民主科学的政治价值观、政治认同、政治态度和政治参与都是国家现代化和社会民主化的前提。虽有"市场经济为政治行为理性化提供了现实起点"[3]，但政治体制改革和基层政治组织建设，在农牧民理性政治行为的政治社会化过程中扮演着重要的角色。多年来看，基层自治组织建设其发展和完善的趋势不容乐观。政治行为理性化是现代民主政治的行为基础。"中国需要民主化，民主化是实现中国现代化的条件和组成部分，全国人民理性化，才是中国社会全面现代化的标志。"[4]

---

〔1〕 俞可平："没有法治就没有善治——浅谈法治与国家治理现代化"，载《马克思主义与现实》2014 年第 6 期。

〔2〕 俞可平："中国的治理改革（1978–2018）"，载《武汉大学学报（哲学社会科学版）》2018 年第 3 期。

〔3〕 王宗礼等：《中国西北农牧民政治行为研究》，甘肃人民出版社 1995 年版，第 331 页。

〔4〕 王宗礼等：《中国西北农牧民政治行为研究》，甘肃人民出版社 1995 年版，第 341 页。

身份认同是新时代中华民族国家意识构建的第一哲学

内容提要： 中华民族国家意识的身份认同是国家意识构建的第一哲学，是因为国家意识的原始开端就是这个身份认同，从这个身份认同开始才能谈得上国家意识的要求和规定。中华民族国家意识的身份认同包括三种类型的认同，即：对生活风格的基调认同、对个人所在族群的认同、对个人所在国家的认同。新时代国家意识构建中的身份认同的把握，必须注重公民对国家政权的认同和依赖。这个政权就是中国共产党的领导核心力量，也是政府对国家大局的控制和掌握。新时代，中华民族国家意识的身份认同构建就是中华民族共同体意识的构建。

关键词： 身份认同　国家意识　第一哲学

中国特色社会主义进入新时代，新时代的国家意识构建最不能回避的问题就是身份认同问题。我们说中华民族国家意识的身份认同是中华民族国家意识构建的第一哲学，是因为我们再也找不到比身份认同更能表现国家意识的开端和起步的原始性、初级性，我们也找不到比第一哲学这个词更能表现中华民族国家意识的深厚积淀和丰富内涵的话语。只有第一哲学能够把中华民族国家意识的身份认同的这种丰富性、历史性和哲理性表现出来。我们也只能借助这个话语才能表达我们对国家意识的身份认同的认识和理解的完整性、独创性。

一、中华民族国家意识的第一哲学与一个民族的文化精神分不开

身份认同是新时代中华民族国家意识构建的第一哲学，这个第一哲学，从字面上看，是一个哲学话语。如果说哲学是一种思想和观念的秩序的表现，那么，国家意识的身份认同显然就是这个秩序的开始和起步。如果说哲学还是一个人价值观念的表现和凝练，那么，第一哲学意味着身份认同不仅在国

---

[1]　作者简介：王瑞萍，西北师范大学马克思主义学院博士研究生。

家意识中是第一位的，在国家意识的价值里也是处于第一位的开端。

中华民族国家意识的第一哲学是与一个民族的文化精神分不开的。一个民族的文化精神是什么，是身份认同要解决的第一哲学问题。黑格尔较早发现了一个民族的文化精神与国家意识的联系，他指出："'国家'便是在人类'意志'和它的'自由'的外在表现中的'精神观念'"[1]。胡塞尔也是一位敏锐地看到这个问题的哲学家，他指出："建立有关精神生活的令人满意的方法和诸可能性，那显然就需要对这种状况的内在动机和形成的根源……和操劳整个人类的精神结构进行深入思考。"[2]中华民族的文化精神有三个方面的实质要素，需要我们深度把握。

其一，按照杜维明先生的解释，就是"一种比较遥远的回响"。[3]杜维明先生认为这个回响能够听得到，心里有感觉，但是和现实很难接上头。杜维明先生认为"这是一笔丰厚的精神财富"[4]，一个民族的文化精神的确很难用笔墨描写完备，也很难在现实生活中找到归宿。文化精神不是实体，它没有现实中的那些实实在在的物体形象，却有现实中没有的精神形象，它渗透在民族的血脉之中，张扬在民族的旗帜上。

其二，文化情感。这个文化情感毫无疑问是忧国忧民的文化情感。自鸦片战争以来，中国从一个泱泱大国沦为任人宰割、任人欺辱的"东亚病夫"，这样一个惨痛的现实让中华民族产生了强烈的文化悲愤感。这种文化悲愤感反映到现实之中就是渴望中华民族摆脱帝国主义列强的欺负，实现中华民族伟大复兴的中国梦。

其三，中国共产党成立以来中国人民在反对帝国主义、封建主义和官僚资本主义的革命斗争中形成的红色文化传统。这个红色文化传统凝聚为马克思主义中国化过程中形成的中国特色社会主义的先进文化。面对世界上任何国家、任何民族都无可比拟的如此丰富、如此巨大的文化自信资源，中华民族没有理由不自信，没有理由怀疑自己民族的未来和光明前景。正如习近平

〔1〕　［德］黑格尔：《法哲学原理》，范扬、张企泰译，商务印书馆 2010 年版，第 36 页。

〔2〕　［德］胡塞尔：《第一哲学》，王炳文译，商务印书馆 2010 年版，第 36 页。

〔3〕　杜维明：《儒学第三期发展的前景问题 大陆讲学、答疑和讨论》，生活·读书·新知三联书店 2013 年版，第 22 页。

〔4〕　杜维明：《儒学第三期发展的前景问题 大陆讲学、答疑和讨论》，生活·读书·新知三联书店 2013 年版，第 22 页。

总书记所指出的：“当今世界，要说哪个政党、哪个国家、哪个民族能够自信的话，那中国共产党、中华人民共和国、中华民族是最有理由自信的。有了‘自信人生二百年，会当水击三千里’的勇气，我们就能毫无畏惧面对一切困难和挑战，就能坚定不移开辟新天地、创造新奇迹。”[1]中华民族的国家意识是对中华民族文化精神的创造性的回归，也是对中华民族身份认同的构建。

二、中华民族国家意识的身份认同

身份认同逻辑地反映了个体的心理属性和社会属性的根在哪里，反映的是个体出生的“根”。如果只宏观片面地强调国家意识的构建，而不去探讨身份认同，这种国家意识就缺少根。

身份认同的两种观点分别是主观主义和客观主义。主观主义的观点也被称作“原生主义”，即身份认同是原始就有的，不以其他族群为参照，是一出生就带上的，是最自然的情感关联。通过族群传承对族群的归属是最基础的、最具有决定性的归属。客观主义的观点认为一个人具有真实的身份认同，必须与文化、领土相联系，由客观存在的语言、文化、宗教、集体心理所决定。对于主观主义来说，身份认同是一个通过想象出来的共同体决定的一成不变的身份。客观主义则把身份认同完全等同于环境的产物，是机械式的被环境决定的被动产物。我们所说的国家意识建构中的身份认同既不是主观主义的产物，也不是客观主义的产物，而是在社会关系中产生的一种社会建构而非给定之物，是与人的主观选择性相联系的客观环境的产物。

新时代，应该注意构建三类中华民族国家意识的身份认同。

第一类身份认同的构建就是对生活风格的基调的认同。美国社会学家弗里德曼把这个认同称作是“最小的认同”。这个认同就是颜元提出的“惟平易以度艰辛，谦和以化凶暴”。[2]这种携带在血液里的文化认同可以说具有众所周知的族群性特点，这是历史传承下来的、祖祖辈辈都是如此的生活模式和生活风格的体现，可以用生物遗传和族群遗传的概念表达。大家都这样生活，我也不能例外，就是这种身份认同的最直接的生物遗传的表达、最族群性的

---

〔1〕 习近平：“在庆祝中国共产党成立 95 周年大会上的讲话”，载《人民日报》2017 年 7 月 2 日。

〔2〕 （清）戴望：《颜氏学记》，刘公纯标点，中华书局 2009 年版，第 99 页。

历史表达。这就是说对生活风格的基调的认同由历史、族群、遗传、环境等诸多难以更改的惯性因素和历史因素决定。

第二类身份认同的构建就是对个人所在的族群的认同。这个认同是一种辨认式的认同，是区别于公民社会中的国家认同的一种实体性的认同。这种分辨通过细分个体在文化上的特殊性完成。这个阶段的身份认同的文化特征是"刻"在每个族群的个体的语言、思想、服装、举止、行为和身体上且一眼就能够辨认出来的图像。

第三类身份认同的构建就是对个人所在国家的认同。这是由身份的多样化认同决定的更高级别、更深层次、更大范围的认同，也是以上述认同为基础的共生性、共识性和共感性认同，是多元向一体回归的认同。国家认同和族群认同的不同点就在于族群认同"分"的色彩较为浓厚，国家认同"合"的色彩较为浓厚。在这一类身份认同的构建中，族群与族群的边界被国家认同所撤除，各民族成员均由文化上的"差别人"上升为文化上的"平等人"。就其历时性的时间维度和共时性的空间维度看，这个认同不仅表现了对传统文化的精神和情感的传承，而且表现了革命红色传统文化和社会主义先进文化的融入。这个身份认同表现为鲜明的历史性、民族性和时代性，凝结为礼治文化统治模式的个人形态。

通过这三类身份认同所构建的中华民族的国家意识，其核心部分是铸牢中华民族共同体意识。2014年9月，习近平总书记在中央民族工作会议上指出："加强中华民族大团结，长远和根本的是增强文化认同，建设各民族共有精神家园，积极培养中华民族共同体意识。"[1]习近平总书记在党的十九大报告中明确提出要"铸牢中华民族共同体意识"。这是对新时代更好构筑中国精神、中国价值、中国力量，为人民提供精神指引的新表述、新观点、新思想。我国独特的历史、独特的文化、独特的国情，都决定了铸牢中华民族共同体意识是世界和中国发展的大势，是实现社会主义现代化、创造中华民族美好生活的根本保证，铸牢中华民族共同体意识具有无比广阔的时代舞台，具有无比深厚的历史底蕴，具有无比强大的前进定力。在十九大报告中，习近平总书记则将"培育中华民族共同体意识"表述为"铸牢中华民族共同体意

---

〔1〕习近平："中央民族工作会议暨国务院第六次全国民族团结进步表彰大会在北京举行"，载《人民日报》2014年9月30日。

识"。"培育"和"铸牢"虽然只是两个字之差，但是，其含义则有明显不同，值得我们认真学习和领会其不同点，把握蕴含其中的深刻意义。"培育"指的是培养和教育，"铸牢"指的是在培育基础之上的固定、稳定和进一步发展。很显然，"铸牢"是一个在培育基础之上的新的要求、新的表述、新的实践，含义比"培育"更加深刻丰富，所指更加明确具体、所要求的标准更高。铸牢中华民族共同体意识的本质就是要表明中华民族只有一个。1902年，孙中山在《临时大总统就职宣言》中提出"五族共和""五族一家"理念，他认为"国家之本，在于人民。合汉、满、蒙、回、藏诸地为一国，即合汉、满、蒙、回、藏诸族为一人。是曰民族统一"。[1]这一时期，"五族共和"成为民族主义的核心内容，然而这一思想在军阀混战的政治环境中无法达到族际整合的政治目的，并且中国除上述五个民族之外，还有其他民族存在。1902年，梁启超在《论中国学术思想变迁之研究》[2]中提出"中华民族"概念时，梁启超并没有对这一概念的具体内涵做详细的阐释，碍于对"中华"和"民族"两个概念理解的局限性，这时他所指称的"中华民族"还只是由华夏族发展而来的汉族。这一时期，中华民族观开始形成，并逐步成为中国这一疆域辽阔的多民族向现代民族国家转变的思想基础。日本侵华战争爆发之后，中国的政治形势急转直下，日本帝国主义既从政治实践层面扶植伪满洲国傀儡政权、鼓吹华北五省自治，又从政治理论层面炮制了"满蒙非中国论"企图肢解中国。面对日益严重的民族危机，中国学界志士以中国的历史、文化和现实国情为基础对"满蒙非中国论"进行了驳斥。以顾颉刚为代表的中国学者提出"中华民族是一个"的观点，这一观点得到傅斯年、白寿彝、张维华等人的支持。顾颉刚认为："凡是中国人都是中华民族——在中华民族之内我们绝不该再析出什么民族。"[3]傅斯年认为："我们中华民族，说一种话，写一种字，操统一的文化，行同一伦理，俨然是一个家族……"'中华民族是整个的'一句话，是历史的事实，更是现实的事实。"[4]顾颉刚和傅斯年

---

〔1〕《孙中山全集》（第2卷），中华书局1981年版，第2页。

〔2〕梁启超：《饮冰室合集》，中华书局1989年版，第231页。

〔3〕周文玖、张锦鹏："关于'中华民族是一个'学术辩论的考察"，载《民族研究》2007年第3期。

〔4〕周文玖、张锦鹏："关于'中华民族是一个'学术辩论的考察"，载《民族研究》2007年第3期。

等人的观点强调了中华民族的整体性，费孝通也清楚宣传"中华民族是一个"。为了反击帝国主义假借"民族自觉"分化中国的图谋，团结国内人民一致抗日，他认为，防止敌人的分化不是主观地消弭民族（不同的文化、语言、体制、团体）间的分歧，而是要健全自己的组织，使国内各文化、语言、体质团体都能够享受到平等的权利，这样大家才能在统一的政治体系中获得切身利益，进而维护整个政治体系。中华民族共同体是在几千年的中华文明发展史中形成的，是相互依存、统一而不可分割的政治和命运共同体。中华民族共同体建设不仅超越了西方"民族—国家"建构的理论范式，也超越了中国历史上"天下—国家"的文明体系建构模式。

通过铸牢中华民族共同体意识，就可以进一步促进中华民族国家意识的巩固和发展。国家意识是指一国的公民对自己这个国家基于自信的身份认同基础上的情感与心理认知、认同意识的总和。它是国家主人翁责任感、自豪感和归属感的一种强烈体现，是现代国家的一种重要"软实力"。中华民族共同体意识作为国家哲学表现的第一个要求就是爱国主义思想和感情的建立，国家意识体现的向心力和凝聚力，正是爱国主义思想和感情的表现。这种现代国家竞争的一种重要"软实力"是国家统一稳定、民族团结安定、社会进步的源泉，是复杂形势下维系国家信念与意志的根本。

国家意识在个人层面的心理表现就是"归属感和自豪感"，这正是铸牢中华民族共同体意识的基本要求。这里的第一哲学意指一个人应认为国家是自己的国家，是自己生活所依持的国家，同时明确地意识到自己是该国的一分子，将自身的命运和国家的命运联系在一起，对国家的发展有着发自内心的满足与骄傲。

由于互联网技术和现代通讯技术已经使得"平常的时间和空间的边界崩溃了"，[1]各种新技术把批量生产和批量复制相结合，可以生产出来各种各样的"几乎是个性化的产品"，而不是 19 世纪、20 世纪以来商业化的定制、定型的千篇一律的生产和产品，一些古老风格的产品甚至可以很廉价、很低价地获得。在这个背景下，国家意识构建的身份认同表现了"时空压缩"的特点，对这种"时空压缩"的体验是具有挑战性的、令人兴奋和紧张的，也令

---

〔1〕 〔美〕戴维·哈维：《后现代的状况 对文化度迁之缘起的研究》，闫佳译，商务印书馆 2014 年版，第 104 页。

人深深忧虑。"时空压缩"把"单个灵魂及其众多不同兴趣集中起来"[1]，成为当代社会矛盾的聚焦点和爆发点，人们可以在"时空压缩"的生存中看见各种风格产品的大卖场，看到各种选择产生的难以抗拒的诱惑，看到无数转瞬即逝的机会纷至沓来，看到思想文化生产的简便易行。这就意味着个人必须变得"非常强壮和变化多端"，[2]以应对各种风险，化解各种危机。在"时空压缩"的背景下，如果没有基于文化自信的身份认同，每个人就会被商业化、金钱化，每个人的身份认同的表现就可能是支离破碎，各取所需的"随心所欲"，而不是体现深度感和广度感的整体结构。如果是这样，人们所从事的各种专业和职业的工作，人们进行的各种各样的交往交流交融就仅仅是为了功利和商业的目的，而不是为了体现自我基于身份认同的对于国家整体的价值和意义。在当代，任何人都可以通过位置的选择确定自己的身份认同。这是因为身份认同首先是一个位置的概念，谁占据一个位置，谁就可能产生与之相联系的身份认同。为了在"时空压缩"中，应对时间和空间可能带来的崩溃的压力，每个人的身份认同无论如何都必须与基于文化自信的国家意识相结合，只有如此，每个人才能够找到自己的位置，确定自己的文化身份，明确自己的文化走向。这个结合的紧密度决定了以文化自信为核心的国家意识的深度和高度。中华民族文化自信的国家意识的身份认同在"时空压缩"中，既是对中华民族的单一的身份认同，又是对自己所扮演的各种社会角色的多样的身份认同。中华民族文化自信的国家意识的身份认同就是费孝通先生提出的"文化自觉"的表现，费孝通先生希望在西方文化强烈的冲击下通过"文化自觉"跳出困惑几代知识分子的中西文化之争。费先生认为保持对中华民族的文化认同，既不能以西方的现代文化代替中国的传统文化，也不能以"文化大革命"的方式全盘否定我们的传统文化，唯一正确的出路就是从理论和实践的结合上认识和理解文化自信的问题。中华民族文化自信的国家意识的身份认同可以说是我们认识和理解文化认同的一个方法。按照这个方法，我们回到传统，不是主观主义的回到，不是把传统看成一成不变的、完美无缺、不需要发展和变化的回到。也不是客观主义的环境决定论的

---

〔1〕［美］戴维·哈维：《后现代的状况 对文化度迁之缘起的研究》，阎佳译，商务印书馆 2014 年版，第 342~344 页。

〔2〕［美］戴维·哈维：《后现代的状况 对文化度迁之缘起的研究》，阎佳译，商务印书馆 2014 年版，第 288 页。

把传统看成是机械、教条的回到，是一种构建和创新的回到。因为文化不仅仅是对环境的适应还兼有对环境的改造和对社会的移风易俗。中华民族文化自信的国家意识的身份认同，不仅仅强调中华民族身份认同的必要性和重要性，也强调中华民族身份认同的发展性和变动性。中华民族身份认同中的一些东西永远不会过时，具有超越时间和空间的永恒价值，这是建立中华民族国家意识的基础。中华民族国家意识的身份认同中的有些东西也难免时过境迁，与新时代、新环境的要求相抵触。以这样的辩证法认识和理解中华民族文化自信的国家意识的身份认同就不会陷入中西文化之争的困惑，也不会进入全盘肯定或者全盘否定传统文化的漩涡。要从解开社会幻象开始，找到中华民族国家意识的真谛，要从身份认同开始，构建中华民族的国家意识。

三、新时代国家意识构建中的身份认同的把握

新时代国家意识构建中的身份认同的把握，必须注重公民对国家政权的认同和依赖。这个国家政权就是中国共产党对全中国领导核心力量的加强和巩固，也是政府对国家大局的控制和掌握。当前，特别要注意国家政权之外的"社会势力"对国家政权的破坏和瓦解。本文试以亨廷顿强调的"社会势力"在国家建设中的作用来说明这个命题。亨廷顿说一个国家如果"社会势力强大，政治机构弱小……国家的发展落后于社会的演变的状态之中"。[1]如果这样，国家就是一种消极的存在，就会妨碍政府履行其统治职能的势力。那么，其结果就是这种由不同种族、宗教、地域、经济或者社会地位相似的共同体组成的"社会势力"集团都会借各种合法和不合法的渠道参与到国家权力的分配中来，希望能够把国家权力变成一种利益实现的手段，这种任何一个社会走向现代化都会引起的社会上各种势力的集聚化和多样化的表现，会弱化国家权力，造成社会被"各种放纵和暴力、财富和权力的极端不平等、和平和正义的毁坏、野心的恶性膨胀、分裂、无法无天、欺诈和蔑视宗教"充斥。[2]亨廷顿警告："在任何一个社会势力复杂且其利害关系纵横交错的社

〔1〕 ［美］塞缪尔·P.亨廷顿：《变化社会中的政治秩序》，王冠华等译，上海人民出版社2008年版，第17页。
〔2〕 ［美］塞缪尔·P.亨廷顿：《变化社会中的政治秩序》，王冠华等译，上海人民出版社2008年版，第2页。

会里，如果不能创设与各派社会势力既有关联又是独立存在的政治机构的话，那么，就没有哪一种社会势力能够单独统治，更不用说形成共同体了。"〔1〕"复杂社会共同体的发展水平取决于其自身政治机构的力量和广度"。〔2〕

在《民主为什么表现得如此差劲》中，福山反思道，在没有强国家的前提下，治理理论所强调的社会自主性下的公开透明的参与，到底能否达成人们期许中的合法性？福山认为："这种介入不单单是军队或任何一种社会团体的癖好，而是整个社会的通病。致使军队干预政治的原因同样也就是劳工、商人、学生、牧师卷入政治的原因。这些原因并不存在于这些团体的性质上，而寓于社会结构之中，特别寓于国家有效政治制度的缺乏或软弱之中。"〔3〕

我们要建设"强国家""强政府"，就必须建设强大的中国共产党的统一领导这样一个全中国人民的领导核心。在中国，党不强，国就不强，党强国强，党弱国弱。这是已经被证明的颠扑不破的真理。

中华民族国家意识的身份认同之所以被碎片化和去历史化、去传统化，很大程度上是被社会幻象所遮蔽。社会幻象这个词的发明者美国社会学家柯林斯指出："我们所看到、听到和读到的世界是经过各种成见和歪曲所滤过的。我们可以把这些成见和歪曲称作意识形态、幻想、广告炒作或者政治口号。"〔4〕柯林斯认为造成这种社会幻象的原因就是我们倾向接受戈夫曼指出的前台展现的东西忽视了戈夫曼指出的后台发生的事情。戈夫曼指出的前台展现的东西就是马克思最先指出的资本主义社会存在的事实和价值的分离这个矛盾。在资本主义社会里，阶级剥削和阶级压迫的事实被金钱和资本的价值和功能所掩盖和歪曲，人们看见的贫富悬殊、两极分化的事实明明是社会结构和阶级结构不合理造成的，但是，人们却相信金钱万能、市场万能可以解决这个矛盾，没有看到比金钱和市场更重要的国家意识的身份认同作用。戈夫曼指出的后台发生的事情就是资本主义社会的价值观围绕权力、地位、等

---

〔1〕 ［美］塞缪尔·P. 亨廷顿：《变化社会中的政治秩序》，王冠华等译，上海人民出版社 2008 年版，第 8 页。

〔2〕 ［美］塞缪尔·P. 亨廷顿：《变化社会中的政治秩序》，王冠华等译，上海人民出版社 2008 年版，第 9 页。

〔3〕 曾毅："超越韦伯主义国家观——从亨廷顿到米格代尔"，载《教学与研究》2016 年第 7 期。

〔4〕 杜维明：《儒学第三期发展的前景问题 大陆讲学、答疑和讨论》，生活·读书·新知三联书店 2013 年版，第 22 页。

级和金钱构建和确立，这种价值观造成社会和人被异化和扭曲的无法改变的后果。改革开放提供了中华民族接触西方社会的机会，科学主义、实证主义、功利主义、个人主义等被鼓吹和倡导，人们越来越相信五四时代吴稚晖鼓吹的"把线装书都丢茅厕坑"的西化或者去历史化和去传统化可以解决社会和人的发展的全部问题，所以，人人下海经商，全民崇拜金钱的出现就不足为奇了。可是，仅仅追求物质生活的富足，忽视了国家意识的身份认同构建，不但人的超越功利的自由创造无法实现，人的道德的锤炼和升华也会被眼前的实际利益吞没，而且人性中最宝贵的为真理而真理、为精神而精神、为学术而学术的理想信念坚守也将被视为垃圾随便丢弃。

结束语

新时代，第一哲学的中华民族国家意识的身份认同包含了丰富深刻的内涵。这不是一个单纯的停留在书本上的理论命题，而是一个理论和实践紧密结合的直接关系中华民族的生存发展的重大命题，需要进一步探索。中华民族国家意识的身份认同第一哲学的构建是从"等级人"走向"平等人"的必然选择，是对中华民族文化精神、文化自信的发扬光大，更是中华民族共同体意识的巩固和发展。中华民族共同体意识要求全国人民高举大团结大联合旗帜，共同致力于中华民族伟大复兴的中国梦的实现。

我们已经看到第一哲学这个新颖的话语对中华民族国家意识的身份认同的完整性、系统性和创新性的表达。对中华民族国家意识身份认同的这个哲学表达，不仅反映了中华民族共同体精神世界的独特性、丰富性和独创性，也反映了新时代需要建立一个更能激动人心、鼓舞斗志的中华民族的话语体系。

以民谚为视角看西北文化

——《中国西北农牧民政治行为研究》述评

蔡小红〔1〕

内容摘要：民谚是一种情趣、一种希望、一种价值观念。它是时代的脉搏，是史学家、社会学家、语言学家们研究时不可或缺的素材。王宗礼、刘建兰和贾应生三位学者合著的《中国西北农牧民政治行为研究》一书中，运用了大量的民谚，生动有趣地反映了西北农牧民的生活环境、生活愿景及政治认同感，增强了文章的说服力。同时创新性地引用民谚论证的方法，具有重要的理论价值和借鉴意义。该书中民谚的引用贯穿各个章节，民谚与生存环境、经济发展、政治参与、国家认同息息相关。生活离不开语言，民谚是语言群里的瑰宝，民谚中所包含的群众的情感辐射到人们生活的方方面面。

关键词：民谚　西北农牧民　生存环境　政治认同　国家认同

民谚自古有之，源远流长，世代相传。人们生活在社会之中，对所处的环境，对周围发生的各种事情、现象见得多了就会总结、概括出来，形成成套的语言，也就是我们所称的民谚。没有华丽的修辞手法，也没有经过精雕细凿，就是这样简单甚至粗鄙的语言，往往反映出人民群众的真实情感。民谚是人们智慧的结晶，透过一则则短小的民谚，我们可以看出不同的时代背景下人们生活的地理环境、人文环境。民谚不光是语言那么简单，它更像是一个牵引者，牵引着读者回到特定的历史时期，感受特定时代背景下人们的生活文化。民谚是各种不同文化的体现，有着鲜明的地域特色。在王宗礼、刘建兰和贾应生三位学者合著的《中国西北农牧民政治行为研究》〔2〕一书中（以下简称《西北农牧政治》），运用了大量的西北民谚，来诉说20世纪西北恶劣的自然条件、艰苦的生活环境、落后的经济发展以及个人的政治参与意识等各个方面。可以说该书已基本将西北民谚收集齐全，至今除蒋荫楠教授

---

〔1〕　作者简介：蔡小红，西北师范大学法学院2018级硕士研究生。
〔2〕　王宗礼等：《中国西北农牧民政治行为研究》，甘肃人民出版社1995年版。

的《当代民谚民谣》[1]外，再没有如此全面收集民谚并运用民谚的书籍。这本书的另一个特色就是把民谚运用得恰到好处，将民谚贯穿于各个章节，在运用民谚时，同时还用一些趣闻及小故事来增强文章的说服力，引起读者情感上的共鸣，让读者充分理解民谚所蕴含的多元文化。文化是用语言表征的世界图景，语言信息单位可以激活语言背后的潜隐性"文化记忆"，后文中笔者通过对《西北农牧政治》一书中典型的民谚的解读，来激活读者对西北农牧民的文化记忆。

一、从民谚看西北的生存环境

各种不同谚语的产生，都与其独特的文化土壤密切相关。西北地域辽阔，但资源匹配较差，土地绝对数量大，仅沙漠就占了不少土地，这些沙漠，气候极端干燥、风蚀作用强烈，基本难以利用。还有一些其他原因导致西北土地可利用率极低。水资源相对匮乏，西北地区经常会遇到干旱。"山像和尚头，沟深没水流，三年两头旱，人畜饮水难"，[2]这句民谚无需笔者赘述，相信读者完全可以从这些率直的文字想象出 90 年代西北农牧民的生活环境。没有相对富饶的自然环境，有效生存空间狭小，在很大程度上制约了生于斯长于斯的农牧民的生活方式和生活水准，使其生活水平千百年来一直在仅能维持基本水准的低水平徘徊。"三石一顶锅，四石一顶案，遇到灾荒年，全家逃外边"，[3]即当时西北地区大部分人生活境况的写照。意思是三块石头支着一口锅，四块石头支着一块案板，一旦遇到饥荒年，全家只能跑到外面，讨饭吃才能活命。在《西北农牧政治》一书中，关于这句民谚还有一个生动的小故事：一小伙儿因家中贫穷，在本地无人愿意嫁，去外地向一女子求婚。当女子问其家境的时候，男子诳道，家有三十一顶锅、龙碗等，后女子与其成婚到男子家中，才知所谓的三十一顶锅为三块石头上支一口锅，龙碗即为一直轮流吃饭的碗。不同的地理环境养育不同的人，并创造出各异的文化类型。在此环境下成长起来的西北人，吃苦耐劳，勤俭节约。一方水土，养一方人，发展大西北，也是先从改善自然环境开始。西北地区原来基础较差，不利因

---

[1] 蒋荫楠：《当代民谚民谣》，上海辞书出版社 2005 年版，第 110 页。
[2] 王宗礼等：《中国西北农牧民政治行为研究》，甘肃人民出版社 1995 年版，第 32 页。
[3] 王宗礼等：《中国西北农牧民政治行为研究》，甘肃人民出版社 1995 年版，第 32 页。

素较多，虽然经过了几十年的发展，也逐渐少了沙尘，呈现出青山绿水，但还是落后于东部地区。

二、从民谚看西北人的生活愿景

由于西北农牧民长期以来生活生存条件艰苦，因此他们对未来生活的期盼显得那么现实，仅仅是希望过上"玻璃窗子玻璃门，炕上坐着干净人"[1]这样的有窗户没有风沙的干净日子。为什么会有这样的期望呢，在《西北农牧政治》一书中提到1954年《甘肃日报》报道发生在河西地区的一场特大沙暴，就使得该省金昌、张掖、威武等地市蒙受了重大损失，大风扬起的沙尘遮天蔽日，以至于新闻媒体惊呼金昌市消失了。距1954年已经过去了半个多世纪，河西五市仍然会遭受风沙的侵袭。图1为2018年11月25日金昌市沙尘暴实拍图。

图1　2018年11月25日甘肃省金昌市沙尘暴实拍

现在大部分西北农牧民家有了玻璃窗子，有些还是双层玻璃窗户，有了厚实的门，外面刮沙尘屋子里没什么太大影响。但20世纪风沙较大的甘肃河西地区农民认为共产主义就是"玻璃窗子玻璃门，炕上坐着干净人"。就是家里能有个玻璃窗户，有个玻璃门，炕上能没有灰尘，人能干净地坐上面。1992年左右，在笔者的家乡，村里大部分人家的窗户上是没有玻璃的，条件好点的用纸把窗户糊着，条件差点的只有窗户框，玻璃窗户就是他们能够想象出的最好的生活。玻璃门可能只是农民们的想象，因为没人用过玻璃门，在他们的思维里就觉得玻璃很强大，什么都能遮挡。贫困的生活限制了他们的想象，但并没有限制他们对生活的热爱。这些经历过恶劣的天气、贫苦的

---

〔1〕　王宗礼等：《中国西北农牧民政治行为研究》，甘肃人民出版社1995年版，第34页。

生活的西北农牧民像民俗"诗人"一样，用诙谐而有趣的民谚表达他们眼中的渴望。

"三十亩田一头牛、老婆孩子热炕头"，[1]意思是自家有地有牛，吃喝不愁，家里也有妻子儿女，白天干活累了回家有个热炕睡。土地对于农民来说就是他们的命，有了土地才有活下去的希望。新中国成立后到现在，中国的土地政策大概经历了这样几个阶段：一是土地改革时期（1949—1955 年），国家实行农民阶级的土地所有制（有幸见到导师王勇老师收藏的土地所有权证）。土地改革真正实现了"耕者有其田"，这个阶段农民的生产积极性极大提高，国家也提高了政治权威。但这种土地政策实行的时间太短，人们并没有尝到太多甜头。二是土地集体化时期（1955—1978 年），土地由农民私有转变为集体所有。农民生产积极性较低，常常吃不饱。三是家庭联产承包责任制时期（1978 年至今），这个阶段土地所有权与经营权分离，农业发展迅速，农民的生活水平普遍提高了。从这几个阶段的演化我们可以看出，对温饱还没有解决的农牧民来说，他们快乐的源泉就是有地种、有饭吃。后来土地政策越来越好，西北农牧民的生活较之刚解放时期已经有了很大的改善。农牧民温饱问题解决了，婚姻问题就是他们主要关心的问题。农忙结束后，一个个年轻人开始去附近一些地方打工赚点多余的钱给家里修房子，太穷了姑娘家也是看不上的。到现在了西北还有一些年轻人是娶不到媳妇的，许多外地姑娘，一听是西北的都不会嫁过来。这有两个主要原因：一是家庭条件差，二是西北气候条件不好。"三十亩田一头牛，老婆孩子热炕头"，就是反映了西北农牧民对平淡幸福生活的追求。当然改革开放 40 多年后的今天，全中国都在发展的今天，这句话似乎又成了一种束缚，这种束缚已经内化成了西北大部分农牧民的性格特征：保守没有闯劲。没有过过苦日子，就不懂得他们现在对现有生活的珍惜，不是说他们不想去外面闯荡，他们只是怕好不容易得来的美好生活又烟消云散。这种思维的改变还是需要时间的。

三、从民谚看西北的政治文化

20 世纪在西北，不光普通群众的生活艰苦，就连西北的政府机构也因为资金短缺，出现了"有心无力"的现象，想为人民办点好事，干点实事，

---

[1] 王宗礼等：《中国西北农牧民政治行为研究》，甘肃人民出版社 1995 年版，第 8 页。

却因为没有钱啥都干不了，真的是"巧妇难为无米之炊"。有些条件差一点的乡镇领导班子甚至连日常办公场所都没有，政府职能很难正常发挥，被农牧民群众戏称为"证明随身带，公章揣口袋"[1]的口袋政府。这句民谚的意思是证明文件都随身带着，公章在口袋里装着，就像一个"移动的政府"，有人办事就拿出来，办公室啥的想都别想，可见当时驻守西北的领导干部是多么窘迫。这种窘迫不光是工作上的，生活上也是，因为西北自身条件有限，西北的领导干部生活条件也没有多好。那时候干部去条件好点的老乡家里蹭点好吃的改善伙食是再正常不过的事了。老乡很乐意招待这些领导干部，一方面觉得这些人为老百姓干事挺辛苦；另一方面觉得领导干部能到家里吃饭是一件值得骄傲的事情，能和这些文化人打交道是一件很有面子的事。领导干部能在学习上鼓励一下家里的娃娃，老乡会认为这是一件脸上有光的事情。他们一起出去干农活，告诉其他人，其他人都会羡慕这家人。

"油袖干部"[2]，字面意思是指袖子上沾满油的干部，实则暗讽一些干部蹭吃蹭喝不干实事。这是一个很有意思的民谚，像一个能量包，可以展现当时的干群关系以及干群生活的方方面面。其一可以从这句谚语看出当时的社会发展状况，现在也许很难想象袖子沾满油的情景，但在 20 世纪八九十年代油袖子被认为是吃得好、能吃到肉的象征。自包产到户之后，西北农牧民的生活有了很大的改善，生产积极性也有所提升，除了把自己家的地种好，还额外养点家畜，鸡呀猪呀还有牛马羊。以前全家吃不饱饿肚子，现在吃饱了，还能有点肉吃。这些家畜一部分用来卖换点钱补贴家用，主要是给家里娃娃交学费。另一部分用来逢年过节走走人情或者村里来一些乡镇干部等稍微大点的领导用来好好招待一下。领导干部下乡，村领导、村民都很欢迎，热情地招待他们，一来觉得这些干部平素帮着他们干事，他们乐意去招待，而且领导们有权力可以帮他们解决实际困难；二来觉得和领导干部攀上关系是一件很有面子的事，在村里走路都会仰着头。领导干部来的时候村民会拿出家里最好的吃的来招待领导干部，一般就是家里做的馍馍，还有西北特色"美食"——手抓羊肉。那时干群关系很好，都没有太强的等级观念，领导干

---

〔1〕 王宗礼等：《中国西北农牧民政治行为研究》，甘肃人民出版社 1995 年版，第 291 页。

〔2〕 王宗礼等：《中国西北农牧民政治行为研究》，甘肃人民出版社 1995 年版，第 163 页。

部也没有那么讲究，来到村民家和村民称兄道弟，一起喝酒吃肉真是好不热闹。这些领导干部也和村民一样都饿怕了，有点好吃的就没有肚子，大口吃肉大口喝酒，吃肉都是直接上手，真正的手抓。吃肉难免会袖子上弄上油，虽然那时候生活有所改善，但也就仅限于能吃饱肚子。衣着方面，一来衣服布料不好，二来也没有换洗的衣服，袖子上沾上油了也就不管了。这些领导干部知道哪里可以吃到肉了，就会想各种由头到村民家里蹭吃蹭喝，久而久之村民们就戏称他们为"油袖干部"。虽然村民很乐意招待领导干部，但来的次数多了，就有了怨言，毕竟条件不允许。兰州本土电影《丢羊》[1]中就很好地展现了村民从对领导的爱戴到最后无奈的抱怨。剧中丢羊人张永宏报案之后，村里来了一波又一波的领导干部，各种由头吃了一只又一只羊，羊钱还是没有追回来，他的心也一点一点变凉了，从他在墙上写的标语就可以看出来，张永宏明显的前后感情对比。图 2 是电影《丢羊》中体现前后感情变化的对比图。

---

　　[1]　2018 年中国电影政府奖最高奖华表奖揭晓，甘肃原创电影《丢羊》荣获优秀农村题材影片奖。

图 2 《丢羊》场景对比

在《西北农牧政治》一书中也有类似的丢羊故事："宁夏同心县一位回族农民被人偷去了五只羊，偷羊者在途中遇到二名镇派出所巡夜人员，慌忙弃羊而逃。失主为表示感谢，请两位派出所人员吃饭，结果去了 30 人。失主只得硬着头皮请客，一次就花了人民币 2416 元。"〔1〕这些都是真实生活的缩影，领导干部蹭吃蹭喝的行为太多了，时间久了，农民就很难把那些为农民干实事的干部和那些"歪嘴和尚"〔2〕区分开来。"歪嘴和尚"表面意思是嘴歪的和尚，实际暗讽那些蹭吃蹭喝却不为农民办实事解决问题的领导干部。农民对干部的感情也就慢慢地改变了，虽然只是一部分干部让农民感到心寒，但农牧民是一个群体，农闲时候他们就会"张家长李家短"讨论遇到的事情，一传十、十传百，久了他们对干部、国家就会产生不认同感，觉得领导干部就是"干工作不会，打麻将不睡，跳舞不累，喝酒不醉"。生活生产中有问题也不愿意反映，甚至形成"官前马后少绕达"〔3〕这样的想法。意思就是和官员要保持一定的距离，免得撞到人家眼皮子底下，给自己找麻烦。西北农牧民政治参与的积极性特别低，就是抱着这种心态，本来基层官员应该是最了解百姓所想所需的，但是事实却是官员不下乡去了解百姓生活，百姓也不会去向领导干部反映问题，现在很难再看到干群一家亲的场景了。

---

〔1〕 王宗礼等：《中国西北农牧民政治行为研究》，甘肃人民出版社 1995 年版，第 163 页。

〔2〕 王宗礼等：《中国西北农牧民政治行为研究》，甘肃人民出版社 1995 年版，第 164 页。

〔3〕 王宗礼等：《中国西北农牧民政治行为研究》，甘肃人民出版社 1995 年版，第 157 页。

四、从民谚看西北人的家庭文化

《西北农牧政治》一书中还有一些关于个人修养，家庭成员自主意识、家庭地位的谚语。关于个人修养的如"树有皮，人有礼"[1]，意思是树都有皮，人也要有礼貌，通俗说就是不能做有伤风化的事。个人的修养就像是树的皮一样重要。虽然西北农牧民比较贫穷但是传统思想深入骨髓，许多大字不识的农民，经常会脱口而出一点儒家的经典名言如"齐家治国平天下"等。由于受传统文化影响深远，他们对家庭地位尊卑有别也看得十分重，如三纲五常中的"父为子纲，夫为妻纲"，在家里孩子妻子必须听一家之主的话。西北男人总是会被别人说到"大男子主义"，其实这也是西北文化的一种传承。在《西北农牧政治》一书中，提到家庭中孩子的地位，用民谚"嘴上没毛，办事不牢"[2]很好地展现了出来，意思就是孩子没有成年，思想还不成熟，做事情没有说服力，所以孩子在成年之前一般在家庭里是没有话语权的。妻子在家庭中的地位就更低了，只要嫁到夫家必须得把家里收拾妥当，孝顺公婆，延续后代。在西北人眼中就是"男主外，女主内"，女人如果不把家里操持好就会被揍。以前农村妇女被揍是常事，这些女性往往已经习惯了，甚至还认同"打到的媳妇，揉到的面"[3]，意思是说打媳妇就和揉面一样，面是越揉越软，媳妇就是越打越听话。自 1995 年男女平等提出至今已经 20 多年了，许多农村地区，妇女地位却仍旧没有提高。

五、结语

民谚就像一帧帧图画，栩栩如生地描绘了西北人生活的大环境，以及他们的家庭生活、政治生活。民谚不是死的，它有着一种很强的牵引力，把读者的思绪拉回到那个年代，让人感受农牧民在田间地头的快乐与生活的艰苦，感受他们对环境困苦的无奈以及对美好生活的向往，感受他们既渴望参与政治，又害怕参与其中的矛盾。民谚作为一种民俗文化，通俗易懂、生动形象、便于传播，关键是其自然形成源于大众参与，即社会公众（包括西北农牧民）都参与到对民谚规范的感知、对话与讨论之中。但随着社会的发展，有些民

〔1〕 王宗礼等：《中国西北农牧民政治行为研究》，甘肃人民出版社 1995 年版，第 74 页。

〔2〕 王宗礼等：《中国西北农牧民政治行为研究》，甘肃人民出版社 1995 年版，第 223 页。

〔3〕 王宗礼等：《中国西北农牧民政治行为研究》，甘肃人民出版社 1995 年版，第 146 页。

谚已经成为历史，甚至被遗忘。当下民谚的保护面临三个主要问题：一是随着农耕文明、小农经济的消失和被淘汰，民谚、俗语也失去了生长的环境。二是民谚地域性和原创性的缺乏。陕西师范大学教授赵学清表示，"以前交流不便利，一个地域的语言很难传播到其他地方，也就较好地保持了自身的特点"。但互联网时代的到来，语言传播之快超乎我们的想象，地方特色语言的神秘面纱也逐渐褪去。三是民谚、俗语的搜集越来越困难。现在的农村也只有七八十岁的老人还会常常使用民谚、俗语，年轻人长期在城市打工、生活，已不再使用了。学界对民谚的研究很少，几乎找不到很好的研究资料，现有的具有参考价值的文献，除了以民谚为视角研究习惯法以及民谚入地方志以外，就只有王宗礼教授的《西北农牧政治》将关注点放到了民谚上。民谚是散落在民间的珍珠，我们要拭去它表面的灰尘，让民谚重新发光，展示地方特色。

"官前马后少绕达"

——《中国西北农牧民政治行为研究》中的"大白话"述评

邵吉梅[1]

内容摘要：大白话作为语言形式的一种，其简单易懂、平易近人、交流亲切等特点被人们广为传颂。生活中的大白话以其亲切的交流方式备受民族认同，是民族凝聚力的基础；工作中的大白话以其简单易懂的交流方式备受群众的欢迎，是走群众路线的基础。从"官前马后少绕达"到参政议政，大白话发挥着至关重要的作用，群众的大白话是民族认同的一种符号，官员们的大白话是一种与民同乐，民亦乐其乐，与民同忧，民亦忧其忧的工作作风。在王宗礼教授的《中国西北农牧民政治行为研究》一书中，大白话比比皆是，这种语言的存在，在学术作品中既增添了文字的幽默性，又强化了文章的真实性，还描绘了一幅富有现场感的生活图景。

关键词：官前马后少绕达　大白话　民族认同　群众路线

一、大白话的故土情结

儿时玩伴少时散，各奔东西立志强；

寥寥聚首音难改，泛泛话语把家谈。

一次偶然的机会，笔者有幸读了王宗礼教授的《中国西北农牧民政治行为研究》一书。在读这本书的时候，笔者仿佛回到了自己的童年，作为一个出生在甘肃农村的女孩子，能够读到老乡们的著作，甚是自豪，内心深处油然而生的骄傲感溢于言表。在这本书中，最大的亮点就是作者多次提到了一些民谚和大白话，对于生活在西北地区的人们来说，理解其含义毫无障碍，但是对于其他地区的人们来说，就未必简单易懂了，所以，在此习作中，笔者用表格的形式整理出了本书中的大白话，并且翻译成了普通话，以供更多的人来参考和研读，表格见文后附录。

---

[1] 作者简介：邵吉梅（1993—），女，甘肃金昌人，西北师范大学 2017 级法律硕士研究生。

语言，是一个民族，甚至是一个国家的血液和灵魂。[1]普通话作为一种大众化的语言广泛流传，备受大家的欢迎，而大白话作为一种民间的、市民化的语言，则是各地区、各民族文化的一部分，"白话"概念不仅有"日常生活"的意指，更有"日常生活"现象的描述。就一般而言，我们往往只是将白话视为相对于文言的口头语言或书面语言，但拆解来看，"白"与"话"两个字本身都兼有语言和叙说的双重意味。所谓"白"既是"说"，也是"话"，"话"也包含有"说"与"话"的意思。[2]作为大白话的民族语言是民族成员交流思想、表达感情、传授知识的工具，也是其维系民族情感、增强凝聚力的重要纽带，它既有语言，又有文字，有的民族语言是没有文字的，但是不管什么形式，它仍属于汉语。在海纳百川、有容乃大的汉语体系里，各式各样的大白话式的民族语言绽放着它独特而纯真的魅力，在学术研究中，它为普通话的表述增加了说服力，也为普通话的描述制造了真实的现场感。

现在，随着教育的普及，父母对儿女的教育问题甚是上心。许多孩子都去外地上大学，只要一回家就使用当地的方言，说着家乡话，偶尔说上几句普通话，这时候做父母的听着也很开心，觉得自家儿女在外面生活得还不错，至少不用操着一口家乡的方言在大城市里蹩脚地生活着。长期在外工作的人们回乡后，也会在第一时间操上自己的方言，寻找着属于家乡的那个味儿。笔者不禁在想，国家大力提倡继承和发扬中华传统优秀文化，而这所谓的传统优秀文化究竟包含哪些内容？我们的方言、大白话是传统优秀文化吗？于笔者而言，答案是肯定的。我们的方言、大白话是祖先们说了多少代、多少年才流传至今的，每个地区、每个民族都有属于自己的语言，它们是一种亲疏关系连接的纽带，是一种亲切感和归家之感的符号。

二、大白话的融流之感

决决国也拥四方，欣荣葱郁满金银；

此此庭院座一隅，岂不容尔半亩塘？

唐代诗人贺知章在《回乡偶书》里不也曾说过"少小离家老大回，乡音

---

〔1〕 徐时仪："语言接触与汉语文白转型探论"，载《南阳师范学院学报》2018年第5期。

〔2〕 李小玲："白话现代主义对中国民间文学学科本土化的启示——兼及对日常生活概念的反思"，《济南大学学报（社会科学版）》2018年第5期。

无改鬓毛衰"吗？连古人都知道乡音的重要性，更何况现代人。因此，我们在运用普通话努力做一个文明人的同时，应该明白，我们运用方言、大白话也可以做一个文明人，大白话的运用与创建文明城市，甚至是文明国家并不矛盾！1955 年的万隆会议上，周总理曾提出"求同存异"的国际发展方针，现在，我们可以将此方针运用在国内友好稳定的发展局势上，汉族和各少数民族保留各自的优秀文化，去粗取精，更加友好和睦地相处；各地区间，保留自己的传统语言，以增进家族认同感和归属感，进而更加有利于国家文明的发展。

在王宗礼教授的《中国西北农牧民政治行为研究》一书中的调查问题曾提到"你是经常注意自己的言行，习惯于约束自己，还是喜欢我行我素，完全按照自己的意见和愿望做事？"[1]，臣民们都回答"做事情得考虑大家的意见，光靠自己的想法是办不成事情的"[2]；而草民们就不一样了，他们的回答则是"哪有时间考虑那么多事情，人一辈子糊里糊涂推下去就行了"，[3]普通话解释为"没有时间考虑那些细小的言行、约束自己的事情，人活一辈子，糊里糊涂地过完就行了"。同样的问题，却是两种截然不同的答案。臣民们的回答很具有包容性和顾全大局的意识，不但要为自己的利益着想，还要为大家的利益着想；而草民们的回答就有点随遇而安、得过且过之意了，显得有点中庸。若将臣民们和草民们的回答结合起来，不正是"求同存异"的道理吗？如今中华传统文化的复兴，正需要如此的"求同存异"思想，顾全大局的同时，保留自己的独特之处，不断为文化大流注入新鲜血液。

三、大白话的参政之理

改革春雷划天际，时代润雨拂茫原；

各行各业争当先，官前马后少绕达。

不知何时，只满足于这个小世界的人们开始走出大山，带回来外面大世界的美好，他们响应着国家政策的号召，努力地探寻着致富的道路，流转承包经营土地、开荒造林、封山限牧禁牧，解决不了的事情打起了官司，人们的政治意识和法治意识逐渐加强。在王宗礼教授的《中国西北农牧民政治行

[1] 王宗礼等：《中国西北农牧民政治行为研究》，甘肃人民出版社 1995 年版，第 72 页。
[2] 王宗礼等：《中国西北农牧民政治行为研究》，甘肃人民出版社 1995 年版，第 73 页。
[3] 王宗礼等：《中国西北农牧民政治行为研究》，甘肃人民出版社 1995 年版，第 77 页。

为研究》一书中有十个调查问题，其中有四个问题涉及政治问题，就是对政府和官员不满意的内容，而人们的回答大多都是"那是当官的人的事情，普通老百姓晓得啥?"，[1] 普通话解释为"那是当领导的人的事情，我们普通老百姓不懂"。面对参政更是抱着"官前马后少绕达"[2] 的态度远之、避之，普通话解释为"在当官的人面前，没有事情尽量不要去打扰或者寒暄"。

可见人们是多么的聪明，他们为了不让自己在政治上惹是生非、陷入政治的漩涡，毅然地选择了远离官场，进而明哲保身，正如他们永远明白一个道理：走在领导的面前会挡着官路，就像在马儿的身后来来回回地随意走动，则会被马儿踢到，最后受伤的只能是自己。但从另一个方面却展现出当时人们的政治意识相当淡漠！记得小时候刚好赶上一次选举村主任，爸爸和妈妈每人一张选票，由于妈妈认识的字不多，笔者也刚刚开始上学，爸爸就让笔者拿着妈妈的选票，跟在他的身后，爸爸投哪个箱子，就把妈妈的选票投进哪个箱子里，就这样稀里糊涂地结束了人生当中的第一次投票。现在想想，那时候的选举，村民们根本就没有参政意识，更别说什么民主了。村支书和主任的选票，都是提前拟定好的，正如书中一位老农的回答"庄稼人搞政治干啥用? 把心思放在政治上，庄稼从哪里成，一家人吃啥喝啥? 把心思用在选票上还不如给地里多上粪、多打点粮食实在。不是干部们来动员，我就不去（投票）。闹不好，还把人得罪了"。[3] 普通话解释为"庄稼人搞政治没什么大用处，与其把心思放在政治上，还不如给土地多上点肥料，秋天有个好收成，多收点粮食。如果不是干部们来动员我去投票，我就不去了；如果去了，说不准投了你的票，还得罪了别人。"是呀，那时候的庄稼人识字的少之又少，就更谈不上懂不懂政治了，在他们的眼里和心里，此生最大的事就是把庄稼种好，等到了秋天能有个好收成，一家人吃饱肚子就足够了。

现在随着国家政策的号召和引领，教育的普及让人们欢呼雀跃，许多人家的孩子都能步入学校学习知识，农民们也随着农业经济的多元化发展而不再"沉迷"于农耕了，他们更多的是跟着国家的政策合理有效地利用土地，以高效率的产出来造福自己、造福社会和造福国家，与之相伴随的，则是这些农民们开始渐渐地了解政治，对政治学之、懂之，逐渐地培养自己的政治

---

〔1〕 王宗礼等：《中国西北农牧民政治行为研究》，甘肃人民出版社1995年版，第79页。

〔2〕 王宗礼等：《中国西北农牧民政治行为研究》，甘肃人民出版社1995年版，第154页。

〔3〕 王宗礼等：《中国西北农牧民政治行为研究》，甘肃人民出版社1995年版，第283页。

意识，在每一次的选举中，不再那么盲目和无措，也不再担心会惹到谁；在每一次的村民会议中也是积极发言，有什么说什么，不再顾忌自己的意见是对是错，一定程度上实现了民主和言论自由。所有的事情都是这样不知不觉地改变着，逐步达到了互利共赢的效果，真是令人欣慰。

四、大白话的文明未来

小小心儿大世界，和和气气邻里连；

法律政治家家通，幸福欢歌代代传。

在本书的问题调查中，有一个问题是"如果别人对你有错，你会不会宽容？你对别人有错，你会不会赔礼道歉?"[1]，涉及保护自己的利益，臣民们的回答是"不在万不得已的情况下不打官司，因为'乡里乡亲的，撕破面子不好，还是讲和气好'"[2]，普通话解释为"大家都是一个村的，拉下脸来咄咄逼人是不好的，还是和和气气的好"，而草民们的回答是"哎，要是人家腰杆子硬，我惹不过，那就忍了算了"。[3]普通话解释为"唉（叹气的语气词），如果人家势力强硬，我又没有能力与之相抗衡，就只能忍着了"。由此可见，人们的法治意识也相当淡漠，面对相似的事件是能忍则忍、委曲求全。而如今，人们做到了真正的有理有据，遇事找官，每一次的下乡调查中，大家都是有什么说什么，积极反映自己的不满与困难，领导们也改变了以往的官架子作风和"嘴行千里、屁股在家里"的工作态度，而是跟乡亲们说上了大白话，求真务实地走群众路线，对群众提出的问题积极地予以解答，在执行党和国家政策的同时，努力寻求解决办法，建立了和人民群众友好互动的新局面，为保持和人民群众紧密联系打下了坚实的群众基础。那些私底下解决不了的事情，大家也不再觉得邻里撕破脸是一件难为情的事，而是打起了官司。虽然打官司会让彼此的关系暂时僵化，但是只要把事情解决了，各自维护了自己权益，大家就会引以为戒，不再贪婪地侵犯别人的权利。有了法律意识，大家积极地学法守法，保护自己的合法权益，久而久之，人们的法治意识逐渐加强，文化素质也逐渐提升，也就逐渐具备了一个文明人应该具备的基本素养。

---

〔1〕 王宗礼等：《中国西北农牧民政治行为研究》，甘肃人民出版社 1995 年版，第 72 页。

〔2〕 王宗礼等：《中国西北农牧民政治行为研究》，甘肃人民出版社 1995 年版，第 73 页。

〔3〕 王宗礼等：《中国西北农牧民政治行为研究》，甘肃人民出版社 1995 年版，第 78 页。

　　大白话的运用，不仅丰富了语言形式，而且增添了交流的亲切感和现场感，更为我国的传统优秀文化添砖加瓦，彰显了民族凝聚力。邻里乡亲的大白话、官员们的大白话都无不表露着简单、平易的生活和工作作风，体现着我们党的群众路线。

儒源脉动与家国认同

——《中国西北农牧民政治行为研究》的中华用典及意涵阐发

王寿琮[1]

内容摘要：中华民族文化"一体多元"，底蕴深厚，农牧民文化是其不可或缺的重要组成部分。周人文化是典型的农牧民文化，周先祖率部落定居于我国黄土高原东南边缘的庆阳一带，"农牧兼营"的生产模式孕育出了中国最早的农牧民文化。随着人口增多和已有土地资源稀缺之间的矛盾日益加剧，周人不断向外探索生存空间，以"胡焕庸线"为参照向两侧流动，分化出了以"祖先崇拜"为主的农民文化和以"部落崇拜"为主的牧民文化。儒家文化发源于农民文化抑或农牧民文化，厘清儒家思想与农民文化、农牧民文化之间的渊源，对于从文化传承角度理解我国是"一体多元"的国家具有重大意义。

关键词：中华民族文化　农牧分化　祖赋人权　家国认同

导　论

王宗礼、刘建兰、贾应生三位学者所著《中国西北农牧民政治行为研究》（以下简称《西北政治》）一书，[2]是国内较早对西北基层政治与治理进行深度研究的经典著作。《西北政治》的一个显著特色即引用了大量的儒家经典著作。尽管该书出版已历二十余载，但其中有关儒家思想和农牧民文化渊源的问题，至今仍具有重要的研究价值和现实意义。本文将结合《西北政治》一书中的中华用典对儒家思想和农牧文化的契合点进行意涵阐发。

中国农牧文化最先发源于西北地区黄土高原，尤其是黄土高原的东南边缘，由于特殊的地理结构，在这块土地上，人们的生活和生产发展方式是以

---

〔1〕作者简介：王寿琮，男，西北师范大学 2018 级硕士研究生。

〔2〕《中国西北农牧民政治行为研究》一书系国家教委人文社会科学研究"八五"规划重点项目的最终研究成果，出版于 1995 年，先后印刷过两次。曾获教育部第二届人文社会科学研究优秀成果政治学类二等奖（1998）。王宗礼等：《中国西北农牧民政治行为研究》，甘肃人民出版社 1995 年版。

农业和牧业相结合的，最早的农牧民便诞生在这里，中华文明的源头仰韶文化也产生于此，这里还孕育出了影响至今的儒家文化。

黄土高原东南侧的土壤及气候条件极有利于原始农耕，这里有厚达200多米的肥厚黄沙土壤，土壤富含多种有机物质，黄沙土壤较为疏松，这为最低成本的人力垦殖提供了得天独厚的条件。"松软的黄土，可以用石器耕种，促成了从采摘野生植物到早期农耕的转变。"[1]"黄土的堆积也很慢，在增加厚度时，野草能在一层一层的表土上生长。旧表土被覆盖的时候，旧有的草根也随之腐烂，这可以增加土壤的孔隙并由化学作用转变为肥料……因此，只要有充足的水分，黄土地的肥沃性不必施肥就可以保存。"[2]"现在陕西及山西的许多小渠道虽然都是用铁制工具开挖的，但如果用骨、木或石器来开挖，也并不困难。"[3]另外，这里恰好处于"15英寸等降雨线"东南侧附近，风调雨顺，具有最低乃至无成本的雨水灌溉条件，极其适合耕作种植。

甘肃"间阎相望，桑麻翳野，天下称富庶者无如陇右"。[4]据史料记载，周先祖率族人出夏以后，向西北方向迁移，"奔戎狄之间"，最后便定居在了黄土高原东南侧的甘肃庆阳庆城一带，在这里开始了他们的农牧生活。

周族先人的生产模式是农牧兼营，他们是真正的"农牧民"。周人不仅利用这块肥沃的土地种植"五谷"，还驯养"六畜"。"取彼狐狸，为公子裘"[5]描写的正是周人在冬季圄地的牧猎场景。他们通过牧猎活动捕猎动物，然后将一部分动物圈养驯化。驯养"六畜"不仅可以获得动物皮毛等资料，用于制衣满足穿衣保暖的需要；还可将其转化成极为珍贵的肉奶制品，在庄稼歉收时弥补口粮不足的短板；休耕时漫游在农田中的牲畜还可以啃食农田中的麦茬并留下粪便肥料，可谓一举多得，实现"老者衣帛食肉，黎民不饥不寒"。[6]耕种与畜牧相结合的生产结构在生产力受自然因素影响极大的环境中是一种极佳的避险机制，具有良好的反撬能力和可持续发展能力，也是原型小农能够实现自给自足的基本条件，这种稳定的生产结构让"农牧民"能够

---

〔1〕 〔美〕拉铁摩尔：《中国的亚洲内陆边疆》，唐晓峰译，江苏人民出版社2005年版，第170页。

〔2〕 〔美〕拉铁摩尔：《中国的亚洲内陆边疆》，唐晓峰译，江苏人民出版社2005年版，第22页。

〔3〕 〔美〕拉铁摩尔：《中国的亚洲内陆边疆》，唐晓峰译，江苏人民出版社2005年版，第23页。

〔4〕 （宋）司马光编著：《资治通鉴》卷二百一十六，（元）胡三省音注，中华书局1956年版，第6919页。

〔5〕 《诗经·豳风·七月》。

〔6〕 《孟子·梁惠王上》。

得以生存和延续。

一、儒家思想的萌芽：农牧分化、农民定居、祖先崇拜

生活于黄土高原东南侧的农牧民随着人口扩张和已有土地资源稀缺之间的矛盾日益加剧，他们不断向外探索生存空间，以"胡焕庸线"，也叫"黑河—腾冲线"为参照向两侧流动。"胡焕庸线"的西北方向水草茂盛，更适合放牧牛羊，故此区域内的农牧民生活方式更偏向于游牧生活，"胡焕庸线"的东南方向土壤肥沃，更加适合农作物的种植，此区域内农牧民生产方式则更偏向于耕种土地。游牧不仅在于"牧"，更在于"游"，只有实现"单位时间内的空间最大化"，才能让牛羊吃到更多的草，所以农牧民们在不断向西北方向拓展空间，长期发展后逐渐分化为牧民，而牧区的面积也大大扩张；农作物的成熟有着"春种夏长、秋收冬藏"的季节规律，需要人在固定的土地上精耕细作，需要投入更多的时间精力才能有所收获，所谓"苟日新，日日新，又日新"，[1]所以耕种土地是一种"单位空间内追求效率最大化"的活动，经过长期的生产实践，在这里的人们定居下来，分化为真正的农民。

"土地"是农民的命根。费孝通在《乡土中国》中说："农业和游牧或工业不同，它是直接取资于土地的。"[2]"游牧的人可以逐水草而居，飘忽不定；做工业的人可以择地而居，迁移无碍；而种地的人却搬不动土地"，长在土里的庄稼行动不得，侍候庄稼的老农也因之像是半身插入了土里。[3]乡土社会是安土重迁的，当地的农民生于斯、长于斯、死于斯、葬于斯，不但人口流动较小，而且人们所获取资源的土地也很少变动。正是基于上述原因，农民们开始了世世代代的定居生活。

"生活于斯的农民们其思维具有经验性，他们认定人的生命及其生命活动来源于与自己具有血缘关系的祖先，是祖先赋予了自己生命及其存在的正当性。"[4]对于自身生命来源的认识，使得有着相同血缘的农民有了共同的情感和信仰，共同的情感和信仰形成了共同的精神纽带——"祖先崇拜"。"人类社会初期，人们就产生自然崇拜、人造物崇拜、祖先崇拜，人们对祖先崇

---

[1]《礼记·大学》。

[2] 费孝通：《乡土中国》，北京出版社 2011 年版，第 2 页。

[3] 费孝通：《乡土中国》，北京出版社 2011 年版，第 2 页。

[4] 徐勇："祖赋人权：源于血缘理性的本体建构原则"，载《中国社会科学》2018 年第 1 期。

拜最为持久，因为它同人类生存及其再生产联系在一起。"〔1〕国际史学大师何炳棣说，只有累世生于兹、死于兹、葬于兹的最肥沃的黄土地带，才可能产生人类史上最高度发达的家族制度和祖先崇拜。"祖先崇拜"这种信仰通过一定的物质形态和一定的仪式加以表现即出现了宗庙祠堂和续写家谱活动。

农民的"祖先崇拜"信仰和牧民的"部落崇拜"信仰产生环境不同，农民的"祖先崇拜"信仰正是基于农民定居生活的社会形态而产生的。《礼记·王制》云，"天子七庙"，"诸侯五庙"，"大夫三庙"，"士一庙"，"庶人祭于寝"。就是说，天子建七庙，中间为太祖之庙，两旁是三昭三穆；诸侯五庙，为太祖庙与二昭二穆；大夫三庙，为太祖庙与一昭一穆；士可以祭父亲一世；庶民百姓无庙制。儒家学说中关于宗庙的记载是对于农民"祖先崇拜"信仰和定居生活社会形态的反映和体现。黄土高原这块肥沃的土地不仅养育了世世代代的农民，还孕育了儒家思想的萌芽。

二、儒家思想的产生：宗庙祠堂、续写家谱、家族认同

建设宗庙祠堂和续写家谱活动是农民"祖先崇拜"重要体现，也是血缘关系与农业文明的结合物，它不仅在周王朝发挥着维系家族情感，固化家族认同的重要作用，而且一直延续至今。

祠堂是族人聚会、议事、处理族内纠纷等宗族活动的场所，家庙是供奉祖宗、先辈神像、灵位，供族人祭祀、朝拜、思念的场所。后来很多地方逐渐合二为一，兼具双重功能，但有的地方宗祠与家庙仍然是分开建造的，保持着其原有的结构与功用。西北地区汉族农民，大都较重视修家庙、续家谱的活动。据调查，新中国成立前西北地区许多家族都有家庙、祠堂一类的建筑。有的年代久远，甚至可上溯至明代，个别的据说有千年之久。这些建筑大都为当地最为壮观的建筑，最不济的，也是两进三间的高堂大屋。其内悬挂先祖画像，供奉祖宗牌位，也有悬挂书有先祖先辈名讳的布制"神柱"或"尊帐"的。〔2〕先秦文化发源地甘肃天水民居建筑中依旧存在着规模宏大的祠堂（家庙）。〔3〕

---

〔1〕 ［法］爱弥儿·涂尔干：《宗教生活的基本形式》，渠东、汲喆译，上海人民出版社2000年版，第161页。

〔2〕 王宗礼等：《中国西北农牧民政治行为研究》，甘肃人民出版社1995年版，第124页。

〔3〕 高亚妮、秦翠翠："天水汉民居中的祠堂（家庙）建筑"，载《建材与装饰》2018年第21期。

至于家谱，就更普遍了，包括那些修不起家庙的家族，几乎每一个都有族谱，且多用褐红色的绸缎裹着，有的还置于一精致的木匣内。这些家谱，有的存于家庙内，有的存于族中某户人家，也有一家一年轮流供奉的。[1]新中国成立后，尤其是"文化大革命"破"四旧"，家庙家谱大都毁了，但也有不少"神柱""尊帐"和家谱被一些农民偷偷保存起来。到80年代，许多地方又掀起了一股"修庙续谱"热，人们花了不少钱。据查，有的家族仅修一份家谱，就花去两三万元。至于家庙就花费更多了。"有的地方，家庙落成之日，甚至专门请一班吹鼓手吹吹打打，或请戏班子唱戏"，[2]使族人以此领略家族风光，产生家族认同意识。

由于受地理等自然环境因素的限制，在并不富裕的西北地区，对于农民来说，两三万元可以说是笔巨款了，可以够一个普通的三口之家一年的生活开销，在收入紧张的情况下，他们依旧能凑出这笔不菲的费用来修家谱，足以说明西北地区的农民对家族有着深深的认同。

祭祖祭宗活动也是强化家族认同的重要方式，西北地区的祭祖祭宗活动一般每年举行两至四次，也有举行一次的；举行四次的，主要在清明、中秋、冬至和年终；举行两次的，多为清明和年终。祭祖形式大体分为寝祭、墓祭和庙祭三种。寝祭主要有除夕祭龛，多以房族为单位祭祀本房祖先。墓祭多在清明节，但也有在年终的，一般以族为单位进行，全族老幼一律前往共同的始祖茔地，陈设祭品，悬挂纸幡，鸣放鞭炮，奠酒行礼，行礼多为跪拜叩头，至少三个。[3]族人在外工作的，多于此时携妻带子，赶来参加。有的家族某一房族早已迁往他处，但即使在千里之外，也要在此时派代表奔赴故乡祭祀，以示认祖归宗。这类祭祖祭宗活动，往往强化了族人的认同意识，使族人把自己的言行与祖先荣辱连在一起。西北汉族农民无论多穷，一般都要供子弟上学，其主要原因就在于强烈的望子成龙、光宗耀祖的愿望。两家农民或两个家族发生纠纷时，最严厉的指责就是"亏了你家先人"。

通过修建祠堂家庙、续写家谱及祭祖祭宗活动，加强了农民以血缘关系为纽带的家族认同意识，强化了家族社会形态。儒家思想提倡"父父子子""尊卑有别"思想，便来源于"家族认同"的社会实践，儒家思想在这一阶

---

[1] 王宗礼等：《中国西北农牧民政治行为研究》，甘肃人民出版社1995年版，第124页。
[2] 王宗礼等：《中国西北农牧民政治行为研究》，甘肃人民出版社1995年版，第124页。
[3] 王宗礼等：《中国西北农牧民政治行为研究》，甘肃人民出版社1995年版，第124页。

段有了新的发展。

三、儒家思想的发展：祖赋人权、礼仪秩序、家国认同

血缘关系可以说是人类最初始和本源的关系。马克思因此认为，血缘"家庭"起初是唯一的社会关系。[1]"定"是农业生产的特质。人们以家庭组织的方式在固定的地方从事物质生产和繁衍后代。一个地方一个家庭，若干血缘关系的家庭形成一个家族，随着家族的不断生殖和繁衍，家族的人口逐渐增多，出现了宗族。梅因把宗族形成的过程看成是"从同一起点逐渐扩大而形成的一整套同心圆"，即以一个家族为核心不断吸收外来人发展成为氏族乃至部落或国家，对于外来人他们通过收养来解决血缘不同的问题。家族和氏族是以血缘关系为纽带的团体，而宗族则是基于父权权威的服从形成的团体，最终这个核心家族的祖先被人们认为是共同的先祖，现在我们都将自己视为"炎黄子孙"，并不一定是说自己的血缘来源于炎帝和黄帝，而是先祖们都是以"炎黄"这个核心家族为中心生活的。

在宗族社会里，祖先有着至高无上的地位。西方近代流行的是"天赋人权"，即人是由上帝造的，"天赋人权"的理论基础是社会契约论。事实上，比天赋人权这一思想更为古老的是基于血缘而形成的"祖赋人权"思想。这一思想认为人的生命及其生命活动来源于与自己具有血缘关系的祖先，正是血缘决定了成员的资格、身份、责任、权利，所以血缘理性赋予了祖先神圣的地位。

"君要臣死，不死不忠"体现了一种严格的等级意识。由于家族和宗族人数众多，为了脱离蒙昧和荒乱的生活状态，需要形成一套合理的秩序规则，等级意识便出现在人们的生活中，严格的等级制度应运而生。儒家学说中要求子女要服从于父亲的权威，不能顶撞和忤逆父亲，否则被视为不孝；作为臣子的要服从于自己的君主，否则为不忠。"君使臣以礼，臣事君以忠"[2]起源于家族血缘关系内的位置、权力与责任的对等性，即位置决定权力，权力决定责任，责任确定位置。"尊卑制的一个好处就是一个人自动认识到他在家庭或社会中所处的地位。他有一种安全感，因为他知道，如果履行了分配

---

〔1〕《马克思恩格斯选集》（第1卷），人民出版社2013年版，第159页。
〔2〕《论语·八佾》。

给他的那部分职责，他可指望这体系内的其他成员反过来也对他履行应尽的职责。"〔1〕君臣关系亦可视为一种契约关系。在古代也常常有"君父"的说法，这种理念正是由中国社会"家国同构""家国一体"的结构决定的。国家形成以前，原始社会主要以有血缘关系的宗族部落或氏族部落形成，此时"家"即"国"，"国"亦是"家"。当国家产生以后，血缘关系并没有被割断，反而在国家组织中延续下来。故现在我们说"家"是最小的"国"，国是最大的"家"。正因如此，梁启超说"二十四史非史也，二十四姓之家谱而已"。〔2〕

　　"政者，正也。子帅以正，孰敢不正？"〔3〕"子帅以正，孰敢不正？"体现的正是家庭或宗族内部的同等规则权。"家"虽小，但结构却不简单。"我们普通所谓的大家庭和小家庭的差别不是在于大小上，不是在于所包括的人数上，而是在结构上。一个有十多个孩子的家并不构成'大家庭'的条件，一个只有公婆儿媳四个人的家却不能称之为'小家庭'。"〔4〕故判断一个家庭的大小不在于人数的多少，而在于家庭的结构。由于家庭结构的复杂性，在同一血缘关系内的人也会因一些事务产生矛盾和冲突，于是需要共同的规则对成员的行为加以规范。"这种规则通过家规、家法、族规、习俗等方式加以表现出来。"〔5〕"规则的权威是执行规则的模范，在宗族内，家长和族长等血缘领袖不仅要和一般成员一样遵守规则，而且要成为典范。"〔6〕为了维持族规的神圣性，族长等血缘领袖不但没有特权，反而需以身作则，以高标准严格要求和约束自己。只有长辈与成员们同等地遵守规则，并且以高标准严格要求自己，作为晚辈的成员们才会"见贤思齐"以正其身。治家如此，治国亦如此。所谓"政者，正也"。君王和百官模范带头先正其身。贤明的统治者若"敬事而信，节用而爱人"，〔7〕则百姓纷纷效仿，社会风气爽朗明净，是故"圣人，百世之师也，伯夷、柳下惠是也。故闻伯夷之风者，顽夫廉，懦夫有

〔1〕　[美]费正清：《美国与中国》，张理京译，世界知识出版社2019年版，第24页。
〔2〕　梁启超："中国史界革命案"，载《梁启超全集》北京出版社1999年版，第737页。
〔3〕　《论语·颜渊》。
〔4〕　费孝通：《乡土中国》，北京出版社2011年版，第39页。
〔5〕　徐勇："祖赋人权：源于血缘理性的本体建构原则"，载《中国社会科学》2018年第1期。
〔6〕　徐勇："祖赋人权：源于血缘理性的本体建构原则"，载《中国社会科学》2018年第1期。
〔7〕　《论语·学而》。

立志；闻柳下惠之风者，薄夫敦，鄙夫宽"。[1]；若君王"随心所欲而逾矩"，上行下效，百官则其身不正，甚至会祸害百姓，君王的权威也会迅速流失，成为真正的孤家寡人。

"不孝有三，无后为大"[2]体现了农耕社会人们对于人口发展和家庭延续的高度重视。在自给自足的传统农业社会中，人口被视为第一生产力。由于当时受生产工具和生产能力的制约，古代先民们并未完全摆脱靠天吃饭的境遇，所以拥有充足的劳动力对于提高粮食收成有着至关重要的意义。谁家的人丁多，即意味着谁家可以开垦更多的土地，种植更多的庄稼，获得更多的收成来养活更多的人口；人丁兴旺不仅能满足农民当下的生产需要，还能起到传宗接代、延续香火血脉的作用。东汉末年赵岐所注《孟子注》中说："于理有不孝者三事：谓阿意曲从，陷亲不义，一不孝也；家贫亲老，不为禄仕，二不孝也；不娶无子，绝先祖祀，三不孝也。"其意即：一味顺从，见父母有过错而不劝说，使他们陷入不义之中，这是第一种不孝；家境贫穷，父母年老，自己却不去当官吃俸禄来供养父母，这是第二种不孝；不娶妻生子，断绝后代，这是第三种不孝。而在这三不孝中，断绝后代则被视为最大的不孝，这种心态充分说明古人对于人口的重视程度。《论语·乡党》中记载"有一次马厩失火，孔子退朝回来只问伤人了没有，而不问马"。这个故事反映了孔子的民本思想，但与今天的"人与动物皆平等的理念"是不一致的，因为在当时的社会情境中，人口较为缺少和更加珍贵，所以关注"人"相较于关注"马"更多一些也就顺理成章了。

"齐家治国平天下"[3]体现了古人的家国认同观念。"格物""致知""诚意""正心""修身""齐家""治国"就是把个人的修身与治国平天下结合起来，"凡为天下国家有九经"，其首要一经就是"修身"，因为"修身则道立"。[4]"自天子以至于庶人，壹是皆以修身为本。"[5]一个人无论是多么的心怀天下，如果不能从自己修身开始，所有的抱负都是幻影，只有不断提高个人修养，提升本领，让自己充满责任感，有所担当，才能有家有国。而古

---

[1]《孟子·尽心下》。
[2]《孟子·离娄上》。
[3]《礼记·大学》。
[4]《礼记·中庸》。
[5]《礼记·大学》。

人将修身也不再视为个人的一己之事，而是将之与齐家和治国联系起来，把修身视为齐家治国的必要步骤和前置阶段，修身是为了齐家，齐家则为了治国。由于"家国同构"或"家国一体"，所以儒家认为治理好一个家便能治理好一个国，在家这个特殊的组合体中蕴藏着包含宇内、治理国家的大智慧。在他们的家族认同观念中自然包含着对国家的认同，国家认同则体现为更加深沉的"家国"情怀，孔子、孟子面对战火乱世，"知其不可为而为之"[1]，不顾别人的嘲笑、围攻和不理解，奔走于诸侯国之间，试图力挽狂澜，救天下于危难。他们并不是无原则地臣服于当时的统治者，或者面对私欲熏心的各国诸侯知难而退，而是敢于批评、指责为政者，希望他们施行理想的仁政。如果说孔子相对温文尔雅的话，孟子推行其政治主张的过程则显得要热烈激进一些。他曾数次面对君王数落其过错，仅对齐宣王就曾有一次由于指责他"四境之内不治"而使得"王顾左右而言他"。[2]孔孟先贤在"家国认同"理想信念的支撑下，真可谓"先天下之忧而忧，后天下之乐而乐。"[3]

儒家思想根植于肥沃的农耕文化土壤中，沿着《西北政治》一书的研究方向对中华文脉进行条分缕析，对于我们重新认识中国百姓千百年来"家国同构"的社会结构，"家国认同"的伟大情怀和挖掘以儒家思想为代表的中国优秀传统文化，提升中国文化自信具有重大意义。

---

〔1〕《论语·宪问》。
〔2〕《孟子·梁惠王下》。
〔3〕（宋）范仲淹：《岳阳楼记》。

档案方志与西北法律文化资源

晚清循化厅藏区夕厂与木红部落草山纠纷案论析

靳　鹏[1]

内容摘要：循化厅位于世界上最为高大的高原——青藏高原之上，其所处的地理位置从整体上决定了该区域的自然条件，而自然条件决定了该地以畜牧业为主、农业为辅的经济结构。这种经济结构在变化无常的自然面前，总是显得极其脆弱，呈现出对区域外经济物质极其依赖的总体特性。由于该地资源十分匮乏，不同部落间争夺生存资源的冲突便成为部落间关系的常态。而草山作为该区域最重要的生活、生产资源则成为人们争夺的重点，因争夺草山而引发的纠纷与冲突便成为该区域最普遍、最广泛、最引人注目的社会问题之一。

关键词：晚清　循化厅　草山纠纷　解决途径

引　言

循化厅大致上包括今天甘肃省甘南藏族自治州合作市、夏河县及临夏回族自治州之积石山保安族东乡族撒拉族自治县与临夏县的西部地区，青海省海东专区的循化撒拉族自治县与民和回族土族自治县西南部地区、黄南藏族自治州的同仁县、泽库县以及尖扎县部分地区。[2]循化厅位于青藏高原之上，其所处的特殊地理位置从整体上决定了该区域的自然环境，而自然条件也就决定了该地以畜牧业为主、农业为辅的基本经济结构。这种经济结构在变化无常的大自然面前，总是显得极其脆弱，呈现出对区域外经济物质极其依赖的总体特性。而草山作为该区域最重要的生活、生产资源则成为人们争夺的重点，因争夺草山而引发的纠纷与冲突便成为该区域最普遍、最广泛、最引人注目的社会问题之一。民国著名藏学家于式玉在论及安多藏区传统社会纠纷解决方法时曾说道："部落社会只有在部落以内才有道德与法律可言；部落

---

〔1〕　作者简介：靳鹏（1993— ），男，兰州大学法学院 2017 级法律硕士。
〔2〕　杨红伟：《清朝循化厅藏族聚居区之权力机制》，高等教育出版社 2015 年版，第 7 页。

以外，便惟力是视了。"[1]晚清时期，循化厅藏区部落纠纷的解决除了依靠部落自身力量外，寺院、官府的势力也是极为重要的参照，三种力量常常处于一种对抗、妥协与整合的状态之中，从而使部落纠纷及其解决过程显得异常复杂。本文以光绪五年（1879）至光绪七年（1881）夕厂与木红两个藏族部落争夺草山一案为中心，通过对这一冲突的起因与演变、调解与解决的动态分析考察，揭示在这一动态过程中官府与部落头人、领袖等社会力量之间复杂多变的社会关系，探讨各方力量在这一纠纷解决过程中所产生的作用与影响，以期有助于加深对晚清循化厅藏区传统社会纠纷解决机制的认识与理解。

一、夕厂与木红部落冲突的起因与发展

草山资源对藏族传统部落来说，不仅意味着生存空间，还是主要的生产资料，更是其主权空间重要体现。因而在循化厅藏区，对草山的争夺极为激烈，也是最为普遍的。循化厅所属西、南两番有生番熟番之分，"西番内起台沟五族、边都沟七族下、龙布六族、保安四屯共二十二处，向为熟番"。[2]木红部落是西番起台沟五族中的一支，属于熟番。"至南番二十一寨与西番上隆布十八族、合儿五族、阿巴拉八族共五十二处，向为生番"。[3]南番二十一寨和西番三十一族五十二处属于生番。"而夕厂番民附于撒拉、崖慢工下游，共四庄，计有二百户，男妇老幼将及千口，每年征粮八石一斗五升，在城东南五十里，至白圧塘赴河州大路十里，与起台之木红、加仓、旦麻三庄中隔一山，相去五里之遥，均为临城熟番"。[4]由此可知，夕厂部落属于撒拉、崖慢工下游的部落，共有四庄，二百户番民，共计有千口番众。夕厂四庄与木红三庄两个部落中间隔有一山，二者相距五里路，均为临城熟番部落。夕厂与木红是位于循化厅境内的两个藏族部落。晚清时期，这两个部落同归西宁府属循化厅管辖。

---

〔1〕 于式玉："漫谈'蕃例蕃规'——直接行动"，载《李安宅、于式玉藏学文论选》，中国藏学出版社2002年版，第329页。

〔2〕 青海省档案馆：《循化厅为夕厂与起台沟木红、加仓、旦麻争山上的禀》，档案号：7—永久—2709。

〔3〕 青海省档案馆：《循化厅为夕厂与起台沟木红、加仓、旦麻争山上的禀》，档案号：7—永久—2709。

〔4〕 青海省档案馆：《循化厅为夕厂与起台沟木红、加仓、旦麻争山上的禀》，档案号：7—永久—2709。

"有夕厂番子与起台沟木红、加仓、旦麻三庄番子，光绪五年四月间因争草山起衅，聚众械斗，杀伤多命"。[1]双方冲突是因争夺草山而引发的，两个部落中间有山林草山一处，山上小路一条，此路是夕厂四庄与木红三庄两家采薪牧放牲畜往来行走的地方，多年相安无事，没有出现过争端。但是到光绪五年四月二十日，木红、加仓、旦麻三庄在山上牧放牛羊，被夕厂番众抢去耕牛二十二只。此事发生后，木红等庄由随央崖慢回目并夕厂、木红两寺喇嘛从中说合，两造照旧牧放，夕厂退还木红耕牛二十只，剩下二只已被夕厂番众私宰分食。本以为此事已经解决，不料夕厂部落突然反悔，不允许木红番众放牧行走此山路，而后双方于光绪六年六月十八日发生械斗事件，双方"纠众械斗，施放火枪，致毙木红庄番民二名，夕厂三名"。[2]紧接着木红三庄以夕厂部落恃强凌弱向循化厅报案喊冤，于是循化厅安丞福"饬委主簿往查开导，照旧行事，仍未遵断"。[3]负责调查此案的官员多次差传两造进行解决，番众却屡次抗不到案。适逢官员奉命前往保安会办蒙番的要案，分谕夕厂、木红两造头人"各管番众，静候蒙番案结，听官办理，勿得仍前不法，自取重咎"。[4]

而后木红三庄遵命没有再生事端，但是到了九月十二日晚，木红庄番子二名完禾、南拉加，番妇二名都在上白庄王家磨内磨油时，夕厂番子加哈、周老等纠集约有百十余人，扑至磨内，携带器械，"将磨内油子、芥子、胡麻一十六小石，全行送与河内，男妇四人全行捉去。惟南拉加拉至卧禾庄子用刀砍碎，下余三人拉到夕厂庄内，不知死活"。[5]十月初七日，木红、旦麻庄番子年只海在山上牧放羊只，被夕厂人埋伏堵路谋杀性命。遂木红头人将一切前因后果等情况予以说明，恳求官府施恩，秉公办理此案。

循化厅官员于光绪六年十月二十日在保安审理此案，根据木红三庄番民

---

〔1〕 青海省档案馆：《循化厅为夕厂与起台沟木红、加仓、旦麻争山上的禀》，档案号：7—永久—2709。

〔2〕 青海省档案馆：《循化厅为夕厂与起台沟木红、加仓、旦麻争山上的禀》，档案号：7—永久—2709。

〔3〕 青海省档案馆：《循化厅为夕厂与起台沟木红、加仓、旦麻争山上的禀》，档案号：7—永久—2709。

〔4〕 青海省档案馆：《循化厅为夕厂与起台沟木红、加仓、旦麻争山上的禀》，档案号：7—永久—2709。

〔5〕 青海省档案馆：《河州镇为木红、旦麻、加仓三庄被夕厂抢杀的移》，档案号：7—永久—2709。

入禀所言。随即严令夕厂番目配合解决冲突，并派遣总役韩永泰、马正、郭延寿协同崖慢工老民对夕厂番目进行开导，责令夕厂将从木红三庄抢去的男妇三人交出，不得再行杀害。于十二月内，夕厂头人将木红三庄男妇三人交给总役韩永泰等带回。但是行走不远，夕厂孕实大庄的番民周洛、牙录庄的番民完伙纠集男妇数十人对差役进行追赶夺人，"拾石掷殴致伤总役马正左肩、郭延寿左肋，验明属实"。[1]差役不得不又将木红三庄男妇三人同崖慢工老民送回夕厂庄内。

光绪七年正月内循化厅差役传集两造部落头人到案，亲自进行详细开导、劝解，谕令两造："所有山林草山道路概照旧规采牧行走。其历年械斗，夕厂多伤六命，准照番例着木红三庄赔纳命价，永相敦好，并饬夕厂头人将纠众殴差交出二名，从宽责惩，木红三庄头人情愿具结，夕厂并亦异说。立即出示晓谕两造暨附近崖慢撒人等一体周知，仍饬总役韩永泰等前往张贴"。[2]不料此时忽然出现番妇二十余口人，扑来叫骂，差役"见势凶恶，随即回城具禀，请示核办"。[3]而后中间又根据加仓、木红、旦麻三庄头目等人入禀的具体情况，循化厅裁断冲突双方彼此报复，属于恶习相沿，夕厂部落四庄是临城熟番，既然已经逞强霸占草山，而后"屡次寻杀，迨经差传，复敢纠众殴逐差人，任意妄为，肆无忌惮"。[4]如果不进行严惩，担心附近边都、卑堂、中库、起台等处，熟番八工撒回等处进行效仿。夕厂四庄与木红三庄番民因争草山械斗杀伤多条人命，不听差传，竟纠集众人殴打差役，所以请河州镇沈酌派遣熟悉番情的营员带队前往，会同进驻崖慢工、张哈工地方，勒令夕厂交出滋事的犯人。"于夕厂、木红附近庄村张贴告示，晓以利害"，[5]随后河州镇协和循化厅官兵于光绪七年四月二十七日进驻张哈工、崖慢工地方。"该夕厂大小番目，均经前来悔罪投诚。次日传集两造，亲诣番地，勘验草山

---

〔1〕 青海省档案馆：《循化厅为夕厂与起台沟木红、加仓、旦麻争山上的禀》，档案号：7—永久—2709。

〔2〕 青海省档案馆：《循化厅为夕厂与起台沟木红、加仓、旦麻争山上的禀》，档案号：7—永久—2709。

〔3〕 青海省档案馆：《循化厅为夕厂与起台沟木红、加仓、旦麻争山上的禀》，档案号：7—永久—2709。

〔4〕 青海省档案馆：《循化厅为夕厂与起台沟木红、加仓、旦麻争山上的禀》，档案号：7—永久—2709。

〔5〕 青海省档案馆：《河州镇协、循化厅会禀处理夕厂、木红争夺草山案》，档案号：7—永久—2711。

路道树林毕，对众将历年滋事夕厂番民、香加木红番民拉郎等四十八名立予答责，限交器械取保开释"。[1]

"木红三庄与夕厂因争草山，两家致伤二十多命"。[2]事件的起因本是十分微小之事，而后却不断发酵，进而发展演变成为杀伤数十条人命的大案。木红三庄番民在进行牧牛时，意外损食夕厂部落一村庄卧禾庄田间庄稼苗。夕厂部落番民便将损食田间庄稼苗的牛群全都撵回自己部落中，并将其中两只牛予以宰食了。木红部落的番民认为牲畜踏食夕厂部落田间庄稼苗并非出于有心，而后彼此双方便恃强寻隙报仇，致使木红三庄番民先后被夕厂部落番民杀害八人，夕厂四庄番民被木红部落番民杀害十三人，牛羊等牲口双方各抢数百只。此事惊动了河州镇协和循化厅的官府，紧接着官府不得不派人前往会禀处理夕厂、木红争夺草山一案。

二、夕厂与木红部落冲突的解决

因夕厂与木红两个部落冲突不断演变升级进而发生抢杀冲突，最终酿成二十一人丧生的恶性案件。这次冲突事件也引起了青海大臣的关注，从其在光绪七年六月初三日回复对会办夕厂、木红争夺草山案处理意见的批中我们就可以了解到。

"据禀详悉夕厂、木红两庄番民因争草山构衅以致互相戕杀多命，经此次马镇会同该厅摄以兵威，持平剖断，俾其甘心罚服，永释仇隙，办理甚为妥善。至履勘山界仍照准旧牧放，各守界址，不准践伤田禾，尤为惩前毖后之计。所拟罚服各条，亦系因俗至宜起见，仍俟护督院批饬遵行。此缴图说、清册、供单存案"。[3]

紧接着在同年六月十三日，撒拉头目为夕厂与木红部落争夺草山案作出承保具状，其具体内容如下："恳息状人张哈工头目马四麻亥、韩且令、马胡信、马八十、崖慢工头人韩顺、韩伏成、马瞎尼、马八力个，起台沟头人昂锁前官加，年各不一，为事已和息，恳请准结销案事。情因夕厂与木红三庄

---

[1] 青海省档案馆：《河州镇协、循化厅会禀处理夕厂、木红争夺草山案》，档案号：7—永久—2711。

[2] 青海省档案馆：《布政按察司为收缴起台沟等处器械的札》，档案号：7—永久—2704。

[3] 青海省档案馆：《青海大臣对会办夕厂、木红争夺草山案处理意见的批》，档案号：7—永久—2718。

争夺草山两相械斗，致伤多命，今蒙大人、大老爷会同查办，俱各重责监押，已既畏惧王法。小的等系伊等近邻，碍难坐视，相劝两家行事，伊等情愿和息下场，具结完案。查岭西草坡原来是夕厂的，木红三庄并无草坡，自古以来伊等两相牲畜在此草坡同牧。小的等评处照旧行事。再木红寺脑与夕厂扎新圈一处，以作番俗草的靠头。两相牲畜不拘那个蹄子进入田地内两个者，罚禾五斗；进去四个者，罚禾一石；吃着田禾者，罚禾两石。岭东岭西所牧放牲畜两相不许阻挡。取柴之事照古所行，偷取护林一枝者罚小钱三十千文。命价小钱五百串，所议太轻，今议每命大钱五百串；所有捉去任意致死者，议命价两个；割去首级者，议命价一个半。宰吃之牛，议赔小钱一百串。下了地牢者，罚小钱一百串文。依此劝谕下场，两相情愿，小的等遂去该地，对同两造抵算明白。缘木红三庄人命八个，夕厂人命十三个，除顶抵三庄命八个，夕厂应长命价五个。内除木红庄那拉加身死惨苦，再抵命一个，又将捉去旦麻庄妇人二个，内一个剁去双手，一个因殴堕胎，议抵命价半个。夕厂只差命价三个半。此外有三庄割去夕厂麻录庄普四拉首级，议抵命价半个。夕厂共长余命价四个，每个公议小钱一千五百串文，共议差小钱六千串文。内除夕厂当日抢去木红三庄牲畜作价一千串文，与夕厂共交银钱布匹共小钱一千串，牛马骡头共价小钱四千串。又与夕厂找出三庄抢去牲畜作价小钱三百三十串文，通共小钱五千三百三十串文，传集两造如数交清，该夕厂领收讫。再木红三庄被烧草房磨房大门与夕厂被烧草房两家顶抵，加仓与卧禾互割田苗彼此相等，亦令两相顶抵。惟夕厂寺和尚房屋原系自行失火无处着落，令其自耽。至夕厂宰食之牛与下地牢两事，均照前议，各罚小钱一百串。两家悦服，各具甘结，永不反覆，日后若有反覆，小的等愿甘承罪。伏乞大老爷电准，销案施行。计呈投甘结二纸"。[1]

夕厂部落与木红部落争夺草山一案，经由张哈工头目马四麻亥、韩且令、马胡信、马八十，崖慢工头目韩顺、韩伏成、马瞎尼、马八力个，起台沟头人昂索前官加当乡讲评并最终达成一致。

夕厂与木红两部落由争夺草山而引发的纠纷，自事件发生、发展、最终解决历时两年多的时间，一直到光绪七年六月官府最后作出判决、经部落头人调处后两造遵依甘结才得以解决。

---

〔1〕 青海省档案馆：《撒拉头目为夕厂、木红争夺草山案承保具状》，档案号：7—永久—2718。

三、结语

发生在晚清光绪五年到七年（1879—1881）的夕厂与木红部落的冲突，其解决方法是：一方面是当地乡老、头人出面规劝、调解，而冲突双方之间互相争斗与妥协；而另一方面是循化厅等官府派人前往该地进行查处、弹压；若纠纷无法制止时，官方采用"以兵弹压"的方式协助解决纠纷。[1]最后官府也只得以兵力对两造进行威慑，将两造聚集在一起，经乡老公议后，作出最终的裁断。

夕厂与木红的部落纠纷解决的方式，是由晚清循化厅藏区的社会治理结构所决定的，是一种与当时的社会管理体制相符合的纠纷解决方式。清朝自雍正朝以来，循化厅藏区逐渐形成了以部落头人、寺院领袖与州县官为主要支撑的社会管理体制。[2]一方面，晚清循化厅藏区社会的基本性质是部落社会，部落权力是社会权力的基础；清政府逐步把循化厅藏区纳入到国家行政管理体系之中，但是受传统观念的影响以及社会治理成本的约束，清政府对循化厅藏区的统治政策仍以"羁縻"为主，采取"因俗而治"的政策，任用当地藏族部落头人担任千户、百户等土官职务，赋予其一定地方管理权限，同时还有一方不可忽视的重要力量——藏传佛教，其在该地区拥有巨大的影响力。清朝统治者便利用寺院宗教组织对循化厅藏区的番民进行管理。而另一方面，清政府也不断加强对循化厅藏区的行政管理，在循化厅藏区设置循化厅、贵德厅等重要的行政机构。清政府任命循化厅藏区的土官对各自部落的番众进行管理，同时这也造成了清政府管理权力减弱与分散；清朝管理者借助寺院宗教组织来管理循化厅藏区民众，虽然在一定程度上起到了稳定社会的作用，但是清政府的治理能力也因此受到限制与制约。[3]

部落头人、宗教领袖、官府统治者三种力量在循化厅藏区纠纷解决的过程中相互依存、彼此掣肘。在具体纠纷解决过程中，在当地拥有崇高社会地

〔1〕 高晓波："官方参与下清代藏族部落纠纷解决机制——基于光绪朝甘青藏区卡家与沙沟争佃纠纷案例的分析"，载《西北师大学报（社会科学版）》2015年第4期。

〔2〕 阮兴："清末甘南藏区部落纠纷解决形态研究——以光绪十六年卡家与沙沟的争佃冲突为中心"，载《中国边疆史地研究》2017年第2期。

〔3〕 阮兴："晚清安多藏区的寺院与社会纠纷——以同治、光绪年间卡加与隆哇的冲突为例"，载《江汉论坛》2017年第3期。

位、声望的乡老、头人往往作为事件调解的中间人为纠纷解决提供较为切实可行的方案，发挥着十分重要的作用和价值。在查办具体纠纷时，官府通常传令乡老前往查明事实真相，辨别是非曲直，开导、劝解两造，防止矛盾激化，寻求纠纷解决办法；在审结纠纷时，乡老通常会对两造进行讲理、劝说，促使两造相互让步、妥协，并做出两造均表接受的评议，以为纠纷解决方案。[1]纠纷冲突最终的解决方案一般表现为在众乡老、头人共同评议基础上进行官府裁断的形态。这种部落冲突解决实质上是调解与裁断并存，两者互相渗透，彼此发挥作用，尽管当时清政府从表面上实现了对循化厅藏区的管辖，但实际上官府、部落、寺院三种力量仍处于彼此较量、相互角力的状态。清政府迫不得已最后通过武力实现对循化厅藏区的控制，但是其并没有完全的治理能力去维系该地区基本的统治秩序，其在解决部落冲突的过程中往往受到部落、寺院等势力的影响。最终作出的裁判，一般也是在当地乡老、头人出面调解的基础上，综合考量、权衡利弊、仔细斟酌冲突双方及双方背后寺院、部落的势力、利益，调解繁杂的社会关系、维系地方治理秩序、维护自身统治的一种方法。也正是因为如此，部落间纠纷的解决往往具有很强的不确定性、不稳定性，在部落、寺院、官方三方势力的对抗、妥协与整合中，因三方力量的此消彼长而呈现出一种动态变化的状态。

综上所述，这种部落间冲突解决的方式，我们很难用官府审判或民间调解来对其进行性质的界定。发生在光绪年间夕厂与木红部落的纠纷及其解决正是晚清循化厅藏区部落冲突解决的一种典型代表，官府、寺院、部落三方势力在不断对抗、妥协与整合的过程中发挥各自的作用与价值。

---

〔1〕 李守良：“乡老与晚清循化厅藏区部落纠纷的诉讼审判”，载《青海社会科学》2018 年第 2 期。

清代《西和县志》中的法律资源论析

田庆锋　田嘉惠[1]

内容摘要：地方志书是全面系统地记述本行政区域自然、政治、经济、文化和社会的历史与现状的资料性文献。清代《西和县志》使用大量的档案史料较为全面地记录了清代西和县的政治、经济、文化发展概况。本文从法学的视角对清代《西和县志》中的法律资源进行了分类整理，并对其法律意义进行了初步的探究。

关键词：清代　西和县志　法律史料

地方志书是全面系统地记述本行政区域自然、政治、经济、文化和社会的历史与现状的资料性文献。[2]清代《西和县志》使用当时的地方档案史料较为全面地记录了康熙、乾隆时期西和县的政治、经济、文化发展概况，本文拟从法律的角度对清代《西和县志》进行分类整理，进而探究其法学研究的意义，以求教于方家。

一、清代《西和县志》概述

现存清代《西和县志》有两种：第一种系康熙十六年知县王殿元编纂，第二种系乾隆三十九年知县邱大英与邑进士任尚惠编纂。

学界较为重视清代《西和县志》的整理工作，重要的成果有：康熙十六年（1667）王殿元纂修的抄本，西和县档案馆收藏；乾隆三十六年（1771）邱大英纂修，三十九年（1774）刻本，四卷，中国历代地方志数据库、爱如生典海数据库、《中国地方志集成·甘肃府县集》均予以收录整理，还有《中

---

[1]　作者简介：田庆锋（1977— ），男，河南新安人，法学博士，法学博士后，西北师范大学副教授，主要从事法律史、法律文献学、宪法学、法理学的教学和研究工作；田嘉惠（1995—），女，汉族，陕西渭南人，西北师范大学法学院2018级硕士研究生。本文为西北师范大学2016年青年教师科研能力提升计划项目"'一带一路'视域下的西北方志法律资源整理与研究"（编号：SKGG16014）阶段研究成果。

[2]　《地方志工作条例》第3条。

国方志丛书》影印本。2006 年，西和县志办公室对清代康熙和乾隆朝《西和县志》进行点校并内部发行。

其中，清代康熙《西和县志》共 1 卷 25 目，具体篇目设置为：沿革、疆域、形胜、八景、建置、城池、公署、庙坛、山川、风俗、户口徭役、田赋、防汛、驿所、仓库、官师、名宦、选举、人物、忠节、孝子、义勇、节烈、灾祥、艺文。其中，户口徭役、田赋等目内容摘自县衙收藏档案。清代乾隆《西和县志》约五万字，纂修者包括陈其忠、董保赤、任尚惠、赵维元、蒲全节、屠宗能、邱思永、周恒、任良乡、何魁元、郝植英、任鹏飞、王佐、张文彬等。全志共 4 卷 28 目。其中，卷一设星野、舆图、建置沿革、疆域道里、山川、名胜、城池（事迹附）、衙署（仓廒附）、祀典（民间私祀祈报附）、古迹寺庙、里图村庄（桥梁、市集附）、汛防（城守、隘、堡、寨、镇、墩俱附）；卷二设丁徭、田赋（起存领支附）、邮驿（征领制解附）、学校（义学）、物产、风俗（岁时纪、方言附）；卷三设官师、名宦（宦迹附）、选举、乡贤（孝义、文学、隐逸、耆民附）、节孝、仙释寓贤；卷四设艺文（记、传、序、墓表、诗）、坟墓（义冢地段附）、纪异、拾遗。同时还有各种照（图）片 4 帧，分别为县境全图、旧城图、今城图和文庙图。建置沿革、人物列传诸目多摘自正史，叙山川、名胜附载史迹，如祁山兼记诸葛亮、姜维等人事迹。此邑以农为主，风俗目附解释方言七种，有五种即脚占田地、佃地、典地、当覆价、多种田地与土地有关，据此可考见其土地关系。[1] 户口徭役、田赋、起存领支等目内容则均系依据当时衙署所存档案史料纂成。

二、清代《西和县志》相关法律史料整理

清代《西和县志》包含着较为丰富的行政法、经济法和刑法史料，对于研究清代县域法制的具体内容和实践具有重要意义。现依据不同版本对这些法律史料予以分类摘录整理。

---

〔1〕 王兆明、傅朗云主编：《中华古文献大辞典》（地理卷），吉林文史出版社 1991 年版，第 151 页。

（一）康熙志

1. 行政法史料

公署

建修县堂一座，内衙一院，书房一院，仪门一座，大门一座，六房、官库、监仓、捕厅、衙舍、土地祠、预备仓俱明知县高衍庆创。

户口徭役

原额户口三门九则不等，共丁三千四百八十九丁。

实在行差丁二千八百四十五丁，编银九百四十一两四钱六分三厘六毫四丝九忽六微。

实在屯丁七十六丁，编银三十七两三钱六分九毫二丝九忽六微九纤。

接收文县所屯丁三百四丁，编银五十四两二钱五分。

防汛

南青羊峡秦营兵丁二名住防；

北石堡城秦营兵丁二名住防；

旧城秦营兵丁二名住防，吧总一名西礼往来；

北盐官镇秦营兵丁二名住防；

西和县支无驿。

皇清自顺治年间设有卫，僻册内开载，原额设马一十六匹，除裁拨并裁四外，实留马六匹，每匹日支草料银五分；原额喂马等夫九名，除裁拨并裁四外，实留马夫三名，每名日支工食银三分。原额征并协济共银两五百六两六钱六厘，除裁拨并裁四外，实留银一百八十六两七钱九分零。

2. 经济法史料

田赋

原额折正一等民地三千九百九十八顷三十五亩八分九厘五毫，除荒外，见今实熟地二千五百五十七顷五十六亩六分九厘五毫，从前征收夏秋秋粮。

今折正本折粮三千三十一石七斗八升九合四勺四撮，内本色存留骚仓粮一百七十四石二斗八升四合五勺四撮，听候过往官兵支用。本色官学仓粮二百三十六石一斗六升四合四勺二撮，折征银一百七十一两七钱二分二厘九毫二丝四忽。

折色粮二千六百二十一石三斗四升五勺二撮，折征银三千五百八两四分五厘一毫一丝八忽八微九纤三尘。

征摇银七百六十六两八钱四分二厘五毫四丝一忽一微七纤。

接收巩昌卫自顺治十六年奉裁卫官归借并本县原额屯地四十七顷六十亩，除荒外见今实熟地四十四亩（顷），征本色粮二百七十石。征地亩草价银五两四钱八分八厘九丝九忽四微八纤六尘。

接收文县所归并本县原额屯地一百九十一顷二十亩，除荒外见今实熟地七十五顷三十亩四分，征本色粮三百七十六石五斗二升；征地亩草价银一十三两六钱七分五厘八毫七丝六忽七微五纤五尘四渺。

仓库

积贮仓三座，在城北街，知县徐元灿创修。官库二所，在县堂两耳，知县汪莱创修。牙贴税银一十三两三钱，盐课银六十五两五分一厘六毫六丝，以上税课银七十八两三钱五分一厘六毫六丝。

3. 刑法史料

名宦

赵煚，字通贤，天水西县人。祖超宗，魏河州太守。父仲懿，尚书左丞。少孤，养母至孝。年十四，盗伐其墓中树，对之号恸，因执送官。见魏右仆射周惠达，长揖不拜，自述孤苦，涕泪交集，惠达为之陨涕叹息者久之。及长，沉深有器局，略涉书记，周文引为其相府参军事。与齐人先后五战，斩获甚众，以功进位大将军，爵金城郡公，拜相州刺史，征拜尚书右仆射。未几，以忤旨黜为陕州刺史，转冀州刺史，甚有威德。煚尝有疾，百姓奔驰，争为祈祷，其得民情如此。冀州俗薄，市井多奸诈，为铁斗铜尺置之于市，百姓便之。朝廷闻而嘉之，颁告天下，传以为式。尝有人盗失田中蒿者，为吏所执，次日："此刺史不能宣风化，彼何罪也？"慰谕遣之，令人载蒿一车赐盗，盗愧过于重刑。

宋时王公仪，字严之，西和州自石人也，生天圣九年……尝隐以试公，府郭之民贫不均，恒多逋赋，公定之，遂得通均之法。有妇人死而不明，将欲掩埋，而公视发，亲以手捏而得巨钉，人服其神明焉。

（二）乾隆志

1. 行政法史料

疆域道里

一邑之内，画疆而理。原夫里甲、田赋、汛防、警备，官斯土者责有专司也。

衙署（仓廒附）

衙署之设，所以肃观瞻，较簿听断，皆于是乎在。

……

捕衙署在县署左；儒学署在今城南门外；察院行署（今圮）；布政分司行署（今圮）；按察分司行署（今圮）；府行署（今圮）；县行署，在县北九十里盐官镇，比较下四里钱粮临之。阴阳学（在县治西，今废）；医学（在县治西，今废）；僧会司（今废）；道会司（今废）；社学（在县治北，今废）；养济院，旧一在县治西，今改南城门外西街，知县马履忠建；漏泽园，在城西南，地约三亩。

里图村庄　西固所

一邑之内，区画为里，一里之中，编分为甲，即变通古人井田遗意也。遇有军国大事，调发间左，征输当粟，固风流令行，如身之使臂，臂之使指，克期而毕集。即闲暇无事，丁徭田赋不能遁其数，奸究匪窃无所匿其迹。纲举目张，夜户不闭，故计典以力行保甲为考课，制纂重尔。西邑地僻民稀，村落散处，合计不及大县之什一，而就一邑之内区为里，示所统也。至屯卫所各地，即前代屯田军分驻各地以卫民。今国家承平日久，仍归并州县管辖，耕读纳粮应试，与民无异焉。

自县起，南蔺旗寨四十五里，西高山一百里，分十六旗。按，洪武元年，开设岷州军民府衙。三年，设文县守御千户所，成化四年置洮岷边备，饬兵御将，防制番戎，以洮、岷、阶、西固、徽、成、文、和分隶之，此屯卫所错居西邑之所由来也。至国朝顺治年间，裁文县所、巩昌卫并入西和接收。今土下八里为民籍，五屯卫所为军籍。

汛防

汛防之设，筑立墩台，原以备侦堠烽燧之用，虞寇盗之窃发，稽奸匪之往来，捍卫民人，即古今闲暇无事，安不忘危之至意也。西和蕞尔小邑，而自北至南，为由秦州至成县孔道，延一长二百里，为最要。县治无城守驻防，沿途置汛防七处，墩台连缀相望，亦可见警备之周也夫。纪汛防。

丁徭

丁徭，即古力役之征。《周官·大司徒》岁献版图于天子，按籍定徭，固冠履尊卑上下之定分也。我朝湛恩汪濊，康熙五十年，丁册定为常额，永不加赋。嗣雍正五年，又以粮载丁，将应征丁银，摊按地亩粮银均载，俾无业穷民，技艺末作，俯仰宽然，深仁厚泽，固已远迈百王，超轶千古矣。第丁徭之政，昉自前古，由来已久，今丁赋虽不另征，仍按照则例纪录于左，亦备往制之遗尔。

……

雍正五年，在于请仿以粮载丁之例等事案内，奉旨通省以粮载丁，此项丁银停其征收，按照实征地亩粮银均载，每粮银一两均载丁银一钱六分八厘七毫四丝零，共应征均载丁银七百七十九两七钱五分一厘四毫四丝零，内除通融均摊解药脚价并茜草铺垫一十五两一钱六分三厘二毫一丝零，止该均载丁银七百六十四两五钱八分八厘二毫二丝零。

邮驲

铺司传送，驲马急递，古人置邮传命，即今之文报往来，相缓急而权其迟速也。西和距兰六百里，在省属为僻邑，而地当秦蜀之交，为由甘入川孔道，今金川小丑恃险据巢，我国家大讨用张，凡由甘调发者，皆经历西和。羽檄星驰，于是有他邑拨协之腰站，有营镇专壮之塘马，第祗今暂设，将凯旋后即撤也，兹止就额设者记载之。

选举

司徒选举，详于周官，两汉科目策士，唐贡举试以赋论，宋承唐制。贡举虽广而最重制科，硕辅鸿儒，得人最盛，西和虽边塞山城，而何地无刁？五代晋汉以文学著，历宋王氏以词科进，列膴仕者多人。前明选拔通籍孝廉人仕，彰彰可考，唯后之人克自振拔，将贤才蔚起，讵为方隅所限哉！志选举。

2. 民法史料

学校：计开地段

右除荒，实熟地计共坐六处，共地五十一段，共计三十亩，今廪生自行经管收租。

附义学田

乾隆六年，前任知县王昆捐银一十五两，买县民马杰山坪地四段，坐落县北五十里小峪里。

计开

石沟门前一段，计九亩；李家湾一段，计一十亩；尖角地一段，计七亩；赵家湾一段，计五亩。以上四段，共计三十一亩，于和政里六甲堂册内，人额粮三斗三升，折征地丁银六钱二分一厘，本色粮一升九合。地仍租与马杰之子马文焕耕种，每年交官夏秋租粮市斗二石八斗，除巢输该地银粮外，余给义学膏火之费。

方言附

抗脚占田地：土著老户耕种之田，系前人招徕开垦，立户输赋，永为己业，并非契卖，称曰脚占。

佃地：将己业招人耕种，写立佃契，载明粮数，交耕地者承耕，立户完粮，永为种地者之业，称曰佃地。

典地：原业户逃亡丁绝，本图里长将所遗之地招人耕种，岁交典钱输课，有不愿耕者退地，交还里长，称曰典地。

当地覆价：业户因需钱用，将己业出当与人耕种，钱粮当地之家输纳，数年后又欲增加当价，名曰覆价。

黔种田地：或己业或当地招人耕种，业户与种地人按亩各出籽种之半，至收获时业主与种地人均分，称曰黔种。

3. 经济法史料

田赋：起存领支

额征民屯地丁共银四千一十六两五分九厘，内匠价银二两四钱七分五厘，不加耗。闰加银八十六两七钱八分四厘。

额征驿站银二百八十六两五钱二分六厘（加耗），除本驿额支扣除小建，其下剩俱起解司库。额外征朝勤银一两一钱一分一厘。

额外征药味银一十八两七钱四分八厘（加耗）。额外征茜草铺垫折价并脚价共银二两一钱一分（加耗）；

额外征课程银五两七钱八分，闰加银四钱八分二厘；

额外征屯租银一两二钱一分；

额外征地税银六两；

无征在田房税契项下拨。

已上民屯地丁、驿站、药味、茜草铺垫并脚价四项，额外征耗羡银六百四十八两一钱四分五厘，闰加银一十二两九钱八分七厘。

额征盐课银六十五两五分二厘；

额引一百道，每引行盐二百斤二两，闰加银五两四钱二分一厘；

额征磨课银八两八分（原额上中下则磨共八十二座）；

额征当税银一十五两（当铺三座）；

额征牙贴银九两五钱；

额征田房契税银无定额；

额征府城集税银五钱；

额征本城盐、长二集畜税银无定额。

应领

赴司每年应领公费银一百六十两；

每年应领官役俸工等项复荒银一百八十九两二钱六分二厘；

闰加银三两四分八厘；

每年应领河州拨捕协站支销银五十八两二钱六分一厘。

应解

起解民地丁银三千一百一十六两三钱五分，闰加银四十两三钱四分八厘；

起解屯地丁银二百四十两七钱四分八厘；

闰加银一十两四钱二分二厘；

起解支剩驿站银尽数解司；

应解朝勤银一两一钱一分一厘；

应解药味银一十八两一十七钱四分八厘；

应解茜草铺垫折价并脚价共银二两一钱一分；

应解课程银五两七钱八分，闰加银四钱八分二厘；

应解屯租银一两三钱一分；

应解地税银六两，在每年田房契税银内拨解。

杂款

应解盐课银六十五两五分二厘，闰加银五两四钱二分一厘；

应解磨课银八两八分；

应解当税银一十五两；

应解牙贴银九两五钱；

应解府城集税银五钱；

应解田房契税银无定额；

应解本城盐、长二集畜税银无定额。

驿站支销

驿马八匹，岁支草料银一百四十两（另扣小建），遇闰照加；

马夫六名半，岁支工食银七十两二钱（另扣小建），遇闰照加；

外备修补马房、鞍屉、缰绳、药料等项银二十一两八钱。

存留经杂支销

应解佐杂摊荒银六两五钱三分一厘；

应解岁贡花红旗匾银二两六钱五分五厘；

应解黄河水夫工食银一十五两三钱七分一厘，闰加银一两三钱九分七厘；

应解乡饮银一两九钱九分九厘；

协济草凉艺募夫工食银一十两六钱六分，此项无支无解。

应支

文庙祭祀银四十二两四钱七分三厘；

知县一员，岁支俸银除应解佐杂摊荒银外，实支银二十三两四钱五分二厘；

门子两名，岁支工食银七两九钱七分三百，闰加银七钱二分四厘；

皂隶一十六名，岁支工食银六十三两七钱九分一厘，闰加银五两八钱三厘；

快役八名，岁支工食银八十九两三钱五厘，闰加银八两一钱二分；

民壮二十名，岁支工食银一百二十两；

禁卒八名，岁支工食银三十一两八钱九分，闰加银二两九钱一厘；

轿伞扇夫七名，岁支工食银二十七两八钱九分六厘，闰加银二两五钱三分九厘；

库子四名，岁支工食银一十五两九钱四分，闰加银一两四钱四分九厘；

斗级四名，岁支工食银一十五两九钱四分，闰加银一两四钱四分九厘；

教官一员，岁支俸银二十两九钱三分；

斋夫三名，岁支工食银二十三两九钱一分，闰加银二两一钱七分二厘；

门斗二名，岁支工食银九两五钱六分九厘，闰加银八钱七分；

廪生二十名，岁支恢粮银三十八两六钱一分，闰加银三两五钱一分一厘；

膳夫二名，岁支工食银八两八钱六分六厘，闰加银八钱五分三厘；

典史一员，岁支俸银二十两九钱三分；

门子一名，岁支工食银三两九钱八分五厘，闰加银三钱六分二厘；

皂隶四名，岁支工食银一十五两九钱四分，闰加银一两四钱四分九厘；

马夫一名，岁支工食银三两九钱八分五厘，闰加银三钱六分二厘；

钟鼓夫五名，岁支工食银三两三钱一分八厘，闰加银三钱二厘；

铺司十名，岁支工食银一十九两一钱七分三厘，闰加银一两七银五分；

孤贫八名，岁支口粮并布花银一十三两八钱三分五厘。

每年应领文庙祭祀不敷银二两五钱二分七厘。

每年应领武庙祭祀银二十一两八钱八分。

每年应领各坛庙祭祀银一十四两五钱九分二厘。

耗羡支销

知县一员，岁支养廉银六百两；

典史一员，岁支养廉银六十两。

此项与前征耗羡数不敷银一十一两八钱五分五厘，赴司请领。

复荒支销

门子二名，岁支复荒银三两一分七厘；

皂隶一十六名，岁支复荒银二十四两一钱六分七厘；

马快八名，岁支复荒银三十三两八钱五厘。

风俗

五土不齐，南柔北劲，风气各殊，自然之理也。俗尚因地制宜，习久相沿，渐如成性，亦不能过为之矫拂。惟在上者导其善机，约而归之于礼义耳。西和蕞尔小邑，风俗最为淳朴，不特遵守教令，不敢寇窃，奸究为非，即斗狠忿争之徒，浇漓健讼之辈，亦未经概见。长吏之庭，竟可罗雀，岂非善俗耶？第土瘠民贫，耕稼之外别无生计，冠、婚、丧、祭，礼义多从简略，是在邑人士知礼者，权衡繁简，为之倡尔。

冠礼：冠礼久废不举，惟士大夫家好礼者间行之。

婚礼：士大夫家，初通媒妁，次插定。将娶，先期送庚帖酒礼衣币首饰，行冠礼，及期，亲迎娶。入门先拜翁姑，而后合卺。亲识具仪以贺，三日后婿谒妻父母，设肴馔宴新婿。

丧礼：初丧，踊踊成殓，三日后成服，七七致奠。寝苫枕块，不御酒肉，不剃发，百日后始剃发，麻素三年。棺表衾含敛之具，称家有无。亲友吊奠，具送赙仪，丧家散给孝衫帽带，谓之"海孝"。葬期先日开奠，亲友拜吊如初，登山葬毕，题主迎回家堂，安于寝室。第贫富不齐，富者仪文丰盛，贫者亦间有缺略。

祭礼：祭于祠堂，礼也。第人力不齐，有力者能行之，若蓬荜之士，安所立祠堂哉？春秋霜露，抔土之前一奠焉耳。习俗相沿，于清明、十月朔，瞻墓拜祭，固无阙也。

三、清代《西和县志》的法律意义

清朝是中国历史上第二个由少数民族建立的统一政权。清代法律制度，集中国历代法制之大成，对于当下仍然具有重要的影响。西和县是清代甘肃西部较为边远的地方行政单位。清代《西和县志》保留了当时重要的法律史料，具有重要法学研究价值，兹举例予以说明。

（一）行政和经济法制研究方面的价值

县志的记载反映了清代西和县行政法制的概况，如行政区域的划分，赋税徭役的征发等。其中，方志记载康熙年间，国家经济逐渐恢复，并规定将丁册定为常额，永不加赋，从而简化了赋税标准，减轻了农民负担。这反映出康熙年间赋役改革在地方的推行状况。方志对清代县级政府的财政收支也有着较为详细的记载，如对衙门各类开支记载颇为详细，几乎抄录衙门档册。这些对于研究县域行政、经济法制的实施具有重要的参考价值。

（二）民法研究方面的意义

该志对方言的记载有助于深入研究该县经济发展水平和民事习惯规范。乾隆《西和县志·方言》对"佃契""佃地""黔种"等问题的解释反映了该县农村土地租佃过程中已经较为成熟的交易习惯。乾隆《西和县志·风俗》对该县人们所遵守的冠、婚、丧、祭等习俗也进行了较为详细的记载，反映了该县地方底层人们生活中所遵守的民事规则。

（三）法律职业道德研究方面的价值

该志对于研究当时县域社会的法律职业道德的内容也具有重要的参考价值，提供了宝贵的资料。康熙《西和县志·名宦》虽然记载的是前朝所出现的清官的事迹，但是也反映了当时人们对清官法律职业道德的推崇。其中，对魏河州太守赵煚事迹的记载说明儒家司法官员应当遵守明德慎罚的基本原则和理念。赵煚注意到了刑罚不能过重，并且在刑事案件中能够亲自查明受害人的伤情，因而当其生病时百姓都跑来争相为他祈祷。宋代王公仪任职期间定通均之法以解决贫富不均问题，并且亲自验明妇人死亡原因。这些历史被清代《西和县志》记载，对儒家法律职业伦理在县域及其以下社会的延续起到了重要的作用，也是中国古代法律知识传播的重要途径。

《西宁府新志》中的法律资源述论

田庆锋 刘 晨[1]

内容摘要：地方志作为某一地方综合性的"百科全书"，较为全面地记录了该区域的地理、人文、经济等情况。通过散见于志书中的法律史料，我们可以对当时的法律规定与运行有更为全面的认识。本文即以《西宁府新志》为研究对象，整理出其中有关行政法、经济法、民族法等不同类型的法律资源，探究其对于法律史研究的价值。

关键词：《西宁府新志》 法律资源 整理 研究价值

一、《西宁府新志》概述

《西宁府新志》是现存青海地方志中很重要的一部，在众多清代方志中，也属名作。这部志书由时任西宁道按察使司金事杨应琚历时一年（乾隆十一年至十二年）独立完成。康熙时通令全国普修省志，乾隆时期复诏各省纂修通志，后又颁布各省、府、州、县志每六十年一修的命令，为《大清一统志》做准备。基于这样的背景，地处西北一隅的西宁府也得以留存如此珍贵的地方资料。

该志共四十篇，除沿袭以往的编撰体例之外还进行了不少创新。以凡例为首，先言修志之宗旨，其次为目录。

卷一舆图。

卷二星野志。

卷三至八地理志，细分为沿革、疆域（附形势图）、山川、水利、古迹（冢墓附）、风俗、物产七目。

〔1〕 作者简介：田庆锋（1977— ），男，河南新安人，法学博士，法学博士后，西北师范大学副教授，主要从事法律史、法律文献学、宪法学、法理学的教学和研究工作；刘晨（1994—），女，汉族，甘肃陇西人，西北师范大学法学院 2018 级硕士研究生。本文为西北师范大学 2016 年青年教师科研能力提升计划项目"'一带一路'视域下的西北方志法律资源整理与研究"（编号：SKGG16014）阶段研究成果。

卷九至十三建置志，分为城池、街市、公署（库场所狱坊厂暨杂置附）、驿传（铺递附）、学校（社学附）、堡寨、仓廪（社仓附）、津梁、关隘、寨垣（漏泽园附）十目。

卷十四、十五祠祀志，包括坛壝、祠庙、寺观（番寺（附））、祥异四目。

卷十六、十七田赋志，包括贡赋（番粮 番贡附）、塞外番贡、户口、番民户口、岁榷、茶马、盐法、钱法八目。

卷十八至二十一武备志，包括兵制（土兵附）、戎器、驼马、备兵、戎兵、贵德民兵、番族、塞外贡马番族、明塞外四卫、青海、西藏（附国 赴藏路程附）十目。

卷二十二至二十六官师志，包括管制、职官、命使、武职（土司附）、名宦、封爵六目。

卷二十七至二十九献征志，包括人物、忠节、孝义、隐逸、流寓、列〔烈〕女、仙释、方伎、选举九目。

卷三十、三十一纲领志，为全国方志中独创，凡例中有这样的记载："新志内纲领一志，余之创例也。盖因湟中郡邑，自汉魏以来，兴废靡常，非依编年法特书分注，则不能通贯明晰。"纲领志将西宁两千年以来的大事依照编年体记载，条理清晰。并且采用《晋书·载记》的体例，将历史上活动在本地区的部族和少数民族所建立的独立或割据政权，诸如西羌、吐谷浑、南凉、西秦、吐蕃、角嘶罗，分别编为《载记》六篇，作为《纲领志》的附录。摒弃民族成见，赞许了优秀的各族官员，并强调为官要有善绩。

卷三十二至四十艺文志，内容丰富，包括诏谕、御制、历朝诏敕碑文、奏议（条议附）、赋、记、序、录、引、传、书、文、议、辨、对、考、铭、颂、赞、学约、学示、题跋、杂记、诗（诗余附）二十余目。

《西宁府新志》目前有五个版本。一是乾隆年间由杨应琚初刻的版本（乾隆十二年丁卯夏五月既望），卷首有其本人作序一篇；二是乾隆二十七年改订补刊本，卷首有杭世骏序言一篇，以及西宁府知府刘弘绪序言一篇，原因是地方建置的改动（乾隆二十六年大通卫改县，贵德所改设西宁县丞）。另将《艺文志》中的诗作进行部分删减，又因清朝文字狱的背景修改了一些应该严格避讳的字眼；三是一九五四年就第二版补刊本翻印的，只在卷首作了一些翻印说明；四是一九八八年由李文实点校的版本，改正了延续将近二百四十年的错误：即卷三十二《艺文志·诏谕》中雍正六年因地方遭灾蠲免钱粮的上谕在雍正十年的诏谕中再次出现，盖为初刻失误。此外对新志的标点作以增删便于阅读，修改了一些错别字，或径行修改，或在括号后标注拟修改的字词，并对难以理解的词语进行解释；五是 2016 年由崔永红校注的版本，横向排版更利于阅读，并对断句标点作了进一步的修改，对重要历史进行了核查。

二、《西宁府新志》中法律资源分类整理

"国有史，郡有志。志者，一郡之史。史者，天下之志也。"[1]杨应琚用一句话概括了地方志的重要地位。方志除了与地理学、史学有着广泛、密切的关系，其内容之丰富也囊括了当时的政治、经济、社会、文化等各个方面。在跨学科研究日益发展的今天，方志与法学之间的联系已不容忽视，故有必要对新志中的法律资源进行分类整理。

（一）行政法制史料

1.《建置志·城池》

西宁府：雍正三年，改为郡治。十一年，办理噶斯军需散秩大臣兼署西宁总兵官印务范时捷以城堞多颓缺，奏请重修。委署北川营游击晏嗣汉，同原任西宁道杨汇经营督理。董其役者，为署城守营都司孙兰，西宁县知县沈予绩。修垣为丈者一千五百三十六有十，内裹实土，外甃用砖，东西南北为门、为楼者四，增修者二，加甃如之。四隅增瞭望楼四，为睥睨者一百九十有八，为炮台者三十有一，为驰道、为榨门者各四。言言仡仡，金汤益固矣。

平戎城：皇清康熙年，以郡城设镇，撤防守官，仍设马驿，设驿丞一员。

丹噶尔城：乾隆九年，经西宁道佥事杨应琚以丹噶尔路通西藏，逼近青海，边隅声息关重，又为汉、土、蒙古、回民并远近番人交易之所，乃有武弁，并无文员，应添设县佐一员，详黄大中丞廷桂转奏，以高台

---

[1] （清）杨应琚：《西宁府新志》，青海人民出版社 2015 年版，第 18 页。

县议裁主簿移驻。

黑古城：乾隆三年，经西宁道佥事杨应琚以贵德所改隶郡治，所由磨石沟一带，素为生番出没之地，议请移南川都司一员、把总一员，驻扎于此防范。

新志中都是以不同的行政划分依次进行编撰的，文中主要记载不同城池的地理位置、行政区划的变更、建筑规模以及行政人员的设置。

2. 《武备志·西藏》

人事：官多世袭治事。藏王之下设嘎隆数人总理事务。设高觉一名，察核境内事宜；昌诸数名，专司钱粮；浪子沙数名，管理刑名并承办差务。其料理家务头人名业尔巴，其各处大头人曰碟巴，次曰热熬。其统兵之人名代奔，皆取读经典、善书、能干事而家道殷实者为之。

这里就较为具体地记载了对于西藏管理的规定，如官位世袭、不同官位及其职责，据此对于清代西藏地方政治法律治理制度得以进行一番了解。

3. 《官师志·职官》

在这一部分主要对历代于西宁府一带任职的官员依照年代的顺序进行罗列，杨应琚在章末评价"国朝设官，多仍明制而损益之。上自巡道，下至史丞，官因事而设，事待官而理，若笑（此疑为'等'之误）与秩终，甚无谓也"。据此可得出：清朝官职的设置主要承袭明制，再根据地方具体的需要进行增删以适应地方管理。

（二）经济法制史料

1. 《建置志·街市》

城中粮面市：宁郡向无粮面市，各藏于家，一城之中，价值互异。买者固被抑勒，而自乡负粮面来售者，亦受要截，帷窝囤者专其利焉。乾隆四年，经西宁道佥事杨应琚、知县靳梦麟因学街空阔，捐俸建铺数十楹，以为储粮、贮面、交易之所。自此粜价不二，买者、售者称便焉。

粮面下市：宁郡不产粳粟，米皆贩自他邑，而宁人亦不多食此，惟以豆稞杂面为日需只要。余设诸市，只粮面市必严分界址者，以粮面牙行利于私籴、私粜，置诸定市，则一目了然，百弊屏绝。故屡经禀恳，巧诉诡辩，求开展地势，意欲日远日疏，官不能稽，庶便舞其故智。余坚持数年，不为所动，仍以界址刊木悬于市，今始画定。且粮面聚于一处，则四时多寡，望而悉知。长民者可藉以调剂，少则平粜，多则采买。家无乏食之虞，民鲜熟荒之怨。

　　贵德所：所治向无市集，不使银钱，军民商贾，咸称不便。经金事杨应琚、知府刘洪绪、所千总彭韫创设。每旬以三、八为期，一月六集。青蚨白选，始有识者。

《街市》一目除了列明各个辖区的大小街市，还对当时粮面买卖经济秩序进行了介绍：该地曾经没有专供粮面买卖的街市，民众私自买卖，价格不一；后来官府介入进行调控，统一了市场，在规定的场所交易，有利于民众的生活，同时规范了粮面交易秩序。

　　2.《建置志·仓廪》

　　西宁，古西平郡也。逼介青海，岁仅一收。春耕之时，多借官仓子粒；既借之后，或刈获歉薄，或民力维艰，征还既有未能，次岁又需称贷。是以官籴常年请行，而仓贮每苦不足。筹思至再，欲官仓裕而民困苏，非力行设仓不可……是岁，乾隆五年也。官捐倡始，劝民量输，仿朱子社仓法而消息之。至七年，规模粗定，岁有所增。

　　盖余之条约，与朱子社仓不同者有四焉：社仓支给常平米斛，今则劝输谷本一也；社仓敛散，申府差官同土居官监视，今则尽委社长、副，官吏不与二；社仓先编甲首、社首，其应入甲者，又问其愿与不愿，愿者置籍以贷之，今则只于告借时详查三；社仓官米，故无赏罚，今则劝谕，应有奖励四。

该记载主要提到了西宁因地理环境限制粮食一年一收，为了解决民众温饱问题，仿照朱熹实行社仓法（一种农村储粮备荒及社会救济的措施），同时根据实际情况对以往的社仓法进行四点改造，体现了当时的社会保障制度在地方的实施情况。

3. 《田赋志·贡赋》

西宁府：

原额屯、科、秋、站、垦地六千六百九十顷七十九亩六分九厘二毫。各征不等。共征本色正粮三万二百三十七石四斗五升二合三勺，内秋站垦粮一千八百六十九石六斗二升四合八勺九抄，例不征收马粮。屯、科正粮二万八千三百六十七石八斗二升七合四勺一抄，每石随征马粮五升……

国朝康熙年，四驿牛夫首报地一百八十三顷二十九亩。向不征马粮。内山旱地九十八顷二十九亩。例不征草。

共屯、科、秋、站、开垦、首报地六千九百一十四顷四亩六分九厘二毫。内除荒免征地四百六十五顷五十亩九分八厘二毫。免征正粮二千七十五石六斗七升三合一勺一抄。

拨归碾伯县四驿牛夫原报垦荒地一百八十三顷二十九亩。例不征草。

乾隆二年在遵旨密议事案内，经户部议复，升任甘肃巡抚德沛，以河西厅、州、县、卫、所于正粮之外，每石加收五升，名曰马粮。于民实多苦累，奏请自戊午年为始，照数豁除免征。于乾隆二年九月二十八日奉旨依议钦遵在案。

乾隆三年，查出水冲地三百九十顷六十六亩六分九厘五毫。奉文停征正粮一千五百三十石一斗四升二勺。

乾隆十一年，续查出水冲、沙压地四顷八十九亩九厘三毫五丝五忽。停征正粮三十五石一斗六升二合五勺。

碾伯县：

内山旱地九十八顷二十九亩，例不征草，止征大草八千五百束，合小草二万一千八百五十七束一分四厘。

清代征收的实物田赋称为本色；如改征其他实物或货币，称为折色。根据土地的划分，不同类型的土地征收的税赋不等。屯科粮地，赋税最重，并且有"每石随征马粮五升"的附加税。文中也出现了"于民实多苦累"，由地方官上奏免征的实例，同时记录了对于"水冲地""沙压地""旱地"的停征、免征政策。体现了清代田赋法制的具体运作。

4. 《田赋志·塞外番贡》

（国朝雍正十年）今此番族嗣后不计其地之所产，止按部落之大小，每部落一百户为限，共纳马一匹，折银十两。如不及百户之部落，亦照马匹折价，每户纳银一钱。其暂归西藏番子输纳银两，赴藏交纳，充作正项报销，俟驻藏大臣撤回之时，令赴西宁交纳。其归隶西宁番族，每岁应纳贡银，令办理青海番子事务衙门，会同西宁总兵官，行令各该头目传谕该管番子，于六月间定为限期，解赴西宁。即再委员公同交贮西宁道库，充作正饷，年底造册报销。其前项番族所管千人以上之部落，设千户一名；百人以上之部落设百户一名。再千户之下酌放百长五六人，百户之下酌放百长三四人，其不及百户之部落设立百长一名。每十户设一什长，照依四川之例给予各头目号纸，以资管束。并将《律例》依唐古特字迹译出，同蒙古字《律例》一并各一套。令散秩大臣达鼐处将番子等传至，预先明白传谕。如有犯罪者，再照《律例》治罪等因。

于雍正十一年经征起按百户每年贡马一匹，折征银八两。不足百户者按户递算，每户征银八分，共额征银六百六十九两五钱二分。内除乾隆三年蒙古尔津族被郭罗克贼番抢掳，开除番民九户。又玉树尼牙木错、固察、称多、南兔、典巴、除布、下扎武族，因地震有番民全户伤亡无存，及止存妇女幼子，不堪成户者五十六户，其应纳贡马银两，自乾隆三年为始，永行豁除。

该目交代了塞外番贡的沿革，由最早的"按部落之大小"纳马折银，并且规定了严密的行政管理规范；甚至规定"如有犯罪者，再照《律例》治罪"；之后又交代了因开除户籍或自然灾害而无法成户番贡之豁除制度。

5. 《田赋志·户口》《田赋志·番民户口》

户口：

西宁府：乾隆十一年察审，户一万八千九百二十五，口七万四百七十。按宁郡旧系边远卫所，不纳丁银。于康熙五十二年钦奉恩诏，盛世滋生人丁，永不加赋。

碾伯县：乾隆十一年察审，户九千七百三十一，口五万八千七百二十。旧例不纳丁银，又奉恩诏滋生人丁永不加赋。

大通卫：乾隆十一年察审，丁一万一千八百三，例不征收丁银。

贵德所：乾隆十一年察审……共人丁一万一千五百六。

于雍正五年奉旨通省以粮载丁，此项丁银，停其征收。应照实征地亩粮银均载。但此项人丁，原系河州卫拨入贵德所，应仍归河州，按地亩粮银均载。贵德所是以并无丁银。又奉恩诏滋生人丁，永不加赋。

番民户口：

国朝雍正三年，新归投诚纳粮番民二万二百七户，男妇子女八万六千一百六十六名口。

贵德所：国朝雍正三年，新归投诚纳粮番民二千八百二十五户，男妇子女一万一千五百七十二名口。

丁银为清朝前期及以前的人头税，之后清朝"摊丁入亩"政策出台，丁银就取消了，此后人口迅速增长。随着"投诚纳粮番民"的增多，从人口统计结果来看，番民几乎与西宁府长住居民平分秋色，这也体现了清朝统治者对于多民族统治的成果。

6.《田赋志·茶马》

皇清陕西差茶马御史一员，辖西宁、洮岷、河州、庄浪、甘州五茶马司各厅员。苑马司卿一员，领监七。每岁御史招商领引，纳课报部。所中马牧者给各边兵，牝者发苑马寺喂养孳息。

顺治年易马例：每茶一篦重一十斤。上马给茶一十二篦，中马给茶九篦，下马给茶六篦。凡通接西番关隘处所，拨官军巡守，遇有夹带私茶出境者，拿解治罪。其番僧夹带奸人并私茶，许沿途官司盘验，茶货入官，伴送夹带人送官治罪。若番僧所到处，该衙门官纵容私买茶货及私受馈送、增改关文者，听巡按查究。又进贡番僧，应赏食茶，须给勘合，付四川布政司拨发，有茶仓所支放，不许于湖、广等处买卖私茶。干镇以茶易马各番，许于开市处所互市，不容滥入边内。

五年议准，茶篦止供中马，不许开销赏番。七年题准，旧例大引茶篦官商均分……商领部引输价买茶，交茶马司，一半入官马易，一半给商发卖，例不抽税。小引包茶税分差等，每五斤为一包，每二百包为一引，发卖民用。每引汉中税银九两四钱，西安、凤翔税银一十四两。今定大小引一例平分……如有夹带私茶，严查治罪……凡镇将发银市马，查核的确，准令购买。若有载茶易马者，概行禁止。

康熙四十三年覆准，嗣后陕境交界处，盘查茶斤。行人携带十斤以下者，停其搜捕。如有驴驮车载无官引者，即系私茶，照私盐律治罪。失察官员，俱照私盐例议处。四十四年……西宁等处所征茶篦，停止易马，将茶变价折银……巡察私茶十斤以下，停其搜捕。恐沿途行人分带零运，仍照旧例缉拿处分……六十一年，又议准西宁等处行茶，原照例换马驼牛羊，并易粟谷。今将旧茶悉行变卖，以作兵饷。

雍正三年，又覆准陕省茶改令产茶地方官给发船票，照依该商引目茶数，一一开明，不得另给印票。其应行盘查之处，照依引目及正茶、附茶斤两盘查验放，不得勒掯留难。如于部引之外，有搭行印票及附茶，不依所定斤数，多带私茶者，查拿照私盐律治罪。如查验官故纵失察者，照依失察私盐例处分……雍正八年，题准五司茶价：西司每封九钱五分，庄司七钱五分，洮司七钱五分，河司九钱四分，甘司七钱二分。各司总在前议价值以上发卖，按季具结报部……九年，奏准令五司复行中马之法……十年，奏准中马之法，应见马给茶……雍正十三年，军需告竣，番民以中马为累，详请奉文停止。又奏准五司积贮茶二百六十余万之多，价昂难以速销，恐致霉变。令将五司库茶以次年为始，减价出售。

乾隆三年，又奉文每封改折增银五分，以三钱征收。又奉准，以五司库茶，虽经减价，然销变无几。分别年份远近，递相减价……乾隆七年奏准，令商人于是年为始，停交改折，仍交本色官茶。八年，奏准令将五司库茶发给各州、县、卫、所，易换粮石，以裕边仓积贮。

乾隆十一年，奏准部文，令将乾隆七年以后征贮新茶，照依雍正八年奏准之例，西司每封定价九钱五分。

《茶马》一目介绍了茶马法不同时期的沿革，从人员配置到易马例，以及禁止买卖私茶，否则"照私盐律治罪"，查验官失察也要治罪；官府严格控制茶价，根据市场变化调整交易细则，主要是依靠宏观调控管理市场。

7. 《田赋志·盐法》

宁郡所属各县、卫、所，向俱易买青海之盐，并无行引课税。

8. 《田赋志·钱法》

皇清康熙六年，各省开炉铸钱。甘肃于巩昌府开局鼓铸。所铸钱文，一面铸"康熙通宝"四字，一面铸"巩"字，商贾有运至西宁者，后停。雍正四年，抚院石文焯摺奏暂开鼓铸，以清钱法。于五年四月内设宝巩局于兰州，按察司经铸，河桥同知监铸。动用藩库银二万两，收买各属暨宁郡户厘工字小钱，并古旧废钱铜斤入局鼓铸，开炉一十二座。七年三月内，奉文停止。

(三) 教育法制史料

1. 《建置志·学校》

西宁府儒学：雍正三年改卫学为府学。旧署教授居之，训导无署，知府申梦玺捐建于学宫旁。学生一年一贡，廪四十缺，增四十缺。每岁考取文生，于西宁县学、碾伯县学拨入十二名，大通卫拨入一名。岁考取武生如文生数。科考文生，西碾二邑，大通卫所拨入之数，如岁考例。

西宁县儒学：学生三年一贡，廪二十缺，增二十缺。每岁考取文、武生各八名，科考取文生八名。

学田：计一顷三十七亩，租粮十三石七斗五升，分给两学廪生贫士。

回民社学：郡东关回民甚重，多习回经而不读书。乾隆十一年，佥事杨应琚、知府刘洪绪、知县陈铦创设学舍，延师教读焉。

碾伯县儒学：

训导署：乾隆九年，知县徐志丙捐建。学生三年一贡，廪二十缺，增二十缺。每岁考取文、武生各八名。科考取文生八名。

新置义学田租：……以上地亩，俱坐落小古城，佃人承耕认纳，岁交租粮小麦一色市斗四石九斗，作膏火之用。

大通卫：系新辟戎疆，番、回厝杂，以前并未设立学校。乾隆二年，经佥事杨应琚、署守备李恩荣、孙捷捐俸，于卫城及卫属之向阳堡创建义学二处，延浙士周兆白教课，令民间及兵家子弟入学读书。因人文未广，详请题准，每科岁考取文、武生员三名，暂附入府学。俟文风广盛，再为请设教授一员，专司训迪。现在文生八名，武生四名内，已于乾隆辛酉科中式武举一名王洪祚。乾隆二十六年，大通卫改设县治，又拨西宁县北川一十八庄堡居民一千一百九十余户，俱隶大通县版籍。其文、武童生，照甘省小学之例，岁科试取文、武童六名，廪、增二十缺。学生六年一贡。设训导一员，专司课士，建修文庙如制。训导署随泮宫，一并兴修。

贵德所：乾隆二十年，佥事杨应琚、知府刘洪绪、所千总彭韫创设义学，延宁邑生员严大伦赴所训课，选俊秀子弟数十人，资以膏火，优以礼仪。举欣欣然，始知读书之荣矣。俟人文渐盛，详请照大通卫入学之例，以示鼓励焉。

清代地方官学系统设置府、州、县学以及社学、义学。社学主要承担教化民众以及为科举输送人才的功能；义学是指在少数民族地区设置的，用以培养效忠于朝廷的土司继承人的学校。而"一年一贡"是指各省送往太学参加入学考试的人数，府学每年贡一人，州学三年贡两人，县学两年贡一人。"廪四十缺，增四十缺"是对学生员额的限额。西宁府在创办社学、义学方面比较积极，通过少数民族教育的普及促进民族融合便于国家管理。学田制度即封建社会教育经费制度，通过学校公田的收益来充当教育经费，用以办学和资助贫士。

2. 《艺文志·学约》

塞外大通卫三川书院学约：

一、大通僻处荒徼，地瘠民贫，凡编氓子弟，自宜勤力耕耘，为俯仰之藉。然皆事田畴，不知礼义，逸居无教，愚野堪忧。今定一家三子，择俊秀者一人入学肄业。或止生一子，气秉孱弱，力不能任稼穑者，尤宜读书勤学，奋志青云。

一、子弟入学书院肄业，及在义学读书者，须遵《朱子白鹿洞规》

《〔朱子〕论定程董学则》及《分年读书法》，今各录一册，揭之楣间，庶触目警心，感发兴起。

一、书院肄业诸童，欲知行文，宜谋篇法，单题首应专攻。次如上下、偏全、长短、理致、故典及全章大节各题式，不可枚举。总之，俱宜择先正传文，熟读数百篇，以为矩矱。庶极情尽致，下笔时不至茫无畔岸。尤贵明理养性，为世通儒。

一、诸生须立志宏远，不可以读书为取利禄而已也。朱子曰：而今贪利禄而不贪道义，要作贵人而不要作好人，皆是志不立之病。又云：非是科举累人，人累科举。若高见远识之上，读圣贤之书，据吾所见，为文以应之，得失置之度外，虽日日应举，亦不累也。所言最为谆切。学者必勘破此关，读书乃有进步。

一、弟子五岁以上，即令向义学念书。《四书》本经须令与小注同读。经书读毕，仍讲明小学，然后送书院肄业。

一、大通卫新疆甫辟，文运初开，师儒秉铎，尚无专席。该卫抚治斯邦，父母师保，是其兼责。应于月终请院长各童所读何文，所讲何书，条列各童名下，每遇朔望日，赴该卫衙门，听令背诵宣讲。如讲诵无讹者，该卫赏给纸笔，以鼓勇往；不能讲诵者，责以示惩，不得姑恕。

一、凡在书院及在义学者，如家中果有大事，须父兄据实诉明，师长准给假；倘托故逃学者，师长已送该卫，即征〔惩〕父兄以姑容之过。

一、师严道尊，子弟负笈从游，学业固资教诲，即饮食语言，皆为诸生之观法，令之朝夕熏染，渐归纯正。今将朱子《童蒙须知》抄发一册，以为矜式。先生既拥皋比，谅有婆心。顾名思义，尤所厚望。

一、每遇朔望，随师长礼拜先师毕，即首向师长行礼，次向学长行礼，然后各人相与对揖。严朔望之仪，谨晨昏之令。如此教以父事兄事，则长幼尊卑秩然有序，庶礼让之风可成。

学约为古圣先贤提出的修身、处事、接物、学序的行为规范，大到如何立志，小到逃学惩戒，足以看出学校对于礼法的重视以及对儒家思想的崇尚，也体现出清代地方教育实践过程中立法的水平。

（四）礼治法律史料

1.《祠祀志·坛壝》

先农坛：

国朝雍正四年八月，诏直隶各省府州县卫所设立，行耕耤礼，祭期每年十月初一日，颁时宪书。后钦天监选择奏请颁行各省，同日举行。

耕耤礼仪：雍正五年，奉旨颁行耕田坛位之规则。按《礼记·祭统云》："天子亲耕于南郊，诸侯耕于东郊。"今各省宜择东郊官地之洁净丰腴者，立为耤田，如无官地，照九卿原议，动支正项钱粮置民田，以四亩九分为耤田外，即于耤田后建立先农坛。又按《春秋文义》云："天子之社广五丈，诸侯半之。"今京师先农坛高四尺二寸，宽五丈。其各省坛制应高二尺一寸，宽二丈五尺。京师先农神牌高二尺四寸，宽六寸，座高五寸，宽九寸五分。红牌金字填写"先农之神"。其各省神牌应照京师式样恭造。其坛后建正房三间，配房各一间。正房中间供奉先农神牌，东间存贮祭器农具，西间收贮耤田米谷。配房东间置办祭品，西间令看守农民居住。坛庙耤田之外，周围筑土为墙，开门南向。祭祀陈设之品物。查雍正三年二月内礼部奏定，直隶、各省府州县，每岁祭社稷坛祭品羊一，豕一，铏一，笾四，豆四，簠二，簋二，刊图通行在案。今先农坛祭品亦应照此例。致祭前朝致斋二日。祭日主祭官及各官俱穿朝服，齐集先农坛行礼。

其一切礼仪，悉照社稷坛之例举行。耕耤礼仪之次第，查九卿耕耤俱穿蟒袍补服，各用耆老一人牵牛，农夫二人扶犁。顺天府厅官及大宛两县各官，俱穿蟒袍补服，捧箱播种。今各省耕耤，祭先农坛礼毕，各官俱换蟒袍补服。省城督抚秉耒，知县执青箱，知府播种；府城知府秉耒，佐贰执青箱，知县播种。专城卫所亦同，正印官秉耒。如无所属之员，即选择耆老执青箱播种。行耕时，用耆老一人牵牛，农夫二人扶犁，俱照九卿之例，九推九返。农夫终亩。耕毕，各官率耆老农夫望阙行三跪九叩礼。仍将耕耤日期奏闻。农具牛只籽种灌溉之成规：查九卿农具赤色，牛黑色，子种箱青色。今各省耕耤农具，俱用赤色，牛只用黑色，箱用青色。所用子种，悉照各处土宜。选择勤谨农夫二名，免其差役，酌给口粮。令看守坛宇，灌溉耤田。地方官不时看视，查其力作收获。将每岁所收米谷数目，用过粢盛数目，造册报布政司送户部查核。

各坛礼仪：凡遇祭期，随处俱长官一员，行三献礼，余官止陪祭。其斋戒、省牲、更衣、签祝、瘗毛血、降神、迎神、盥洗、献帛、初献、读祝、亚献、终献、饮福、受胙、谢神、撤馔、辞神、望瘗、送神等礼，俱与文庙丁祭同。惟厉坛止行一跪三叩礼。

先农坛祭品：香、烛、酒、羊一、豕一、铏一、笾豆各四、簠簋各二。

各坛祭品：香、烛、酒、羊一、豕一、铏一、笾豆各四、簠簋各二。

这是对耕耤礼的具体规定，即中国古代帝王亲耕田地的礼仪制度，创立于西周，历代沿袭，各省于同日举行，是重视农作的体现。

2.《祠祀志·祠庙》

国朝康熙五十一年，圣祖任皇帝上谕，以朱子熹发明圣道，轨于至正，使六经之旨大明，圣学之传有继。旧在东庑先贤之列，升配大成殿十哲之次。康熙五十五年江南学臣余正健疏请宋儒范仲淹从祀，奉旨准入两庑。雍正三年，奉旨复入从祀者二人：郑康成、范宁；增入从祀者十有四人：诸葛亮、尹焞、陈淳、魏了翁、黄干、何基、王柏、赵复、吴澄、金履祥、许谦、陈澔、罗钦顺、蔡清、陆陇其。乾隆二年，经尚书衔徐云梦请，以有子若至足之圣，升为十二哲。部覆奉旨准升入殿内东旁卜子之下，移朱子于西旁颛孙子之下。又奉旨复入从祀者四贤：蘧瑗、林放、秦冉、颜何。增入从祀者六贤：县亶、牧皮、乐正克、公都子、万章、公孙丑。乾隆六年，颁定太学从祀者诸儒，并续经从祀者诸儒神位及书写字样，东西先后位次于左。

文庙四配：

东配西向：复圣颜子、述圣子思子。

西配东向：宗圣曾子、亚圣孟子。

十二哲：

东哲西向：先贤闵子、冉子、端木子、仲子、卜子、有子。

西哲东向：先贤冉子雍、宰子、冉子求、言子、颛孙子、朱子。

东庑先贤：蘧瑗、澹台灭明、原宪、南宫适、商瞿、漆雕开、司马耕、梁鳣、冉儒、伯虔、冉季、漆雕徒父、漆雕哆、公西赤、任不齐、公良孺、公肩定、鄡单、罕父黑、荣旂、左人郢、郑国、原亢、廉洁、叔仲会、公西舆如、邦巽、陈亢琴张、步叔乘、秦非、颜哙、颜何、县亶、乐正克、万章、周敦颐、程颢、邵雍。

先儒：谷梁赤、伏胜、后苍、董仲舒、杜子春、范宁、韩愈、范仲淹、胡瑗、杨时、罗从彦、李侗、张栻、黄干、真德秀、何基、赵复、吴澄、许谦、王守仁、薛瑄、罗钦顺、陆陇其。

西庑先贤：林放、宓不齐、公冶长、公晳哀、高柴、樊须、商泽、巫马施、颜辛、曹邺、公孙龙、秦商、颜高、壤驷赤、石作蜀、公夏首、后处、奚容蒇、颜祖、句井疆、秦祖、县成、公祖句兹、燕伋、乐咳、狄黑、孔忠、公西蒇、颜之仆、施之常、申枨、左丘明、秦冉、牧皮、公都子、公孙丑、张载、程颐。

先儒：公羊高、孔安国、毛苌、高堂生、郑康成、诸葛亮、王通、司马光、欧阳修、胡安国、尹焞、吕祖谦、蔡沈、陆九渊、陈淳、魏了翁、王柏、许衡、金履祥、陈澔、陈献章、胡居仁、蔡清。

文庙祭器：嘉靖九年，遵照初制，国子监用十笾十豆，天下府州县八笾八豆。国朝因之。

祭品：香、烛、酒、牛、豕、鹿、兔，帛，太羹实于登，和羹实于铏，黍稷实于簠，稻粱实于簋。形盐、薧鱼、枣、栗、榛、菱、茨、鹿脯，以上实于笾。韭菹、菁菹、芹菹、笋菹、醓醢、鹿醢、兔醢、鱼醢，以上实于豆。

佾舞数：嘉靖九年，更定祀典，仍为六佾，国朝因之。

祭器数：白簠二十，白磁爵三十九，登一，铏一十八，簠一百六十四，簋如簠之数，笾五百八十六，豆如笾之数，樽三，爵一百四十七，牲俎二十。

乐器数：麾幡二，琴八，瑟二，搏拊二。柷一。敔一，龙笛二，凤箫二，笙四，麂二，埙二，金钟一十六，玉磬如金钟之数，应鼓一，排箫二。

舞器数：节二，翟十六，籥十六，干十六，戚十六。

崇圣祠：

国朝雍正元年追封先师孔子五代，以五世祖为肇圣王，高祖为裕圣王，曾祖为诒圣王，祖为昌圣王，父为启圣王，改"启圣祠"为"崇圣祠"。

祠内四贤：

东贤西向：颜无繇、孔伋。

西贤东向：曾点、孟孙氏。

五儒：

东儒西向：周辅成、张迪、蔡元定。

西儒东向：程珦、朱松。

关帝祠：

国朝雍正三年四月，敕封关帝三代公爵：曾祖光昭公，祖裕昌公，父成忠公，其礼仪俱照先师庙。每岁春秋并五月十三日致祭，祀一太牢。各府、州、县、卫、所俱如制。

关于祠庙的规定是清朝继承中华传统文化、崇尚儒家的又一体现，可以作为探究清代县域推行礼制的重要史料。

3.《祠祀志·寺观》

国朝雍正元年，青海蒙古亲王罗卜藏丹津谋逆，勾通番族，密联番寺。蒙我世宗宪皇帝神谋远略，简将出师，内外应时平定。四年，命散秩大臣达鼐、西宁总兵官周开捷清查，将各番族归于县官，按地输粮，不受番寺约束。而又不利其有，将所输之粮，每岁按寺给发，以为口粮衣单之资。其印诰缴于礼部，不准世袭。边方数百年之患，一朝永息。乾隆元年，奉上谕：僧道剌麻，颁给度牒。其僧道素守清规者，止准招受生徒一人，见在钦遵。凡守土之官，诚能实心承办，亲身稽核，不委之胥役，不视之为泛常，其二氏滋蔓之弊，亦可渐除矣。

蒙古族亲王勾结番寺谋逆，朝廷出师平定之后，通过控制番寺输粮来解决与番族的关系，同时加强行政管理方面的监督，使滋蔓之弊渐除。

（五）刑事法制史料

《武备志·西藏》

刑法：有律例三本，共四十一条。所载刑法甚酷，内有枪打、箭射者；有送曲水蝎子洞，令蝎子食者；有凿眼、砍手者；有解送络，令野人分啖者；有用滚油滴其胸者。

这是新志唯一记录在志的刑法规定，表达简要，介绍了清代西藏刑法的概况：律例三本，共四十一条，以残忍为刑罚特点。

（六）民事法制史料

1. 《献征志·孝义》

见人斗狠，谕以情理，晓以利害，排难纠纷，必不使争讼。

对于一般民事纠纷，可以通过"谕以情理，晓以利害"类似民间调解的方式定分止争，无须争讼，体现了调解制度在民间的适用。

阅八年而妻亡，念妻贤淑，虽家资殷富，坚不再娶，亦无婢媵，始终不渝。

对于鳏夫于妻子亡故后不再娶的行为给予高度评价，并列于《孝义》一目，侧面表现出清朝女性的法律地位。

2. 《献征志·列〔烈〕女》

土官指挥同知李洪远妻祁氏　出于望族。崇正〔祯〕十七年，洪远练兵守备，与流贼战败，同祁被执不屈而死。

烈女贾玉玛　贾红基女。年十八，许字本卫周琦，未婚琦死。讣至，女闻之，裂头上帕，欲往，父母不许。素衣号泣，水浆不入口者七日。父母劝慰，令弟妹家人环守，女乘隙即自缢死，与婿合窆。

赵裔振妻吕氏　年十六于归，十年而夫亡。氏誓死靡他，养亲教子，不遗余力。守节四十八载。

晁云秀妻李氏夫故，年二十七，椎心自誓，抚孤完贞。亲族有劝改适者，必唾其面。孀居四十八载，言笑不苟。

本文大致列举了四种新志中常见的情况：落于流贼之手不屈而死、未婚自愿陪葬、养亲教子守节、家中劝改适而不从。正面体现了清朝女性地位。女子守节作为最高的道德准则被清朝统治者当作服务于自身统治的思想工具，在地方志中即表现为守寡的女性可以得到官府的表彰旌表。

（七）诏谕史料

《艺文志·诏谕》

世祖章皇帝

顺治九年，诏免西宁所属故绝抛荒，并水淹沙压地亩额征粮草。

圣祖仁皇帝

康熙四十一年，奉上谕："西宁乃紧要地方，产米甚少，于西安仓米内运送五万石收贮。"又户部覆准：西宁运西安粮石，借给本地穷民，于明年照数还仓。又题准：西宁卫碾博所、上川口、巴、古等堡应征屯粮，于四十二年带征。又议准：西宁米价腾贵，运西安粮米，照时价十分减三粜卖，俟明秋照数还仓。

五十五年，奉上谕："蠲免西宁所属次年粮草，并将从前历年逋欠粮草亦悉予蠲除。"

五十七年，奉上谕："西宁节年旧欠粮草，尽行豁免。"

世宗宪皇帝

雍正元年，奉上谕："所有西宁康熙六十年以前实在未完豆、草、悉予蠲免。"

雍正六年，奉上谕："甘肃地方年来预备军需，虽事事取办于公帑，而百姓挽输效力，亦甚勤劳，朕心轸念维殷，屡加恩泽。前闻今岁兰州、平凉、西宁等府所属州县内，有霪雨虫伤之处，已谕该督抚留心赈恤，停止催科。嗣闻从前雨少之地，俱已沾被甘霖，秋成可望，朕心甚慰。因念甘肃为军需总汇之区，百姓急公趋事，所当格外加恩，俾闾阎力量宽余，无催征之忧，以昭朕子惠元元，奖劳赏善之至意。著将河东、河西各属民户、屯户及番民等本年应征各项银粮草束，一概蠲免。若有已经完纳者，准作来年正赋。该督抚等务体朕心，督率有司敬谨奉行，俾秦民均沾实惠。倘有豪胥滑吏舞弊作奸，使泽不下究者，经朕访问，定将该管大小官员严加议处。特谕。"

又奉上谕："年来用兵西藏，剿抚苗蛮，及目今办理军需，一切皆动支公库，而粮饷转输，不无资于民力，朕心深为轸念。是以降旨将甘肃、四川、云南、广西五省庚戌年地丁钱粮，全行豁免。查甘肃之河西四府，如宁夏、西宁及甘凉、肃以至嘉峪关外至靖逆、赤金、柳沟等卫所历来额征，俱系粮料草束，与各省额行折色无异。今当用兵之际，虽丝毫不派及民间，而黎明踊跃急公之意，大将军岳锺琪数次奏闻，甚属可嘉。应额征本色，佳恩豁免，以示惠爱边民之至意。著户部即行查明具奏。"

雍正八年，奉上谕："甘肃地方，雍正八年地丁钱粮，前已降旨蠲免。其河西四府、州、县各卫所额征粮料草束，又经一体免征。朕念新归内地番民，向风慕义，愿附版图，其地亩额征本色粮草，与河西等处赋税相同，亦应一体蠲除。俾令同沾恩泽。著将雍正八年河东之河州厅应征番粮一千三十一石零；贵德所应征番粮一百六十三石零；河西之西宁府属应征番粮一万五百四十二石零；凉州府属应征番粮二十七石零；草一百九十七束零，俱加恩蠲免。该督抚即率所属有司，敬谨奉行，俾番民均沾实惠。特谕。"

雍正十三年九月，恩诏免雍正十年以上民欠钱粮。又奉上谕："将雍正十二年以前各省钱粮实欠在民者，一并宽免。"

乾隆元年，恩免额征五升社粮。又恩免河西、西宁额征五升马粮。

乾隆四年，奉上谕："甘肃之秦安，西宁等十五州、县，俱有被水被雹之处，朕已格外加恩，将该州县本年应征地丁、钱粮，降旨豁免。但甘省州、县，从前多系卫、所，其额征之项，本色多而折色少，亦有全征本色者。朕前因甘省州、县屯地征本色而无折色，每遇蠲免之年，不得不一体沾恩，曾降旨准免三分之一。此次秦安等十五州、县应征粮草，亦照屯户之例，蠲免三分之一，以示朕优恤边民之至意。该督抚即遵谕行。"

乾隆五年，奉上谕："从来野无旷土，则民食益裕，即使地属畸零，亦物产所资。民间多辟尺寸之地，即多收升斗之储。乃往往任其闲旷，不肯致力者，或因报垦则必升科，或因承种易滋争讼，以致愚民退缩不前。前有臣工条奏及此者，部臣以国家惟正之供，无不赋之土，不得概免之科，未议准行。朕思则壤成赋，固有常经，但各省生齿日繁，地不加广，穷民资生无策，亦当筹画变通之计。向闻边省山多田少之区，其山头地角，闲土尚多，或宜禾稼，或宜杂植，即使科粮纳赋，亦属甚微，而民夷随所得之多寡，皆足以资口食。即内地各省，似此未耕之土，不成址段者，亦颇有之。皆听其闲弃，殊为可惜。用是特降谕旨，凡边省内地零星地土未开垦者，嗣后悉听该地民夷垦种，免其升科。并严禁豪强首告争夺，俾民有鼓舞之心，而野无荒芜之壤。其在何等以上，仍令照例升科，何等以下，永免升科之处，各省督抚悉心定议具奏。务令民沾实惠，吏鲜阻挠，以副朕子惠元元之至意。"

乾隆九年，奉上谕："朕爱养黎元，旰食宵衣，唯恐薄海内外，有一夫不获其所，边徼冲疲之地，尤所廑念。不惜沛恩施于常格之外，固已屡降谕旨矣。顷思甘肃一省，地处西陲，民贫土瘠。前次频岁军兴，嗣复连遭亢旱，虽去年格属内有收成稍稔之州、县，而民间元气未能遽复，加意培养，正在此时。查自雍正时起，至上年春夏止，各属民欠借粮积至一百一十四万余石，例应按数征收，以清公项。但思小民当积困之后，若将新旧粮石一时并征，恐因竭蹷输将，以致生机窘迫，非朕抚绥培养之本怀。著将雍正六年至十三年借欠之项，一概蠲免。其乾隆元年以后借欠之项，从壬戌年为始，分作六年带征。至凉州、西宁所属武威、平番、永昌、古浪、西宁、碾伯等六县，乃甘省最寒苦之处，上年又被旱灾，深可悯恻。昨已降旨将此六县民欠额征草束等项，分作三年带征。今既加恩通省，将雍正十三年以前旧欠悉行蠲免，此六县民欠，虽在雍正十三年以后，而彼地民力艰难甚于他邑，著将此带征之项，一并蠲免，以昭朕加惠边氓之至意。"

乾隆十年，奉上谕："向来蠲免钱粮定例，止系地丁，而粮草不在其内。朕降旨将乾隆丙寅年直省应征钱粮通行蠲免。惟是甘省地处边隅，所征地丁少而粮草多，其临边各属，丙寅年应征番粮一万二千六百余石，草五百余束，著格外加恩，一体蠲免。再河东、河西额征屯粮草束，亦著蠲免三分之一。该督抚善为办理，务使民番均沾实惠。该部即遵谕行。"

自顺治至乾隆，新志中所记载的诏谕皆与田赋蠲免有关，由一府之志可窥见清朝田赋蠲免制度的实施情况，其中包括因荒蠲免、因灾蠲免、捕欠蠲免、缓征、普免等类型，字里行间体现出清朝特别的"恩政"，由于大规模的田赋蠲免会对国家财政产生不小的影响，也反映出"康乾盛世"乐观的财政状况。

（八）奏议史料

《艺文志·奏议》

1. 魏元忠上《命将用兵击吐蕃封事》："臣请天下王公及齐民，挂籍之口，人税百钱。又驰天下马禁，使民乘得大马，不为数限，官籍其凡，勿使得隐。不三年，人间畜马可五十万，即诏州县以所税口钱市之，若王师大举，一朝可用。且夷〔虏〕以骑为强，若一切使人乘之，则市取其良，以益中国，使得渐耗夷〔虏〕兵之盛，国家之利也。"

2. 宋王韶《平戎疏》略曰："若找谕之，使居武胜或渭源城，使纠合宗党，制其部族，习用汉法。"

3. 刘天和《陈边计疏》曰："除老弱妇女伴送宁家，其精壮男子及十四五岁幼童，若系本镇附近军民，俱倍加抚恤，编入卫所，与正军一体食粮。无妻者官为娶妻，无屋者官为买屋，发游兵部下，名为先锋军。每遇出战，用以当先，使之踊跃呼噪以倡士气，先登陷阵，以挫贼锋。夷〔虏〕中骑回马匹，有堪以出战者，官给时价收买；不堪者，听其自行变卖。收送墩军夜不收，仍给官银三两，以塞其贪功妄杀之心。其视用银五两，召募不堪之人，以耗边饷，似有间矣。若有贪功妄杀者，下手之人抵命，该管官知情者问发充军。仍行各该抚臣出给告示，发各墩悬挂晓谕。或别行召诱，庶风闻塞外，来归者日众，每镇各得千人以上，鼓噪于军中，则三军气胜，所向不法，而武功大振矣。"

4. 杨博《查处屯田计安地方疏》曰："果有父子兄弟，相率力田者，即以姓名开垦，动支官钱，买办羊酒花红犒赏；惰农自安者，各举数人，量加惩治，以警其余去后。"

"不知夷〔虏〕至则不得耕牧，水淤则不能灌溉，其从来抛荒之地，虽节奉事例，永不起科，官司一概追征，更无分别。"

"乃今备资舆情，始知其受病源委，全在于催科之不法。而法令废搁，实由于劝征之未至。"

"怠惰误事者，具实论劾。其卫所官吏知数人等，若仍敢将荒田作弊，朦胧起科，严行拿问，从重治罪。"

5. 西宁举人李完《请革庄浪参将带管西宁疏》曰："国家设官分职，必因事而设，有事西宁者，分守参议以督饷，分巡佥事以理讼，兵备以饬戎，守备以防范，复有镇巡大臣以总督之，有巡按御史以纠核之，上下相维，事有成效。"

6. 经略郑洛奏《收复番族疏》略曰："祖宗略地西陲，缘俗立教，加意诸羌，故大建梵宇，特赐专敕，番僧为众推服者，大者国师，小者禅师。其诸豪有力者，或指挥、千户、百户，各授有差。各寺崇奉敕书及原领金、玉印章在焉。又以诸番资茶为命，故许纳马中茶，以示羁縻。"

"一、夷〔虏〕俗简便，难绳汉法，其土俗：人名强盗，不过陪〔赔〕偿，近年贪将动以小事，辄便加兵，往往激变。今一切番族有犯，惟听该道行令头目番僧，照俗偿罚相抵。其将领除各番为盗，当时追堵获级，及登时赶于番巢，擒获不计外，毋许擅自出兵，及专行文移，因而利番。违者参治。一、番俗奉经信佛，今该道议六国师以为联束矣，每国师仍举素有夷〔懿〕行，为族众敬服者一人，协同管理。如三年以上中马及期，别无生事者，督抚查实具题，量升僧官名号。一、远番不敢进城，及奸徒挟茶深入，造言恐吓，徒知利可多营，不计重番引领至城，两平交易，不许市棍生端吓诈，庶心志愈安。一、甘镇各道番情土俗大教相同，而官司制驭，机宜各异。如西宁诸番，旧例中茶买卖，皆许进城。在凉州，诸番无进城之例。其他可以类推。"

7. 兵部尚书石星《议南川升赏疏》曰："所据有功人员，按臣查勘既明，委应破格叙录。"

8. 总督李汶、巡抚田乐会同题《为海夷〔虏〕被创远遁设法招收番族以孤故挚以保藩篱事》：

"今据前因，除西宁者行令西宁道，将调取头目，就近给赏缎匹、茶篦，散番给以米面零布，安插原住地方住牧。其甘州一带者，调各头目俱至镇城，职公同镇守总兵王斌业及该寺道按察使周一经亲诣教场，宣布朝廷恩威，将各番分别赏给缎梭、茶布、米面、酒肉，加意安插。其散番于各仓附余粮内，每帐给麦豆三五斗，资目前食用。仍给白旗，谕发红崖、暖泉等处一带原坐山场住牧外，该臣会同总督陕西尚书李汶，看得河西诸番俱祖宗朝领敕受羁纳马之属番也。大者创寺建刹，封以国师、禅师名号，小者授官给帖，加以宛卜头目等名。"

"各番原有住牧山场草地，向为在地之番占据，近俱一一清理查还，给以地界白旗，令其安心住牧；但有夺据其山场草地者重究之。各番故纳马之属番也，被夷〔虏〕咀蚀，牲畜亦少，只恐因其来而逼令中马，复动其走圹之心。彼亦以茶为命者，似当随其有无，有则增中，无则不可强迫。各番之来，窘约为甚，每每告讨买卖。所谓买卖者，不过毯毡、皮毛、牛羊之类，易我之米面以度日糊口，汉人反得其利，似亦不可厉禁。为之订期定物，俱当严禁。各于就近城堡，令其易换资生，而非时与犯禁之物，俱当严禁。各番素服于夷〔虏〕，资其利咽，一旦归来，彼犹望其手信、添巴，一不得意，纵兵仇抢。不为保护，犹然外向而思去矣。凡有夷〔虏〕警，收其老小人畜于各近堡远墙之内，令其精兵在外御敌，汉人亦必发兵救援。彼欲筑堡安居者，为之择便筑堡，以为久住之计。此宽恤保护之令也。职等不能约之于久，必申明久约而后番可安。诸番新降，如圹兽野禽，野心犹在，当申羁縻之法以约束之。番夷〔虏〕久狎，今虽服从于我，不能保其不通夷〔虏〕而夷〔虏〕杂入于番，为祸不细。又虞番之以我之茶篦、米面，暗以贸夷〔虏〕，得我之茶篦、米面，犹为资生，亦当颁布约法。夷重经咒，令其顶经发咒，杀夷〔虏〕者有厚赏，通夷〔虏〕者有厚惩。及有茶篦、米面通夷〔虏〕者，重则断其买卖，革其茶马。此约束羁縻之法也，职等可得而行之，职等不等约于久，必申明久约而后夷〔虏〕绝通，内地可保无虞矣。"

9. 为酌议俸饩以鼓励疏："照得三秦暨沿边甘、凉、西宁，民穷多盗，皆由亲民官吏残所致。"

"既惕之以严刑，复鼓之以优典。"

10. 为目击秦民荒粮之累万不能支，恳祈圣恩速赐除豁以全孑遗疏：

"自顺治五年十一月奉恩诏一款：'各处无主荒地，该地方官察明呈报抚按再加察勘，果无虚捏，即与题免钱粮，其地仍招民开垦'"。

"况有司各官，凛于考成催科之严，刑比滥追，略无宽假。如一户十人，若逃亡者二三，其所贻荒粮，在见存七八人，犹苦支持；如逃亡者七八，则见存二三人，虽剜肉倾家，万不能赔纳矣。"

11. 请严禁囊琐蔽法暴虐以安边民议："除出示严禁外，合行详情移咨夷情衙门，嗣后务须约束各剌麻遵守法度，安抚番众，不许暴虐边民。倘敢仍前横行，本道一面径提该管家大法重处，一面详揭参处，庶边氓得安，豪强敛迹矣。"

12. 为逆夷侵犯兼用民兵以资防范议："是以本道择其晓事老成者，给以委牌，令其督率，如镇营外委、千把总之例，以示鼓励。并许其事竣之日，量功受赏。"

13. 为宁属近番要隘请设营汛以安边氓议："间有不法回民，往来贸易，夹带硝黄，更不可疏纵。"

"其黄河以南之贵德所地方，向隶临洮府管辖。但相距千有余里，往返动需二十余日，且皆绕道西宁，以避野番。不特文移羁迟，而且控制莫及。查该所处在西宁之南，相距路仅二百二十里，似应就近改归西宁府统辖。其贵德营都司，向隶河州镇，亦应请就近改归西宁镇管辖。但向止设有一百五十名，尚应添设马兵三十名，以连声势。其分隶之处，应以贵德之清水河为界，河北属贵德营，该隶西宁；河南属保安营，仍隶河州。庶地方易于稽查，不致有鞭长莫及之虑。又黄河之西南，地方辽阔，所辖番回，素多为盗，如贵德李家寨、康家寨、杨家寨三处，僻处东南，万山之中，尤为盗薮。该都司远在一隅，势难兼顾，是以贼番逾山越岭，结党成群，公然劫掠，扰害地方。亦应设千总一员，马步兵六十名驻扎康家寨，以黄河之北即系西宁县地方，此亦安戢两处番民之一策也。"

"又查西宁丹噶尔营以外之河拉库托地方，虽距丹噶尔营汛路止六十余里，但逼近日月山，过山系青海地界，又通上、下郭密，路径冗杂，为番夷出入总汇之处。且丹噶尔为远近番戎市口，无业穷民，赖以资生者甚众。今此地番人惯行抢夺，以致贸易远番，裹足不前，市口生计萧索。必须专员稽察，庶于边隘有益。应添设守备一员，把总一员，带兵二百名，以司弹压，仍隶丹噶尔营参将兼辖。如此则营路相连，边界清晰，野处番回不致滋事，民间畜牧得以渐繁，虽筑堡设兵，有资帑廪，而狙犷消沮，藏富于民，亦可谓一劳永逸，此费而彼宁矣。"

14. 请免西碾二邑马粮议："至新归之番地，自雍正四年起科征收以来，只定有水地下子一仓石，征粮二仓斗五升；旱地下子一仓石，征粮一仓斗。地有别乎水、旱，田不计其倾亩，随下子之多寡为征粮之分数。三属画一，征收并无额外加征之处。自雍正六年奉文，凡屯、科、秋、站每征正粮一石，随征耗粮二斗，内扣社仓五升，其一斗五升照额征分数拨支公用及养廉之项。乾隆元年奉上谕，将应征地丁耗美银两，裁减五分。所有耗美粮石，亦遵照一例均以加一五征收，其社仓五升，亦经奉裁在案。"

"今查秋、站二项耗美之外，并不征收马粮。而宁邑之屯、科、碾邑之屯地，独有马粮款项，似觉偏重。且二邑逼近青海，土瘠民贫，岁仅一收。今五分社仓业经议革，茶马又已停中，所有马粮一项，亟应裁减，以纾民力，以广皇仁。"

15. 为边口亟请添驻县佐以资治理议："本道目击情形，详细筹酌，边口既关重要，西宁县又止知县一员，耳目难周。窃以县有丞、有尉、有主簿，而一县之中有丞、尉兼设者，亦有止设典史者，原视地方之大小难易，以定专、兼。今丹噶尔远在口外，而西宁县止设典史一员，又有监狱重务，应请添设西宁县县丞一员，分驻佐理，与参将文武同城。倘恐格于部议，即于他邑主簿移驻一员，其于边地事务，实有裨益。且查宁属口外之大通、贵德均属界连青海，地方厄要，兼有番贡粮石，营汛驻扎，设有卫、所专员。丹噶尔更为青海要冲，西藏总隘，汉、土、夷番交易市所，并有应征番粮。且进藏差务，络绎不绝，实与大通、贵德相为犄角。此县丞、主簿一员之必不可缺也。"

16. 碾邑巴燕戎请设官开田议："应请因地之利，设官权垦。"

"然终属权宜，是收粮劝垦，招民理番，亟需文员，应请再设西宁府抚番通判一员，驻扎巴燕戎城内，管辖西、碾二邑南山后附近各番一切命盗各案。其番贡粮石，就近征收，暨经理开垦事宜，监散营饷，则事权归一，责任既专，文武相资，互有考察。"

17. 请将大通卫署移驻白塔城议："今本道巡查至卫，与该卫孙备查阅卫署于开疆设镇之始，原建于大通城内，系在大寒山之北所辖二十二堡，番民散处于山之南，相距自数十里以及一二百里不等。不但应征粮石不能挽运，即一切词讼，亦控诉维艰。且征纳之粮，惟支该地各寺剌麻口粮、衣丹之需，不拨兵粮。"

"查相近之百搭营城，所离各堡道路，亦不远于向阳。其河东八堡至白塔，自五六里至三十里不等；河西八堡，近者一二里，远者二十余里；东峡六堡，近则三十余里，其最远者滥泥沟、燕麦川二堡，亦不过六七十里，于百姓仍为近便，应请移驻。"

18. 请复贵德所民兵设立民千把总议："再，本道于西宁申守细酌贵德民兵，授田免赋。武事虽其专责，但荒塞边民，不辞劳苦，督率宜加优奖。凡现充民千总、把总等名色，应令西宁府督同该所千总，复加拣选，照依营额，择其汉仗好。技艺优者，申送本道考验，发与委牌，准给顶带。其所有领旗、管队各项，亦照营制，按兵数之多寡分设。每设每队人数，皆令画一。"

19. 请开大通协城红山嘴东荒地议："事关地方民隐，相应备叙原委，伏祈裁示施行。"

奏议是臣子向皇帝上书言事、条议是非的上行文书，兼具实用性与文学性，其在法律层面亦有不可忽视的参考价值。在奏议中可以反映出已有法律的实施情况，并对现有法律提出修改建议，大体体现出清代立法的基本程序。在《西宁府新志》中，行政法层面如人事调动、建置建议、约束地方官行为、大通卫署移驻等；军事法方面主要是对抗番族的政策以及对于贵德民兵的管理制度；经济法方面如屯田制在地方的实施情况、豁除田赋、免马粮、上奏开荒等。

三、《西宁府新志》中的法律资源的研究价值

《西宁府新志》体制谨严，整肃有法，议论驰骋，取材丰富，叙事则纲举目张，高瞻远瞩，多经世之言。[1]在全面的记述与客观的议论之中，整理出散见于志书的法律规范，虽不能构成一个完整的体系，也大致可窥见当时法律的规定与运行。

这正是法律史学的研究意义之所在，通过史料的考据分析，结合当时的社会背景，描述在这一历史阶段法律规范的产生演变与发展，找出应然法与实然法的区别，并分析造成该区别的原因。地方志中的法律规范为当时中央立法在地方实施的重要体现，可以很好地填补古代地方法律资源的空白。该

---

[1] 魏明章："《西宁府新志》评介"，载《青海社会科学》1980年第3期。

资料还可以用于法律地理学的研究（西宁所处的特殊地理环境决定了在该地区应适用适应地区发展的特殊法律规范），对于完善法律史研究乃至整个法律体系都具有重要意义。

通过法律资源的整理与历史背景的结合可以探究某一历史阶段的法律核心价值与法律制度体系的一致性。这一点在《西宁府新志》中也有所体现。如清朝满族入关后，为了更好地统治中原，恢复明朝时的制度，推崇汉文化，儒家学说作为统治者的思想工具具有很高的地位。这一点甚至贯彻在了不同领域的法律规范中，教育方面，少数民族地区设立儒学、学约充分体现儒家礼法；宗教方面，祠庙中有严格的供奉儒家先贤的规则；女性地位方面，女子守节作为最高的道德准则等。儒家思想可以说融入了生活中的方方面面，这也是清朝法律体系保持一致性的一个重要因素。

清朝作为中国历史上最成功的多民族统治王朝典范，其在多民族政策方面的努力也不容忽视。西宁府地处西北一隅，与少数民族有着密切往来，在《西宁府新志》中不难见到清政府有关民族政策的法律规定：如少数民族地区的行政建置、为提高国民素质与培养少数民族管理人才而普及教育、建立军功的奖励制度、通谋敌国的惩罚措施等。这对于少数民族的历史研究乃至当今的法律治理仍具有较高的借鉴价值。

综上，《西宁府新志》行文流畅，论述客观，不仅是一部价值很高的地方志研究资料，其中包含的法律资源对于当今的法律史研究也具有十分重要的意义。

法史镜鉴

从"仵作"到"法医"

吕　虹[1]

内容摘要：仵作在中国历史上由来已久，但在清代之前仵作职业并没有得到足够的重视和应有的发展，直至清代，尤其是在清末新政的影响下，传统司法检验中的仵作开始向近现代法制意义上的检验吏转型。尽管这是一个历经百余年复杂且漫长的过程，却使我们从一个侧面窥见传统司法检验制度由注重传统经验向崇尚现代科学转变的发展轨迹，同时也预示着法治改革必定是缓慢而渐进的。本文主旨正是试图从中国司法检验职业的发展演变这个微观角度来观察理解中国司法变革的艰辛历程。

关键词：仵作　检验吏　法医

中国古代素来重视刑事案件的司法检验，进行司法检验要求具有一定的专业技术和丰富的实践知识，而且司法检验的具体工作既脏又累，对于那些仅仅饱习文章经史并无实践经验的地方州县官而言，顺利完成检验工作有些勉为其难。因此，自五代以来，仵作就在司法检验中发挥着至关重要的作用。至清代，仵作身份被重新定位，成为传统仵作制度改革的转折点。仵作制度的改革不仅是清末司法改革的重要组成部分，也为以后法医制度的引进做了必要的铺垫。

一、从仵作行人到仵作——清代对仵作角色的法律认可

清代司法检验的实际操作一般由州县衙门定额设置的专门从事检验差役的仵作担任。这时的仵作不仅获得了法定的官方身份，而且对仵作的定额、培养以及待遇诸方面都有明确的法律规定。

（一）获得法定身份

对于仵作名称及职业的演变，有论者经过考证后认为，从现存的文献来

---

[1]　作者简介：吕虹，女，西北政法大学副教授，中国政法大学法学博士，主要研究方向为法律史。

看，"仵作"之名源于五代时期《玉堂闲话》中"伍作"一词，首见于《疑狱集》。[1]《疑狱集》由和凝（父，五代）、和㠓（子，宋初）合编，和㠓所撰部分成书于"雍熙初年"。[2]考察《玉堂闲话》可知，五代时期专门为人殓尸殡葬的民间职业行会成员"仵作行人"专门从事代人殓尸送葬行业。自宋代至明代，"仵作行人"除了继续从事殡葬业外，还兼应官署差役从事死伤检验，具有双重职能。[3]但此时的"仵作行人"并不具有官方身份，承担官方的职役只是民间行会组织应尽的义务。[4]直至明代万历十八年所制定的《问刑条例》"检验尸伤不以实断题例"中将"仵作行人"改称"仵作"。这一变化意味着此时"仵作"已经具有一定的官方性质。[5]至清代除了《大清律例》的律文"检验死伤不以实"继承《大明律》的规定，仍然沿用"仵作行人"的名称外，雍正朝以来增加的定例，将负责验尸验伤的衙役均称为"仵作"。雍正六年定例，如果仵作检验时"故行出入，审有受贿情弊者，照例治罪，不许充役"。[6]自此以后的定例对仵作的选拔、培养、待遇、考核及奖惩等方面均有专门规定，这是前所未有的。因此，可以说清代的仵作已经获得了法定的官方身份。

（二）确定从业定额

清初并没有关于仵作定额的规定。有的州县仵作长期缺员，只有当刑事案件发生后需要检验时，才从邻近州县暂时调用仵作使用。地方衙门对仵作的工作也无赏惩办法，只是需要时役使而已。直至雍正六年，朝廷正式规定了仵作的定额："州县大者三名，中者二名，小者一名，此外再各召募一二名跟随学习，预备顶补，工作三年无弊，免其本身徭役，依州县事务之繁简分等赏银"。[7]尽管律例明确规定各地方官府仵作人员的定额，但在清代各地方

---

〔1〕 徐忠明："'仵作'源流考证"，载《政法学刊》1996年第2期。

〔2〕 （五代）和凝：《疑狱集·折狱龟鉴校释》，杨奉琨校释，复旦大学出版社1988年版，第1页。

〔3〕 徐忠明："'仵作'源流考证"，载《政法学刊》1996年第2期；杨奉琨："'仵作'小考"，载《法学》1984年第7期，其中也有相同观点。

〔4〕 徐忠明："'仵作'源流考证"，载《政法学刊》1996年第2期。

〔5〕 徐忠明认为，"行人"原是民间行业组织成员的称呼，明代法律文献中取消"行人"字样，意味着此时"仵作"已经具有一定的官方性质。参见徐忠明："'仵作'源流考证"，载《政法学刊》1996年第2期。

〔6〕 马建石、杨育棠主编：《大清律例通考校注》，中国政法大学出版社1992年版，第1101页。

〔7〕 （清）张廷玉等撰：《清朝文献通考》卷二十三，职役考三。

官府中，仵作人数并不充足，常常面临检验人员短缺不敷使用的情形，鉴于此种情况，乾隆五年云南总督庆復曾为募补仵作事宜上奏：

> 臣于莅任之始，查阅滇省迩年以来报官之命案日繁，虽谋故斗杀较之江南原有减少，而自尽人命殆无虚日，各州县并未遵例将仵作募补，大州县仅设一名，其未设立者十有四五，阅其详内所开报官月日，及赴邻近州县调取仵作，或同时各有命案不克分身，或有此县往调适已先为彼县调去，往返稽滞。及至调到跟随赴验，滇省山路辽远，报官往返动经数站，再调仵作，守候逾旬，地多炎热，往往尸身发变，印官赴验不能确指正伤，其在斗殴疑似案情，势必重加蒸检。即自尽人命情事本属显白，当其印官未经赴验不得收敛，尸亲看守臭秽不堪，地方苦累。夷猓蠢民及奸滑健讼之辈，更有乘此狭诈听唆启衅及混指尸伤告讦之弊。是仵作一役其人本极轻微，而未经设立之处，其攸关命案又极有碍况，各省佐贰准令就近相验，我皇上澄清庶政，慎重民命，随地制宜，何可转因仵作乏役，命案延累，经臣严饬按察司查明未设各州县勒限募充，业据陆续具报前来。[1]

在这个奏折中，庆復指出由于各州县多未遵照条例募补仵作，致使仵作人数严重不足，虽然可以临时调用，但路途遥远，往返稽滞，往往耽搁了检验事宜，如果再遇到炎热天气，尸身腐败，又不得不蒸检尸骨。况且，对于案情十分清楚的案件，也会由于印官不能及时赴验，导致地方苦累，给不法之徒造成可乘之机。所以，因地制宜及时足额增设仵作是非常必要的。这个奏折很快得到了内阁的回复：

> 此折蒙交臣等查奏，臣等查雍正六年刑部议復各督抚题请设立仵作，将大州县额设三名，中州县额设二名，小州县额设一名，仍于额设之外再募一二人，令其跟随学习等，因奉旨依议仵作三年无弊，事繁之州县赏银十两，稍简者赏银六两，最简者赏银四两，永著为例，钦此。钦遵通行在案。又乾隆元年刑部议復周绍儒条奏务遵定例，将额设仵作如数召

〔1〕 中国第一历史档案馆：宫中朱批奏折"奏为边远各省报官命案日繁请饬令督抚实力举行募补仵作并酌定处分事"。档案号：04-01-01-0059-038。

募补足，如额外有情愿充当者，亦即多募一二名以备顶补，将洗冤录等书督令讲解熟习，其留心检验无弊者，仍照例分别赏给等因，奉旨依议，钦此通行，亦在案。今庆复既称州县募补多不足额，且有未设立者，请降旨申严前例，酌定处分，事属可行，臣等仅拟谕旨进呈，恭候钦定颁发。〔1〕

可见，从雍正六年直至乾隆年间，大臣多次就仵作的额设问题上奏朝廷，并最终定为条例，附于《大清律例》当中。为了督促各州县及时补设仵作，乾隆五年朝廷又规定：“嗣后直省州县将额设仵作并不照数募补者，照编排保甲不实力奉行例降二级调用。道府失察，照巡绰官失察例罚俸一年，督抚罚俸六个月。如将仵作不行补足，私侵工食银两者，照乾没侵欺例革职提问，道府失察，降一级调用，督抚不参，罚俸一年。”〔2〕如果州县官不按规定募补仵作，或私吞仵作的工食银两，不仅州县官会被革职提问，其上级官员也需承担罚俸、降级的连带责任。清例还规定：“遇有额设仵作病故、革退，即以额外仵作顶补，再行考募学习之人”，〔3〕以便保证仵作的及时募补。清代巴县档案记载了一则乾隆三十一年巴县仵作任世贤病故后由任世学顶补事：

为禀明病故顶补事。

乾隆三十一年八月十一日，据仵作甘起荣禀称：情巴县额设已成仵作二名，学习一名。有已成仵作任世贤得染伤寒病症，于七月二十八日病故，即于学习内任世学顶补已成仵作。随于跟随学习内颜尚仁补充学习仵作。禀乞，详报等情。据此，卑职随查验任世学年力粗壮，学习已久，堪充已成。查验颜尚仁，原系跟随学习已久，诚实谙练，顶补学习，所有病故顶补缘由，理合具文通报宪台俯赐查考。〔4〕

但在新任仵作顶补时，需由“县官吏即便造具年贯清册，取具亲供、里邻甘结，加具印结各六套，装叙原奉部咨详报本府，以凭转详、毋违”。〔5〕然后，经府转详督、抚、臬、藩、道等衙门。

〔1〕 中国第一历史档案馆：军机处上谕档。
〔2〕 《定例续编》，卷二。
〔3〕 《大清律例》，张荣铮等点校，天津古籍出版社1993年版，第646页。
〔4〕 四川省档案馆编：《清代巴县档案汇编》（乾隆卷），档案出版社1991年版，第223页。
〔5〕 四川省档案馆编：《清代巴县档案汇编》（乾隆卷），档案出版社1991年版，第224页。

（三）规范学习考试

为了提升仵作的专业素质，《大清律例》中专门规定了仵作的学习与考试制度：每名仵作"给发洗冤录一部，选委明白刑书一人，与仵作逐细讲解。每年开印后，该州县将额设学习名数，造具花名清册申送该管府、州，汇册通送院司存案。该管府州，每年随时就近提考一次。考试之法，即令每人讲解洗冤录一节。如果讲解明白，当堂从优给赏；倘讲解悖谬，饬令分别责革及勒限学习，另募充补"。[1]上述律例中所提到的《洗冤录》又称《律例馆校正洗冤录》。早在清康熙三十三年（1694），律例馆即著成《律例馆校正洗冤录》并颁行天下，作为司法检验的官方用书，后又通过制度性的规定，使《洗冤录》中的检验知识逐渐成为天下皆准的权威。

然而，有些州县因为地处偏僻，案件稀少，仵作形同虚设，《洗冤录》也被终年束之高阁，没有发挥应有的作用。当发生刑事案件时，检验官吏检验时敷衍了事、得过且过，致使冤屈倍生。朝廷官员已经意识到只有通过严格的考核，使仵作具备必需的专业能力，才不致使受害人蒙受不白之冤，或在死后遭受蒸骨之苦。为此，乾隆二十八年，西安按察使秦勇均在奏折中提出：

> 州县平日督令仵作悉心讲读《洗冤录》，务期通晓。将额设仵作几名及额外学习仵作几名，造具花名清册，于每年开印后，申送该管府、州，汇册，通送院司存案。该管府、州将附近所属仵作，按照册开名数、姓名，每年提考一次。其所属地方有远在二三百里、四五百里者，令该管府、州每年于因公出境时就近考试，不必概行提考。其考试之法，即令每人讲解《洗冤录》一节，如果讲解明白，当堂从优给赏。倘讲解悖谬，即分明责革，饬令勒限学习及另募充补。仍将提考已竣及奖赏责革各缘由，于册内登明，汇报院司查核，并将召募非人、懈于稽察之州、县，分别查参。[2]

秦勇均的上奏被朝廷采纳，经过删并成为《大清律例》的定例。《洗冤录》也因此成为每位仵作必须通晓的官方文书。

〔1〕《大清律例》，张荣铮等点校，天津古籍出版社1993年版，第645~646页。
〔2〕马建石、杨育棠主编：《大清律例通考校注》，中国政法大学出版社1992年版，第1103页。

（四）确保工食待遇

确保仵作的工食待遇，一方面是为了使其奉公守法安心从事检验事务，另一方面也是稳定仵作队伍的必要手段。清例规定，"至仵作工食，每名拨给皂隶工食一分，学习者两人共给皂隶工食一分"，[1]具体薪俸数目，正式仵作"给发工食月各一两，如三年无过，月各二两"；[2]"在京五城司坊，每城额设仵作一名之外，各添设额外学习仵作一名，令该巡城御史召募考试充当。其工食照额设仵作减半赏给，每名月给工食银五钱，由户部支领，以资养赡"。清代改变了前代对仵作只罚不赏的规定，对于"暧昧难明之事"，如果仵作"检验得法，果能洗雪沉冤"，还有额外赏银十两。[3]

（五）添取仵作甘结

正是因为仵作成为清代地方衙门不可或缺的职役，不再是临时差雇的检验人员，促使他们在司法检验实践中发挥着越来越重要的作用。仵作口供和甘结成为命案通详文书中的重要内容。

"地方呈报人命到官……其同知等官相验，填具结格通报，仍听正印官承审"；[4]"检验讫例取仵作甘结"。[5]在填注尸（骨）格时，如果发现尸伤与《律例馆校正洗冤录》的记载不相吻合或者死者伤痕有可疑之处，还需要在通详中添叙仵作的口供。检验尸体时"尸伤间有与《洗冤录》载不符者，须将受伤情形及不符缘由叙入仵作供内，要认得真切，说得确当"。检骨时"伤有疑难"，同样"取仵作口供入详"。[6]仵作的甘结和口供对检验结论起着印证作用，从这点来看，仵作并不仅仅只是司法检验中一个纯粹的辅助角色，而是具备一定检验知识的专业检验人员，州县官在司法检验中则主要是核对检查的角色。

综上，清代仵作的身份得到官方的认可，成为法定的检验人员。他们不

---

〔1〕《大清律例》，张荣铮等点校，天津古籍出版社1993年版，第646页。

〔2〕《钦定大清会典则例》卷一五〇。

〔3〕《大清律例》，张荣铮等点校，天津古籍出版社1993年版，第645~646页。

〔4〕《大清律例》，张荣铮等点校，天津古籍出版社1993年版，第644页。

〔5〕（清）黄六鸿：《福惠全书》，卷十五，"检肉尸"，载官箴书集成编纂委员会编：《官箴书集成》第3册，黄山书社1997年版，第384页。

〔6〕（清）王又槐：《办案要略》，"论详案"，载郭成伟主编：《官箴书点评与官箴文化研究》，中国法制出版社2000年版，第161页。

再仅仅是司法检验中一个纯粹的辅助角色，而是具备一定检验知识的专业检验人员，在司法检验实践中发挥着不可替代的作用。

二、从仵作到检验吏——清末对仵作角色的再次定位

自五代以来，已有仵作参与司法检验的记载，清代更是明确了仵作的法定角色。但是，仵作在传统司法检验中却是一个尴尬的角色，不仅待遇差，地位也十分卑贱，进而影响了仵作从业人员的质量与积极性。清末，鉴于仵作制度的固有缺陷及西方法医学的引入，仵作进行司法检验的角色合理性受到质疑，最终引发仵作制度的改革，由检验吏取代了仵作。

（一）仵作角色的尴尬

鸦片战争以后，清代长期以来行之有效的仵作培养和约束机制中出现的问题越来越凸显，"仵作则系其党私相传授，率皆椎鲁无学，平昔于宋慈《洗冤录》一书句读且难，遑言讨论。各该州县既视为无足重轻，故例内所载选明白刑书逐细讲解，及由该管府州随时提考之事，历久几等具文"。[1]每当遇到检验之事，"但令该仵作当场喝报，应役有人即以为事可立办。甚至本地并无仵作，移借邻封，人品之良否不过问，技业之精否不及知，即工食之微胥置之不复理论之列，于是若辈亦遂甘处下流，咸以命案为市，而注伤填格本，重报轻者有之，增少作多者有之，种种弊端不可究诘"。[2]如此恶性循环，致使仵作的数量和质量严重下降，对于仵作这个职业"稍知自爱者每不屑为。冲繁之区求其娴谙文理者已属绝无仅有，至简僻州县寻常斗殴事件，报验伤痕尚恐未能了然。遇有开检重案，瞠目束手"。[3]

造成仵作质量和数量严重下降的重要原因是：首先，仵作薪水低。事实上，仵作的薪资收入是相当低微的，平均每年只有六两银而已。[4]虽然有额

---

[1] 上海商务印书馆编译所编纂：《大清新法令（1901-1911）点校本》第五卷，李秀清、王捷点校，商务印书馆2010年版，第150页。

[2] 上海商务印书馆编译所编纂：《大清新法令（1901-1911）点校本》第五卷，李秀清、王捷点校，商务印书馆2010年版，第150页。

[3] 上海商务印书馆编译所编纂：《大清新法令（1901-1911）点校本》第五卷，李秀清、王捷点校，商务印书馆2010年版，第150页。

[4] ［美］曾小萍：《州县官的银两　18世纪中国的合理化财政改革》，董建中译，中国人民大学出版社2005年版，第34页。

外奖励，但真正能拿到赏银的仵作毕竟是少数，靠得住的收入还是验尸的种种陋规常例。每次验尸，尸亲、被告要送"开检钱""洗手钱"以及其他检验费用，仵作可以从中落点好处。民间有"仵作子帮衬活死人"的俗谚，据《吴下谚联》的解释："仵作子，官衙检验人役。人或被殴致死，验得重实，俾得伸冤，是帮衬死人。或验轻伤，使凶手不至尽情拟抵，所谓救生不救死，是帮衬活人。若遇一种健讼之人，装伤抬验，为仵作者，竟喝报致命重伤，俾打架者押医取辜，加等治罪。夫伤及致命，已有可死之道，但出自仵作帮衬，决乎不死。此而称为死人，毕竟碍口；若称为活人，反拂本人装伤重报之意，故曰'活死人'。"[1]死人的事虽然经常发生，可是非正常死亡需要官府验尸的案件并不多见。仵作得到这种外财的机会不多，常常必须找一份兼职才足以维持生计。仵作学徒的年薪更是少得可怜，只能得到两至三两银子。惟一例外的是山东省，该省仵作一年可以获得 11.21 两银子的年薪。[2]这样的待遇往往不足以养家糊口，不仅难以保证仵作公正廉洁地进行司法检验，更难以吸引众多有才智的人从事仵作这一职业。仵作算是衙门里不被青睐的冷行当。

其次，仵作地位低。尽管仵作所报告的检验结果对刑事案件的侦察和审理起着重要作用，是审判案件的重要依据之一，但司法检验工作在清代却被人们视作下贱差使。仵作与捕役、皂隶、禁卒等衙役一样，在法律上被视为"贱民"，正如姚德豫在《洗冤录解》中所说："仵作，贱役也，重任也，其役不齿于齐民，其授食不及于监犯，役贱而任重，利小而害大，非至愚至陋之人，谁肯当此。"[3]仵作"被禁止参加科举考试及进入官场，法律规定他们中的任何人参加科举考试或谋求官衔者都将受到斥退并杖 100 的惩罚"。[4]仵作的子孙也跟皂隶、禁卒等衙役的子孙一样，"一概不准考试"[5]。

---

〔1〕（清）王有光著："吴下谚联"，载姚远之撰，载《清代史料笔记丛刊》，中华书局 1982 年版，第 74 页。

〔2〕瞿同祖：《清代地方政府》，范忠信、晏锋译，法律出版社 2005 年版，第 107~108 页。

〔3〕（清）姚德豫：《洗冤录解》，载杨一凡主编：《历代珍稀司法文献》第 7 册，社会科学文献出版社 2012 年版，第 454 页。

〔4〕瞿同祖：《清代地方政府》，范忠信、晏锋译，法律出版社 2005 年版，第 104 页。

〔5〕《大清律例汇辑便览》卷八。

仵作的检验工作责任重大，关系人命，[1]但待遇低微，社会地位低下，造成的后果就是难以吸引人才担当此任，也难以保证其自身的公正廉洁。

（二）朝廷官员的推动

仵作制度的固有弊病促使活跃于刑案检验一线的地方官员们将仵作制度的改革提上议事日程。光绪三年（1877），洋务派的重要官员，林则徐的女婿沈葆桢时任两江总督，向朝廷上折《请饬议仵作、马快准予出身疏》："将仵作照刑科书吏一体出身……俾激发天良，深知自爱，养其廉耻，竭其心力，庶命案盗案来源易清。倘仍作奸犯科，自有加等惩办之法。"[2]沈葆桢建议，提高仵作身份，给予仵作与刑科书吏一样的政治地位，不应再以衙役贱民对待。然而，沈葆桢的建议终未被清廷所采纳，"溯查前两江总督沈葆桢奏请给予仵作出身，格于成例，未经允行，盖彼时风气未开，一切均沿旧制"。[3]这样，这项制度的改革直到光绪末年才再次被提起。

光绪二十七年（1901），云贵总督沈秉堃奏折指出，他曾调查，云南各厅州县的仵作文化水平极低，对《洗冤录》一书不能认真学习掌握，在检验中，他们"误执伤痕，颠倒错乱，不一而足"；"若遇开检重案，无不瞠目束手"。他说，究其原因，由于仵作一役"曩昔视为卑贱，工食亦极微薄，自好之辈多不屑为；而身充其役者，又皆滥竽充数"。所以，沈秉堃建议对仵作应"提高品格，设立学堂"，培养验检人才，提高其技术水平，毕业后给予文凭，到衙门服役。解除仵作的贱民身份，改称"仵书"，优给工食，比照刑名师爷那样"一体给以出身"[4]。

光绪三十四年（1908），东三省总督徐世昌、吉林巡抚朱家宝根据吉林提法使吴焘的提议上奏，请求在"高等审判厅内附设检验学习所一区，调各属识字仵作，并招考本省二十岁以上聪颖子弟若干名入所肄习。除《洗冤录》

---

[1] 以晚清著名案件"杨乃武与小白菜"为例，之所以会酿成奇案冤狱，关键就是初审时仵作检验的疏忽大意；后来案件之所以又得以扭转，关键也是因为年届八旬、在刑部任职已60载的仵作凭着丰富的经验重新检验，得出新的结论，案件的判决才得以扭转。详细案情可参见陆永棣：《1877帝国司法的回光返照》，法律出版社2006年版；王策来：《真情披露——杨乃武与小白菜案》，中国检察出版社2002年版；赵雅书：《清末四大奇案》，文镜文化事业有限公司1982年版。

[2] 《皇朝道咸同光奏议》卷二十四。

[3] 上海商务印书馆编译所编纂：《大清新法令（1901－1911）点校本》第五卷，李秀清、王捷点校，商务印书馆2010年版，第151页。

[4] （清）刘锦藻：《清朝续文献通考》卷二十八。

应行研究外，附课生理、剖解等学，择其普通浅近、关系检验者，派员逐日讲解，并陈列骨殖模型标本，以资目验。定期一年毕业，发给文凭"。并且在学生毕业后"分派各州县，承充仵作，改名为检验吏"，并"照刑科吏员一体给予出身，一洗从前禁锢积习"。[1]也就是说，这个奏折中不仅请求创设检验学习所，开设西式司法检验课程，培养新型检验人员，并且将"仵作"更名为"检验吏"，给予出身，提高司法检验人员的政治地位。古代的吏虽为官所不屑，只是从事一些具体事务，但有晋级入官的机会，比起传统的仵作贱役在政治地位上是极大的提高。

各地方官员对仵作制度的改革请求，集中在改变仵作政治地位，提高仵作待遇，以及开办新式学校，培养新型司法检验人员各个方面。它们不仅是传统制度缺陷和西方制度优势共同作用的结果，也是清末变法修律顺应时代要求的大势所趋。

(三) 检验吏制度的确立

从上面提及的奏折中不难发现，从两江地区，到云贵地区，再到东北三省，这些地方大员所治理的区域，从西南到东北几乎囊括了大半个中国，他们所提出的改革请求预示着在全国范围内对传统仵作制度的变革已是箭在弦上不得不发了。

清末改仵作为检验吏，是我国清朝司法制度由传统走向现代的一个重要转折，具体时间是宣统元年，即公元 1909 年。[2]宣统元年二月，由中央法部主稿，吏部会同办理《法部会奏议覆东督奏吉省拟设检验学习所改仵作为检验吏给予出身折》经皇帝批复，标志着检验吏制度正式施行。根据这个奏折，清政府决定建立检验学习所，改仵作为检验吏并给予出身，仵作正式从法律上摘掉了"贱民"的帽子。清廷决定先在京师设立检验学习所，各省随后陆续建立。学生的来源是调取各地识字仵作，并招考本省二十岁以上聪颖子弟若干名，由检察长督同入所学习，照例各给《洗冤录》一部，派员讲解。此外，生理、解剖等学，亦应择其普通浅近关系检验者附入课程，并陈列骨殖模型标本借资参考。定期一年半毕业，发给文凭，分派各州县。

---

〔1〕 "东三省总督徐世昌、吉林巡抚朱家宝奏吉省创设检验学习所等折"，载《政治官报》，清政府内阁印铸局承办，光绪三十四年九月初七日。

〔2〕 黄瑞亭：《法医青天——林几法医生涯录》，世界图书出版公司 1995 年版，第 169 页。

检验之法，外国责之法医，中国付之仵作。法医系专门学问，必先由学堂毕业，于一切生理解剖诸术确然经验有得，始能给予文凭，故业此者自待不轻，即人亦无敢贱视……臣等公同商酌，拟请嗣后设有审判等厅省分，应于上级厅内附设检验学习所一区，调取各属识字仵作，并招考本省二十岁以上聪颖子弟若干名，责令检察长督同入所肄习，仍照例各给《洗冤录》一部，派员讲解，此外生理、解剖等学亦应择其普通浅近关系检验者附入课程，并陈列骨殖模型标本，藉资考证，定期一年半毕业，发给文凭，分派各州县专司相验等事。旧日仵作名目，即改为检验吏，优给工食。[1]

此时，仵作不仅正式更名为检验吏，而且在学习毕业五年以后，经过考试，可分别给予"从九品"或"未入流"两官阶，予以录用入仕，这在中国历史上是绝无仅有的恩赐。

检验吏既拟设所肄习，应于毕业时由该管衙门造具籍贯、名册，注明毕业等，第报部备案，即以充役之日作著役日期，扣足五年，役满勤慎无过，应请准其查照各省吏攒考职之例，一体考试，将录取者分为二等，以从九品、未入流两项送部注册选用，并随案饬取文凭缴部，以杜重役等弊。[2]

相对于检验工作的重要性而言，上述奖励仍显力度不够，也不符合朝廷欲招揽更多人才从事刑事检验的初衷。宣统二年（1910），法部商同吏部提出修改意见，将检验吏的考核期由五年改为三年，进一步提高检验吏的政治地位，并获旨肯允：

毕业时，除考试不及格者，无庸给予奖励外；其考列最优等、优等学生，有职者予以分省补用字样，无职者予以从九品实职；考列中等学生，有职者予以分发字样，无职者予以未入流实职，分别填入毕业文凭。

〔1〕 上海商务印书馆编译所编纂：《大清新法令（1901-1911）点校本》第五卷，李秀清、王捷点校，商务印书馆2010年版，第150~151页。
〔2〕 上海商务印书馆编译所编纂：《大清新法令（1901-1911）点校本》第五卷，李秀清、王捷点校，商务印书馆2010年版，第152页。

一律发往各厅服务三年，期满，勤慎无过，得有分省补用及分发字样者，准其分发；得有实职者，准其送部注册选用。[1]

清末所建立的检验吏制度，第一次以朝廷谕旨的形式宣布，仵作地位低、技能低、薪水低的尴尬状况得到初步的改善。检验吏制度正式实施后，各地方纷纷响应。在1909年4月至8月间，吉林、直隶、奉天等省份均成立检验学习所，培养检验人员155名；开办于1908年的云南检验学堂至1909年7月共培养检验人员57名。福建、江西两省检验学习所共招收学员160名，只是因辛亥革命爆发，学习进度、毕业与否不得而知。此外，开办检验培训机构的情形见于奏折的省份也有若干，贵州检验吏学习所奏准"以六个月为毕业，分派各厅当差"；湖广总督瑞澂也奏称，分班招练"检验吏"。还有广西、广东、浙江等省份设有检验学习所、检验吏研究班、检验传习所等。[2]

三、从检验吏到法医——传统司法检验制度的艰难转型

清末检验吏制度的确立，成为吸引优秀人才进入司法检验队伍的有效措施。然而，检验吏制度无论在人才培养模式还是在司法实践中发挥的作用等方面都不能完全等同于新式法医制度，检验吏制度只是在传统仵作制度向近现代法医制度转型过程中的一个特殊产物。由于法医培养困难重重、世俗观念难以接纳以及制度设计美中不足等因素，进入民国后，新式法医制度的成熟经历了一个艰难而漫长的过程，在相当长的一段时间内，检验人员新旧杂糅，检验吏和仵作仍是构成司法检验的主要力量。直到1940年末才形成由法医师和检验员组成的有一定规模的司法检验群体，中国司法检验体制的近现代转型才初步完成。

（一）法医培养困难重重

近现代法医制度的建立，首要问题就是培养新式司法检验人员法医以取代检验吏，但新式法医的培养却困难重重。主要原因就是办学经费紧张，师资缺乏。清末成立的奉天检验学习所进入民国后更名为奉天高等法医学校，

---

〔1〕 "法部会奏酌拟变通检验传习所毕业奖励章程折"，载《政治官报》，清政府内阁印铸局承办，宣统二年十二月初五日。

〔2〕 李光和："中国司法检验体制的近代化转型——以法医取代仵作为中心的历史考察"，载《历史档案》2011年第2期。

在《奉天高等检察厅呈司法部遵将高等法医学校原定章程经费分别更正删除请鉴核施行文》中规定了法医学习年限，学员数额以及毕业后的分配去向。但学校不仅未获得教育部立案，而且学校经费到 1913 年 4 月已经有三个月不能下发。又因为各省司法筹备处被北洋政府明令撤销，该校无法继续开办。[1]至20 世纪 30 年代初，南京国民政府司法行政部饬令催促各省高等法院在省立医药专门学校内筹设法医专修班，除少数几省回应外，“所有华北各省多因经费困难师资缺乏，并未一体筹办”。[2]

正是因为新式检验人员培养困难重重，致法医人才匮乏，民国时期司法检验实践中呈现司法检验人员新旧杂糅的过渡状态。在《民国医学杂志》的记载中，20 世纪 20 年代仵作参与命案的司法检验屡见不鲜，“1923 年 4 月间，某陆军二十师团长王佐才（50 岁）突然在陕暴卒。4 月 4 日上午 11 时，军事法院要员带仵作宋启云前往验尸……”；[3]“1923 年 7 月 15 日，某蚕种培育场女实习员刘廉彬突然缢死于自己住室内……官方命仵作沈桂芳检验”；[4]

至 20 世纪 30 年代，传统司法检验人员仍然是检验队伍的绝对主体。据1935 年全国各省检验人员统计概况表显示，江苏、江西、湖南、湖北、陕西、河南等 14 个省份共有检验人员 706 人，其中受过规范训练的新式检验人员仅147 人，以仵作改充或随同刑幕老吏学习检验的旧式检验人员共计 559 人，接近新式检验人员的 4 倍。检验人员的构成呈现新旧过渡，新少旧多的不均衡局面。[5]

甚至到 20 世纪 40 年代末，南京政府召开的司法行政检讨会议上的有关提案仍然反映了当时司法检验中法医人才储备不足，仵作在各地基层司法检验实践中仍然占据相当地位的实际状况，“法院及司法处不独法医无法聘用，即检验员亦多滥竽充数”，“各法院之检验员大半系旧日仵作，出身毫无法医常识，全凭以往非科学之经验，每染昔日仵作向当事人需索习气”。[6]

---

〔1〕 李光和：“中国司法检验体制的近代化转型——以法医取代仵作为中心的历史考察”，载《历史档案》2011 年第 2 期。

〔2〕 “部令冀鲁晋豫筹设法医人员养成所”，载《法律评论》1932 年第 9 卷第 31 号、第 32 号。

〔3〕 《民国医学杂志》1923 年第 1 期。

〔4〕 《民国医学杂志》1924 年第 2 期。

〔5〕 明仲祺：“我国法医前途之展望”，载《东方杂志》第 33 卷第 7 号。

〔6〕 谢冠生：《全国司法行政检讨会议汇编》，司法行政部 1947 年版，第 137~141 页、第 257~258 页。

（二）世俗观念难以接纳

传统司法检验制度转型过程中遇到的问题还有历史与文化方面的根源。旧时仵作职业一直以来被人们视为贱役，社会地位低下自不必再提。即使进入民国时代，受传统观念影响，法医职业仍被歧视。医学出身的北平大学校长徐诵明对此有深刻理解："法医一事在现在中国医学界，大家似乎都认为是一种无聊的事业，卑微的事业。大半的医生谁也不愿去研究法医，仿佛干法医是学医的末路。原因不外两点：一点是旧式检验吏、仵作们的地位太低了，法院当局看仵作职位极其卑贱，甚至等于听差。一般人对于仵作更加轻视。另一点是较新的法院法医，因受环境的同化不能把自己的地位提高，致一般法官和民众把他们看着与旧式检验吏、仵作没有什么两样。而且还有一般人根本连医生都瞧不起，他们以为医生就是星相之流，原本就不是高尚职业，法医更谈不到了。这种误谬的见解，有时法官也常常如此。"[1]

从上述见解中不难看出，受传统观念的影响，法官与法医的关系在进入民国后相当长的一段时间内仍无法协调。

> 内地法医之工作，并不甚多，主要系验烟验伤及疑难之验尸（内时有精神病鉴定、奸犯鉴定等）。普通验伤验尸，尚委之检验吏。彼等出去验尸，并兼带书记官及庶务职务，在法官甚觉便利。而法医则因地位上之关系，曲高鸣寡，自与不同。且法医验尸，务求详细精确，有时尚藉种种之器械，费时较多，决不含糊了事，在脑袋冬烘之法官，反觉有所不便……有些法官，对于《洗冤录》之旧说，反倒头头是道，信若圭臬。而与之谈法医学，则目瞪口呆，信疑参半，这或者缺乏科学知识之故。并且内地民众，对于解剖一层，目为残忍，有时甚不易施行。

究其原因，一方面，民国时期有些法官职业素养不够，对法医所从事的司法检验重要性认识不足，对法医学缺乏了解，仍将《洗冤录》奉为司法检验的圭臬。另一方面，法医检验操作费时，程序繁琐，加之部分法医"自与不同"，与法官关系无法融洽。

法医职业的尴尬不仅在于与法官的关系无法融洽，同时因为新旧认知观

---

〔1〕 林几：《法医月刊》（1934~1935）第6期。

念的冲突和检验方法的差别，法医与旧式检验吏共同参与司法检验时也出现冲突，"在法官以为中西合璧，犹新医与旧医之会诊，实则根本水火不相融，无从合作。处此过渡时代之法医，实最不易对付一切，解剖一事，在内地甚不易举也"，"颇有弃法医而改就临床医生者。大多数心目中，法医不过为短时之计"。[1]由此，传统司法检验制度在向近代转型过程中遭受了新式司法检验专业人员培养艰难，法医人才流失严重的双重打击。

(三) 制度设计美中不足

进入民国以后，民国政府试图通过一系列法律法规完成传统司法检验制度向近代的转型。早在民国 2 年即公元 1913 年 11 月，民国内务部公布的《解剖规则》第 2 条规定：警察及检察官对于变死体非解剖不能确知其致命之由者，指派医士执行解剖；民国 17 年（1928）《刑事诉讼法》第八章"鉴定人"第 118 条规定，鉴定人应选有学识经验或经公署委任而有鉴定职务者一人或数人充之；民国 24 年（1935）《刑事诉讼法》也明确规定，对尸体剖验、妇女检查均应由医师执行，对于检验尸体则应由医师或检验员执行。

分析上面的法律规定可以看出，原本应由法医进行的司法检验，却由于受过新式培训的司法检验专业人员数量太少，而不得不由医士、医师或者有学识经验的其他鉴定人充任。尤其是遇到疑难案件，检验吏受制于检验手段、检验知识的不足，无法实施检验时，各法院只好"委托本地有名医师或医师公会代行鉴定"。[2]

这种制度设计一方面弥补了法医专业人才不敷使用的缺陷，另一方面也给司法检验的实践造成困惑，使其显得美中不足，是应急无奈之举。这种制度设计的缺陷之一是，将医生等同于法医。在科学技术日益发达，专业分工愈发精细的情况下，医生无论中医还是西医，在检验知识和经验方面均不能与法医相比较，"一般医师，其检验知识，多不能及专门法医之丰富。如尸体解剖，又非多所经验，不能认识"。[3]这是源于法医学与医学在立场、目的上的差异，虽然两者均以人体作为研究对象，但"以死亡那一瞬间为界限，各奔

---

〔1〕 姚致强："近年来我国法医之鸟瞰"，载《社会医报》1933 年第 190 期，第 3960 页。
〔2〕 姚致强："近年来我国法医之鸟瞰"，载《社会医报》1933 年第 190 期，第 3964 页。
〔3〕 姚致强："近年来我国法医之鸟瞰"，载《社会医报》1933 年第 190 期，第 3964 页。

前程，一个负责生前，一个料理死后"，[1]法医学以尸体分析或是活体损伤检验为主，关注的问题是如何"洗冤"；而医学则以治病为核心，关注的问题是如何"救人"。法医显然不能被医生所取代。这种制度设计的缺陷之二是，鉴定人选任的随意性非常大。1928 年的《刑事诉讼法》规定，鉴定有不完备者，得命增加人数，或命他人继续或另行鉴定之。当鉴定人有数人时，得使其共同报告。结果是造成司法检验队伍不稳定，并且由于各个检验人员在技能和专业素养上的差异，致使检验过程拖延推诿，检验结果彼此矛盾，无法保证检验结果的权威性，引发当事人的质疑。

上述原因使得旧时检验吏成为传统司法检验向近代过渡的一个重要产物，也是连接仵作与法医的一个不可或缺的环节。新式法医制度的养成必定会经历一个艰难而漫长的过程。

进入 20 世纪 40 年代以后，民国政府最终完成了近代司法检验制度的法制化进程，在制度层面正式确立了法医师和检验员制度。其标志有三：一是1942 年 7 月，民国政府考试院公布高等考试增加"法医师"、普通考试增加"检验员"等专业人员考试科目并确定应试资格，"法医师"和"检验员"被纳入国家公务人员考试行列。[2]二是 1943 年 3 月，民国政府法部公布《法医师检验员俸给暂行规则》确认法医师和检验员的经济待遇。[3]三是 1945 年 4月，民国政府修正了 1935 年《法院组织法》，不仅规定地方法院及其分院设置"检验员"，而且增加了"法医师"的规定，"法医师、检验员之任用，适用技术人员任用条例之规定"。[4]

四、结语

纵观传统仵作职业的变迁，可以看出，从清代传统仵作制度改革直至民国近代法医制度确立，是一个历经百余年复杂且漫长的历史过程，这个历史过程不仅使我们从一个侧面窥见传统司法检验制度由注重传统经验向崇尚现代科学转变的发展轨迹，而且预示着法治改革必定是缓慢而渐进的，其中充

---

[1] 张哲嘉："'中国传统法医学'的知识性格与操作脉络"，载我国台湾地区《"中央研究院"近代史研究所集刊》2004 年第 44 期。

[2] 考试院秘书处：《考铨法规集》1947 年版，第 263~265 页。

[3] 李光夏：《法院组织法论》，大东书局 1946 年版，第 103 页。

[4] "法院组织法"，载《法令周刊》1945 年第 16 期。

满了制度、思想、权力等因素的反复对决，只有揭示出司法实践、社会制度、传统观念之间存在的互动性关系，才能够正确理解司法变革的复杂性。

传统司法检验注重外表迹象的搜集，无论尸骨检验、活体检查还是物证检验在检验手段上都具有直观性、经验主义的特征。因为在传统孝道观的影响下，解剖尸体对古人来说是不可想象的，且传统儒学文化以"实用理性"或"实践理性"为特征，"这种理性具有极端重视现实实践的特点。即它不在理论上去探求讨论、争辩难以解决的哲学课题，并认为不必要去进行这种纯思辩的抽象。重要的是在现实生活中如何妥善地处理它"。[1]故传统司法检验知识或者传统医学，都是实用的致用科学，它们只对实用部分关注，对基础理论部分相对漠视。

这种经验性特征反映在检验手段上最典型的表现就是不进行尸体解剖，只限于尸体外表的检验；反映在检验人员的构成上则是检验人员的多元化。各类检验人员均以宋慈的《洗冤录》以及在其基础上编订的清代官修《律例馆校正洗冤录》为圭臬。其中的司法检验知识不是由某一个特定的人群所独占，学习检验知识的门槛并不高，官员只要按图索骥，足以断案；仵作虽然不识字也能熟习。官吏才是司法检验理论建设和实践积累的主体，仵作等检验人员只能算是实施司法检验的工具，当司法检验实践与传统检验著述预设的结果相悖时，司法官吏不会质疑专业著述，只会怀疑仵作的检验技术或职业操守。这也是传统司法检验的重要实践者仵作社会地位、经济地位不高的重要原因。

进入近代社会，随着农耕经济的打破，西方先进科学技术的传入，司法检验由学习古人经验向学习西方法医学理论转变；由依靠肉眼观察，感官触碰向依据科学仪器转变；由依靠多凭实践经验检验的仵作、检验吏向具有专业知识的高技能人才法医师、检验员转变，最终使具有专业素养的司法检验人才脱离官吏团体，形成具有科学知识背景和专业素质的职业化集团。当科学化和职业化的司法检验团体具备了独立性、中立性时，检验意见的客观准确程度才会大大提高，从而对司法公正产生积极影响。因此，近代以来的司法检验在制度建设、人员培养方面的贡献不容置疑，对近代司法体系改良的

〔1〕 李泽厚："孔子再评价"，载中国孔子基金会学术委员会编：《近四十年来孔子研究论文选编》，齐鲁书社1987年版，第406~407页。

作用更是不可低估。然而在肯定进步的同时，反思这个过程的曲折则有助于重新认识司法体制在转型中的复杂性、渐进性和缓慢性。本文主旨正是试图从传统检验人员到新式检验人员的不断演进过程这个微观角度观察理解司法变革的艰辛历程。

清审转制度的情与法的考量

金　怡[1]

内容摘要：清代的逐级复审制度在清代司法程序中占有重要地位，案件从审判开始可以从州县审转直至刑部，最高到皇帝。逐级复审制对于百姓来说，他们拥有"上控"乃至于"京控"的权利，而对于审转制度中处于最底层的州县官，由于复审的存在，间接对于他们有着来自上级的司法监督，因此如何审案是一件艰巨的任务。再者，刑部有权审理审转而来的案件，基本都是疑难或者"律无正条"等此类的案件，但同时清代又奉行"严格规则主义"，因此在此类案件中如何在《大清律例》的规则下自由裁量也是研究的另一个重点。最后，研究的过程本身就是对清代司法活动的重现，但是在这其中，体现怎样的一种伦理价值观，乃是本文最后的落脚点。

关键词：审转　逐级复审　情理法　比附　自由裁量　政治伦理

　　清代州县司法属于清代司法中的基层司法，在清代司法体系中处于"初级审"的地位。清律规定，清代州县审判机关最大的审判权限是处以笞刑、杖刑。对应处徒刑和徒刑以上的刑事案件只能"初审"，它的性质类似于初等法院的"一审"。初审刑案要根据和引用《大清律例》的条款来定罪量刑，称为"拟罪"或"拟律"。在初审之下，按照已故法史学者郑秦的主要观点，刑事案件（自动）逐级向上申报，构成上一级审判的基础，在清代的法律术语中叫作"审转"……徒刑以上（含徒刑案件）在州县初审以后，详报上一审级复核，每一级都将不属自身权限的案件主动上报，层层审转，直至有权做出判决的审级批准后才能终审。这样，徒刑至督抚，军流至刑部，死刑最后到皇帝，所以可以称作"逐级审转复核制度"。[2]逐级审转复核制是清代司法审判的重要制度，各直省地方是司法实践的基本主体。

---

　　〔1〕　作者简介：金怡，吉林大学法学院法律史专业博士研究生，西北师范大学法学院讲师。本文系 2015 年国家社科基金重大项目"法治文化的传统资源及其创造性转化研究"（14ZDC023）、西北师范大学"2014 年度青年教师科研能力提升计划项目"的阶段性成果。
　　〔2〕　郑秦：《清代司法审判制度研究》，湖南教育出版社 1988 年版，第 153 页。

关于逐级审转复核制需要思考的是，逐级到底依据何种级别复核。因此，清代地方各省"审"级的划分，也是重要的理论和实践问题。[1]按照法制史学者的观点，有关于清代审级的划分，有四级审级制和五级审级制之说。四层审级制，基本情况是由州县至府（直隶厅州）、经按察使司到督抚。另外，直隶厅州本管（或府亲辖）地方的案件，则主要依照由直隶厅州转道、经按察使司到督抚的程序进行。四级审级制也是学界的主流观点，[2]仍强调一级政府、一层审级，又充分重视按察使作为一省刑名总汇在案件审转中的重要作用。五层审级制，即由州县经府转道、再从按察使司到督抚的案件审理程序，更多从审判程序的角度进行全面的考量。[3]

而州县自理的有权初审的案件与上报的审转案件的划分依据主要在于解决案件纠纷的难易程度。[4]审转案件皆为当事人不容易达成妥协的纠纷，主要有：人命、强盗、邪教、逃人等严重犯罪案件和其他应处徒刑以上的案件，如强奸、拐骗、窝赌、私盐、衙蠹等。这些案件，要么包含不共戴天之仇，要么非采取徒流刑罚不足以警诫或制止犯罪，依靠当事人自己的力量已经无法解决，需要国家强制力介入，才能阻止危害扩大。

一、审转制度与清代司法复审

清代州县司法的审转制度严格意义上来讲，属于司法的复审程序。古代中国的复审程序始于秦汉早期，如秦汉的"乞鞫""奏谳"，真正形成制度化的内容已到了隋唐时期。虽然从隋唐时期发展到清代的一套司法严密的复审程序与今天的上诉审有很大的区别，但是复审程序的目的仍然和今天上诉审

---

〔1〕 魏淑民："清代地方审级划分的再思考——乾隆朝行政实践下的动态变通性和相对稳定性"，载《清史研究》2009 年第 4 期。

〔2〕 郑秦：《清代司法审判制度研究》，湖南教育出版社 1988 年版，第 34~42 页；张晋藩：《清朝法制史》，法律出版社 1994 年版，第 594 页。此外，日本学界也有类似的地方四层审级的观点，如寺田浩明认为，因为地方官没有决定笞杖以上刑罚的权限，对这样的案件只能在调查后做成包含量刑建议的判决原案，再把这些文件连同人犯一并解往上级。作为州县上一级的府，对此再行调查后又解送到省一级的按察使、巡抚和总督，而在这个层次上的官员对适用于一般伤害案件的"徒"拥有决定权。参见 [日]寺田浩明："清代的司法制度研究与对'法'的理解"，载 [日]滋贺秀三等：《明清时期的民事审判与民间契约》，王亚新等译，法律出版社 1998 年版，第 115~116 页。

〔3〕 那思陆：《清代州县衙门审判制度》，中国政法大学出版社 2006 年版，第 14~143 页。

〔4〕 里赞："刑民之分与重情细故：清代法研究中的法及案件分类问题"，载《西南民族大学学报（人文社会科学版）》2008 年第 12 期。

一样，都是为了减少冤案错案的发生。本文探讨的审转制度，也是清代司法具有时代特色的复审制度之一。与此相对应的复审制度，还有"上控"制度和甚至更高一级的"京控"。

审转制度的复审程序，是一种案件自动逐级复审的制度。正如上文所述，审转的适用对象限于笞杖刑以上的刑事案件，即可能判处徒、流、死的重大刑事案件（往往是"命盗"案件）。具体来讲，对于徒刑案件，由州县完成侦查与初审，并在拟定罪刑（"拟律"）后，将案犯与卷宗上报府、司两级复审。但无论州县还是府、司，都并无判决之权，真正的生效判决只能在上报后由督抚本人做出。而对于流刑案件，即使是督抚也无权判决，而是对案卷审核后上报刑部，最终由刑部做出生效判决。最后，对于死刑案件，其程序最为复杂，需由督抚具题后上报刑部核拟，并经三法司会签，最终呈请皇帝批准。而皇帝的批示又可分为立决与监候；对于后者，仍需交押等候每年的秋审复核。[1]

而清代的复审程序中基于当事人请求的"上控"制度，其适用的对象是所有州县审理的案件，既包括重大刑事案件（"命盗"），也包括轻微刑事案件（"笞杖"）与全部的民事案件（"民间细故"）。前者属于清代审转案件，后两者属于州县自理案件。无论州县自理案件还是审转案件，当事人对判决不服，都可以逐级上控。清代的上控中不仅有明确的上下审理级别，还规定了上控的时限，并且根据上控案件情节轻重不同来确定受理机关。据《清史稿》记载："凡审级，直省以州县正印官为初审。不服，控府、控道、控司、控院，越诉者笞。"[2]即严格规定必须逐级（县、府、道、司、院）上控而不允许越诉。上控人必须在状内将控过的衙门、审过的情节开列明白，上级司法机关才能受理。对于上控案件，上级审判机关既可以提审，也可以发回原初审衙门重审，或转委所属其他州县审理。上控制度的终点为"京控"，即向在京衙门乃至皇帝本人提起上控。"京控"的具体形式，除向都察院或步军统领衙门等呈递状纸外，还包括"击登闻鼓"与"迎车驾"等特殊形式。[3]依据清律，无论案件是否结案，亦无论结案后的时间长短，均可提起"上

---

〔1〕 郑秦：《清代法律制度研究》，中国政法大学出版社 2000 年版，第 90~101 页。

〔2〕 （清）赵尔巽：《清史稿》卷一四四"刑法志三"，中华书局 1977 年版，第 4211 页。

〔3〕 那思陆：《清代州县衙门审判制度》，范忠信、尤陈俊校，中国政法大学出版社 2006 年版，第 169~176 页。

控"；且只要当事人对复审结果不满，所有州县受理的案件，均可层层"上控"，直至"京控"，乃至于皇帝本人。甚至于"京控"之后，仍可再次翻案与反复申诉。[1]

审转制度的存在见于刑事案件之中，但并不意味着民事案件不受审转制度的司法管理和司法监督。民事案件同样有"月报"制度和上文所提当事人如果对裁判结果不满而提起的"上控"。同时，州县官在处理审转案件时更注重依法审判，这在现在的学者中间达成了共识。上级机关审查过程中，第一位的审查在于查明司法官吏在审理案件过程中是否援引相关的律令条文，否则就要承担相应的法律责任。

因此，司法官吏必须严肃对待司法审判的问题，这是最根本性的要求。从唐朝以来，司法官吏审理案件，定罪量刑必须"俱引"相关法律条文，明清两朝也沿袭这一传统。规定司法官吏在审理案件的时候必须援引相关的律令条文，否则就要承担相应的法律责任。而根据德沃金的研究，司法实践中的案件大致可以分为两种：[2]一种为常规案件，即犯罪事实与法律规范之间的关联一目了然，据此"依法判决"没有什么困难。一种为疑难案件，非常规案件，即犯罪事实与法律规范之间难以建立简单明了的"对应关系"，古代称之为"情轻法重""情重法轻"还有"律无正条"（例无专条，情节疑似）的案件。后一类案件在州县司法官吏初审时，案情复杂，责任重大，没有特定的律令条文可以定罪量刑，在清代司法实践中各种援引乃至超越律例的手段和技术——如比附律例，参照成案，概括性禁律等，层出不穷，作为对律令的灵活使用，从而达到"依法判决"的效果。其好处是，一来对原被两造与社会舆论有个交代，与民本思想有关；二来使自己免遭上司的驳案，与审转程序相应。[3]因此，在审转案件中，对于上级实质性审查的考虑，以及由此引发所要承担的责任，占据了州县官审判活动的中心位置。

---

〔1〕 赵晓华："略论晚清的京控制度"，载《清史研究》1998年第3期。

〔2〕 ［美］罗纳德·德沃金：《法律帝国》，中国大百科全书出版社1996年版；［美］罗纳德·德沃金：《认真对待权利》，中国大百科全书出版社1998年版。

〔3〕 陈新宇：《从比附援引到罪刑法定——以规则的分析与案例的论证为中心》，北京大学出版社2007年版，第35页。

二、自理案件"情理"的展现

（一）"情理法"的必然

霍存福教授认为："所谓情理，在其初，不过是发轫于断狱的司法要求"。[1]"礼律自然＝情理＝人伦。"[2]"事理切合""情罪一致""情罪相符"等都是对"情理法"的形容。"情理法"这种主流的判案方式，也是与古代的司法体制紧密结合在一起的。理性来讲，情理法是一种司法策略，因为州县自理案件（"民间细故"），如王志强教授所认为的那样，"尽管民事诉讼没有审转的制度安排，但是两造的上诉与月报备案制度依然具有某种司法管理和司法监督的作用。这意味着地方司法官员不得任意妄为，置法律于不顾。也就是说，如果违反月报制度，州、县法吏就有可能受到相应的处罚。"但是这里所讲的两种监督方式在性质上有很大差别。月报只是程序性的，并不引发实质性审查，真正能引起上级审查的主要在于百姓是否上告。所以，对于州县自理案件来说，说服百姓不使上告是审判成功的关键，这一点也是情理法审判方式存在和发展的主要动力和价值所在。州县官审判的重要目标是为了当事人服从或者认可判决结果。

为了追求这种司法效果，情理法逐渐发展成固定的活动形式。这有着深刻的社会环境背景和历史背景。自封建中后期开始，朝廷禁止百姓家中私藏法律典籍，百姓对于法律的了解处于无知状态。黄宗智认为："在一般情况下，判决都是在庭审时对着下跪的当事人当场宣读。按照官方的意识形态，县官在他所管辖的子民面前，就是无所不知的父母官，他没有必要引用律例来为判词作辩护。在那种场合下，引用律例事实上是不相宜的。"[3]因此从现实和历史考量，百姓本身并不参与法律的讨论，对于判决的内容，并不句句援引法律条文，而出于百姓易于接受的角度，判决本身含有大量的道德教化和对于民俗习惯的尊重。审判结果可以接受，则"刑罚必于民心"，最后达到

［1］霍存福："中国传统法文化的文化性状与文化追寻——情理法的发生、发展及其命运"，载《法制与社会发展》2001年第3期。

［2］霍存福："中国传统法文化的文化性状与文化追寻——情理法的发生、发展及其命运"，载《法制与社会发展》2001年第3期。

［3］［美］黄宗智：《民事审判与民间调解：清代的表达与实践》，中国社会科学出版社1998年版，第86~87页。

劝喻乡野百姓"息诉至善"的目的。

（二）"情理法"的展现

在徐忠明教授看来，情理法是由"情罪相符"引申出来的，就是"移情就法"的司法裁判手段。"移情就法"实际上是明清时期地方司法官员非常重视的一种审判技巧，有关办案指南手册还专门讨论这样的技巧。在当时颇为流行的幕学手册《刑幕要略》《居官资治路》《审案拟式》里都有这方面的论述，其中个别提到了"办案要晓得裁剪"的技巧。而"裁剪之术"包括，其一，必须预先打算案件的出路和死穴；其二，根据相关法律确定剪裁的内容；其三，为了达到预期目的，对各类证据精心剪裁，甚至伤痕和验尸报告都可以剪裁。这样一来，州县司法官不仅能把案件制作成为天衣无缝的铁案，而且又有峰回路转的余地，既不怕两造翻案，也不怕上司驳案。[1]。清代的著名幕僚王又槐也是深谙此道，在《办案要略》中对如何制作呈上级过目的"叙供"的描述，而透露出地方法官如何达致"情法相平"的奥妙。他说："叙供以律例为主。案一到手，核其情节，何处更重，应引何律何例，犹如讲究此章书旨，重在何句，此一题旨又重在何字也。情重则罪重，情轻则罪轻，若罪轻而情重，罪重而情轻，牵扯案外繁冗，干碍别条律例。""一切则当因时因地，顺乎人情，参诸条例，设身处事，不可徒执己见，擅逞其才"。[2]在《幕学举要》中说："自理词讼，批断不防详尽。能将两造情伪指出，则直者快，曲者畏，渐渐心平，可以息争，亦使民无讼之一道。"[3]为什么以息讼为上呢？"州县为亲民之吏，与上司体统不同，词状不防多难。身为父母，膝下之勃溪，岂有漠不关心之理？"[4]表面上，原因在于州县官乃民之父母官，当然要把百姓纠纷当作自家家务纠纷一样，尽力作和解的工作。但是其真实的原因却是避免当事人上控引致上司驳诘："且一经上司控准发审，又多一事。总要随到随审，严察晋役人等，无留难需索诸弊，则自无拖累。至于虚囊听断，不在刑求，静创其是非，如入人之家室而为之排解，民之食德无涯矣。"[5]

---

[1] 徐忠明：《案例、故事与明清时期的司法文化》，法律出版社2006年版，第310~315页。
[2] （清）王又槐：《办案要略》，载郭成伟主编：《官箴书点评与官箴文化研究》，中国法制出版社2005年版，第180页、第166页。
[3] （清）万维翰：《幕学举要》（总论）。
[4] （清）万维翰：《幕学举要》（总论）。
[5] （清）万维翰：《幕学举要》（总论）。

汪辉祖曰："人情风俗尚各处不同，入国问禁，为吏亦然。初到官时，不可私心判事，盖所判不协舆情，即滋议论。持之于后，用力较难，每听一事，须于堂下稠人广众中，择传老成数人，体问风俗，然后折中剖断，自然情法兼到。一日解一事，百日可解百事，不数月诸事了然，不惟理事中肯，亦令下如流水矣。"

这段话非常精辟地指出了为官一任的核心"标准"——"情法兼到"。"情法如何兼到"，要求每面对一个案件时，司法官要仔细体味案件事实与所引例文的内在关联性，以及彼此之间的差异性，诸如事实的具体情节、行为人的主观动机以及社会危害性等，再做出裁量。情理与法的关系相得益彰，互为表里，基于此所形成的类似于现代的一系列法律原则和法律原理，都成为传统司法官对情理的探求目标。

三、审转案件"法"的裁量

这里的"法"指的是完成于清乾隆五年的《大清律例》，在其颁布之日便宣布"刊布中外，永远遵行"，其内容周详，体系完备，在形式上一再强调严格规则主义。这种严格规则主义也得到了中国特有的文化智识传统的支持。[1] 但是《大清律例》在实践中留给司法官自由裁量的空间十分狭小。最重要的原因就在于其列举式立法模式。和现代科学的概括式立法模式不同，列举的律例远跟不上社会发展变化的速度，虽然后期清朝统治者发明了例加以弥补这种缺陷，但实际上效果仍然微乎其微。实践中的案情超出了法律的可预见性和可控的范围，尤其使州县官初审判案时如果遇到"疑难案件"则捉襟见肘，无所适从。因此，对于州县官来讲，纵有多少依律审判的意识，也由于寻找不到严丝合缝的法律规定，而需寻找另类的审判方式。由于司法活动的过程需要对上级官府和朝廷的合法性审查负责，审查的重点则在于有无冤抑和枉法，对于拥有不多司法权的州县长官来讲，多采用类推比附的司法手段。往往还有一些案件，作为重大疑难案件（德沃金"疑难案件"）在审转过程中移交上级司法机关，同样由于案情复杂上级机关也觉得十分棘手，其或因为案情的复杂而法律理性有限，或因为律文模糊解释不清，或因为案情出现

---

〔1〕 钱锦宇："论中国古代刑法典中的概括性禁律以《大清律例》为例"，载《求是学刊》2007年第1期。

新问题而律文严重滞后于社会发展，使严格规则主义的主张在司法实践中并非时时可行。因此，在这种情况下，最高长官刑部官员在司法活动中如何面对"法"（《大清律例》）的角色也便是核心问题。

（一）比附

清律正文规定："凡律令该载，不尽事理，若断罪无正条者，（援）引（他）律比附，应加应减，定拟罪名，（申核上司），议定奏闻。若辄断决，致罪有出入，以故失论。"[1]律文所附的条例下有进一步详细的规定："其律例内无可引用，援引别例比附者，刑部会同三法司，共同议定罪名，于疏内声明'律无正条，今比照某律、某例科断，或比照某律、某例，加一等、减一等科断'详细奏明，恭候谕旨遵。"[2]

从《大清律例》的规定可以看出，对于某些重大的案件或者其他一些情况，可以灵活应用比附这样的司法技术。现代司法理念，注重"疑罪从无"，在立法和司法之间，如果有漏洞，可以直接判决无罪。但是在清代，对于司法官的责任，明文规定有"故出"一条。再者审转案件会面临被上司审查的风险，任何一任州县法官不能轻率地"出"罪，也不能勉强地"入"罪。比附应用的形式很多，仅《刑案汇览》中所收录的"例无专条、援引比附、加减定拟"的案件就多达 1400 余条。[3]这其中既有真正的"例无专条"情况下的"比附援引"，也有"律有正条"情况下的"比附援引"。造成此种现象的主要原因是，在司法审判过程中，主审官员既要综合考虑当事人的身份，又要尽量地使案情与所处的刑罚相匹配，即"情罪相符"。"情罪相符"使得司法官员有时不得不面临遭受斥责甚至是处罚的危险，抛弃原有的律例规定，转而"比附援引"与案件事实更为相似，能使量刑更加合理的"他律"，以完成对案件的审判。

初审案件引用比附的情况在以后的复审程序中，同样会受到上级的审查，《刑案汇览》卷三十五记载了"黑夜不知伊翁图奸将伊翁咬伤"[4]一案，初

---

[1]《大清律例》卷五，名例，断罪无正条，附伸条例。
[2]《大清律例》卷五，名例，断罪无正条，附伸条例。
[3] 邱澎生："真相大白？明清刑案中的法律推理"，载熊秉真编：《让证据说话——中国篇》，麦田出版公司 2001 年版，第 135~198 页。
[4]（清）祝庆琪、鲍书芸编著：《刑案汇览全编》，尤韶华点校，法律出版社 2007 年版，第 2747 页。

审官员的比附意见即遭到刑部的驳斥。此案中，霍岳氏因伊翁霍登鳌于黄昏时乘伊在房中和衣睡熟，拉裤图奸。该氏警醒黑暗中不辨何人，当下喝问，霍登鳌虑恐该氏声张，即用手按住该氏之口。该氏情急咬伤霍登鳌手指，霍登鳌喊痛，该氏听闻伊翁声音，松口坐起，霍登鳌又将该氏按倒撕裤强欲行奸。该氏挣拒喊救，霍登鳌当即逃逸，该氏未被奸污。主审官员将此案比照"本妇殴伤图奸强奸未成罪人勿论例"加以处置，其着眼点在于案件事实与所"比附"之例文在事实上的相似性，形式上比较符合正常的逻辑推理。但是在道光八年，河南总督奏报此案，却受到了刑部的驳议。刑部又是基于什么样的考量而做出了这样的决定呢？其最主要的原因就是，地方并未考虑到霍岳氏在身份上为霍登鳌子媳的事实，而"比附援引"了与当事人身份不相符合的条文，并指斥该抚将该氏"予以勿论系"属错误。刑部认为，"殴伤之人系夫之父，伦纪攸关，未便径照凡人例予以勿论，自应仍照殴夫之父母本律问拟，援案奏请"。从本案的审理过程来看，翁媳关系（身份因素）成为最后刑部法官定案时所考虑的决定性因素。

而嘉庆二十一年（公元1816年）的潘春芳案，则比较有代表性的反映了比附在初审案件中的成功运用。"嘉庆二十一年谕：先福奏审拟'残伤父尸，图赖人命之民人潘春芳一案'，因例无专条，比照'诬告他人谋害，致父母尸身经官蒸检者，斩监候例'，拟斩监候，请旨即行正法。残伤父母尸身，图陷害人，比之诬告人致父母尸身经官蒸检者，情罪较重。用后，著刑部定为专条：凡将父母尸身装点伤痕，图赖他人，无论金刃、手足、他物成伤者，俱斩立决。此案潘春芳一犯，即照此例，即行正法。"[1]对潘春芳的行为律无专条，只有"诬告他人谋害，致父母尸身经官蒸检者，斩监候"与之勉强对应，因此初审依此例对潘拟以斩监候。但是潘春芳的行为有主动地"残伤、装点父亲尸身"的情节，而初审时所依据的律例只是规定了诬告他人导致父母尸身被动地经官蒸检，并没有潘的主动作为的相关规定，两相比较，潘的"情罪较重"，因此将潘春芳的量刑由斩监候加重为斩立决。皇帝对此案所下的谕旨中的关键之处是："用后，著刑部定为专条……即行正法"一节，经皇帝批准，潘春芳一案成了一个"通行"成案，同时针对此案情节，新增一条例：

---

〔1〕 转引自周子良、张朝晖："论清代的比附生例"，载《法律文化研究》2007年第0期，《光绪朝饮定大清会典事例》卷八百五，刑部人命，杀子孙及奴婢图核他人，历年事例。

"将父母尸身装点伤痕，图赖他人，无论金刃、手足、他物成伤者，俱拟斩立决"。[1]

从这两个案件可以看出，在比附的运用论证中，情理的角色也是作为司法策略所出现。"审理案件遇有例无明文原可比附他律定拟，然必所引之条与本案事理切合，即或事理不一而彼此情罪实无二致方可援照定谳，庶不失为平允，若不论其事理，不酌其情罪，徒执一二名相似之文率先爱书，殊失立法本意"。[2]情理不仅是指人之本情常情，更多指的是案情的客观事理。

(二) 自由裁量

自由裁量严格意义上来讲，并不是专属于西方法治或者现代法治的名词，在古代司法中，司法官员会凭借职业直觉对案件做出大致的定罪量刑。这种推理的过程就是自由裁量的过程，蕴含许多司法技术。由于中国传统的思维习惯缺乏抽象的理论概括，不仅使司法官在自由裁量过程中没有多少经典理论可以依靠，而且司法官在审理过程中大多是经验综合型整体意向性的思维路径，没有经过理论抽象的缓冲过渡，而是直接从案件事实跃向具体的法律规则，往浩瀚的条文汪洋中去寻找直接对应的解答。这一判断过程需要运用他们从事职业司法的经验来完成。灵活裁量的手段包括加、减一等量刑，援引概括性禁律和直接的情理裁量，而创设规则的方式有参照成案和对现行法的演绎等。[3]

"加、减一等量刑"是清代具有法律效力的条例明确正式规定的，"其律例无可引用、援引别条比附者，刑部会同三法司共同议定罪名，于疏内声明'律无正条，今比照某律某例科断，或比照某律某例加一等、减一等科断'，详细奏明，恭候谕旨遵行。"[4]加、减一等的情况往往与其他方式结合使用，在司法实践中极为普遍。

概括性禁律由美国学者布迪和莫里斯所提出，并根据《刑案汇览》中的

---

〔1〕 引自周子良、张朝晖："论清代的比附生例"，载《法律文化研究》2007年第0期，《光绪朝钦定大清会典事例》卷八百五，刑部人命，杀子孙及奴婢图核他人，历年事例。

〔2〕 陈新宇：《从比附援引到罪刑法定》，北京大学2007年版，第35页。

〔3〕 王志强："清代的法律推理——以刑部'致他人自尽'案的裁判为中心"，载《中国社会科学》2003年第6期。

〔4〕 引自周子良、张朝晖："论清代的比附生例"，载《法律文化研究》2007年第0期，《光绪朝钦定大清会典事例》卷八百五，刑部人命，杀子孙及奴婢图核他人，历年事例。

案件作了例示和初步分析。概括性禁律包括"不应得为律、违制律、棍徒扰害例和光棍例等。"〔1〕根据这些罪名，可对案犯处以笞、杖、军流直至绞候、斩决等各种刑罚。它的主要特点在于，相对于其他律例，它们对案件事实的覆盖性极大。从逻辑推理上来讲，根据"概括性禁律"设置的罪名，外延很宽，"当律无罪名"时而令有禁制，或"揆之情理，又不可违"，〔2〕或凶恶光棍无故扰害良人时，用以规制官方认为应当追究和惩罚的行为，使概括性禁律适用后可以涵盖所有的刑罚种类，诚可谓"欲加之罪，其无辞乎"。〔3〕这些概括性禁律，可以灵活而适当地实现案情与刑罚之间的平衡。如《刑案汇览》道光十一年案：宿州卫千总王勋用赴任的凭札向高焯抵押银两。对于这种行为，"例无专条"，遂将王勋照"违制律"杖一百。〔4〕道光八年的另外一案中，刑部直接援引"棍徒扰害例"来建构法律推理的大前提。该案中，僧义和与其佃户裴鸭子挖取唐云龙坟砖，向李昌富谎称是他的墙砖而售卖。待李昌富误信承买砌路，僧义和又冒认该砖是他师祖的坟砖，勾结裴鸭子向李昌富讹诈而获得财物。嗣后看管唐云龙坟墓的王应宗查知该事实，欲图报官，裴鸭子向其索分钱财。僧义和复向裴鸭子恐吓，以致裴鸭子服毒自尽。原审认为，例无勾串讹诈、致同伙之一自尽的治罪明文，遂将僧义和比照"棍徒扰害、拟军例"，减等惩罚。但刑部认为，该犯"凶横扰害""不守清规，讹诈酿命，情凶势恶"，仍依照"棍徒扰害例"，改为拟军。〔5〕

清代的成案系"例无专条、援引比附加减定拟之案"，是清代具有司法职能的机关在审判活动中创设的先例。成案在清代司法过程中，其功能就在于作为先例而参与到当下案件的审理活动中，并以之为建构裁判规范的规范依据（相对于事实依据而言）。〔6〕在这其中，官僚上下级之间、成文规范与灵活裁量之间的微妙关系，由此也可见一斑。

---

〔1〕 ［美］D. 布迪、C. 莫里斯：《中华帝国的法律》，江苏人民出版社1995年版，第171页、第431~433页。

〔2〕 （清）沈之奇：《大清律辑注》（下），怀效锋、李俊点校，法律出版社2000年版，第950~951页。

〔3〕 钱锦宇："论中国古代刑法典中的概括性禁律——以《大清律例》为例"，载《求是学刊》2007年第1期。

〔4〕 ［美］D. 布迪、C. 莫里斯：《中华帝国的法律》，江苏人民出版社1995年版，第177页。

〔5〕 （清）祝庆琪、鲍书芸编著：《刑案汇览全编》卷十九，尤韶华点校，法律出版社2007年版。

〔6〕 参见钱锦宇："清代刑案审谳的法律发现"，载《法律方法》2009年第2期。

审转制度中，刑部依照权限一般依据地方上报的案情和证据进行复审，在复审过程中，如何对待初审对于案件事实和法律的认定，是很巧妙的问题。如果适用它认为和罪行相适应的刑罚所属的律例，很有可能会否定初审机关上报的结果。"只有在考虑可能是判断依据的法条之下，成为陈述的案件事实才能获得最终的形式；而法条的选择乃至必要的具体化，又必须考量被判断的事实。"[1]作为推理适用的过程，抽象法律规范和客观案件事实分别构成推理的大前提和小前提，以便司法三段论可以顺利开展。因此，需要推理过程进行逻辑循环，抽象法律规范就要质变成具体的法律规范，这一个过程，就是一个在司法能动性之下的自由裁量，是二者博弈和均衡的结果。何勤华教授也从法律渊源的角度精辟指出："尽管法律渊源的表现形式是多元的，但司法官吏在适用过程中，又会自觉或不自觉地将多元的法律渊源锤炼成为一个一元的规则体系，无论是律、例，还是成案、习惯、情、理等，都必须与案情完全吻合。审案中，如果原有律、例无法适用，司法官吏便会寻找历年成案，或者习惯法，或者律学著作，乃至依据情理，组成一个最适于解决此案的规则方案，以做到定罪量刑最为'允协'。有时，也会出现在一个案件的处理中几种法律渊源同时适用，但最后判案时，则适用了其中的一项或从各种法律渊源中抽象出的一项原则。"[2]

四、审转程序中情理与法的考量

(一)"依法判决"——政治因素与现实论证

瞿同祖指出，清代的政治架构，只有州县官才是真正的行"政"之官，即负责实际事务的"治事之官"；而他们的上级，无论是知府、道台、按察使、布政使，还是巡抚或总督，都不过是监督官，即负责监督官员的"治官之官"。[3]整个行政等级的目标都旨在实现对于最底层的州县官的监控；而与之相应的，作为附属于行政科层的中国古典司法审级，其最重要的职责不仅是为了"纠正错判"，或是"统一规则"，更主要地是为了实现对于州县官的监督和地方秩序的稳定，是对于地方的"政治治理"的延伸与扩展。

---

[1] [德]卡尔·拉伦茨:《法学方法论》，陈爱娥译，商务印书馆 2003 年版，第 162 页。
[2] 何勤华:"清代法律渊源考"，载《中国社会科学》2001 年第 2 期。
[3] 瞿同祖:《清代地方政府》，范忠信、晏锋译，法律出版社 2003 年版，第 29~30 页。

因此，司法权是一种裁判权，区别于立法权和行政权，但是没有一种司法权可以和政治因素脱离关系。古代中国，政治生活处于核心的地位，在封建法律文化传统中，政治和法律属于一个范畴内的概念。封建法官"并非主要为落实法律规则，为当事人提供司法意义上的合法判决，其更为重要的一项功能是完成国家和社会交给他的治理任务，顺便才是提供一种模糊的法律产品，一种衡平利益冲突的转型正义。最终，整个纠纷处理过程表现出来的，其实是一部基于实用主义甚至是功利主义或机会主义之上的案件操作指南或关系衡平术"。[1]这对于司法官而言，如果州县官采用比附的司法技术，而上级直至刑部如果都在灵活使用一些策略和手段的话，他们的目的，是在司法表面灵活操作之下为了达到政治目的而采用的实用主义逻辑。

在"审转"制度中，案件均由各级自行上报，无需当事人申请。这种逐层的"审转"与官员的责任相联系。对于基层的州县官而言，无论是否存在偏私或腐败，任何"错案"都可能带来严厉的惩罚，不仅可能殃及仕途，还可能因此而丧命。这种责任又是连带的，一旦错判被发现，不仅州县官本人，而且所有承担"审转"责任的府、司、院等各级官员，都可能因而受到连带。尤其是负有"亲提审讯之责"的知府，如果未能"辨明冤枉"，即便毫无"贪赃"或"徇私"，也同样可能被"革职处分"，甚至处以刑罚。因此，在严格连带的"审转"责任之下，即便简单的错案平反，其背后因此受到牵连的"官犯"群都可能是难以计数的。

对于已经上报的案件，意味着启动审判监督程序，在这其中也是基于实用主义逻辑思维。律例是判断司法裁判合法性和合理性的重要标准，只是在情理裁判的衡平思维下，允许司法官做出自由裁量，采取灵活的司法策略，但是这种法律的类推或者变通、规避甚至牵强附会，不能超出律例规定的规则太远，即"庶不与律例十分相北"[2]，上文提到的"比附""自由裁量"也是仅仅围绕着大清律例来展开。律例的参照性为司法权裁判的衡平性确定了较为宽泛的界限。衡平策略，可以在卡多佐的思想里找到渊源。卡多佐在《司法过程的性质》一书中，认为法官"要反省自己的思想，要追寻影响或引

---

〔1〕 方乐："超越'东西方'法律文化的司法——法制现代性中的中国司法"，载《政法论坛》2007年第3期。

〔2〕 转引自管伟："试论中国古代法律发现的原则和方法"，载《法律方法》2009年第0期；方大提：《平平言》（卷2）"本案用何律何例须考究明白"资州官廨光绪十八年刊本。

导他得出结论的那种种影响力，要掂量各种可能冲突的考虑因素——逻辑的、历史的、习惯的、道德的、法律的确定性和灵活性、法律的形式和实质等等。"[1]法律既然是社会规范，其解释和适用就不能够仅依照"文义"和"逻辑"，而不顾及所产生的社会效果，在审转制度中司法权流转的社会效果，主要在于对司法权力的行使提供合理的依据。从而达到合理解决纠纷，维护司法机关公正形象的现实主义目的。

（二）"情罪相符"——司法策略和最终价值

审转程序中，各级司法官在确定判案依据的过程中，即使"律有正条"，在内心也会感到一种选择规则上的困惑，特别是遇到"情重法轻""情轻法重"等疑难案件时。在封建社会，司法权的行使奉行严格规则主义，但同时，从唐代开始，"德礼为政教之本，刑罚为政教之用"，刑罚的本质目的也要和德礼一样，符合人心、符合常情。因此，"情罪相符""情法相平"是官员为官一任治理良好的标准。同时这种目标也给最基层的州县司法官带来压力，由于时刻面临着上级官僚的审核和监督，或对律意阐发不当或比附不当，即有引发驳议乃至遭到处分之虞。因此，为了所审案件形成一种"情法相平"的印象，基层司法官先入为主地以情理判断案情，以情理推断结果，用情理作为一种司法策略，并在以此为前提来寻找裁判依据过程中，并非是通过对于律意的情理性阐发来论证其所发现的裁判依据的合理性，而是从案件事实的处理入手，要么在对于案件事实进行技巧性描述上来做文章，要么不惜裁剪案件事实以寻找与之相适应的法律条文，[2]从而成为其"引断允协"的事实依据，规避本应适应的条文。用情理作为一种审判技巧，既不怕两造翻案，更进一步来讲，也不怕上级驳按。正如美国学者布迪和莫里斯所说："对于绝大多数案件来说，刑部关注的是对于被告是否给以罪行相适应的刑罚；至于确认被告是犯有罪行，还是清白无辜，这个问题刑部很少考虑。"

"情罪相符"同时也是中国传统司法的目标所在，往往也是刑部审核地方裁判"允协"的标准。单就司法裁判的内容而言，"情罪相符"实质上包含有两重含义，一是行为的性质及其所引起的社会危害性后果必须与其所承担的刑事责任相一致；亦即是在多数刑事案件的审理中，司法官须在其所固有

---

〔1〕 ［美］本杰明·卡多佐：《司法过程的性质》，商务印书馆 2000 年版。
〔2〕 徐忠明：《案例、故事与明清时期的司法文化》，法律出版社 2006 年版，第 315 页。

的"法感"的支配下，在对案情的初步了解的基础之上，对案件做出初步的目标裁决，并由此寻找与其所处刑罚相适应的律例条文。二是案件行为或事实与所援引或比附援引律例中所包含的罪名相符。即要求司法官在审理案件过程中，必须在案件事实与所欲援引律条之间反复斟酌，使其所引断的律例条文能够在逻辑上涵摄案件事实或与案件事实相类。清代，刑部在光绪十年的"儒师引诱学徒为非"一案的批示中，对比附援引的内在机理做出了深刻而又充分的阐释："如审理案件遇有例无明文原可比附他律定夺，然必所引之条与本案事理切合，即或事理不一而彼此情罪实无二致方可援照定谳，庶不失为平允，如不论其事理，不酌其情罪，徒执一二名相似之文率先爰书，殊失立法本意……总之此等案件，例内既无明文，历来亦无似此成案，全在司谳者准情酌理折衷心至当，不得意为轩至失情法之平。"[1]可见所谓同类事例意味着"事理切合"或"情理切合"，在律无正文无法可依的情况下，当案件事实与规范内的制度事实"事理切合"或情理切合的情形下，适用比附，才能符合立法原意，符合法律的基本原则，实现统类的一致。

综上所述，清代审转制度在司法程序上属于复审，在整个清代庞大的司法程序中只是一个部分，但就仅一个复审程序的端倪，可见整个清代司法的大局。这种大局在于它的运转，更在于它深层次所反映的根源和思想。众多学者有述，情理法是古代司法的显著面孔，清代审转程序的运作之中，也离不开情理的色彩。但我们不能只从"情理"去理解司法，事实上在严格主义的要求下，清代司法官仍然是非常尊重《大清律例》，概括性禁律、比附等司法手段都是在围绕《大清律例》展开，而非任意无边界的自由裁量。这种"依法判决"的效果，在清代是符合实质现实主义的司法精神的。平行而言，在现实中可以平复社会舆论，对于两造给予明确的说辞；向上而言，可表对于王法的效忠、彰显自身的权贵地位和法律知识的优越；同时可以以依法审判的方式对抗皇权对自己的监督干涉等。这些深层次的原因，都具有鲜明的现实主义精神和合理性。

---

〔1〕 （清）祝庆祺等编：《刑案汇览三编》卷四十三"儒师引诱学生为非"。

金代法律人才的选拔和任用制度刍议

张晋伟　　张耀文[1]

内容摘要：公元十二世纪初，随着金国版图的不断扩张和境内民族、政治矛盾的日趋激化，女真部落原有的以习惯法为基础的法政制度，已不能满足整个王朝发展的需要。自金熙宗之后的历代帝王，一方面效法中原文化制度，开始大刀阔斧地改革；另一方面则广泛吸纳文化水平较高的汉人、契丹人、渤海人入主中枢，参与朝政治理。本文拟从金代法律人才的选拔和任用制度出发，逐步探寻金朝法制"华夏化"的进程，并进而总结其建设上的利弊得失。

关键字：法律人才　律科　选拔

一、金朝的法律制度建设及相关立法概况

金朝的法制建设大体上可分为三大阶段：第一阶段是太祖、太宗时期，一方面，由于金朝大业草创，战争频仍，统治者将精力更多地投注到对外征伐之上，而忽视了基本的政治法律制度建设；另一方面，刚刚走出白山黑水的女真人，整体的经济和文化发展水平较低，原始的部落习惯法足以维系正常的政治秩序和社会秩序。因此，尽管朝廷仍有零星的敕令、诏书颁布和局部的政治法律制度调整，不过从整体上看，这一阶段并未形成有效的法律体系规范，更与传统之中华法文化相去甚远。第二阶段是金朝法制的初创阶段，主要在熙宗和海陵两朝，与太祖、太宗不同：金熙宗自为童时聪悟，适诸父南征中原，得燕人韩昉及中国儒士教之，后能赋诗染翰，雅歌儒服，分茶焚香，弈棋象戏，尽失女真故态，[2]海陵王完颜亮更是文采奕奕，汉学修养甚高。在这一时期，金朝在政治和经济上快速完成了"形式上"的封建化，在

---

〔1〕 作者简介：张晋伟（1995—），男，山西山阴人，西北师范大学法学院 2018 级法学理论硕士研究生；张耀文（1996—），女，汉族，甘肃武威人，日本冈山大学 2019 级硕士研究生，主要研究方向为法律史。
〔2〕 （宋）宇文懋昭撰：《大金国志》（第九卷），纪年九，熙宗孝成皇帝一。

法律制度的建设上也日趋完善和规范：一方面，大量通习法令的汉人、契丹人被逐步纳入政权之中，封建化的法律意识在国家层面上初步得到了普及；另一方面，朝廷的立法工作和法制机关建设也得以如火如荼地展开。在立法上，统治者"参辽酌宋"，陆续修订完成了《皇统制》和《正隆续降制书》两部法典，总体上实现了法律的规范化。在法制机构的建设上，熙宗时期，朝廷颁新官制及换官格，始定勋封食邑入衔，而后其制定；[1]在海陵王时期则进一步完善，省而下官司之别，遂成定制。在这一时期，御史台、大理寺、审官院、登闻鼓院、登闻检院等司法机构逐步健全化和规范化，为后来金朝法律制度的成型做出了重要贡献。第三阶段是金朝法制的完善和成型期，随着金朝在北方统治地位的逐渐稳定和汉化程度的日趋加深，统治者对法制建设的重视程度也越来越高，一方面，是大量律令的制定、修改和阐释，如在金世宗、金章宗年间《大定条理》《明昌律义》《泰和律义》等一系列的法典先后成型；另一方面，朝廷对法律人才的选拔和任用也逐步重视起来，特别是科举考试中"律科"的逐步儒家化和规范化。在这一时期，金朝不但较为成功地将自己完全融入"中华法系"的规范之内，在某些方面甚至有所创新，如对罪犯亲老的官与养济制度。[2]

二、金朝对法律人才的任用

金朝草创之际，法令典章的制定工作显得尤为紧迫，金朝宗室的一些博学之士，先后被朝廷重用，成为金朝历史上的第一批法制建设者，如完颜宗雄，史称，凡金国初建，立法定制，皆（宗雄）与宗干建白行焉。[3]随着金朝战争成果的不断累积，一些汉族、契丹族的知识分子逐渐被纳入金朝的统治集团，部分汉族文人士大夫帮助统治者完备法律制度、参与典章制定，对于金朝日后的封建化起到了重要的作用，如太宗时期的宰相韩企先，金史称，本朝兴国以来，宪章法度，多出其手。[4]

熙宗、海陵年间是金朝中原化、封建化的转型时期，也是金朝法律制度建设的重要奠基时期，由于战争的持续和朝政的紊乱，统治者对法律人才的

---

〔1〕 （元）脱脱：《金史》（卷五十五），志第三十六，百官一。
〔2〕 丁大炜、汪亚光："对金朝法制的探讨"，载《法制与社会》2008 年第 35 期。
〔3〕 （元）脱脱：《金史》（卷七十三），列传第十一，完颜宗雄传。
〔4〕 （元）脱脱：《金史》（卷五），本纪第五，世宗纪一。

关注一直较少，但仍有一些官员因熟悉律令，治理得当而得到朝廷的认可，如大兴安次人刘徽柔，史称其"明敏，善听断"，先后担任真定栾城主簿、开远军节度掌书记、洪洞令等官职；再如金朝静难军节度使张中彦，在其任职期间秉公执法，深得民心，史书记载，（有）郁远人，家贫无能赴告者，中彦力为正其罪，竟置于法。[1]

随着国家政权体制的逐步规范化和社会经济状况的好转，金朝迎来了它的盛世——"大定之治"和"明昌之治"。在这一时期，统治者对法律人才的需求也日渐迫切，如金世宗曾向大臣咨询，"迩来犯法者众，殊不闻有能者"。[2]金朝国家机关中的"法律人才短缺"现象，大致可归结为两个原因：一方面，金朝统治者比较重视政府机关内部的法制建设，上至中央的省、监、寺、部，下至各府各州、各猛安谋克，都普遍设立了如"知法""检法""抄事"等专掌法律事务的官员，以金朝的中都大兴府为例：（府）设知法三员，从八品；女直一员、汉人二员，掌律令格式、审断刑名；抄事一人，掌抄事目、写法状，以前后行吏人选。[3]针对"知法""知检"等一些特殊职位，朝廷还明确规定必须由律科及第者担任，如史书记载：（知法、知检）除授，旧授扎付，大定三年始命给敕，以律科人为之。[4]大量法律职位的设立，带动了朝廷对法律人才的需求；另一方面，作为开明地主阶级的代表人物，以完颜雍、完颜璟为代表的金朝统治者，为了缓和阶级矛盾，确保"绝对不公正"下的相对公正，对与普通百姓息息相关的基层法制建设较为关注，重用提拔了大量"精通律例"的干吏，如金世宗时期的重臣移剌道，因为熟习律令而被世宗褒扬并加以重用，虽已年过六十而不准其致仕；大兴府宛平人丁暐仁，以善于治理"斗讼"而著称，其在担任迁安县令期间，前令罢奭不事事，群小越法干禁无所惮，暐仁申明法禁，皆屏息，或走入他县以避之，有董佑者最强悍，畏服暐仁，以刀断指，誓终身不复犯法。[5]又如金章宗年间的蒲察通，史称其"明敏才干，正掌法之官"；[6]宗室贵族完颜守贞，史载其"通

〔1〕（元）脱脱：《金史》（卷七十九），列传第十七，张中彦传。

〔2〕（元）脱脱：《金史》（卷七），本纪第七，世宗纪三。

〔3〕（元）脱脱：《金史》（卷五十七），志第三十八，百官三。

〔4〕（元）脱脱：《金史》（卷五十三），志第三十四，选举三。

〔5〕（元）脱脱：《金史》（卷九十），列传二十八，丁暐仁传。

〔6〕（元）脱脱：《金史》（卷五十七），志第三十八，百官三。

法律，明习国朝故事"，时金有国七十年，礼乐刑政因辽、宋旧制，杂乱无贯，章宗即位，乃更定修正，为一代法。[1]此外，如世宗年间的阎公贞、李完；章宗年间的马琪、宋浦等人，也都以"精习法律"而名噪一时，受到朝廷的拔擢和重用。

自章宗泰和年间以降，突如其来的天灾和日益腐败的朝政，逐渐将王朝推入了万劫不复的境地。在北有新兴的蒙古帝国虎视眈眈、南有红袄军起义如火如荼的严峻环境下，统治者不但做不到励精图治，反而继续腐化堕落，一步步走向覆亡。特别是自宣宗南迁之后，朝政败坏、法令混乱的情况更是变本加厉。金王朝统治者在自身摇摇欲坠、焦头烂额之际，对法律人才的选拔自然变成了一纸空文。但尽管如此，仍有一些官员因熟悉法律而受到提拔，如山东人张行简，其静为务，庶几万分之一。[2]不过从总体上说，这一时期的金王朝，早已是法度不行、朝政紊乱，偌大的帝国只能在盛世的余晖下苟延残喘。

三、金朝对法律人才的选拔

金朝沿袭辽、宋旧制，开科取士。与明清相比，宋金时期的科考项目也更为多元化和复杂化，以金朝为例：有词赋、经义、策试、律科、经童之制，之后，为巩固统治和笼络人才，朝廷又陆续开设了女真科与制举宏词科，进一步拓宽了人才选拔的方式和范围。律科与诸科，作为朝廷选拔专业法律人才、巩固专制统治的手段，其在国家科举体系中的作用不言而喻。其始置于海陵天德三年，经世宗、章宗两朝渐趋完善。

律科中选者，被称为举人，其组织考试与阅卷，多与词赋、经义两科一并进行：如在选派试官上，词赋进士与律科举人，共及三千以上五员，二千四员，不及二千三员；[3]又如在阅卷上，律科设监试官一员，试律官二员，隶词赋考试院。[4]在考点的设置上，朝廷起初设置了大兴、大同等六处考点，后来逐步增为十处，这也在客观上反映了金朝的逐步汉化和国家政权对法律人才的迫切需求。在考试时间方面，朝廷多于三月二十日举办乡试、八月二

〔1〕 （元）脱脱：《金史》（卷七十三），列传第十一，完颜守贞传。
〔2〕 （元）脱脱：《金史》（卷一百零六），列传第四十四，张行简传。
〔3〕 （元）脱脱：《金史》（卷五十一），志第三十二，选举一。
〔4〕 （元）脱脱：《金史》（卷五十一），志第三十二，选举一。

十日举办府试，考试的安排依次为词赋、经义、律科、经童。诸科，亦被称作"律科进士"。金朝在诸科的考试的内容、形式乃至录取比例方面，都有严格的规定。在考试的形式上，朝廷做出了明确规定：如府试考试以律令为内容出十五道题，每五人录取一人。在会试环节，则将考试分作三场，每场十五题，三场共通三十六条以上且文理优、拟断当、用字切者，为中选，[1]会试的录取人数临时约取，并无定数。从考试内容上说，则显著表现为两大特点：一是考试的儒家化，初期的律科考试多以律令为主，随着国家儒家化程度的不断加深，朝廷在明昌年间下令：律科举人止知读律，不知教化之原，必使通治《论语》《孟子》，涵养器度，遇府、会试，委经义试官出题别试，与本科通定去留为宜，[2]由于金朝对儒学的推崇和重视，律科正式将儒家经典作为律科考试的重要内容。二是考试的时代性，由于法律在先天上具有多变性，会随着时代的变化而不断发展进步，因此，金代的律科考试，也充分体现了这一特点，如在金章宗承安年间，朝廷下令更定考试随朝检、知法条格。[3]

对于律科及第者，朝廷早在海陵王正隆年间，就已经制定了一套较为成熟的任免和升职制度，在大定、明昌年间又屡次增修和补充，最终形成了一套较为完善的"律科公务员"工作管理规范。在这一套规范体系内，将"律科及第者"的年限、奖惩等客观因素与官员升迁、调任等职务变动进行了挂钩。在一定程度上，有利于调动法律人才的工作热情、遏制官场腐化受贿之风。

四、金朝对法制队伍的建设和整肃

大定、明昌年间，由于统治者励精图治，大金王朝整体上处于朝政清明、国泰民安的繁荣时期，一时号称盛世。国家的强盛，得益于清正廉明的吏治，尤其是统治者对司法官员和监察官员队伍的高度重视。在法官队伍的建设方面：早在金世宗时期，就对犯罪法官严加惩处，绝不姑息，如在大定六年，右三部检法官韩赞以捕蝗受赂，除名；[4]大定九年，为规范法官审案，避免

---

〔1〕（元）脱脱：《金史》（卷五十一），志第三十二，选举一。
〔2〕（元）脱脱：《金史》（卷九），本纪第九，章宗一。
〔3〕（元）脱脱：《金史》（卷十一），本纪第十一，章宗三。
〔4〕（元）脱脱：《金史》（卷九），本纪第九，章宗纪一。

徇私，朝廷又下令，近闻法官或各执所见，或观望宰执之意，自今制无正条者皆以律文为准，[1]一定程度上确立了法官忠于法律的司法原则。金章宗明昌年间，朝廷在此下诏：或言法官不当出情见，故论者纷纷不已，朕谓情见非出于法外，但折衷以从法尔。[2]金章宗泰和四年，朝廷依照唐朝的律令，重新修订了官员课考之法，作四善、十七最之制，在这套官员的行为准则中，特别规定了法官的行为规范，其中第十六条规定，议狱得情，处断公平，为法官之最。[3]

国家监察体系的完善，是吏治清明的重要保证。世宗、章宗年间，朝廷对官员的行政和司法监察，主要通过三个方面实现：一是建立较为全面、体系化的综合监察体系，尤其是发挥大理寺、尚书省等机构的作用。金世宗大定初年，大理寺虽作为国家审判机关，但仍在监察领域发挥着重要作用，在一定时期，甚至兼具司法机关和监察机关的双重性质：如在大定十一年，大理卿李昌图以廉问真定尹徒单贞、咸平尹石抹阿没剌受赃不法，既得罪状，不即黜罢，杖之四十。[4]尚书省作为国家中枢，同样承担着司法监察的重要任务，如职官多以吉善求名，计得自安，国家何赖焉？至于徇情卖法，省部令史尤甚，尚书省其戒谕之；[5]二是加强专门性监察机构建设，逐步健全和规范御史台的权责，加大对监察官员的惩治力度。如在金世宗大定中期，朝廷先后出台法令：制纠弹之官知有犯法而不举者，减犯人罪一等科之、[6]今监察职事修举者与迁擢，不称者，大则降罚，小则决责，仍不许去官，[7]通过一系列的强制性、惩罚性措施，大体上保证了大定年间朝廷吏治的清明；三是大力提拔清正且有才干的监察官员，并加以宣传和褒扬，如金世宗曾褒扬干吏张汝霖："卿尝言，监察御史所察州县官多因沽买以得名誉，良吏奉法不为表襮，必无所称，朕意亦然，卿今为台官，可革其弊。"[8]不久，朝廷进一步提拔其为中都路都转运使、太子少师兼礼部尚书，俄转吏部，最后官至

---

〔1〕 （元）脱脱：《金史》（卷四十五），志第二十七，刑志。
〔2〕 （元）脱脱：《金史》（卷四十五），志第二十七，刑志。
〔3〕 （元）脱脱：《金史》（卷五十五），志第三十六，百官一。
〔4〕 （元）脱脱：《金史》（卷七十三），列传第十一，完颜守贞传。
〔5〕 （元）脱脱：《金史》（卷十），本纪第十，章宗二。
〔6〕 （元）脱脱：《金史》（卷七），本纪第七，世宗中。
〔7〕 （元）脱脱：《金史》（卷七），本纪第七，世宗中。
〔8〕 （元）脱脱：《金史》（卷八十三），列传第二十一，张汝霖传。

御史大夫。

金章宗末期，随着王朝的日益腐化，司法和监察的不正之风也已悄然蔓延，为了扭转衰颓的国势，朝廷多次以谕旨、法令等形式，试图更正司法监察领域的弊病，如在泰和年间，朝廷下令，定省令史关决公务，诡称已禀、擅退六部、大理寺法状及妄有所更易者罪。[1]再如针对司法领域的相互推诿和怠政，朝廷多次下令予以驳斥，如在泰和末期，永丰库官不守宿，因而被盗，上召登闻鼓院官欲有所问，皆不在。上谕铸曰："此辈慢法如此，御史台所职何事也！"[2]但从实际效果上说，朝廷的这些努力也多是"雷声大，雨点小"，未能从根本上革除弊政，也无法从根本上扭转大金王朝的颓势。章宗之后，朝政日颓，自宣宗南迁后，国势更是江河日下，为了稳定人心、扭转颓势，朝廷开始整顿司法监察领域的种种乱象，加强对监察官员的规制，宣宗年间屡次修改和完善相关的监察法律，如在兴定元年九月，更定监察御史失察法，[3]兴定五年九月，更定监察御史违犯的决法，[4]权臣术虎高琪也曾上奏朝廷，凡监察有失纠弹者从本（新）法，[5]但这些所谓的改制，或因为国破城败、政令不行；或因为奸臣弄权、君主昏聩，始终不能贯彻实施，金朝这架"马车"，也逐渐走进了死胡同，湮没在历史的尘埃中。

五、金朝法律人才建设的回顾与反思

金朝是一个崛起得迅猛，但也消逝得恍然的政权。它从立业会宁到吞辽灭宋，不过十余载，但它从太平盛世滑向灭国亡族，也仅仅用了不到三十年。透视金朝的法律人才建设，我们不难看出：法律人才对于一个国家的兴旺发达有着重要的作用，金朝的盛世，与法律人才的建设相辅相成，而与金朝的衰亡相伴随的却是法制队伍的长期紊乱。金朝初年的法度不行、滥杀无辜，掀起的是一波接一波的反抗浪潮，金朝盛世的法治昌明、律制齐备，迎来的是宇内小康的繁荣盛世，而金朝末年的律令混乱、曲法自专，带给它的却是国灭族亡的命运。从世宗、章宗年间对法律人才的建设经验中，我们可以总

---

〔1〕（元）脱脱：《金史》（卷十二），本纪第十二，章宗四。
〔2〕（元）脱脱：《金史》（卷一百），列传第三十八，孟铸传。
〔3〕（元）脱脱：《金史》（卷五十五），志第三十六，世宗纪二。
〔4〕（元）脱脱：《金史》（卷五十五），志第三十六，世宗纪二。
〔5〕（元）脱脱：《金史》（卷一百零六），列传第四十四，术虎高琪传。

结出：第一，法律队伍建设的核心是法制人才的选拔。大定、明昌年间对"律科"的不断规范和完善，为金朝的法制建设提供了坚实的人才基础。第二，完善国家机关法律岗位建设，是依法治国的重要保障。金朝在各级国家机关的"知法""知检"制度，保障了整个国家政权体系内的政令通畅，一定程度上遏制了徇私枉法、贪财枉判等不良风气，促进了金朝盛世的发展。第三，要规范和加强国家司法监察体系。高效廉洁的监察体系，是保证司法公正、吏治清明的重要手段，我们从大定、明昌年间的情况可见一斑，而混乱腐化的监察体系，则是国家衰亡的重要因素，我们从宣宗时期的监察制度变迁中，同样可以明显地看到这一点。第四，合理完善的司法官员升迁和任免制度，对于激励司法官员恪尽奉公、保障司法工作廉洁高效发挥着重要的作用。完善和规范法律人才的提升制度，无疑为司法制度建设构建了坚实的保障。回顾金朝法律人才的建设历程，我们当以史为镜，从浩瀚的历史中总结经验、吸取教训，从而为当前的法制建设助力增彩。

秦到农时：捃摭秦国"农"策法律问题

常少华[1]

内容摘要： 秦帝国是中国第一个大一统的封建王朝，作为众多诸侯国中后进的一员，其在各个方面并非绝对占优的情况下却最终成就了统一大业。秦的崛起过程，是落后地区反超先进的典范，对其研究有着积极的现实意义。本文旨在通过对秦国"农"策的分析，从法学视角去探讨秦国统一中国的某些必然性原因。

关键词： 秦国农业 农战国策 秦法规定

秦，是中国第一个大一统的封建制王朝。在其统一全国的过程中，先后消灭了韩、赵、魏、楚、燕、齐东方六国并取二周而代之，结束了长达五百余年的春秋战国乱局。其中，依当时各方实力而言，有能力与秦逐鹿天下的有南方的楚国和北方的赵国。秦作为一个西北高原上崛起的后进国家，无论在文明程度还是历史积淀方面都不及享国八百年的荆楚；而胡服骑射后，精进的赵国在军事实力上与秦也不遑多让。至少到战国中期，比之楚、赵，秦国并非是一家独大。然而，正是这个各方面都不绝对占优的西北邦国，却在秦王嬴政的统领下"奋六世之余烈，振长策而御宇内，吞二周而亡诸侯，履至尊而制六合，执敲扑而鞭笞天下，威振四海"，实现了中国历史上的首次大一统。"去分封建郡县、书同文度同制、车同轨行同伦"，统一了文字、度量衡及行为规范，奠定了中国之后两千余年的政治格局，就连而今国际社会对中国的称呼"China"都是源于拉丁文"Chin"（秦）这个词汇。可以说，秦一直影响着华夏大地，我们每个中国人都是秦的苗裔。

通过史料不难看出，秦自商鞅变法起，在思想上全面接受了法家思想，"生强""生力"是其变法的根本目的，"农战"是其具体措施。并以此作为其立法指导思想，将社会的各种资源全部调动起来，将秦国打造成了一架超级

---

[1] 作者简介：常少华（1982—），兰州大学法学院2017级法律史专业硕士研究生。本文获得第九届张晋藩法律史学基金会有奖征文大赛二等奖。

战车，为统一华夏做好了充分的准备。笔者认为，正是秦的统治者在当时先进的法律思想的指导下，将历次变法的正确经验通过法律的形式予以固定，确保其能够长久、稳定地发挥作用，最大限度地激活了整个秦国的社会活力，从而为东出函谷、兼并天下做好了充分准备。

秦的崛起过程，是落后地区反超先进的典范，对其研究有着积极的现实意义。诚然，任何历史性的改变都是当时合力的共同作用，不能只是简单归结于某一项或几项原因。在冷兵器时代，战争的胜败往往是由对弈双方的后勤保障所决定的，其中核心要素就是农业发展水平的高低。本文旨在从秦国"农"这一具体国策着眼，以法律史视角去思考和探讨秦国成为中国第一个大一统中央集权王朝的法制性因素。本文汇集相关史料文献及出土文物，从法律思想和法律制度两个角度去思考秦国法律对农业发展所起的重要作用。文中观点难免存在谬误，谨供方家贻笑批评。

一、春秋时期秦国农业的简述

学界一般对商鞅变法后的秦国关注较多，秦国的快速发展期的确在战国，但这不代表春秋时期的秦国就一直处于落后蛮荒的状态。任何一个国家的发展，都必然是建立在前人兢兢业业的基础上，绝非一蹴而就。具体到秦国的农业，更是如此。

据清华简《系年》所载，[1]秦人原属东夷皋陶部，在商代颇受王室重用。其首领飞廉、恶来父子为纣王重臣，对武王衔怨颇深。后来他们参与"三监之乱"，被周公击败后，周人杀飞廉、迁秦族。秦人被迁往陇原成为周王室的附庸。这样做一则是为周王室牧马，二则是为周王室抵御西戎。加之陇原本是周人故里，放在此处也方便对秦人予以监控，这种做法在历史上屡见不鲜，如纣王将姬昌囚于羑里（今河南安阳）、清代将政治犯发遣黑龙江。后因造父御车、非子牧马有功而受封成为卿大夫；公元前 770 年，秦襄公因护送周平

---

〔1〕《系年》："周武王既克殷，乃设三监于殷。武王陟，商邑兴反，杀三监而立录子耿。成王屎（践）伐商邑，杀录子耿，飞廉东逃于商盖氏，成王伐商盖，杀飞廉，西迁商盖之民于邾吾，以御奴且之戎，是秦之先，世作周危（卫）。周室既卑，平王东迁，止于成周，秦仲焉东居周地，以守周之坟墓，秦以始大。"

王东迁有功被册封为诸侯，并将西岐土地赐予秦国。[1]秦国立国较晚且长期与西戎杂居，在中原化方面相较其他诸侯国则显得极为滞后。但这并不影响其成为一个农业发达的诸侯国。

（一）重农文化的传统

西岐是周族先人的隆兴之地，周人始祖"后稷"就是以擅长农事而著称。[2]周人擅长农事，西北陇原开发较早，这些都为秦人留下了宝贵的农业文化积淀。而农业是所有宏图霸业的基础，只有雄厚的物质基础才能担负起一个国家的强国梦想。那么，秦国作为一个后进的诸侯国，它的农业基础又是如何呢？

根据史料记载，春秋时期，秦国的农业即已有大的发展。

> 晋旱，来请粟。丕豹说缪公勿与，因其饥而伐之。缪公问公孙支，支曰："饥穰更事耳，不可不与。"问百里傒，傒曰："夷吾得罪于君，其百姓何罪？"于是用百里傒、公孙支言，卒与之粟。以船漕车转，自雍相望至绛。[3]

秦国只有在自己有余粮时才可能赈济邻国，而且还是车拉船运，从秦国都城到晋国绛城一路绵延不绝的壮观景象，史称"泛舟之役"。这也从侧面反映出秦国当时的粮食储备数量可观，没有较为先进的农业生产能力是绝不可能实现的。

（二）自然条件的优渥

中国西北的土地大部分是黄土，主要分布在昆仑山、秦岭、泰山、鲁山连线以北的干旱、半干旱地区。原生黄土又以黄河中游发育最好，主要是在山西、陕西、甘肃东南部和河南西部。而陕西及甘肃东南部正是秦人在春秋时期的主要聚居地。冀朝鼎先生曾提出了西北高原的黄土具有"自行肥效"

---

〔1〕《史记·卷五·秦本纪第五》：周避犬戎难，东徙洛邑，襄公以兵送周平王。平王封襄公为诸侯，赐之岐以西之地。曰："戎无道，侵夺我岐、丰之地，秦能攻逐戎，即有其地。"与誓，封爵之。

〔2〕《山海经·大荒西经》：有西周之国，姬姓，食谷。有人方耕，名曰叔均。帝俊生后稷，稷降以百谷。

〔3〕《史记·卷五·秦本纪第五》。

的观点。他还援引了当时国外研究成果予以证明：

> 即使我们拿比丁（文江）博士所指的殷朝还晚一些的周朝（公元前
> 1050~公元前 256 年）的情况来说，整个发祥地依然没有越出关于古代中
> 国领土的这种特殊地貌的描述，是了解灌溉事业对于中国农业的重要意
> 义这一问题的一个关键。其秘密就在于黄土与水分相结合之后所呈现的
> 特殊性质……由于黄土中含有丰富的苛性钾、磷与石灰，一旦加入适当
> 的水分，它就成了极其肥沃的土壤。由此，中国北平的燕京大学前地质
> 学教授 C. B. 巴伯（Bar bour）曾断言："因为中国的黄土有着很高的石
> 灰成分，而且其肥效是绝然无疑的，所以，水分的供应就成了必不可少
> 的因素了。"[1]

西北黄土高原的丰腴，无私地滋养了一代又一代中华先民，周人在这里
默默深耕，为西出陇原、问鼎中原积蓄力量。经过周人世代开发，到秦人入
主时，其可耕地规模已是蔚然可观，粮食产量稳定递增，这才会出现上文的
"泛舟之役"。

（三）农业技术的发达

农耕技术进步的一个重要标志就是农具的进化。武树臣先生说"中国是
在夏朝（公元前 21 世纪）进入阶级社会的，当时的生产工具是木器、石器和
极少量的青铜器。这是由于中原气候湿和、雨量适中、土壤松软、灌溉方便。
可以说中国是在手无寸铁的情况下进入文明社会的"[2]随着时光的推移，易
于耕种的土地渐次消耗殆尽，这时开发坚硬的土地就成为必然选择。诚如恩
格斯所说："铁已在为人类服务，它是在历史上起过革命作用的各种原料中最
后的和最重要的一种原料。铁使更大面积的农田耕作，开垦广阔的森林地区，
成为可能。"[3]镔铁相对于青铜，质地更加坚硬、柔韧度更高，铁质起土农具
更适合开垦土质坚硬的荒地，这对解决耕地相对不足有着决定性的意义。

---

〔1〕 冀朝鼎：《中国历史上的基本经济区》，商务印书馆 2014 年版，第 19 页。
〔2〕 武树臣：《中国法律思想史》，法律出版社 2004 年版，第 23 页。
〔3〕 ［德］弗里德里希·恩格斯："家庭、私有制和国家的起源"，载《马克思恩格斯选集》（第
4 卷），人民出版社 1972 年版，第 159 页。

中国至迟到西周初年开始出现冶铁工艺。[1]目前能确定秦国最早出现铁质农具的确切时间为春秋中晚期。在 1984 年至 1985 年对陕西凤翔秦公大墓的发掘中曾出土大量铁制农具，仅在填土层就发现铁铲、铁锸十二件，[2]可见秦国农业当时已进入铁器时代。另外，在 20 世纪 90 年代中期，甘肃省礼县大堡子山秦公大墓（墓主目前尚未定论，可能为秦襄公或秦仲，为早期秦公墓葬群）中还出土了不明铁器残块基体，[3]说明秦人至迟到春秋早期就已掌握了一定的冶铁技术。

综上可知，春秋时期的秦国在农业方面并不落后于山东诸国，其生产方式、粮食产量都属上乘，为秦国的早期西扩和秦穆公东出称霸奠定了雄厚的物质基础。同时也为秦国进入战国后的变法图强夯实了基础。

二、战国时期秦国农业的发展

迨至战国，山东诸国已先后变法图强，而秦国却浑浑噩噩无所作为。于内，出现了多次宫闱变乱，内耗剧烈；于外，经年败北致使函谷关及河西之地被魏国蚕食鲸吞，秦国几乎成为战国时期第一个被淘汰出局的大诸侯国。秦的迅速发展壮大也仅是在献公励精图治开始，尤其是孝公任用商鞅实施变法之后的一百余年间实现的。

秦献公效仿魏国变法，先后进行了一系列改革。如废除人殉、迁都栎阳、增加县数、设置市场、改革军制等，但这一切都没有触及变法的核心实质——土地所有制。所以秦献公的改革举措只是阻止了秦国衰落的颓势，真正实现秦国飞跃发展的是秦孝公和商鞅。

以商鞅为代表的法家，重视通过法律手段调配社会资源，达到"生强""生力"，以此提升国力。具体落实的手段就是推行"农战"国策。所谓"农战"，对内，则全国皆农、积极耕作、开垦荒地、充实仓廪、扩大人口；对外，全民皆兵，为国作战、冲锋陷阵、攻城拔寨、开疆扩土。这是商鞅变法的核心所在，在《商君书》中有关农战的论述也是最多的。在《农战》篇

---

〔1〕 转引自刘学堂："中国冶铁技术起源的发现与研究综述"，载《中国文物报》2017 年 9 月 22 日，第 6 版。

〔2〕 本组数据转引自呼林贵："陕西发现的秦农具"，载《农业考古》1988 年第 1 期。

〔3〕 转引自邵安定等："甘肃礼县大堡子山秦公墓出土金属器的科学分析与研究"，载《文物》2015 年第 10 期。

中，集中地阐述了农战国策的意义，"国之所以兴者，农战也""国待农战而安，主待农战而尊""农者，国之根本"，对农业的重视程度直接决定了一个国家的国运。而发展农业的最终目的就是为了扩充军备，对外用兵。正所谓"入其国，观其治，民用者强"，[1]走进一个国家，观察该国的治理情况，民众能被调动为国驱使的国家就是强大的。

秦国农业在战国时期的快速发展，除了前文所提到的有较好的农业基础外，还得益于以下三点。

（一）实现土地所有制的转变

1. 土地所有制变革的动因

最早的土地所有制改革应始自公元前 584 年鲁国季文子施行的"初税亩"。[2]所谓"初税亩"，就是彻底丈量土地，获得确切的土地数量，再根据土地亩数予以征税。在实行这一征税体系之前，周代实行的是一种分封制下的土地公有制，名义上天下的土地都是周天子的。而周天子将土地赐予诸侯时，他便不再实际拥有土地收益了。每年诸侯国君只需向周天子象征性地进贡土特产，以此获得对该国的合法政权。同理，诸侯国国君也必须分封他的土地给子弟、臣属作为"采邑"。当他把某个邑分封给某个更小的贵族时，那么这个邑的农民就向这个小贵族缴纳粮食，而不再向国君缴纳。以此类推，直到分到最小的贵族"大夫"为止（"士"中的一部分有食田，但不是世袭罔替）。全国上下形成了以周天子为塔尖，基层小贵族为底座的"金字塔"式的土地所有制结构。因为当时可供支配的成熟土地有限，还要根据爵位高低配置相应的土地规模："天子之制，地方千里。公侯皆百里，伯七十里，子男五十里，凡四等。不能五十里，不达于天子，附于诸侯曰附庸。天子之卿受地视侯，大夫受地视伯，元士受地视子男。"[3]

而随着人口的不断增加，原有的成熟土地又已明确有主，加之受当时技术条件所限"（中国）人民几乎完全没有利用他们的高山区熟土……而是聚居在沿河地区"，[4]许多新增人口分不到成熟的土地，人们只有想办法去开发那

〔1〕《商君书·画策》。
〔2〕《左传》："初税亩，非礼也，谷出不过藉，以丰财也。"
〔3〕《孟子·万章下》。
〔4〕《商君书·画策》。

些尚未利用的河滩荒地。同时，由于这些荒地没有具体的归属，所以人们无需向任何封君缴纳粮食。久而久之，封君们发现自己土地的产出越来越少，而无主的土地却人财两旺，这直接影响了税收，而税收的减少又影响了他们的实力。为了解决这个问题，势必需要进行土地改革。通过对土地所有权的重新确认，进而重新分派税收，增加财政收入。季文子的这种土地改革迅速被各国效仿，随着税赋的增加，各国实力大增，纷纷组织起更强大的军队，形成了更大规模的政权。从某种意义上讲，土地改革促使中国进入了残酷兼并的战国时代。

2. 秦国土地所有制的具体情况

正当山东诸国轰轰烈烈地开展变法运动解放生产力时，秦国却还落于下风。直到公元前403年才开始"初租禾"[1]，秦孝公十二年（公元前350年），才"为田开阡陌"[2]；两年后，"初为赋"[3]开始征税。在先进的法家思想的指导下，秦很快就体现出了"后发优势"。虽然秦国落后，但国内却少有各种盘根错节的利益集团，加之献公、孝公两代国君坚定的图强决心，这也为商鞅变法提供了广阔的舞台。

关于此时秦国土地所有制的属性，学界普遍认为是公有制与私有制并存。如高敏先生认为："（变法后）土地制度确实是封建的国有土地制与地主土地私有制的并存，而且前者在开始时还居于主导地位，只是由于后者在迅速发展之中，才相对地削弱了它的比重。"[4]唐赞功先生认为，"（秦国）不仅存在封建地主土地所有制而且还存在封建国家土地所有制以及自耕农民的小块土地所有制。但是，以上几种土地所有制形式的存在，并不是孤立的、不变的，而是互相联系和发展变化的。封建国有土地尽管占有相当比重，但是，这些土地通过各种途径，不断转化为地主和自耕农民所有"[5]。熊铁基、王瑞明两位先生也认为："秦代有一定数量的国家直接掌握的官田（或称公田），

---

〔1〕《史记·六国年表》。

〔2〕《史记·商君列传》。

〔3〕 W. H. Mallory: *China: Land of Famine*, American Geographical Society Special Publication, 1926, p. 148.

〔4〕 高敏："从云梦秦简看秦的土地制度"，载高敏：《云梦秦简初探》，河南人民出版社1981年版，第151页。

〔5〕 中华书局编辑部编：《云梦秦简研究》，中华书局1981年版，第65页。

在封建土地私有制（主要是地主土地私有制）占主导支配地位的情况下，其数量虽然不小，但它受私有制所制约，处于一种补充地位，大部分荒地是过渡性质的，其发展趋势却是日益减少。除了山林川泽、苑囿园池之外大部分官田是荒芜的，没有什么材料证明当时国家直接役使农民耕种了很多田地。而国家经费的主要来源是从私有土地上（包括地主和自耕农民私有的）征收租税。"[1]

通过前辈学者分析，不难看出战国时期秦国土地所有制关系中，除了原有的公室所有土地外，还有大量的私人所有土地。这些私田主要是由"授田"和"军爵赏田"两大部分组成。

（1）"授田"。即将土地授予实际耕种者，承认"受田"者所拥有土地的合法性。秦简《田律》有载"入顷刍稾，以其受田之数，无垦不垦，顷入刍三石、稾二石"。通过法律，明确了以受田数为纳税标准，这就明确地确认了土地私有的合法性。当然，作为义务方受田者，不管有没有全部耕种这些土地，都必须按比例缴纳实物税赋。

（2）"军爵赏田"。据《史记》记载："以卫鞅为左庶长，卒定变法之令，令民……有军功者，各以率受上爵；……明尊卑爵秩等级，各以差次名田宅，臣妾衣服以家次。"[2]商鞅变法时，按赐爵等级给予相应的"田宅""臣妾"。《军爵律》[3]也有"从军当以劳论及赐，未拜而死，有罪法耐迁其后；及法耐迁者，皆不得受其爵及赐。其已拜，赐未受而死及法耐迁者，予赐"。的记载，除了明确规定了有军功的要赏赐，还规定了不予赏赐的情形。赏赐，自然包括了"田宅""臣妾"等。

将土地私有化，极大地调动了民众从事劳动生产和对外征战的热情。这种模式带来的效果是明显的。据《仓律》记载："入禾仓，万石一积……万石之积及未盈万石而被出者，毋敢增积。栎阳二万石一积，咸阳十万一积。"孝公之后，秦国粮食已然多到了入仓时要以"积"为单位来计算，而栎阳和咸阳的太仓居然以"两万石""十万石"为"一积"。

随着秦国对外战争的不断升级，大量的新占领的土地被直接归于国君，国君一方面通过设置郡县，派遣"令""守"直接管理新的土地，另一方面

---

[1]　中华书局编辑部编：《云梦秦简研究》，中华书局1981年版，第77页。
[2]　《史记·商君列传》。
[3]　本文所列秦法，如无特别注明均为1975年湖北睡虎地秦墓出土秦简所载内容。

又通过"授田"和"军爵赏田"将一部分新土地予以再分配。双管齐下，既增强了国君的行政权力，又增加了国家的财政收入，因为新占领土地大部分归于国君再授田于民，只有小部分用于赏赐。而这种小规模的土地赏赐无法撼动国君的优势地位。长此以往，秦国国内的贵族势力逐渐趋于颓势，而国君势力却不断得到了强化。到秦始皇时期，又"使黔首自实田"，[1]进一步在全国确认土地私有制，从此土地私有制最终定制。

中央集权，可以最大限度地调动社会资源为投入更大规模的兼并战争而做好准备。秦国民众也在这种模式下获得了更多的利益，以致上下同欲，秦国国力在短期内得到了迅速增强。这种模式也深刻地改变了未来中国两千余年的发展轨迹。

（二）农业技术的提高

1. 铁制农具的大量使用

前文提到秦国在春秋时就已出现铁质农具，到战国时期，秦国的铁制农具的使用更为普及。大量的出土文物说明了这一点。如秦都咸阳城遗址曾出土铁斧两件，铁锄两件；[2]秦都栎阳城遗址出土铁锸一件，铁铲一件；[3]秦都咸阳一号宫殿建筑遗址出土铁铲一件，铁锄一件，铁锸一件；[4]秦始皇陵园内城北门外两百米处发现铁铧一件；[5]陕西凤翔马家庄一号建筑群遗址出土铁锸1件；[6]陕西临潼郑庄秦石料加工场遗址出土铁锸十三件，铁铧一件，铁镰一件，铁铲一件。[7]这些文物的密集出土，说明当时秦国使用铁质农具已经非常普及。根据秦法规定，秦国百姓是可以向官府借用铁器的。如《厩苑律》云："假铁器，销敝不胜而毁者，为用书，受勿责。"《工律》云："假公器者，归之，久必乃受之……官辄告假器者曰：'器敝久恐靡者，转还其未靡，谒更其久。其久靡不可知者，令赍偿。'"这两条规定，前者是说借用铁制农具，因破旧不堪而损坏了，要以文书上报损耗，原物归还，不必赔偿。

---

〔1〕《史记·秦始皇本纪·集解》。
〔2〕吴梓林、郭长江："秦都咸阳故城遗址的调查和试掘"，载《考古》1962年第6期。
〔3〕刘庆柱、李毓芳："秦汉栎阳城遗址的勘探和试掘"，载《考古学报》1985年第3期。
〔4〕刘庆柱、陈国英："秦都咸阳第一号宫殿建筑遗址简报"，载《文物》1976年第11期。
〔5〕陕西省临潼县文化馆："秦始皇陵附近新发现的文物"，载《文物》1973年第5期。
〔6〕韩伟等："凤翔马家庄一号建筑群遗址发掘简报"，载《文物》1985年第2期。
〔7〕秦俑考古队："临潼郑庄秦石料加工场遗址调查简报"，载《考古与文物》1981年第1期。

后者则言借用官府的器物，归还时标志相符才能收还，因器物旧磨去了标记，要趁标记尚未磨灭，报请重新标记，否则，以钱财赔偿。[1]需要注意的是，秦铁铧、铁犁的多次出现，说明秦国牛耕也已普及，这也与史料记载相吻合。

2. 牛耕的普及

史料记载，秦赵长平之战时，赵国平阳君赵豹曾劝诫赵王："秦以牛田，水通粮，其死士皆列之于上地，令严政行，不可与战。王自图之。"[2]可见秦国牛耕技术已经很成熟。

战国时期秦国使用牛耕，还可以从考古实物资料中得以证明。20世纪70年代初，考古工作者曾在陕西临潼发现两件秦铁铧：一件体呈 U 形，高17厘米，宽8~14.5厘米；一件呈 V 字形。[3]很明显，这种重铧是用来深耕翻土的，非人力所能引，只能与牛马相配使用。后来，考古发现的秦铁铧数量不断增加，可知牛耕应已在秦国渐次普及。

此外，秦国还通过立法对耕牛给予严格保护。早在商鞅变法时就规定"盗马者死，盗牛者加（枷）"，[4]马用以征战、牛用以耕种，对它们的保护都是具有战略意义的。《厩苑律》又规定：

> 以四月、七月、十月、正月虎胃田牛。卒岁，以正月大课之，最，赐田啬夫壶酒束脯，为皂者除一更，赐牛长日三旬；殿者，讦田啬夫，罚冗皂者二月。其以牛田，牛减系丰刀，笞主者寸十。又里课之，最者，赐田典日旬；殿，笞卅。

就是说，在每年四月、七月、十月、正月评比耕牛，满一年，在正月举行大考核，成绩优秀的，赏赐田啬夫酒一壶、干肉十条，免除饲牛者一次更役，赏赐牛长资劳三十天；成绩低劣的，申斥田啬夫，罚饲牛者资劳两个月，如果用牛耕田，牛的腰围减瘦了，每减瘦一寸要笞打主事者十下。又在乡里进行考核，成绩优秀的赏赐里典资劳十天，成绩低劣的笞打三十下。这些都

---

〔1〕 王震亚："从云梦秦简看秦的经济立法"，载《西北师大学报（社会科学版）》1996年第6期。

〔2〕《战国策·赵策一》。

〔3〕 陕西省临潼县文化馆："秦始皇陵附近新发现的文物"，载《文物》1973年第5期。

〔4〕《盐铁论·刑德第五十五》。

是对耕牛精心饲养及合理使用的法律规定。

此外，耕牛也是被严禁擅杀的，曾发生过百姓为秦王祈福而买牛做祭，却被处罚的故事：

> 秦昭王有病，百姓里买牛而家为王祷。公孙述出见之，人贺王曰："百姓乃皆里买牛为王祷。"王使人问之，果有之。王曰："訾之人二甲。夫非令而擅祷，是爱寡人也。夫爱寡人，寡人亦且改法而心与之相循者，是法不立；法不立，乱亡之道也。不如人罚二甲而复与为治。"[1]

即使真心为祈祷秦王身体早日康复，也不能徇私枉法，不去追究擅杀耕牛的罪责。秦法无私，果真如此！耕牛的数量不仅要靠精心饲养、合理使用、禁止擅杀来维持，更重要的是要通过繁衍使其种群扩大。《秦律杂抄·牛羊课》规定："牛大牝十，其六无子，赀啬夫、佐各一盾。"成年母牛如果有六成未生育牛犊的，饲养者和管理者都要被处罚。《金布律》又载，有牛"狠生者，食其母日粟十斗"。连母牛"坐月子"的口粮都会通过法令规定，可见秦国保护耕牛、繁殖牛仔的力度之大。

另外，秦简中还有对基层官吏管理耕牛不善问责的规定："十牛以上而三分一死，令、丞皆有罪。"辖区内如果三分之一以上的牛只死亡，县官要被定罪受罚。

3. 水利工程的完善

在前文中曾援引冀朝鼎先生的观点，黄土高原一旦有了充足的水源，以其"自行肥效"的特点，很快就能沃野千里。战国时期，秦国最著名的有两个水利工程，一为都江堰，一为郑国渠。

（1）都江堰。始建于秦昭王末年（约公元前256～公元前251年），是蜀郡太守李冰父子在前人鳖灵开凿的基础上组织修建的大型水利工程，由分水鱼嘴、飞沙堰、宝瓶口等部分组成，两千多年来一直发挥着防洪灌溉的作用，至今灌区已达30余县市、面积近千万亩。它是全世界迄今为止，年代最久、唯一留存、仍在一直使用、以无坝引水为特征的水利工程。

---

〔1〕《韩非子·外储说右下·说二》。

这个灌溉系统的主要工程是灌县的都江堰，它把岷江分成了两条水道，而每一条又支分成很多较小的渠道。这些渠道最初是为着运输的目的而开凿的，但是，一旦开凿成功，也就广泛地应用于灌溉了。"溉田畴之渠，以亿万计。"于是成都平原便号称为"陆海"。都江堰与其有关渠道给人民所带来的利益，并不限于航运与灌溉。在元朝的一块石碑上就明确地声称："缘渠所置碓、硙、纺织之处，以千万数，四时流转而无穷。"可以毫不夸张地说，成都平原的富饶及其在经济上能自给自足，就是因为发挥了这一水利系统的作用。[1]

可以说，都江堰至今仍在造福人民，秦国水利的遗泽我们仍在受用。

（2）郑国渠。这个工程颇具传奇色彩，它始建于秦王政元年（公元前246年），史书这样记载它的修建过程：

> 而韩闻秦之好兴事，欲罢之，毋令东伐，乃使水工郑国间说秦，令凿泾水自中山西邸瓠口为渠，并北山东注洛三百余里，欲以溉田。中作而觉，秦欲杀郑国。郑国曰："始臣为间，然渠成亦秦之利也。"秦以为然，卒使就渠……渠就，用注填阏之水，溉泽卤之地四万余顷，收皆一钟。于是关中为沃野，无凶年，秦以富强，卒并诸侯，因命曰郑国渠。[2]

开凿河渠原本是韩国的"疲秦之计"，未曾想却为秦国带来了巨大的便利，直接改造了四万余顷盐碱地，且亩产平均达到了一钟（一钟合6.4石，相当于现在300余斤）。诚如郑国被识破后所言："臣为韩延数岁之命，而为秦建万世之功……"[3]秦王政不计前嫌，并以郑国命名渠名，足见其胸襟。

正是以上水利工程的建成，将巴蜀和关中变成了秦国的"基本经济区"，为秦的统一战争源源不断地输送着粮食和兵力。反观毗邻的荆楚，史载"地广人稀，饭稻羹鱼，或火耕而水耨，果隋蠃蛤，不待贾而足，地势饶食，无饥馑之患，以故呰窳偷生，无积聚而多贫。是故江淮以南，无冻饿之人，

〔1〕冀朝鼎：《中国历史上的基本经济区》，商务印书馆2014年版，第91页。
〔2〕《史记》卷二十九《河渠书》。
〔3〕《汉书·沟洫志》。

亦无千金之家。"〔1〕俨然一副自给自足的清平气象，这样的农业基础根本无法和"秦富十倍于天下"〔2〕的大国相抗衡，其被征服的命运早已注定。

（三）农业政策落实到细节

在传世文献和出土的秦简中，我们可以看到秦国法律中有许多关涉秦国农业生产环节中具体问题的指导性政策。

1. 农作物生长环节

如在《田律》中规定：

> 雨为澍，及秀粟，辄以书言澍稼、秀粟及垦田暘无稼者顷数。稼已生后而雨，亦辄言雨少多，所利顷数。旱及暴风雨、水潦、螽（蝥）蚀、群它物伤稼者，亦辄言其顷数。近县令轻足行其书，远县令邮行之，尽八月□□之。

就是说，在下雨浇灌土地和农作物抽穗后，相关官吏需向上级书面报告公田中受雨、抽穗的耕地顷数和已开垦但尚未播种土地的顷数。庄稼生长时下了雨，也要立即报告雨量的多少和受益田地的顷数。如若遇到旱灾、暴风雨、水涝或虫灾而折损了庄稼，则需报告受灾面积。距离近的县，须选走得快的人专程递送报告；距离远的县，则由驿站代为传送，且须在八月送达。这样的统计工作即使放到现在也是一项繁琐艰巨的任务。而两千余年的秦国就已经在实践了，可见秦国行政系统效率之高。

《田律》还规定：

> 春二月，毋敢伐材木山林及雍（壅）堤水。不夏月，毋敢夜草为灰，取生荔、麛？（卵）觳，毋□□□□□□毒鱼鳖，置？罔（网），到七月而纵之。唯不幸死而伐绾（棺）享（椁）者，是不用时。邑之？（近）皂及它禁苑者，麛时毋敢将犬以之田。〔3〕

这被认为是中国最早的环保法。它规定每年春天二月不准到山林中砍伐

---

〔1〕《史记·货殖列传》。
〔2〕《史记·高祖本纪》。
〔3〕 陈伟主编：《秦简牍合集·释文注释》（壹），武汉大学出版社2016年版，第42页。

木材，不准堵塞水道。不到夏季，不准捕捉幼兽幼鸟和毒杀鱼鳖。只有到了七月，才解除禁令。除非家中死人，需要上山砍伐制作棺材的木料不在禁令之列。不得在接近禁苑的地方采伐树木，狩猎时不得放任猎犬进入农田。这些规定，有利于保护自然生态，涵养水土，避免践踏庄稼。可以有效地防止天灾人祸影响庄稼生长。

又如，《仓律》规定："县遗麦以为种用者，毂禾以藏之。"即各县留作籽种的小麦，应和谷子一样收藏。又云：

> 种：稻、麻亩用二斗大半斗，禾、麦一斗，黍、荅亩大半斗，菽亩半斗。利田疇，其有不尽此数者，可也。其有本者，称议种之。

稻、麻每亩用两斗多半种子；谷子、麦子每亩用一斗种子；黍子、小豆每亩多半斗种子；大豆每亩半斗种子。如果土地肥沃，那么下种数量还可适量减少。对于播种量可进行精确控制，可见是历代秦国先民在耕种实践中优选出的方案，统治者通过法令方式加以固定，以取得最大收获量。

2. 粮食储藏环节

秦法在粮食储藏环节也有许多细致的规定。如《效律》规定：

> 仓漏朽禾粟，及积禾粟而败之，其不可食者不盈百石以下，谇官啬夫；百石以上到千石，赀官啬夫一甲；过千石以上，赀官啬夫二甲；令官啬夫、冗吏共偿败禾粟。

如果发生粮仓年久失修而导致粮食受损的情况，会根据具体受损情况对主管官吏给予训诫、赀甲的不同处罚，并勒令他们赔偿受损粮食。秦律对粮食安全高度重视，甚至对因鼠、虫害而减少仓储也有相应规定。《法律答问》中规定：

> 仓鼠穴几何而当论及谇？廷行事鼠穴三以上赀一盾，二以下谇，鼷穴六当一鼠穴。

粮仓如果发现鼠窝，要处罚主管官吏，轻则斥责，重则处罚金。
《仓律》规定：

见蟓之粟积，义积之，勿令败。

就是说如发现有小虫到了粮食堆上，应重加堆积，不要使谷物败坏。从对粮食各个环节的法律规定中，可见秦国对农耕的重视程度。只有这样，才能保证有充足的粮食供应，才有可能发动大规模的统一战争。

通过以上所列种种，我们不难看出，秦国对农业的重视程度到了何种程度。细节决定成败，秦的统治者将目光聚焦到农业生产的每一个细节，力求最大限度地多出产粮食。

3. 鼓励耕种政策

在《商君书》中，《垦令》篇和《徕民》篇分别从立法鼓励开垦荒地和吸引外来移民两个角度来阐述法律对农业政策的积极影响。《垦令》提出了20 项措施，皆为抑制百业，促使全国人民全心投身农垦开荒工作，所谓"奸民无朴，则农民不败，农民不败，则草必垦矣"。[1]在《徕民》篇，作者提出了以优惠政策吸引外来移民，用以充实秦国农业人口，夯实秦国根基，并且可以用吸引移民的方式，变相削弱三晋国力，一举多得，所谓"今以草矛之地，徕三晋之民而使之事本，此其损敌也，与战胜同实……民无一日之繇（通徭），官无数钱之费，其弱晋强秦，有过三战之胜"，[2]既不用国家掏多少钱，也不用秦国原有居民出工出力，就能收获耕地、获取劳力、削弱三晋国力，实在是一本万利的好买卖，可见法家不光会典刑治狱，还会精打细算，巧妇擅炊。

三、秦国与同时代其他国家粮食产量的比较

前文笔者描述了秦国的农业发展情况，那么还有一个重要问题需要探讨。既然秦国的农业发达，那么它和同时期的山东诸国相比，到底居于何种水平？是否有着明显的产量优势？因先秦史料大量散佚，实在难以得到直接证据，只有用间接推导的方式来推知。与粮食产量相对应的是口粮消耗，如果一国的粮食消耗巨大，而其本身的社会生活又未出现大的波动（加之战国时期国际贸易又以珍玩为重，粮食出口限制较多），那么，我们就可以推定该国粮食

---

〔1〕《商君书·垦令》。
〔2〕《商君书·徕民》。

产量是能够承担得起这种消耗的。故本文选择以"口粮标准"为切入点，逐一分析宋、齐、魏、楚诸国当时的人均口粮情况。

宋国、楚国：《墨子·杂守》中有这样的记载："斗食，终岁三十六石；参食，终岁二十四石；四食，终岁十八石；五食，终岁十四石四斗；六食，终岁十二石。斗食食五升，参食食参升少半，四食食二升半，五食食二升，六食食一升大半。"墨子是宋国人，宋与楚相邻，可以大致推定为这是在描述宋、楚两国相交的淮河流域的口粮情况。这五种不同等级的年、月、日食粮数量，基本上代表了这一区域宋、楚两国各类人员的口粮标准，五者加权平均可得出宋楚两国人均年口粮标准为 20.8 石。

但是需要强调一点，到楚威王灭越时，楚国已经成为当时世界上疆域面积最大的国家，其疆域辽阔，各地农业生产条件亦有所不同，粮食产量参差不齐当是常态。如前文中引用的资料中就有"是故江淮以南，无冻饿之人，亦无千金之家"的记录，所以楚国实际口粮标准可能还要更低些。

魏国：《汉书·食货志》中记录了李悝对魏国人均口粮标准的计算："今一夫治田百亩。岁收亩一石半。除什一之税五谷，食五人，终岁为粟九十石。"以此标准，一户"受田"农民一家大小的年人均口粮为 18 石（90÷5）。

齐国：齐国人口的口粮标准，《管子》中有所论及。如《国蓄》："大男（月）食四石……大女（月）食三石，吾子（小孩）食二石。"又《禁藏》曰："食民有率岁兼美恶，亩取一石，则人有三十石。"

此外，在山东临沂银雀山出土的一批竹简中，亦有不少反映齐国人口口粮标准的记录。如《王法》中就有相关论述，大抵是说从每年十月开始起算，如果第二年每家的口粮人均达不到七石九斗，则会出现"亲死不得含"的情况。故而，这七石九斗的食量应是人均半年度过青黄不接时的最低口粮标准，一年则最低为人均十五石八斗，大抵与《墨子·杂守》中的"四食"与"五食"之间最低限额相当。

综上，齐国一家大小年平均口粮标准为 30 石，荒年时最低人均口粮约为 15.8 石，两相平均，为人均 22.9 石。加之"齐石"和其他国家的"石"相比又有大小之差，约为 5:3，所以应再乘以 0.6，也即齐国正常年份的人均口粮为 18 石。

秦国：目前史料只能明确到部分奴隶、刑徒的具体口粮标准。如"城旦之垣及它事而劳与垣等者，且半夕参"；"城旦春、春司寇、白粲操土功，参食之"；"小妾、舂作者，月禾一石二斗半斗"；"小城旦、隶臣作者，月禾一石半石"。即使是不能从事劳作的幼奴、儿童，官府也给食一石或半石。上述城旦口粮，比《墨子·杂守》的"斗食"标准略低，月禾 2.5 石；城旦舂、白粲等口粮与《墨子·杂守》的"参食"正相合；其他都比《墨子·杂守》各等级口粮标准略高或大致相同。将以上五等年食粮标准加权平均，则秦刑徒年均食粮标准约为 20 石。不难想象，正常的秦人口粮标准只会远高于这个标准。

通过对以上各国人均口粮标准的推算，可以得出山东诸国人均口粮标准不足 20 石，而秦国连奴隶、刑徒的口粮标准都达到了约 20 石。这也从侧面反映出秦国农业之发达，国力之强盛。正是重农国策为秦国积累了雄厚的综合国力，才让秦国有能力实现中国历史上的第一次大一统。

结　语

综上，我们可以看出，秦国有着悠久的农业传统。在进入战国后，通过变法，合理配置各种社会资源，将秦国军民的积极性有效地调动起来。发达的农业为秦国的快速发展奠定了坚实的物质基础，丰饶的财政收入又使秦国得以发展更为高效的行政和军事系统。秦国之所以能够统一中国，不仅是拥有一支"虎狼之师"，更是拥有当时最优秀的财富配给机制。战争，从来不是单一的暴力艺术，而是考量一个国家对其社会资源掌控能力的具体表现。秦国统一中国并非偶然，而是一系列合力的共同作用。

但必须指出，秦国的发展是一条追求功利的畸形模式。它将全国上下都捆绑在"农战"国策上，人民只能通过不断劳作或出战来换取生活质量的改善。对于普通百姓而言，要么多产粮食，用余粮换取相应爵位，以减轻赋税徭役；要么就征战沙场，用勇气和生命去换取相应爵位，以得到赏赐和减免劳役。除此之外再无出路；对于各级官吏，尤其是基层官吏，秦法密集严苛，必须事事躬亲，稍不留神就会渎职受罚，想来心理压力应是极大。这种集权模式，国家对社会各个阶层的压榨都达到了极致。在战时尚且可以通过相应的奖励机制释放社会压力，一旦进入承平时期，失去了泄压机制，高强度的压榨，只会令社会经济彻底崩溃，而且行政效率越高，崩溃越快。巨大的社会财富被集中到君主手中，既有集中力量办大事的巨大优势，也有滥用民力挥霍财富的巨大危险。秦二世而亡，正是因为不恤民力，恣意妄为造成的。

　　《史记·郦生列传》载郦食其云："夫陈留，天下之冲，四通五达之郊也，今其城又多积粟。"汉高祖元年，刘邦从咸阳还军霸上，秦民持牛羊酒食献享汉军，刘邦为了取悦民心，说："仓粟多，不欲费民。"可见秦在霸上一带也储存着粮食。[1]

　　秦朝灭亡后各大粮仓都还剩有大量存粮。当山东民反时，秦人也舍弃了自己的国家。可见，一个王朝即使再富裕，如果不体恤百姓，迎来的终将是被无情地抛弃。应以秦为鉴，合理发挥法治作用，真正为民谋福，爱人者，人恒爱之。

---

　　[1] 吴树平："云梦秦简所反映的秦代社会阶级状况"，载中华书局编辑部编：《云梦秦简研究》，中华书局 1981 年版，第 106 页。

现代法律文化

未成年人人格权法律保护探究

时溪蔓[1]

内容摘要： 未成年人保护问题一直深受各界学者的关注。现今我国法律针对未成年人遭受暴力、身体虐待、遗弃等行为均有明确规定，但是在忽视和侵害人格权益方面，缺乏直接的法律依据。本文从人格权的概念入手，结合未成年人人格权益保护的正当性与必要性，从生命权、身体权、姓名权、隐私权与性权利等方面，探讨未成年人人格权保护的相关法律问题。

关键词： 未成年人　具体人格权　人格权益

日本学者星野英一提出，"私法的基本概念是人"，而民法作为私法的典型代表，本着对人的终极关怀至上原则，构建人本主义精神理念，实现人的自由全面发展。其中，人格权法是民法领域对此最集中的体现。[2]此值人格权法立法之际，在充分保障一般主体人格权益的基础上，更应重视对弱势群体的特殊关爱。因此，本文拟从未成年人的角度出发，探讨人格权益特殊保护的相关法律问题。

一、人格权的概念

关于"人格"概念的探索，可追溯至古罗马时代，至今学术界对此概念尚未有定论，但学者们一致认为，人格利益的保护范围仍在持续扩大。人格权的概念始于近代，当然，人格并不等于人格权，二者内涵不同，人格对应的概念为民事权利能力，规定在民事主体制度中；而人格权属于民事权利的范畴，作为民事主体的一项基本权利而存在。所谓人格权，是指民事主体依法以固有的人格利益为客体，以维护和实现人格平等、人格尊严、人身自由为目标的权利。[3]

---

〔1〕　作者简介：时溪蔓（1994— ），女，兰州大学 2017 级民商法专业硕士。
〔2〕　王利明：《人格权法研究》，中国人民大学出版社 2018 年版，"序言"第 I 页。
〔3〕　王利明：《人格权法研究》，中国人民大学出版社 2018 年版，第 12 页。

我国《民法总则》第 110 条规定，"自然人享有生命权、身体权、健康权、姓名权、肖像权、名誉权、荣誉权、隐私权、婚姻自主权等权利。法人、非法人组织享有名称权、名誉权、荣誉权等权利"。由于本文讨论的是未成年人的人格权问题，因此仅就自然人的人格权进行分析。

第一，人格权具有固有性和专属性。固有性是指人格权由主体产生而自动取得，不需要主体积极从事某些行为或事实，亦不要求主体明确认识到该权利的存在，任何主体都平等地享有人格权，是法律对民事主体社会地位和资格的一种确认；而专属性意味着人格权只能由特定的主体享有，与权利主体不可分离，是人格权与财产权的重要区别之一。[1]因此，人格权作为主体的一项原始权利，不得转让、放弃，不受他人的非法剥夺，亦不允许他人擅自利用，除非经过权利人的许可。

第二，人格权以人格利益为客体。人格利益并非人的身体利益，而是人身、行为、安全以及精神自由等利益的集合，[2]其不同于财产利益那般具象化，譬如肖像、名誉、荣誉、隐私、婚姻自主等。侵害人格利益，必然给主体带来精神上的痛苦，即使仅对权利人人身造成物质损害，也会导致受害人精神利益的损失。人格利益通常划分为特别人格利益和一般人格利益，前者是指民事主体依法享有并由法律明文规定具体内容的人格利益；后者是指民事主体享有的，但法律没有明确规定具体内容的人格利益，具有高度概括性。

第三，人格权以维护和实现人格自由、人格尊严为目标。首先，根据人格权在法律体系中的定位可知，其深受民法基本价值理念的指导。其中《民法总则》第 109 条规定指出，"自然人的人身自由、人格尊严受法律保护"，这也从侧面言明人格权的价值追求。其次，人格权的存在，维护和实现法律主体独立、自主地行使基本权利，而不至遭受他人的侵犯。试想，假若自然人的生命不受法律保护任由他人侵害，则人之为人所最基本的生存权利将难以保证，那么人存在的意义又将为何。最后，法律对人格自由、人格尊严的保障，有助于构造健康完整的人格意识，这不仅能够促进个人创造性和开放性的发展，同时对于形成和谐的社会关系与繁荣的市场经济，也具有重要意义。

---

〔1〕 王利明：《人格权法研究》，中国人民大学出版社 2018 年版，第 27 页。

〔2〕 王利明：《人格权法研究》，中国人民大学出版社 2018 年版，第 13 页。

二、未成年人特殊保护的必要性与正当性

从社会学角度来说，学者通常将弱势群体划分为自然性弱势群体和社会性弱势群体。前者是指基于自身的自然原因而导致其无法实际享有法定权利，或在实现法定权利方面面临的障碍较大，从而无法实际有效享有权利的群体；而后者，指基于主体自身以外的社会性因素而导致其无法实际享有权利，或在实际享有权利的过程中面临较大障碍的群体。[1]然而民法视野下的弱势群体通常指向自然性弱势群体，即由于主体本身的年龄、身体、心理、智力等客观条件致使其处于相对弱势地位的群体，例如老人、未成年人、残疾人、精神病患者等。

就未成年人而言，他们具有区别于成年人的特殊性：首先，在生理方面，未成年人年龄偏低，身体各种器官发育尚不成熟，智力体力相对较弱，社会阅历不足，文化知识浅薄，思想观念尚未定型，辨别是非能力不强，模仿性和好奇心较重。其次，在心理方面，未成年人心智不成熟，自控能力差，相比于成人，更容易遭受外界环境的影响，更容易冲动急躁，遇事不冷静且不计后果。一旦遇到不良人士的教唆，极易走上违法犯罪之路。尤其是处于青春期的未成年人，身体各器官及功能急剧变化并趋向成熟，对成年人的依赖性减弱，独立意识产生，情感表达丰富，对物质、精神上的渴求极为强烈，此时生理和心理矛盾明显，处于较复杂的状态，需要对其进行合理且正确的引导，以树立正确的人生观、价值观。

从法学角度来看，首先，我国宪法明确指出，"中华人民共和国公民在法律面前一律平等，国家尊重和保障人权"。平等在宪法中占据重要地位，平等原则是现代国家立宪的重要原则，平等权是法治国家所保障的人民基本权利。为实现平等权这一基本人权，有必要对弱势群体进行特殊保护。[2]当然，这也是国际法和世界大多数国家法律的做法。其次，基于公平正义价值的考量，为了打造和谐稳定的社会环境，需要社会各方利益的协调配合，以及对人民内部和社会矛盾的恰当处理，因此倾向于对弱势群体特殊保护，以切实维护和实现社会公平和正义。最后，由于人类对于弱者具有援助的普遍心理和道

〔1〕 刘德良、杨飞：《网络时代弱势群体的法律保护》，法律出版社2013年版，第15页。
〔2〕 刘德良、杨飞：《网络时代弱势群体的法律保护》，法律出版社2013年版，第23页。

德观念，也促使立法者们致力于构建保障弱势群体的各项法律制度体系。

三、未成年人的人格权

（一）生命权

生命权是以自然人的生命安全利益为内容的权利。由于生命是主体资格的载体，因而生命是法律人格存在的基础，是人格权保护的前提，这就奠定了生命权在整个人格权体系中至高无上的地位。当然，生命是平等的，每个自然人都平等地享有生命权，且受到法律的平等保护。

在作为社会弱势群体之一的未成年人中，新生儿是最为特殊的存在。我国属于出生缺陷高发的国家，每年有大量先天发育不全、发育变态或有生理缺陷、智力缺陷等的重症新生儿诞生。社会生活中抛弃、忽视和虐待缺陷新生儿的案件频发，受到了社会的广泛关注。但是，对于缺陷新生儿的生命权应否受到保障这一问题，学术界存在肯定与否定两种不同观点。

关于生命权的内容，王利明教授认为包含以下三方面：生命享有权、生命维护权以及依法支配生命利益的权利。所谓生命享有权，就是生命权人有权享有自己的生命利益。我国法律规定，"公民从出生时起到死亡时止，具有民事权利能力，依法享有民事权利，承担民事义务"。这即是说，胎儿与母体脱离且具备生命特征之时，便取得民事权利能力，依法成为法律意义上的"人"，简而言之，法律此时承认其拥有了生命权。

对于严重缺陷新生儿来说，他们一出生便伴随着身体结构异常、功能异常以及代谢异常等先天性畸形问题，有人认为，这些生命自出生时便处于负价值的状态，应当否认其享有生命权。但反对者认为，一旦如此极有可能突破人类的伦理道德界线，导致肆意堕胎数量激增，并美其名曰其享有"优生"的合理化法律依据。由于我国民法仅原则性地规定了公民取得法律人格的时间，基于缺陷新生儿出生时的特殊性，其生命享有权与人格的确定仍存争议。

所谓生命维护权，亦称生命防御权，它包括生命权人对生命利益享有的消极维护权以及在遭受侵害时享有的积极防卫权，它们都是基于生命权人对生命利益的有限支配性而产生的权利。[1] 作为无民事行为能力人的典型代表，

---

[1] 王利明：《人格权法研究》，中国人民大学出版社 2018 年版，第 247 页。

新生儿基本不具备任何表达与反抗的能力，其权利的行使由监护人代为完成，其中自然包括生命维护权的实现。对于缺陷新生儿来说，自身特殊性使其更易遭受抛弃、忽视和虐待，此类案件在社会生活中并不少见，但大量数据显示，侵害患儿生命权益的加害活动往往是其监护人所为。对于新生儿的合法权益，我国《民法总则》《婚姻法》《未成年人保护法》等多项法律规定均为其提供了强有力的保障，但大多注重事后惩治和救济，缺乏可操作的实践指引，同时尚未明确具体的义务履行与责任承担方式。这对于全社会共同保障缺陷新生儿的生存与发展远远不够。

个人对生命利益是否享有支配性，目前学术界仍有争议。试问，当缺陷新生儿饱受疾病的折磨而痛苦，又或者家庭无力承担医疗费用时，监护人是否有权决定对其放弃救治？生命权具有不可抛弃，不可转让，不可继承的专属性以及任何主体不得侵害的绝对性，[1]对此各界人士一致赞同。因此有观点认为，缺陷新生儿年龄过小，疾病是否可以治愈、未来的发展状况等均不得预期，故不宜过早地放弃他们的生命，否则既违背了救死扶伤的医务职责，又摒弃了人道主义精神。但也不乏反对的声音，由于人类现代思想的转变，一味延长垂死挣扎之人的生命，不一定是其真实意愿，这不仅使其饱受疾病的折磨，也浪费了医疗资源。此时放弃救治未尝不是尊重生命的一种体现。另一方面，缺陷新生儿不具备民事行为能力，其民事权利义务需要监护人代为履行，假若新生儿对生命利益的放弃享有支配权，那么又将产生一系列问题——身体缺陷或疾病达到何种程度才能放弃；有权为患儿做放弃或继续救治的最终决定的主体是父母、医疗人员，抑或是其他政府机构、社会组织；如若继续救治应当选择何种治疗方案，等等。对此，我国目前尚缺乏具体的规范性文件。

（二）身体权

我国《民法总则》第 110 条在法律上确认了独立于健康权的身体权。通说认为，身体权是自然人维护其身体组织器官的完整性，并支配其肢体、器官和其他组织的权利。[2]只有确认和保护身体权，才有利于权利人保护身体组织的完整以及自身的安危；只有赋予权利人以身体权，才能使权利人获得

---

〔1〕 李婧："重症新生儿的生命权保护"，福建师范大学 2012 年硕士学位论文。
〔2〕 杨立新：《人身权法论》，人民法院出版社 2002 年版，第 398 页。

更全面的救济。此外，将身体权作为一项单独的权利，也是现代社会发展的必然产物。随着技术的发展和医学的进步，在更好地保护身体完整性的同时，其也受到了基因技术、克隆技术、器官移植技术等发展所带来的挑战和威胁。[1]

身体权和健康权关系密切，二者与生命权一起，构成了完整的物质性人格权的体系结构，它们在相互依赖的同时，又彼此具有明显的区别，难以替代。身体权的客体是身体及其组成部分，以及身体的完整性；而健康权的客体则是健康利益，包括生理健康与心理健康两方面。在处分权能上，权利人可以在一定范围内依法行使身体权的处分权能，如捐献器官、献血等，此种行为并不一定导致主体的健康受损，而侵害健康权也不必然产生身体权的损害。当然，对二者的侵害后果也不尽相同。

就器官移植来说，人体器官作为身体的组成部分，活体内的器官和已经植入受体内的器官一样，均是身体的一部分，属于身体权的客体，受人格权法调整。但医疗技术的突飞猛进，使得某些已经脱离主体但尚未移植入其他受体的器官，仍然具有修复和身体结合的可能，因此仍应当将其视作人的身体对待，基于保障自然人身体的完整性和人格尊严的目的，都应当由人格权对其予以保护。

由于人体器官是人格尊严的物质载体，且人格权具有绝对性和专属性，因而决定自身器官的捐赠、分离等应当尊重权利人的意愿，由其自主决定，当然，在危及生命安全的情况下，该权利的行使将受到限制。出于对未成年人的特殊保护，很多国家对未成年人捐献器官的情形持完全禁止态度，我国亦是如此。但是从比较法角度来看，在主张否认未成年人具有器官捐献权利的国家，同样存在着许多例外规定，存在于捐献主体或者捐献程序等方面。

对此，目前国内采取绝对禁止的立法导向，笔者认为其有不合理之处。首先，由于物质生活与信息科技的日渐丰富，未成年人的身体发育和心智成熟较以往略有提前，儿童的认识能力也逐渐提高，这意味着未成年人，尤其是限制民事行为能力人对于器官捐赠的意义，并非完全缺乏清晰的认识和理解。其次，疾病的发生具有不可确定性，家庭之中难免有成员不幸患病，作为血缘亲属的未成年人在能够救治家人的情况下，却因为法律的禁止性规定

---

[1] 王利明：《人格权法研究》，中国人民大学出版社2018年版，第292页。

而束手无策，这不仅不利于未成年人的健康成长，还有违善良风俗习惯以及传统的家庭互帮互助原则。因此，依照本国国情，有条件地承认未成年人器官捐赠的主体资格也未尝不可。由于未成年人还处于身体发育阶段，器官捐赠难免会对其未来成长造成影响，为保障未成年人的身体健康以及生命安全等合法权益，立法应当对允许未成年人捐赠的特定情况以及受赠主体范围等作出相应限制。未成年人捐赠器官的自主决定权由其监护人代理行使，这既是身为父母的权利，又是履行监护义务的体现。同时，监护人在行使代理权时，应当充分考虑未成年人的实际情况，尊重并理解未成年人的真实意愿。

（三）姓名权

姓名，是自然人姓氏和名字的组合，是自然人在社会生活中区别于他人的标志和代号，是彰显公民自身特征的重要标志。因此，人作为社会中的人而存在，就有必要使用姓名，未成年人也不例外。而所谓姓名权，是指自然人决定、使用和依照规定改变自己姓名的权利，[1]包含了姓名决定权、姓名使用权和姓名改变权三方面内容，其作为一项重要的人格权，已被纳入我国法律保护体系之中，体现着我国以人为本的价值理念。虽然未成年人属于无民事行为能力人或限制民事行为能力人，但自其出生时起便享有姓名权，由于其心智尚未发育成熟，意思表示能力欠缺，导致未成年人无法完全准确地理解姓名的社会属性和法律意义，因而由其监护人代为行使姓名决定权，当然，未成年人享有使用姓名的权利以及监护人预变更其姓名时，充分咨询与考虑其意见的权利。换言之，未成年人基于主体的特殊性，对姓名权的行使存在一定的限制。

严格地说，姓与名并不等同。在我国的传统文化和风俗习惯里，姓代表着家族的归属以及血脉的相承，是特定群体在社会生活中的标准，"子随父姓"是我国的一贯传统做法。然而随着社会的进步与发展，子女姓氏的选择向伦理规则提出了挑战。虽然我国法律明文规定"子女可以随父姓，可以随母姓"，在尊重妇女的同时，也体现了父母双方监护权平等的法律理念，但仍无法有效解决实践中出现的子女姓氏选择问题，这种纠纷主要涉及未成年人的姓名决定权与姓名改变权，有如下方面内容。

---

〔1〕 魏振瀛：《民法》，北京大学出版社 2000 年版，第 648 页。

第一，婚姻关系存续期间，夫妻二人均主张子女姓名决定权时的矛盾。该矛盾的产生有其特殊的社会背景，即对女性地位的尊重，致使女方产生为子女冠其姓氏的意识和愿望，进而与传统男权社会下的传统意识——"子承父姓"的强烈冲突。虽然法律明确赋予夫妻双方以子女平等的冠姓权，但最终子女姓名的确定并不归属于法律的调整范围，此外，在双方对此无法协商一致的情况下，必然引发对于新生子女的冠姓纠纷，但我国法律对此并没有出台明确的处理意见与具体规定。

第二，婚姻关系解除后，与未成年人共同生活的一方夫或妻变更子女姓名时的矛盾。父母婚姻关系的变化，并不影响其作为未成年子女的监护人地位，也不导致父母子女间血亲关系的消灭。但离婚后与未成年子女共同生活的一方夫或妻，未经对方同意，擅自更改子女的姓名，侵害对方的平等亲权，此时往往产生矛盾，尤其是父母双方重组家庭后，将未成年子女冠以他人姓氏的情形。虽然我国有规定，在未成年人父母离婚的情形下，与未成年人共同生活的一方可以请求将该未成年人的姓氏变更为其姓氏，但除此之外的情形，我国法律尚未明确规定。此时应当由人民法院根据一方监护人的申请，在充分尊重被监护人真实意愿的同时，依据最有利于被监护人的原则来确定。

（四）隐私权

我国现行法律虽未对隐私权进行独立立法，但其作为一项重要的人格权已经得到了实务界和学术界的普遍认可。目前我国正在进行民法典的编纂工作，在民法分则的人格权编草案中，明确将隐私权作为一项具体的人格权予以规定，这体现出国家对于隐私权保护的重视态度。所谓隐私权，是指自然人享有的私生活安宁与私人信息依法受到保护，不被他人非法侵扰、知悉、收集、利用和公开等的一种人格权。[1]

隐私源于自然人的精神活动，体现了对个人的尊重和对人格尊严的维护，因此隐私权的享有主体仅限于自然人。那么未成年人的隐私是否应受到法律的保护，存在着两种不同的观点：持否定观点的人认为，未成年人心智发育不成熟，无民事行为能力人或限制民事行为能力人的行为能力受到限制，因

---

〔1〕 王利明：《人格权法研究》，中国人民大学出版社 2018 年版，第 551 页。

此无需享有隐私权，或者应对其享有的隐私权进行大程度限制；而持肯定观点方则认为，隐私权作为人格权的一种，凡自然人均应享有，不论其是否已经成年。对此，笔者更赞同后者的观点。因为隐私权体现着自然人的人格自由和人格尊严，虽然未成年人年龄尚小，但依然有羞耻心并渴望得到他人尊重。此外，隐私权的客体是隐私，诸如个人信息、个人空间、个人活动等，未成年人同样具有。

法律之所以确认和保护隐私权，其立法目的在于保护支配、维护、保密自己的私人生活和个人信息的权利，以免遭受他人的非法侵害。而作为与隐私权相对的概念——知情权，法律肯定其的目的则在于保障公民有权依法获得他应当或可以知道的信息。未成年人享有隐私权，相关权利人如监护人、教师、学校等，对未成年人的隐私又享有知情权，两者有着相反的价值，存在着矛盾和冲突。尽管现代社会人民的权利意识空前高涨，未成年人隐私权保护的呼声越来越高，但基于未成年人自身的特殊性，完全否定相关权利人的知情权是不切实际的。

未成年人的监护人、亲属、学校和老师等相关权利人，对未成年人享有抚育、保护、管教等权利和承担相应义务，这亦是他们义不容辞的责任。为了更好地履行义务，相关权利人必须以全面地了解未成年人为基础，因而愿意更多地获取有关未成年人的信息。然而，随着未成年人的年龄增长，独立意识和权利意识开始增强，他们开始防止别人窥探自己的隐私，试图摆脱相关权利人的控制，这期间未成年人的隐私权和相关权利人的知情权，便不可避免地发生冲突。如若不处理好这其中的"度"，更容易加剧他们之间的矛盾和冲突。

这主要体现在以下几个方面：首先，私人活动方面。未成年人的私人活动，是指其与相关知情权人无关的活动，例如校外的日常生活、与他人的交往情况等。有的父母出于对监护人的关心等多方面原因，对未成年人的私人活动进行监视、跟踪；有些学校的老师为了更好地管理班级，在班级中安排"眼线"，以此来获取班级同学的情况。也许这些行为的出发点是为了未成年人着想，但在客观上都构成了对其隐私权的侵害。

其次，个人领域方面。未成年人的个人领域，即指其私人空间，包括未成年人的房间、抽屉、口袋、电子邮箱、社交账号以及身体等。未经未成年人同意，相关知情权人不得进入其个人领域，更不得随意查看未成年人的物品与信件等。社会生活中，有的父母或者老师随意偷看未成年人的日记、擅自毁坏拆看其信件；有的学校以检查宿舍为名，擅自进入学生公寓。诸如此类的行为比比皆是，不足为奇，但有些确实超出了知情权合理介入隐私权的范围。

最后，个人信息方面。未成年人的身高体重、特殊身世经历、学业成绩、疾病史、处分记录等，都属于其个人隐私信息。在信息发达的今天，相关权利人意欲获取这些信息并不困难，但信息的运用应当遵循法律的规定，不得肆意公开。实践中此类情形有很多，例如老师在全校师生面前公布某学生的违纪行为；或者当着班级同学的面，老师强调某位同学的身体疾病；又如学校张榜公布每次考试的成绩及排名等。

社会生活中这些现象屡见不鲜，究其原因，是由于不能平衡好监护人建立在监护责任上的知情权，与未成年人隐私权的关系。冲突的产生，是因为未成年人隐私权与监护人知情权的客体具有统一性，监护人为了更好地履行监护职责，不可避免地会涉及未成年人的隐私。此外，未成年人与监护人间的隐私权与知情权的关系也不是一成不变的，而是因人而异、因时而异，动态变化着。这也使得立法难以明确界定隐私权客体的范围。又因为在我国的传统文化教育中，父母在家庭成员中拥有着绝对的权威，强调家庭中子女的顺从，漠视对子女的尊重。若子女反抗、辩解，往往会招致一轮训斥。在那种未成年人人格权不被重视的家庭环境中追求隐私权的保护，显得过于奢侈。

从立法层面来说，虽然《未成年人保护法》《婚姻法》等法律中对于监护人履行监护职责做出了详细的规定，但具体如何履行该义务，法律并没有规范，这使得监护人在监护方式的选择上任意性很大。另一方面，虽然我国相关法律指出，未成年人隐私权不得随意侵犯，但对于其具体内容、相比成年人隐私权的特殊性、侵害未成年人隐私权的行为人应当承担何种法律责任等问题，均缺乏明确详细的规定，致使很多侵害未成年人隐私权的行为得不到处罚。除此之外，当未成年人隐私权受到监护人侵害时，未成年人很难获得法律救济。由于此时的未成年人不具备完全民事行为能力，如欲提起诉讼，需要法律代理人，显然这时监护人不再适合作为其法律代理人。此种情况下，建立未成年人的专门保护机构则显得尤为必要。

（五）性权利

性权利是指人们依法表示自己的性意愿和进行性行为的权利。[1]目前，性权利并没有为我国法律明确规定为具体的一项人格权，往往通过一般人格权予以保护，但承认性权利的法律地位已经在世界各国达成普遍共识。性权利是一种人权，同时也是专属于自然人的人格权，当自然人的性权利遭受侵害时，除来自身体和健康上的损失外，因人格尊严被侮辱而带来的精神折磨更为痛苦。未成年人与成年人一样，均享有性权利，但鉴于其特殊性，二者又不尽相同。相较于成年人的性权利而言，未成年人由于年龄、心智发展、身体发育等因素，对于性权利的表达和享有具有排他性和被动性，同时，对未成年人性侵害带来的损害，相对来说更加严重和持久。

随着中国社会向现代社会转型，人们的生活方式、价值观念等都发生了明显的变化。首先，网络的发展，在促进文化传播的同时，也增加了未成年人遭受性侵害的风险。犯罪分子利用网络实施侵害行为，除线下约见方式外，也存在大量利用社交软件、网络平台哄骗儿童拍摄色情视频等违法行为。此外，网络文化内容参差不齐，其中带有色情、暴力等不良信息的网络内容正荼毒未成年人的思想。其次，城乡差异促使农村出现大量留守儿童，在监管缺失、生存环境恶劣的背景下，未成年人遭受性侵害的风险增大。最后，学校、课外辅导等教育机构，由于缺乏有效的制约和监管，近年来频发对未成年人性侵或者性骚扰的案件。

纵观我国各类法律法规与规范性文件，均能找到关于未成年人性权利保护的踪迹，但却没有一部独立的单行法，可见我国对于该问题尚未形成完善的法律体系。

第一，目前我国主要性权利保护制度还是依据刑法而构建，毕竟相比于其他部门法来说，我国刑法对于性侵害规定得更为全面，但这错误地导致人们认为只有刑法才是救济性侵害的唯一途径。严格来说，现行法律并没有明确定义"性权利""性侵害"的概念。在民法中，也多从一般人格权或者生命权、健康权、身体权的角度来考虑。立法上的混乱，使得法律不能尽可能全面地涵盖侵害性权利的行为，不能保护尽可能多的受害者，也不能为受害

---

[1] 温慧卿："未成年人性权利法律保护的诉求与体系构建"，载《中国青年社会科学》2018年第4期。

人尽可能地弥补损害。[1]此外，构建完善的未成年人性权利法律保护体系，需要遍历行为发生的全过程。然而我国保护未成年人性权利的治理模式，大多以事后救济为主，缺乏事前预防措施，后者不仅能够帮助未成年人实施自我保护，也有利于降低性侵案件的发生率，从源头上杜绝侵害未成年人性权利的行为。

第二，《中华人民共和国民法总则》第 191 条规定，"未成年人遭受性侵害的损害赔偿请求权的诉讼时效期间，自受害人年满十八周岁之日起计算"。该条款的诞生，是由于立法者考虑到社会传统观念的影响，使得绝大多数未成年受害人及其监护人不愿公开寻求法律的帮助。[2]就性侵害行为而言，不同的行为所造成的伤害程度不一；不同的受害主体，其心理承受能力以及事后的心理障碍程度各异，因此结果的影响难以划定统一的判断标准。基于受害人的特殊性，提起诉讼的时间可能各不相同。因此，诉讼时效的起点交由法官具体判断来确定，比立法者"一刀切"将受害人的十八周岁设定为单一的起算时点的做法更为恰当。此外，立足于我国的基本国情，自然人年满十八周岁时，除少部分人外，尚不能真正脱离原生家庭生活。然而，现实生活中来源于长辈、兄长的性侵害案件并不在少数，加害人作为监护人或其他共同生活者的特殊身份，迫使受害者达到规定年龄也不能真正提起诉讼。若待其完全脱离原生家庭的束缚，时间上或许已超过诉讼时效期间，受害人将面临加害人援引时效抗辩的窘境。因此该条规定违反最初的立法目的，存在法律漏洞。

四、保护未成年人人格权的方法探索

(一) 社会层面

未成年人作为社会人，对其的保护也应从社会层面予以考虑。目前，我国尚未成立专门统管未成年人保护的主管机构，由于涉及方面较多，各政府部门工作间存在交叉竞合情况，缺乏权威性且具有行政执行能力的实体机构，

---

[1] 温慧卿："未成年人性权利法律保护的诉求与体系构建"，载《中国青年社会科学》2018 年第 4 期。

[2] 吴奕锋："论侵害未成年人性自主决定权的特别时效制度——评《中华人民共和国民法总则》第 191 条"，载《法律科学（西北政法大学学报）》2018 年第 1 期。

各项工作难以落到实处。一项有效的保护制度，仅能够对行为结果作出及时反应与采取措施还远不足够，还需要为受害者后续将面临的问题建立系统安排。此时自然免不了政府部门的鼓励和支持，但若仅依靠其一方之力，在服务效果难以保证的同时，也变相增加了政府的工作压力，因而引入专业化、多元化的服务系统、人员与社会组织，则显得尤为必要。同时，针对未成年人保护而设立的相关机构，如儿童福利机构等，虽然大多具有国有性质且基础设施逐步完善，但部分机构中仍存在暴力、变相体罚、群体侮辱或孤立等不良行为，社会和政府对此应予以足够的关注。

（二）家庭层面

父母作为未成年人接触社会的启蒙老师，在其成长学习的过程中具有举足轻重的地位。家庭对于未成年人的身心发展、性格塑造以及道德品质等方面的影响，是基础性的、潜移默化地延续至其成长的方方面面。受中国传统文化的影响，绝大多数家长，尤其是父亲，在家庭中权力畸重。并且，我国在"棍棒底下出孝子""慈母多败儿"等文化背景下，父母多奉行严格的教育方式，其中不乏体罚、打骂等侮辱或暴力行为，这种方式使得父母实施损害子女权益的行为往往得不到有效的预防和制止。因而作为未成年人的父母，应顺应时代，改变固有的思维方式，摒弃传统文化中的糟粕，给予未成年人应有的尊重，引导其表达真正的利益诉求。同时，家长履行法律赋予的监护职责，不再仅限于保障基本的物质生活条件，还需培养其权利意识的形成，突破传统的书本教育，将其延伸至生活的多方面、多领域、多角度，从而引导未成年人建立自我保护意识。真正做到从未成年人的角度出发，结合未成年人自身情感需求和身心健康的需要，给予未成年人人格权全面的保护。

（三）学校层面

在成长过程中，未成年人的大部分时间都是在校园中度过的，学校教育对于未成年人建立自我保护意识至关重要。校园暴力的危害虽已引起相关部门和人员的注意，但该现象并未得到彻底的改善。据统计报告指出，校园中近八成学生恐惧校园暴力，有大约26%的学生坦言曾遭遇过校园暴力行为。[1]

---

[1] 北京师范大学社会发展与公共政策学院家庭与儿童研究中心：《儿童保护制度建设研究——目标、策略与路径》，社会科学文献出版社2017年版，第12页。

正是由于学校对未成年人权利意识培养的缺失，导致其成年后亦不尊重其后代的人格权，产生恶性循环。但不可否认的是，未成年人具有极强的可塑性与学习能力，若对其进行科学合理的教育和权利意识的培养，引导未成年人表达合理诉求，不失为一种了解未成年人情况，寻找最有利于保护未成年人权利的方式。此外，在学校的规章制度方面，其效力层级较低，难以有实质性的威慑力，且大多是原则性的禁止条款，鲜少规定有关于未成年人人格权、受教育权甚至生命权等合法权益遭受侵害时，具体应享有的救济权利与处理方法。因而学校应在规章制度的制定中，突出学生本位的指导思想，并结合自身特点将原则细化。

（四）法律层面

国际社会上对于未成年人，特别是儿童的合法权益保护，国际公约以及发达国家和地区均出台的相应的法律和实施细则，从各方面进行了详细的规定。目前我国关于未成年人保护的法制基础已初步具备，但相关规定多散见于各法律法规中，缺乏完善、统一的法律体系，并且规定过于原则化和模糊化，缺乏有关未成年人人格权益保护的相关内容，实践中可操作性不强，部分内容仍存在法律漏洞。因此应在借鉴各国经验的同时，促进我国国内法制建设，构建具有中国特色的未成年人保护体系。同时，辅之以相应法律配套实施的行政规范性文件等，确保上位法的真正落实。另一方面，我国幅员辽阔，各地区间差异较大，应鼓励地方出台具有针对性且特色化的法规规章等，切实保护未成年人的合法权益。此外，目前教育行业混乱，市场中涌现大量家教、教育辅导机构、远程视频辅导等教育资源，对这些新兴的教育方式及教学形式，立法上缺乏明确的法律规范以保障行业的正常发展。

法律检索课教学内容和教学模式研究

田庆锋　李晋芳〔1〕

内容摘要： 法律检索课是教育部为法律硕士研究生设置的一门必修的实践教学与训练课程，共计 2 学分，主要向学生讲授法律文献生成、流布、保存、分类和整理的基本原理，以及法律检索的设计、评估和法律数据库的使用等具体技术和策略，旨在培养法律硕士研究生高效检索法律文献、提出问题和分析问题的能力。学界已编写出一定数量的教材，发表了一些研讨的论文，但是对法律检索课教学内容和教学模式的探讨尚未全面展开。本文在考察法律硕士教育的基础、现状、培养目标和西北师范大学的实际情况的基础上对法律检索课的教学内容和教学模式进行了系统探讨。

关键词： 法律硕士　法律检索　教学内容　教学模式

导　论

法律硕士教育是我国法学的高层次专业学位教育，分为全日制法本法硕、全日制非法本法硕和非全日制法硕。国家教育部将法律硕士研究生的培养目标界定为培养复合型、高层次、应用型法律人才。学术界一般将其理解为，高层次是指我国法律硕士教育起点较高，以硕士研究生教育为主；应用型是指主要为立法、行政、司法和律师队伍培养专业性的法律人才；复合型一般被理解为培养单位应该将非法本法律硕士研究生的培养与其本科专业密切结合起来，实现法学与其他专业的复合，或者培养单位根据本单位的学科优势，将法律硕士研究生培养成为具备特定领域的法律职业能力

---

〔1〕 作者简介：田庆锋（1977—），男，河南新安人，法学博士，法学博士后，西北师范大学副教授、西北法律文化资源整理与应用研究中心主任，主要从事法律史、法律文献学、宪法学、法理学的教学和研究工作；李晋芳（1995—），女，山西吕梁人，西北师范大学法学院 2018 级硕士研究生。本文为西北师范大学研究生培养与改革项目 "《法律检索》课程线上线下混合教学模式研究"（编号：2019KGLX01008）、西北师范大学 2016 年青年教师科研能力提升计划项目 "'一带一路'视域下的西北方志法律资源整理与研究"（编号：SKGG16014）的阶段研究成果。

的人才。[1]按照这种理解，我国法律硕士研究生教育目标要求具有一定的高度。为实现此目标，教育部也在不断完善法律硕士教育的课程体系。

法律检索课是《法律硕士专业学位研究生指导性培养方案（法学与非法学）》（学位办〔2017〕19号）为法律硕士教育设置的一门重要的必修的实践教学与训练课程，共计2学分。但是该文件并未解释其课程属性、课程内容等问题。笔者认为，该课程是法律文献学的重要分支之一，主要向法律硕士研究生讲授法律文献种类、生成、流布、保存和整理等方面的基本原理，以及法律检索基本方法和法律数据库使用的基本策略，培养其高效检索法律文献、提出法律问题和分析法律问题的能力。学界编写有一定数量的教材，发表了一些研讨法律检索方法的论文，[2]但是对法律检索课教学内容和教学模式的探讨尚未全面展开，针对法律硕士研究生教学方面者更少。本文拟在回顾学术界对法律检索课研究现状的基础上，结合西北师范大学的实际生源

---

〔1〕 刘宇："法律硕士教育培养目标的反思与完善路径"，载《河北农业大学学报（农林教育版）》2018年第4期。

〔2〕 这些论文从学术研究、国内外法律文献检索、律师拣选法律等不同角度以不同检索目的对法律文献的分类、法律检索的方法等问题进行了探讨，对于法律检索课的课程体系和教学模式探讨具有重要的意义。代表性的成果有：王金："略述法学文献分类体系"，载《西北政法学院学报》1985年第4期；杨守顺："法律文献检索方法初探"，载《安徽大学学报》1987年第1期；戴勇敢："如何检索港澳法律文献"，载《广东图书馆学刊》1989年第4期；于丽英："试论法律文献的分类体系"，载《图书馆工作与研究》1997年第4期；李惠霞："中国互联网（Chinanet）与中国法律检索"，载《法律文献信息与研究》1998年第4期；朱亚峰："美国法律文献及其检索"，载《律师世界》2000年第2期；欧阳晨红："浅谈我国法律文献的检索"，载《法律文献信息与研究》2000年第4期；白国应："关于法学文献分类的研究"，载《河北科技图苑》2001年第5期；徐菊香："法律类文献分类分歧之我见"，载《江苏图书馆学报》2002年第3期；吴亮："我国法律检索文献书籍的发展现状与分析"，载《法律文献信息与研究》2005年第3期；赵晓海："构建法律信息服务的新模式——以'北大法宝'数据库开发为例"，载《法律文献信息与研究》2010年第1期；吕玉红："法律检索初探"，载《法学方法》2009年第2期；范静怡："高校图书馆电子资源应用分析与对策——以中国政法大学图书馆法律数据库为例"，载《法律文献信息与研究》2008年第4期；柳宪章："律师执业的基本素养：法律检索"，载《法律文献信息与研究》2009年第2期；吴志鸿："中美法律信息资源检索与利用"，载《法律文献信息与研究》2009年第2期；黄都培："法律信息语义检索方法研究"，载《法律文献信息与研究》2009年第4期；乔占学："法律文献信息学浅谈"，载《法律文献信息与研究》2009年第2期；龚思文："韩国法律网络信息资源之检索与利用"，载《法律文献信息与研究》2012年第Z1期；李远："海商法电子文献和数据库检索之研究"，载《法律文献信息与研究》2013年第1期；于丽英："法学全文数据库HeinOnline及其特色分析"，载《法律文献信息与研究》2014年第4期；徐洁："国内外高校引进法律数据库的比较及分析——基于法学专业排名前20的高校数据库资源数据"，载《法律文献信息与研究》2014年第4期；胡晓凡、李红勃："浅析英美判例法的检索方法——以'哥斯布赖瓦公寓大厦'案为例"，载《法律文献信息与研究》2014年第Z1期；王昶："美国法律文献与信息检索导论"，载《法律文献信息与研究》2014年第1期等。

情况，对法律检索课的学科属性、教学内容的设置、教学模式等问题进行系统探讨，以期提高法律硕士研究生法律检索课的教学质量，并求教于方家。

一、法律检索课程研究现状概述

（一）法律检索课历史概述

20世纪80年代教育部已开始认识到文献检索课程的重要性。但是其课程设置及具体实践却有着较为曲折和复杂的历史过程。

1984年在《〈关于在高等学校开设文献检索与利用课的意见〉的通知》中倡导有条件的高校在本科教育中将文献检索开设为必修课，条件不成熟的学校开设为选修课或专题讲座。但及至2009年正式为法律本科生或研究生开设法律检索方面课程的高校只有6个，且只有极少数院校将其列为必修课，大部分学校是以"模拟法庭训练营""LLM中国法项目""学习参考资源——利用图书馆读书""法律硕士毕业论文格式辅导讲座""法律方法与论文写作"以及商业数据库培训等专题的形式向学生讲授法律文献的检索和利用。近90%的法学院系未为法科学生开设此课。[1]及至2015年，据学者统计，在所调查的22所样本学校中，73%的学校为法科学生提供此课的教学，其中山东大学、厦门大学、中国政法大学、北京大学四所学校的相关院系将其列为必修课，其余学校则设定为选修课，且仍以"图书馆资源利用指导""数据库应用商培训""信息素养教育"等专题方式为法科学生提供非正式的检索培训。样本学校绝大部分为"985"或"211"类型。其课程内容大部分为法律检索概述、检索方法与策略、法律资源及其效力、中国法检索、外国法与国际法检索、参考工具及免费的网络资源、数据库检索技巧和如何进行法律写作等。有关法律检索课程的开设与法学院系的师资力量和领导对该课程的认知状况有着较为密切的联系。[2]这些调查并未严格区分法科本科和研究生。此外，有些学校为学术类的研究生开设有方向文献学课程。2012年至2016年笔者在甘肃政法大学工作期间，曾为法律史专业研究生开设有"中国法史文献学导论"课程，主要系统讲授法律文献的生成、流布、整理和检索的方法等问题；2016年在西北师范大学法学院工作后曾为2015级法律硕士研究生开

---

〔1〕 于丽英："中国法律检索教育评析"，载《法律文献信息与研究》2009年第1期。
〔2〕 于丽英、韩宁："中国法律检索教育的新发展"，载《中国法学教育研究》2016年第2辑。

设"法律文献学"课程，主要系统讲授法律文献的种类、校勘整理、版本等基本理论和目录制作、重要数据库的使用、法学论文的写作等基本技能，并进行了多次教学改革。"法律检索"课的名称由 2017 年教育部《法律硕士专业学位研究生指导性培养方案》正式予以确定。在此之前，各高校有关该课程的名称并不统一，有"文献检索""古籍整理与检索""法律资源检索""法学情报检索"等。但是，法律检索课程的教学内容体系、教学方法仍然不甚成熟，需要对学界相关研究进行系统回顾。

(二) 法律检索教学内容研究综述

法律检索课的教学内容研究集中体现于有关教材的出版及其内容之中。20 世纪 80 年代以来，学术界长期较为重视相关教材和论著的出版，在该方面进行了有益的探索，共计出版教材或著作 20 余部。

其中，具有开创性者为 1989 年武汉大学出版社出版的郑治发主编的《法学文献检索与利用》。该教材分"中文法学文献与检索工具""外文法学文献与检索工具"和"法学文献的检索方法与利用"三编十章，对古代法学文献、中国近代法学文献、现代法学文献、法学文献交流系统、中文法学文献检索工具和参考工具书、中文法规跳跃的检索、中文法学图书资料的检索、外国法文献的检索、国际法文献的检索、外国法学图书资料的检索、法学文献检索的途径步骤方法、法学文献的选择阅读整理与研究、计算机在法学文献检索中的应用等问题进行了系统的研究。该教材虽然主要侧重讲授法学文献的基本种类与手工检索的方法，但是对计算机技术的前景也进行了展望，并且初步构建了法律文献检索课程的内容体系。1991 年吉林大学出版社出版的由张太洪等主编的《政治法律文献检索》，分二十章对政治法律文献的特点、类型，中外哲学文献概要，经济学、政治学和伦理学文献概要，中外法学文献概要，文献贮存系统的分布和贮存方式，工具书和检索工具的特点、作用、结构、类型和排序方法，政治法律文献检索的步骤和方法，政治法律名词术语、人物、实践的检索，古代典章制度、现代法规和中外典型案例检索，政治法律文献的计算机检索，政治法律文献积累的方法，文献研究的意义和方法等问题进行了较为系统的初步研究。其中包含了大量的文献学的理论与方法，第十六章对现代法规的检索进行了较为系统的讲述。此后，有关专门法律文献检索的著作与教材不断涌现。1993 年重庆大学出版社出版的陈光馨等编著的《法学文献情报检索基础》分七章对文献的概念、检索及其类型，文献检索学科的性质、研究对象、研究任务和研究方法，法学文献的特点、类型、来源和交流形式系统，文献检索工具及参考工具书（书目、索引、文摘、辞书、百科全书、类书、政书、年鉴、手册），中文法学文献检索（古今法学图书、法学论文、法学名词术语、古代典章制度、近现代法规条约、历史事件、档案文献等检索），计算机检索的数据库、方法、路径，外文法律法规汇编、判例汇编、综合性书目、法学专科书目、法律期刊论文、法学词典、政府出版物、外国国际法文献的检索，检索策略和文库组建法等问题进行了系统探讨。1994 年商务印书馆出版的由夏登峻译的美国的科恩所著的《美国法律文献检索》，系统研究了美国法规、司法判例、条约、二次文献的查找以及英国法和大陆法系法律信息的检索；2000 年中国人民公安大学出版社出版的王钜春编著的《法律信息的计算机检索原理与操作》分为"法律信息"和"法律信息的计算机检索"两编，上编对法律信息的概念、种类、电子出版物、数据库和网站进行了系统的梳理，下编对计算机检索语言、参考工具、检索的方法与步骤、计算机光盘信息检索和工具以及法律条文与案例、法律机构、法律教育和法律服务信息、法律网站与网页信息、外国法律信息等的检索进行了系统研究，并在附录中对重要法律网址、印刷型法律工具书进行了列举。2001 年中国人民公安大学出版社出版的由戴勇敢主编的《法律文献检索教程》分引论、总论、分论三大块，引论主要介绍图书馆历史、现状与类型及其图书分类的原理和使用方法，总论主要讲述文献的概念、类型、存储方式、检索语言、排序方法、中外法律文献概要和重要数据库的检索方法，分论主要讲解法律图书、报刊、法规、标准、案例等常用法律文献的具体方法。虽然该书编者表示主要为法学本科生系统提供检索法律信息的方法，但是在法律检索课的教学体系方面仍然具有重要的开创性价值。2001 年法律出版社出版的董晓春等编著的《法学信息资源与文献检索》分"网络信息资源及中文法学文献检索""外国法学信息资源及其检索工具的利用"两编，分九章对信息、知识、文献、情报等基本概念，以及网络信息资源及其检索（信息数字化的现状、网络信息资源检索的方式）、法学文献及其交流形式（法学文献的类型、交流的形式和机构）、法学文献检索工具与参考工具书（检索工具书的种类、工具书排检法）、中文法学文献检索（古今法学图书、法学论文资料、法学名词术语、时事、统计资料、典章制度、法规、条约、历史人物、历史事件、地理资料检索）、外国法律文献资源与利用（普通法与大陆法系国家法律检索）、国际法文献资源与利用、外文法学图书资料与检索工具的利用、国外主要联机系统和互联网信息资源的检索等问题进行了系统介绍和探讨。2002 年中国政法大学出版社出版的戴守义主编的《法学文献信息检索》分 "中文法学文献信息检索" 和 "外文法学文献信息检索" 两编九章，对文献、法学文献、法学文献信息等基本概念、种类和特点，法学文献信息检索工具、方法、途径和步骤，书目、索引和文摘等检索工具，辞书、百科全书、年鉴、手册、名录、文献汇编、类书、政书、表谱、图录等参考工具书，计算机法学文献信息检索，国外法律文献信息的来源、种类、检索工具和检索途径，大陆法系和英美法系国家法律文献信息检索，国际法文献信息检索等问题进行了系统的介绍和讨论，并附有部分外文工具书的样页。2004 年上海人民出版社出版的由林燕平主编的《法律文献检索方法、技巧和策略》，是华东政法大学的第一本法律检索方面的专著和教材，共九章，分别对法律检索的基本理论与方法（包括文献信息检索原理、语言、工具、方法和法律文献信息特点及其检索）、法律文献书目检索（联机检索特点和检索方式、局域网联机书目、WEBPAC 检索、联合目录）、法律文献电子期刊检索（电子期刊简介及中外文法律电子期刊检索与利用）、光盘检索（索引光盘数据库、特殊光盘数据库、全文类光盘数据库、镜像类数据库和中国学术期刊网）、法律文献检索的 Internet 基础（Internet 资源与应用技巧、搜索引擎介绍、常用搜索引擎、专业法律搜索引擎的使用、利用搜索引擎查找各类法律文献）、英美法系国家法律文献检索（包括英国、美国、加拿大、澳大利亚法律文献检索）、大陆法系国家法律文献检索（德国、法国、日本法律文献检索）、中国法律文献检索（中国的法律体系及人民代表大会制度、中国的司法体制、内地和港澳台地区的法律文献检索）、国家法专题文献的检索与利用（国际私法、公法、贸易法、WTO 文献检索和欧盟法律文献检索）。2004 年戴勇敢主编的《法律文献检索》又进行了修订，分为引论、总论、分论和附论四个部分。引论部分 "打开知识的宝库" 介绍了图书馆的历史、展望、类型和分类、文献检索课的意义等基本理论；总论部分 "文献检索基础知识" 对文献的概念与类型、中外法律文献概述、工具书与文献数据库的类型、检索语言与排检法、文献检索的基本方法、因特网资源的检索与利用、搜索引擎、常用的大型商业数据库及其检索方法等问题进行了较为系统的讲述，分论部分 "各类法律文献的检索"则对法律图书报刊、法规标准案例、法律事实、法律数据等的检索进行了专题介绍，附论部分"网络资源利用中的安全、道德与著作权保护问题"对网络资源利用中的安全防范、道德问题、著作权保护问题进行了系统讨论，附录对《中图法》法律类图书分类使用、法律专业出版社、中文法律类核心期刊等进行了介绍。与 2001 年相比，此版加大了数据库和网络资源的介绍和探讨。2006 年高等教育出版社出版的王汉桥等主编的《经济法律信息检索》分基础知识篇（文献信息基本知识与信息素养、检索语言与检索技术、工具文献及其利用）、文献资源篇（经济文献检索、法律文献资源检索、中文网络数据库及其检索、英文网络数据库及其检索）、网络资源篇（计算机检索基础知识、搜索引擎、网络资源及其检索）、文献利用篇（文献信息的收集与整理、论文写作方法、文献信息资源利用中的知识产权保护）对经济法律文献检索的基本原理、类型、数据库及其检索方法等问题进行了讨论，共计十三章，其特色是将经济信息检索与法律信息检索共同介绍，扩大了法律检索课程的内容。同年法律出版社出版的郭亮翻译的由英国的戴维·斯托特（David Stott）撰写的《法律检索之道》，对英美法系语境下法律检索的"三个阶段"的模式、检索计划的步骤、专业判例汇编和期刊杂志以及 LEXIS 数据库的使用等问题进行了系统的讨论。2006 年东南大学出版社出版的由刘莉和袁曦临主编的《法学信息检索》，分九章对信息资源基本理论（信息的定义、特性、分类、载体演变，信息资源的概念、特征、内涵、组织方式，法律信息资源的特点、类型划分）、信息检索基本原理（信息检索的概念、类型、意义和作用，信息检索语言的概念、作用、分类，信息检索的工具、系统、数据库、方法、途径、步骤）、法律文献检索工具简介（法律文献检索工具书、排检法、国外法律文献手工检索）、网络信息资源检索工具（网络信息检索的概念、策略，搜索引擎的类型、工作原理及其常用的类型）、中文数据库中法律信息检索（中国知网等综合性数据库，法意、北大法宝、《中国法学文献题录索引汇编》数据库、民事诉讼法学参考资料数据库、中国法律法规大典数据库、中国法律年鉴全文数据库等专业数据库等）、外文数据库中法律信息检索、网上法律书刊信息检索、法律网站简介、法律情报资源的分析研究和论文写作等问题进行了系统探讨。2008 年清华大学出版社出版的由于丽英和罗伟编写的《法律文献检索教程》被一些法律院系所采用。2010 年北京大学出版社出版的于丽英编写的《法律文献检索》分五部分十三章，在"总论知识篇"中对中外法律制度、法律资源的分类、法律检索的含义和检索工具的种类进行了系统讨论；在"中国法篇"中对中国规范性和非规范性法律资源的概念、种类和重要的数据库进行了分析；在"外国法及国际法篇"中对外国法律、国际法和国际组织资源及其检索展开了举例研究，对重要的英文数据库进行了系统介绍；在"免费网络资源篇"中对网络工具与开放资源、网络法律资源及其利用等问题进行了论述；在"法律检索实证篇"中将法律检索分为知识性、资料性、学术综述、法律制度研究、案例研究、研究性课题、法律事务解决方案七种类型举例说明其检索的方法，并对法学论文写作、学术规范和文献资源利用中的著作权保护进行了系统探讨，最后以附录的形式介绍了中文法学核心期刊目录、主要图书分类方法、法律文献检索教材和著作目录等。2011 年经济管理出版社出版的由房宪鹏和黄秀子主编的《经济法律文献信息检索与论文写作》分八章对文献信息检索的基本知识、检索工具、检索方法与技巧、中文数据库的检索方法与技巧、网络信息检索的方法与技巧、经济文献信息资源检索、法律文献信息资源检索、信息资源综合利用与论文写作等问题进行了讨论，其特点是侧重于经济法律文献网络资源的讨论，并增加文献资源的综合利用和学术论文的写作内容，附录对《中图法》第五版、经济类网站、法学经典网站、港澳台地区法律网站、论文写作网站和文献检索网站进行了汇总，并对文献检索进行了举例讨论。2013 年法律出版社出版的林燕萍主编《中外法律文献检索》分八章对法律文献检索概述（法律文献信息的含义和特点、法律文献检索的基本原理、法律文献信息的检索途径和步骤、互联网对法律文献检索的影响）、大陆法系国家的法律文献检索（德国、法国、日本和韩国法律检索）、普通法系国家的法律文献检索（美国、英国、加拿大和澳大利亚法律检索）、国际法与国际组织的文献检索（国际条约法、国际人权法、联合国、世贸组织、国际私法机构、欧洲联盟等相关文献资源的检索）、专题法律文献检索举要（国际金融法律文献检索、国际航运法律文献检索、国际税法文献检索、知识产权文献检索、国际竞争法文献检索、国际上市仲裁文献检索）、中国法律文献检索（中国大陆的法律体系与司法制度、中国大陆法律法规的检索、中国大陆案例检索、中国大陆签订条约检索、中国港澳台地区法律文献检索）、法律数据库举要（Westlaw、Lexis、HeinOnline、中国法律数字图书馆、北大法律信息网、北大法意法律数据库、Wolters Kluwer 威科法律数据库、牛津国际法系列数据库、Word Trade

Law Net 世界贸易法数据库和万律 Westlaw China 法律在线数据库）、网络法律资源与新兴数字化资源的检索与利用（国内外电子书与法律文献检索、中外文法律电子期刊、在线参考工具法律词典、国内外法律图书馆网站、中外法律学术网站、大学和商业法律出版网站）等进行了介绍，其特点也是侧重于电子法律文献数据库及其检索方法的探讨。同年北京大学出版社出版的由凌斌编写的《法科学生必修课：论文写作与资源检索》分为六部分二十讲。其中，导论三讲，对法律写作的志趣、电子资源检索及其技巧、纸质图书检索路径与分类检索方法等问题进行了讨论；第一编以三讲的篇幅对法律写作的选题、谋篇和布局问题进行了系统讨论；第二编"经部：开头与结尾"，以二讲的篇幅对论文开头与结尾部分的写作和表达进行了研究；第三编"史部：文献综述、法规梳理与制度比较"，以三讲的篇幅对论文的检索、文献的归纳、法规的检索和梳理以及制度比较问题进行了系统介绍；第四编"子部：案例分析、定量研究与思想实验"，以五讲的篇幅对案例资源的重要性、如何进行案例检索、案例梳理的基本方法、学术研究的类型、因果关系、定量研究、变量研究、定量研究的数据处理、法学引证的定量研究、思想实验与法学应用等问题进行了系统探讨；第五编"集部：交叉学科分析的数据基础"，用四讲的篇幅对交叉学科信息对法学研究的意义、经济和商业数据库、社会和统计数据库、人文和历史数据库进行了较为系统的讨论，并在附录（三）中列举了以法学论文写作为主的 18 种国内有关专著和 1 种外文专著。该书较为初步、全面、系统地将法律检索与论文写作结合了起来，颇有启发意义。2015 年中国政法大学出版社出版的刘明撰写的《推开法律信息检索之门》分五章对法律信息检索理论方法、一次法律资源检索技能（中外法律法规检索、中外案例检索）、二次法律资源检索技能（中外文期刊论文检索、中外博硕学位论文检索、中外电子图书检索）、其他信息资源检索技能（政府信息检索、免费网络法律资源检索、我国台湾地区法律信息检索、美国法律资源检索）、法律信息检索综合应用（如何利用信息检索撰写法学文献综述、如何利用电子资源跟踪法学学科前言、如何利用电子资源检索课题相关文献、如何利用信息检索完成案例分析）等问题进行了讨论和介绍。2018 年法律出版社出版的林燕萍编写的《信息素养与法律文献检索》以十一章的篇幅对信息素养（信息与文献、信息素养的含义、信息素养教育体系与模式）、传统文献资源的获取（传统文献资源检索的意义与判断、图书分类法中的法律类、书目检索系统、电子数据库的检索、检索结果的分析）、常用数据库检索（检索技巧、中国知网、人大复印报刊资料全文数据库、中文社会科学引文索引）、法律文献信息检索（法律文献的分类特点和获取，法库 7.0、北大法宝、北大法意、万律等中文法律数据库，法律法规、案例和法学论文检索）、国外法律数据库、"互联网+"法律文献检索（国内外电子图书、电子期刊、法律词典、法律网站）、大陆法系国家的法律文献检索（德国、法国、韩国和日本法律检索）、普通法系国家的法律文献检索（美国、英国、加拿大和澳大利亚法律检索）、"一带一路"与"金砖国家"法律文献检索（俄罗斯、印度、巴西、南非、东盟法律检索）、国际法与国际组织的文献检索（国际条约、联合国文献、世界贸易组织、国际司法机构和欧洲联盟法律资源检索）、专题法律文献检索（国际金融、自由贸易区、知识产权、国际商事仲裁法律文献检索）等问题进行了系统探讨。该著作颇有时代特色。2018 年中国政法大学出版社出版的刘鸿霞编撰的《法律文献信息检索理论与实例研究》以五章的篇幅对法律信息的概念、分类和历史演变，信息检索基础（信息检索的基本原理，法律信息检索的特点、途径、方法、技术、策略与步骤），一次法律资源检索（中外文法律法规资源检索、案例资源检索、国际组织法律资源检索），二次法律资源检索（中外文期刊文献、图书文献、学位论文、会议论文和其他二次法律资源检索），法律信息检索实例（学术研究、案例研究检索实证分析）进行了系统讨论。

此外，高潮等《中国法制古籍目录学》、李振宇《法律文献学导论》和《法律文献学》、张伯元《法律文献学》、田庆锋《中国法律文献学概论》等论著对法律文献的概念、分类、整理、检索等方面基本理论和方法也有初步探讨。[1]

综上，不同学者对法律检索课教学内容的知识结构有着不同的理解，在教学中也有不同的侧重。但是，这些教材和著作对于进一步完善法律检索课的基本知识结构和教学模式奠定了重要基础，发展了法律检索课的教学内容，为该课程特定概念和理论体系的发展提供了重要条件，也揭示了该课程内容

---

〔1〕 高潮、刘斌：《中国法制古籍目录学》，北京古籍出版社 1993 年版；李振宇：《法律文献学导论》，中国检察出版社 2003 年版；李振宇、李润杰：《法律文献学》，湖南人民出版社 2010 年版；张伯元：《法律文献学》，上海人民出版社 2012 年版；田庆锋：《中国法律文献学概论》，中国政法大学出版社 2018 年版等。

的丰富性和交叉性特点。

（三）法律检索课程教学模式研究综述

学界对法律检索课程的教学模式研究甚少。2015 年前后长期从事法律检索课程讲授的于丽英老师在调查中发现，在教育部将其作为正式必修课程之前，不同学校有着不同的教学模式，其中，三分之二的学校的教学模式包括讲授、同步练习、作业讲评的综合方法，三分之一的学校仍然使用较为纯粹的讲授模式。[1] 这些教学模式都是在法律硕士研究生尚未大规模扩招和种类尚未改革的情况下，代表性学校的教师所采取的针对本科或研究生的方法，其为该课程教学模式的改革和完善提供了重要的经验借鉴。

二、法律检索课教学体系和模式改革的背景和基础

法律检索课程是 2017 年法律硕士研究生大规模扩招和种类增加的情况下，教育部规定应当开设的一门实践必修课，有着特定的基础和背景。

（一）法律硕士教育的兴起与改革

法律硕士教育在我国经过了从试点探索到全面发展的丰富历史，此处不再赘述。仅仅以招生规模而言，即为该课程的教学提出了重要挑战。自 2017 年开始，其招收数量猛增。

以西北师范大学法学院为例，2015 年招收法律硕士（法学和非法学）共计 40 余人。2017 年招生人数增加 3 倍，扩招至 120 余人。此后每年招生人数开始超过法学本科生，而且其中又增加了非全日制法律硕士研究生这一第三种类型。其中，第三种类型的法定培养模式给我国研究生教育提出了极大的挑战。这些非全日制研究生采用的授课方式主要是集中授课。有些培养单位集中于每周的双休日，有的则集中于寒假、暑假、国庆节、劳动节等时间较长的假期，每次授课后任课老师均为其布置一定的作业，以引导平时的自学。招生培养单位为非全日制法律硕士研究生也配备有实务和理论导师各一名。但是实际上绝大部分非全日制法律硕士研究生平时对自己的要求不严，也不经常与导师保持联系、展开交流。2019 年西北师范大学第一届非全日制法律硕士研究生学位论文开题过程中，笔者感觉到其法律文献检索和论文写作能

---

〔1〕 于丽英、韩宁："中国法律检索教育的新发展"，《中国法学教育研究》2016 年第 2 辑。

力与大学本科毕业生相差无几。造成此种局面的客观原因主要在于集中学习的时间十分有限，学习强度较大，在有限的时间中无法消化课堂教学的内容，返回工作单位的学生又以极端务实的态度不知及时巩固和继续自我学习相关内容。非全日制法律硕士研究生每次集中学习开课门数较多，法律检索课程被压缩至 10 个学时，且以较为连续的方式进行授课，以致于学生无法消化课堂讲授内容，许多作业无法完成并无法由授课教师进行讲评。

（二）本校法律硕士研究生法律检索基础调查

为配合法律检索课教学内容和教学模式改革，笔者在本校 2019 级全日制法律硕士生（法学和非法学）中进行了一次摸底调查，以了解其法律检索的知识基础。

此次调查未采取抽样或问卷的方式进行，而是采用面对面谈话和全部调查的方式。西北师范大学 2019 年招收全日制法律硕士共计 80 人，其中法学法律硕士 39 人，非法学法律硕士 41 人。在谈话中，笔者的问题主要包括：（1）被调查学生毕业的学校；（2）被调查学生毕业的本科专业；（3）被调查学生大学本科期间是否开设过文献检索课？如果开设，那么是必修课还是选修课？是专业老师讲授还是图书馆老师讲授？开课的时间在第几个学期？课程的名称是什么？

首先，毕业院校方面，本校全日制法律硕士研究生可分为五类：一本类、政法类、二本类、三本类和其他。其中，法学法律硕士研究生一本院校法学院毕业者 2 人，政法类院校毕业者 10 人，二本类毕业者 24 人，三本类毕业者 3 人，其他形式毕业者 1 人。非法学法律硕士研究生毕业于一本院校者 5 人，政法类院校毕业者 5 人，二本类毕业者 28 人，三本类毕业者 2 人。由此可见，本校法律硕士毕业于二本类院校者占绝大多数。

其次，学生本科专业的调查主要在非法学法律硕士研究生中展开。本校非法学法律硕士本科专业包括包装工程、医学、日语、商学、商务英语、新闻、政治学与行政学、国际经济贸易、金融学、计算机科技与技术、工商管理、土地资源管理、学前教育、人力资源管理、会计学、社会工作、法语、侦查学、土木工程、广告策划等。这表明本校非法学法律硕士研究生的基础比较多元，包括文科、理科和工科三大领域。

再次，在调查过程中，本科阶段明确开设有文献检索课的法学法律硕士研究生有 10 人，学校、课程具体名称、课程性质、开课时间等如下表所示：

学　　校	课程名称	课程性质	开课单位	开课时间
浙江工商大学	专利检索	必修	法学院	第五学期
西北政法大学	文献检索	通识选修	图书馆	第二学期
海南大学	文献检索	必修	法学院	第四学期
天津外国语大学	法律文献检索	限选	法学院	第五学期
西华大学	信息检索	必修	图书馆	第一学期
沈阳理工大学	科技文献检索	选修	图书馆	第三学期
池州学院	知识产权文献检索	必修	法学院	第五学期
广东信息工程学院	文献检索	选修	图书馆	第二学期
兰州理工大学	信息检索	选修	图书馆	第五学期
河南警察学院	文献检索	选修	图书馆	第四学期

上表中，由专业课教师授课的学校有浙江工商大学、海南大学、天津外国语大学和池州学院，剩余学校的课程则由图书馆老师来进行讲授，将文献检索课作为必修课的学校占开课学校数量的一半。在接受调查的法学法律硕士研究生中，还有 5 人毕业的本科院校开设有"论文写作""社会协作与法学论文"等课程，他们回忆在这些课程中任课教师对法律检索问题有所涉及。其余的毕业于不同院校的法学法律硕士研究生则指出本科毕业院校未开设相关课程，本校图书馆开设有相关专题讲座。

2019 级非法学法律硕士研究生中，本科阶段开设有相关课程者有 11 个，具体开课院校、课程名称、课程属性、授课教师等相关信息如下表所示：

学　　校	课程名称	课程属性	开课单位	开课时间
常熟理工学院	文献检索与论文写作	必修	二级学院	第五学期
浙江理工大学	文献综述	必修	二级学院	第五学期
甘肃政法大学	图书文献检索	选修	图书馆	不清
黑龙江农垦科技职业学院	论文写作	必修	二级学院	不清
海南大学	计算机与信息检索	选修	图书馆	不清

学　　校	课程名称	课程属性	开课单位	开课时间
山东理工大学	图书馆文献检索	通识选修	图书馆	不清
重庆工商大学	信息检索	必修	二级学院	不清
天津农学院	图书检索	选修	图书馆	不清
中央司法警官学院	文献检索	限选	二级学院	不清
淮阴师范学院	文献检索与论文写作	必修	二级学院	不清
济南大学	文献检索与写作	选修	图书馆	不清

上表表明在开设有相关课程的单位中，将其作为必修课者有 5 个，且均为本专业教师所讲授，图书馆教师开设的相关课程则均为选修课。其余非法学硕士研究生本科阶段则主要通过图书馆专题讲座获取文献检索相关知识，且记忆已不清晰，主要对中国知网数据库（CNKI）还有一些印象。

通过调查，我们发现西北师范大学 2019 级全日制法律硕士研究生（法学和非法学）毕业于一本院校者约占总人数的 9%，毕业于二本院校者约占 84%，毕业于三本院校者占约 7%，本科阶段选修过文献检索课程者约占 30%。由此可见我校 2019 级法律硕士研究生的文献基础仍然较差。这也可以大体反映出当前我国"985"和"211"类型之外其他学校的文献检索教育情况。

（三）法律文献资源的猛增

自 20 世纪 80 年代以来，国内外法律文献数量猛增，获得法律文献不再是一件较为困难的事情，但是在法律文献的汪洋大海中要准确、全面地获得某个方面的文献资源则日益成为一个棘手的问题。

一方面，国内规范性和非规范性法律文献资源数量飞速增加。中国中央和地方各级立法机关制定和颁布了大量的法律法规，海量的法律文书也陆续在裁判文书网上予以公布，大量的法律数据库被建立起来，鱼龙混杂，质量参差不齐。在现行法学教育考核体制之下，法学论文和著作的数量也快速增加，每年都有大量的产出。另一方面，国外法律文献资源的获得也变得较为容易，许多单位购买了西方的法规案例数据库和电子期刊、电子图书数据库。这既为法律问题研究提供了较为丰富的法律法规、案例和论文著作等参考文献，同时也增加了法律文献资源检索难度，要求法学本科生和研究生逐渐培养法律文献资源意识、不断更新法律检索的方法、提高法律检索的技能，实现法律检索全面性和准确性的完美结合。

在这个知识爆炸的年代，法律文献的发展越来越专业化，不同部门、不同领域所生产出来的法律文献资源数量的增加使得法律文献资源体系更加庞杂，同时为传统目录学在法学研究中的发展和法律目录理论的形成提供了较为充足的养分，也使得法律文献学的研究超出古代法律文献的整理的范畴，开始向现代法律文献资源发展，最终为包括古代法律文献学、现代法律文献学、法律目录学、法律文献检索和应用学在内的法律文献学的形成提供重要的基础。法律领域开始形成中国的新传统，我们也开始逐渐建立起现代法治大厦的基础。

三、法律检索课学科属性和教学内容的设置

法律检索课所涉及的知识包括目录学、图书馆学、文献学、法学、历史学等多个学科。目前学界并未对其学科属性展开探讨。其究竟属于法学，文献学，还是属于图书馆学，未有定论。其教学内容的设置，因不同的教材和著作设置而不同。因而，有必要对其学科属性和教学内容设置进行系统讨论。

（一）法律检索课的学科归属与价值

1. 法律检索课的学科属性

确定一门课的学科属性最为重要的标准是该课程的教学目标和价值。法律检索课的主要教学目标是法律文献的检索和使用。笔者认为法律检索课既是法学学科的一门基础课程，又是一门交叉课程。其学科属性是法学学科，具有基础性和交叉性。

法律检索课是法学教育中的一门基础课程的主要原因在于，法律问题的研究和法学学科的发展离不开该课程的发展。无论是法匠的培养还是法学家的孕育，均需从法律检索课中汲取最初的营养，均离不开法律检索课对法律文献资源的生成、流布、收藏、整理、检索等方面知识和技术的研究和探讨。任何一门学科都有自己的基础学科，法律检索是法学基础学科中的基础学科，与法理学、法史学相同，同时又将法理学、法史学、宪法学、部门法学联系在一起。法律检索同时也是一门交叉学科。它将法学与文献学、目录学、图

书馆学、计算机科学等相关学科的知识结合起来，以文献学、目录学、图书馆学为基础，以法学和法律问题研究为出发点和归宿，以计算机科学等学科的相关技术为手段。它是文献学的一个专门学科，也是文献学的一个边缘学科，但它绝不是法学的边缘学科，其产生和发展的价值在于其自身的法学价值。

2. 法律检索课的学科价值

法律检索课的学科价值在于通过向学生系统讲授文献学、目录学、图书馆学的相关基础理论，介绍法律文献的种类、生成、流布的基本规律，以及法律文献整理、检索的基本方法、策略，增强法律本科生、硕士研究生的法律文献意识，培养法律本科生和硕士研究生检索、收集和整理相关法律文献的能力，最终提高法科学生应用法律文献检索技能发现法律问题、分析法律问题和解决法律问题的能力。

(二) 法律检索课的知识板块设置及教学目标

现有教材对法律检索课单元知识的设置存在一定差异，而且很少明确区分法学本科生和研究生的教学内容。笔者认为鉴于在本科阶段大部分高校尚未开设法律检索课程的情况，应当对法律硕士研究生的法律检索课程内容进行系统的思考，而不单单是检索技术方面的讲授和训练。建议课程内容涵盖以下几个方面。

1. 法律文献检索基础理论

本单元知识主要包括以下法律检索的基本概念和理论：文献，信息，资源，情报，法律文献；目录，法律文献目录，法律文献目录的种类，法律文献目录的制作；检索，法律文献检索，法律文献检索的种类。主要教学目标是使法律硕士研究生理解文献、信息、资源、情报、目录的基本内涵及其与法律文献之间的关系，培养法律硕士研究生的文献意识和基本文献素养。本单元拟安排 4 学时。

2. 法律文献的样态及其整理

本单元知识主要包括：法律文献的本质、法律文献的特征、法律文献的分类、法律文献的整理及其特点。主要教学目标是使法律硕士研究生理解法律文献的本质和特点，了解法律文献整理的主要方法，全面掌握法律文献的分类标准、古今中外法律文献存在方式，系统把握法律文献整理的成果，为将来法律文献检索打下重要的基础。本单元拟安排 4 学时。

3. 法律文献数据库的种类及特点

法律文献数据库是随着计算机和网络技术的发达而逐渐发展出来的一种特殊的法律文献样态。本单元知识主要包括：中国知网数据库（CNKI）、北大法宝数据库、万律中国法律信息数据库、中国审判案例数据库、万方数据库的内容和特色，人大报刊复印资料数据库、超星电子数据库、爱如生典海数据库、中华古籍经典数据库、中国历代地方志集数据库、中国文史资料集萃数据库、Westlaw 法律数据库、HKMO（港澳硕博）优秀学术全文资源库、EBSCOhost 数据库的内容和特点，OXFORD 期刊数据库等中外文相关商业专业数据库的内容和特点，裁判文书网等中外文开放文献数据库的内容和特色。教学目标是使学生熟练掌握重要法律文献数据库的主要内容、内在结构和主要特色。本单元拟安排 12 学时。

4. 法律文献检索技术和实践

本单元知识主要包括：法律文献检索的种类、法律文献检索的计划、法律文献检索的准备、法律文献检索词的提炼、法律文献检索工具的选择、检中法律文献的初步处理、法律文献目录法律文献检索与论文写作。主要教学目标是使法律硕士研究生熟练掌握法律文献检索的种类，学会制定法律文献检索的计划和根据不同检索种类确定检索的方式，提高其利用法律文献目录提炼法律文献检索关键词、主题词等方面的能力和使用法律文献检索的初步成果确定法学论文选题的能力。本单元拟安排 12 学时。

四、法律检索课的教学模式

在课堂教学中，笔者曾进行了一些教学方法的改革，在课堂教学中采用了主题报告教学法、案例教学法和讨论教学法，取得了一定的教学效果，但是仍然需要结合现代多媒体技术予以完善。

（一）课堂教学的方法

课堂教学仍然是法律检索课主要的教学方法，对其进行改革是提高课堂教学效果的重要路径。长期以来，包括笔者在内的大多数教师经常采用填鸭式的教学模式，以致于教学目标很难实现。针对该问题，笔者进行了一系列改革以调动学生学习的积极性。

1. 主题报告教学法

主题报告教学模式是在讲授完法律文献检索基础理论和法律文献存在的样态及其特点的部分内容后，要求每个学生根据所学理论和自己的兴趣爱好选择一个法律问题，通过 PPT 展示自己制作的法律文献目录的过程，通过法律文献目录分析自己选题的原因，向其他同学讲述自己有关感受的一种翻转课堂教学模式。在这种翻转课堂教学过程中，笔者还设计了评论环节，挑选一些学生从法律文献目录的制作格式、分析问题的逻辑结构、学术规范、选题的意义阐述等方面对主题报告人进行评议，提出修改的建议。

在教学改革的实践中，笔者发现这种教学模式对于在校的全日制法律硕士研究生具有重要的意义，调动了其研究问题的兴趣，有 50% 的学生的选题十分新颖，而且通过制作法律文献目录对学术界相关研究成果有着较为清晰而系统的把握。其不足之处在于每个法律硕士研究生同学均做主题报告，耗时较长，在报告过程中部分学生注意力不集中。以后改进的措施是将学生分为 10 个学习小组，每个小组 5 个人，令每个小组推荐一名学生做主题报告，同时更换教室，改变过去在实验室中进行的做法，把主题报告安排在只有多媒体的教室中，将教室中的桌椅摆成圆桌形状，以集中学生的注意力和精力。

2. 案例教学法

案例教学法是法学教学过程中常用的方法，对于法律检索课而言，更是一种重要的教学模式。在有关中外法律数据库的特点和使用方法的授课过程中，笔者尽可能地使用了该方法，通过具体的案例检索相关的法律论文、法律著作、法律条文等法律文献。检索之后，通过比较分析总结不同的检索方法之间存在的重要差异。

案例教学法通过具体的实例向学生展示相关法律文献目录的制作方法、法律文献目录的分析方法、中外法律文献数据库的使用方法，总结中外法律文献数据库的特征，其本质相当于带领学生一起进行某个问题检索的实验活动，有助于促进学生对法律文献目录制作方法的把握和法律文献目录作用的理解，也有助于学生深入理解中外不同数据库的特点。

3. 讨论教学法

讨论教学法是在课堂上通过师生互动方式对某一个法律文献检索问题进行探究式、引导式学习的教学模式，有助于充分调动学生思考问题的积极性。该教学方法的实施过程中，教师先设计若干问题，然后引导学生展开讨论。讨论教学法的实施，需要与案例教学法结合进行，从而使讨论的问题更加具体、生动和明确。

在法律检索种类问题的教学过程中，笔者依检索内容将法律检索种类分为概念检索、法条检索、案例检索、科研检索四大类，依照检索手段将法律检索分为手工检索和计算机检索两大类。然而无论哪一种检索均需要从检索问题中分解出"关键词"，根据"关键词"，扩大检索的范围，以获得较为全面的法律文献资源。如将所有的社会法文献检索出来，引导学生进行讨论，如何对社会法进行分解，除了可以析出"劳动合同""社会保障""社会保险""公益诉讼""劳动争议""劳动人事仲裁""保险纠纷""劳动人事纠纷""劳动局"等，还可以分析出哪些是重要的关键词。针对其他类型的检索也通过讨论引导学生理解检索的目的，然后依据目的挑选法律文献数据库和检索的方式。

在实施讨论教学法的过程中，笔者认为问题的提炼非常重要，而且要结合现实生活中的一些热点问题进行。因此，教师应当对学术界相关研究现状和社会生活热点进行密切的关注，不断更新自己的知识基础、扩大自己的问题视野，而且应当大量实行讨论式教学，以问题讨论提高学生析出"关键词""主题词"等方面的能力。

（二）课下教学的方法

课堂教学主要适用于全日制法律硕士研究生。非全日制法律硕士研究生的法律检索课程教学时数因其并不脱产而急剧降低，减少了将近三分之二，只有 10 余个课时。故而，教学方式上需要进行改革，以补偿教学时数的不足。

1. 雨课堂教学法

雨课堂教学法是清华大学等单位联合开发的一种网络多媒体教学模式。其基本原理是综合利用互联网平台、PowerPoint、微信和雨课堂软件展开教学工作。具体操作方法是，教师在电脑端安装雨课堂软件，依托学校在雨课堂系统内组建班级，然后向学生发出邀请码使其加入班级，可以在教师系统端上传授课的相关 PPT、单项选择题、多项选择题、主观性试题、音频文件、视频文件，学生利用手机端关注微课堂公众号后可以通过邀请码加入相关班级接收相关课程的相关教学文件，也可收听、收看相关音视频资料。教师也可以在其上发起讨论，发布链接，实现课前预习、课堂讲授和课后复习的有效连接。[1]学者们对雨课堂教学模式的优点有着系统的研究，认为其有助于将学生变为真正的学习主体、调动课堂气氛、吸引学生的注意力、促进教师进行精准教学和实现对学习的过程性评价。[2]

笔者认为，该教学方法的优点还在于既可以利用学校已建立好的班级进行授课，也可自由建立班级，向需要学习某些课程的人员发出班级邀请码，组建自由的教学单位，不受学校教学计划的具体限制。笔者尝试着在教师端建立了 2019 级非全日制法律硕士教学班，开设的课程名称为法律检索课，并且已将课程 PPT、相关录音传入资料库，还可以实现课后自我学习的深层次控制。如可以布置课后作业，并远程考核全日制、非全日制法律硕士研究生课堂学习和课外学习法律检索的效果。但是该系统设置仍然较为复杂。其中，如何使用资料库中的音频和视频资料仍然显得较为麻烦，需要成为会员才能使用。而且作为网络多媒体教学方法，需要使用一定的流量。这对于经济较为落后的西部地区而言显得有些奢侈。因此，笔者认为雨课堂教学法是法律检索课上教学和课下学习的重要补充。

2. QQ 群教学法

QQ 群既是一种网络交流工具，也可作为课堂教学补充方法和手段。对于一些较为重要的电子文献资料，如李振宇教授的《法律文献学》和《法律文献导论》、张伯元教授的《法律文献学》等，教师因其难以寻找且体积较为庞大而无法使用雨课堂教学法予以展示，可以在 QQ 群公告栏上传，并通知法律硕士研究生进行下载，为其提供课前或课后的学习资料。

---

[1] 曾瑞鑫："学堂在线召开发布会宣布推出智慧教学工具——雨课堂"，载《亚太教育》2016 年第 24 期。

[2] 裴亚南、董亚洁、王鑫："基于雨课堂的大学课堂教学互动研究"，载《中国教育技术装备》2019 年第 12 期。

该平台的优点是可以及时上传较为丰富的多种形式的学习参考文献。其缺点是现在每个人的 QQ 群数量较多，使得师生利用的效果大打折扣。此外，QQ 群上传的相关电子文献资源也受到储存时效的限制，超过规定的时效这些资源即不能下载和使用。总之，QQ 群教学法存在一定的延时性和时效性限制。

3. 微信公众号教学法

微信公众号是腾讯公司推出的一种社交平台。微信公众平台为知识的传播和交流提供了重要的条件。该平台将其内容分割为不同的单元，并且还可以设计次级单元进一步展示发布人要发布的具体内容。教师可以利用该平台将教学计划、教学 PPT、教学进度表、教学大纲、电子学习参考资料、主要问题等进行发布，向相关法律硕士研究生展示，为其提供相应的线下学习资料。

微信公众号教学方法的优点是平台容量大，展示的方位较为全面。其不足之处在于无法对学生学习的进程予以监督和控制，也无法及时收到学生反馈的问题和获得学生学习的效果。此外，该平台也无法有效保护教学成果的知识产权。其他人也可以通过关注该微信公众号而获得相关的资源。

综上所述，结合法律硕士的整体教学目标和西北师范大学法学院的生源质量和具体情况，笔者认为该课的课程体系应当包括法律检索的基本理论、方法和实践三个大的组成部分，采用以课堂讨论、主题报告、案例教学方法为主的课上教学方法和以雨课堂、QQ 群和微信公众号为主的课下教学法相结合的混合式教学模式较为适宜。

论司法过程视阈下的法官裁判良知

张国文[1]

内容摘要: 马克思言"良心是由人的知识和全部生活方式来决定的"。同样,法官的裁判良知也取决于其知识和司法经验及其工作方式,具有知识性、主体个性及认知局限性的特点。法官裁判良知在司法过程中的作用在于,合理约束法官对经验法则的运用、自由裁量以及自由心证的形成。如欲实现上述作用机理,在制度层面则需重申司法独立,准确界定司法责任制以及重视纠纷解决的时间投入。

关键词: 裁判良知 司法过程 司法独立 司法责任制

司法公正是人类共同追求的价值理念和价值目标,是法治社会的核心要求,是司法机关的灵魂和生命。法官是一个寻求公平和正义的职业,是法律秩序的维护者,是法的守护神,更是实现社会救济,维护社会正义的"掌门人"。法官对于纠纷的处理对社会正义的实现起着决定性的作用。对于一个法官来说,其专业能力固然重要,但比这更重要的是法官良知,法官良知是司法公正的原动力。法官作为法律的适用者、裁判的作出者,其品质决定了裁判的品质。笔者认为,对于司法公正的实现,更多地是要发掘法官职业的特性,从法官本身的精神追求出发去实现司法公正,而不是陷入监督制约模式。并且,这种内生型的"良心约束"或"善的知识"更有利于提升司法公信力。在当下司法体制改革的背景下,应通过探索法官的"良心自治"的本质,重视裁判者良心的内在精神因素的价值,探索法官良知的形成及作用机制,从而达到树立司法公正的权威形象。

---

[1] 作者简介:张国文,甘肃兰州人,北京师范大学法学院博士研究生,西北师范大学法学院讲师,研究方向:诉讼法、司法制度。

一、法官良知的构成

（一）不同语境下的良知内涵

良知是情感和理性的统一，是每个人都应具有的辨别是非、善恶的理性能力。良知为理性和经验提供道德反思的自觉基础，是个人对自己行为、意图或品格的道德上善恶的认知，可激励主体自觉正当地行动或激起其作为一个正直的人的责任感。在不同的历史时期以及不同的文化背景下，良知的意涵都具有差异性。

1. 西方文化语境下的良知

在西方语义学上，与汉语"良知"可互译的英文对应词是"conscience"，德文是"Gewissen"，法文是"con-science"。这些词有一个共同特点，即都是由一个前缀加一个词干组成的合成词。其前缀均含有"共同""一起""同一"的意思，而词干都是"知""知识"的意思，合起来看就是"同知""共知"之意。"同知""共知"也就是今天的"良心""良知"。

而在西方哲学意识上，对于良知的理解则更为丰富。洛克认为，"所谓良知不是别的，只是自己对自己行为的德行或堕落所抱的一种意见或判断。"[1]休谟认为，良知仅仅是在实践哲学领域出现的东西，是诸多内部印象或道德感中的一种。他把内感官印象看作是次生的，而把外感官印象看作是原始的。[2]密尔松认为，良心是人类对公平与正义的一种认识。[3]

2. 中国古代文化语境下的良知

在我国汉语文化语境下，存在着两个词义相近的概念，即"良心"与"良知"，二者均涵有"善的道德意识"之意思。如果进一步区分二者之差别，则在于"良知"在古代用得较多，是较为传统的概念，强调良心成分中的一种直觉或者强调它是一种综合性知觉；而"良心"则在现代用得多，比较口语化。"良心"更强调"良"，而"良知"更强调"知"，即把良心解释

---

〔1〕 ［英］洛克：《人类理解论》（上册），关文运译，商务印书馆 1983 年版，第 316 页。
〔2〕 ［英］休谟：《人性论（下册）》，关文运译，商务印书馆 1980 年版，第 309 页。
〔3〕 S. F. C. Millson, *Historical Foundations of the Common Law*, *2nd ed.*, London, Butterworths, 1981, p. 89.

为一种直接的知觉。〔1〕同样的概念对比，西方学者的区分则更为深入。西方学者认为，"良心"一词源于"conscientia"，意思是和另一个人一起知道的隐秘之事。它表示对于对错的一种内在的了解或认识，对于人们行为的正确或错误的道德感，如福蒂斯丘爵士解释其为"和神一起知道"；也即，凭借一个人的理性可以知道上帝的愿望。〔2〕而良知是领悟自然法第一原则的天赋官能。良知需要良心和智虑的充实与合作，才能构成一个具体的判断。〔3〕

我国历史上首先使用"良心""良知"概念的是孟子。在《孟子·告子上》中说："虽存乎人者，岂无仁义之心哉？其所以放其良心者，亦犹斧斤之于木也，旦旦而伐之，可以为美乎？"《孟子·尽心上》把良心视为一种天赋的直觉："人之所不学而能者，其良能也；所不虑而知者，其良知也。"对"良心"一词发扬光大者当推孟子千年之后的王阳明，王阳明以良心涵盖万物，涵育万理，进一步阐述了良心的天赋性、绝对性和普遍性，认为"心者，身之主也，而心之虚灵明觉，即所谓本然之良知也"。"良知者，孟子所谓'是非之心，人皆有之'者也。"〔4〕由此，王阳明的观点认为，良知是人人皆有的是非之心。并且他提出"知行合一"，其立言宗旨是去恶念，是为了人生与道德，是为了从根本即内心上解决人生与道德问题。以良知为中心，意味着主体性的确立，意味着对道德行动者提出了很高的要求，即必须矗立起一个道德的自我，必须由自己去体会、去努力、去磨炼、去自致良知。外在的行为是看得见的，别人可以指点，而良知却是别人看不见的，需自家体会。〔5〕

在日常生活中，常有一些评判某人"有良心""没良心"或"丧天良"以及"社会良知"的表达。这些表达一方面在着重进行道德评判，即善与恶的本真；另一方面将良心或良知看作一种先天赋有的道德底线。而笔者认为，良知应当是后天习得的，而非源于天赋。

综上所述，首先在"良心"与"良知"的关系上，笔者认为，良知是主

〔1〕 何怀宏：《良心论》，上海三联书店 1994 年版，第 2 页。

〔2〕 Norman Doe, *Fundamental Authority in late Medieval English Law*, Cambridge University Press, 1990, p.133.

〔3〕 吴经熊：《法律哲学研究》，清华大学出版社 2005 年版，第 32 页。

〔4〕 （明）王守仁：《王文成公全书》（大学问）。

〔5〕 杨文革："论法官的良心"，载《环球法律评论》2005 年第 3 期。

体在基于自己"良心"的善道德判断上运用自己的"知"对"行"的判断。其次,在学说林立的著述里,笔者对"良心"的理解更接近于革命导师马克思的认知观点,即"良心是由人的知识和全部生活方式来决定的"。由此,法官的裁判良知就在于法官基于法律"良心"上知识与经验的"知"与裁判"行"的统一。因此,考察法官裁判良知应当从法官的知识、经验及其司法过程方式入手。

(二) 法官裁判良知的特性

当良知遇到法律,二者并不存在冲突,而是相互印证、相互支持的共生关系。并且在普通法的历史上,良心与普通法有着内在的联系。公元 12~13 世纪后,王室法院在处理适用国王颁布的法律之外,还根据新的法律科学适用那些被认为对其全部领土具有拘束力的"地域法",以及从习惯、理性和良心推演出来的法律原则、概念和规则。[1]

目前,关于"法官良知"的主流学说,将之作为一种司法道德伦理看待,是指法官作为司法人员基于自然正义和社会正义的基本要求,在司法实践中表现出的对公平、正义的良善认知心理。法官的良知强调的是对职业的敬重心和内心责任感以及对社会普遍法则的自觉和认同。最高人民法院在 2001 年 10 月 18 日公布的《法官职业道德基本准则》(已失效)第 35 条第 2 款中规定,法官应当具备忠于职守、秉公办案、刚正不阿、不徇私情的理念,惩恶扬善、弘扬正义的良知,正直善良、谦虚谨慎的品格,享有良好的个人声誉。可见,在该准则中,将良知主要限定为"惩恶扬善"和"弘扬正义"两种取向。此外,学者江必新认为,法官良知的内涵可概括为"八心",即一视同仁、平等对待之心;求真求实、勿冤良善之心;坚守正义、善解法意之心;惩恶扬善、保国安民之心;案结事了、息讼促和之心;真诚恻怛、哀矜裁判之心;勤奋敬业、救人水火之心;清廉如水、一尘不染之心。[2]对这种内涵的概括,笔者认为值得商榷。首先,过多的标准设立可能会导致缺乏统一的目标。其次,共通的职业操守,如"勤奋敬业",规定在法官良知中可能抹杀了司法特性。再者,"保国安民""救人水火"及"一尘不染"等这些近乎于

〔1〕 [美]哈罗德·J. 伯尔曼:《法律与革命 西方法律传统的形成》(第一卷),贺卫方等译,法律出版社 2008 年版,第 12 页。
〔2〕 江必新:"法官良知的价值、内涵及其养成"载《法学研究》2012 年第 6 期。

神的标准设置于法官身上，无疑加重了法官职业伦理的负担。

法官的美德不外乎两大要素，即理性和良知。每一个法官"应当追问理性和良心，从我们内心的天性中发现正义的根本基础"。[1]因此，笔者认为，法官的裁判良知在于他能够运用自己的知识与经验，秉持自己的内心确信进行符合法律公平正义的价值判断。法官良知是基于法官职业伦理对社会公平正义的自觉体验与自觉认同。法官良知源于且高于社会普遍道德法则，是社会普遍道德法则在法官心底的呼声。因此，法官良知的伦理根据，一方面包括人类普遍的道德法则，其基本表现是社会公众行为规则的常识、常理和常情。另一方面法官良知包括基于普遍道德法则之上的法官职业伦理，"法官倾听良知呼唤、反思、挖掘良知的力度应该高于、而不能等于或低于其他社会职业群体"。[2]有鉴于此，法官的裁判良知具有如下特性。

1. 法官的裁判良知具有知识性

法官的良知是与道德有关的善的知识。西方16世纪最卓越的法律人物欧登道普把良知定义为实践理性的一个侧面，认为普遍的道德原则正是通过这种实践理性而应用到具体的情节之中的。另外，他还沿袭了路德关于良知的概念，认为它是关乎人之全部的即包括他的信仰，而不仅仅是他的智识和道德能力。[3]他还主张所谓的"良知决定"，即个人的精神裁判，是出自灵魂的裁判。该裁判如同任何法律判决一样是建立在世俗理性之上的，即取决于人的经过法律训练的理性，相关的法律判例正是借助这一理性而得到仔细研究、分析和系统化的。但它也是建立在自然理性基础上的，这就是神恩赐的理性，它深植于每一个信奉《圣经》律法的人的灵魂之中。欧登道普认为，"如果没有人心之中的某些律法常规来指示给人他所做是正义还是不正义的，那么就不能作出一个良知的判断。所以，法律（即《圣经》的律法）乃是在人的心中"。[4]

---

〔1〕［美］本杰明·卡多佐：《司法过程的性质》，苏力译，商务印书馆1998年版，第45页。

〔2〕董茂云、徐吉平：《法官良知对于司法过程的意义——兼论法官良知与现代宪政体制及理念的关系》，载《复旦学报（社会科学版）》2003年第6期。

〔3〕［美］哈罗德·J.伯尔曼：《法律与革命 新教改革对西方法律传统的影响》（第二卷），袁瑜琤、苗文龙译，法律出版社2018年版，第99页。

〔4〕［美］哈罗德·J.伯尔曼：《法律与革命 西方法律传统的形成》（第一卷），贺卫方等译，法律出版社2008年版，第397页。

法官基于良知的判断既有关于法律"善"的知识，也包括经验法则、生活常识等基本常识。因为法官司法的过程不单单是作为有法律知识的群体进行法律的适用，同时还存在着对案件事实以及诉讼过程中形成的事实的评价。法官对案件的裁决并不是机械性地对案件进行裁决，需要"目光在事实和规范之间流连往返"。对案件事实的审理过程就是对生活事实的进一步解构，并将之与规范事实进行比对、分析后作出吻合案件事实的裁判。运用经验法则、逻辑规则，甚至生活常识对当事人之间所叙述有出入的事实进行判识。

2. 法官的裁判良知具有主体个性

法官的裁判良知应当具有主体个性，这一方面是指法官群体所具有不同于其他社会群体的共识个性；另一方面，我们也应当认同法官在审理个案时所形成的自己的独立判断。首先，法官群体所具有的共识个性，或言职业特性，是指法官作为一个特殊的角色群体，在日常行为及行使国家所赋予的司法职权的过程中形成的一种善意意志、义务意识和内心法则，是法官共同体对社会普遍道德法则以及自己所应承担的职业道德责任的自觉意识和自我认同。其次，法官在个案的审理中所体现出的裁判良知，也即法庭知识，它是法官基于个案审理所形成的具体的认知，它以当事人提出的事实和证据材料为基础，当事人的诉求为裁判导向。每个案件中，因具体的案件事实和当事人的诉求之不同，所形成的裁判认知也不同。因此，在个案中讲法官的裁判良知就是具体的"以事实为依据，以法律为准绳"，法官对个案的审理要进行谨慎的事实认定和适度的裁判说明，避免用要件事实的审理取代当事人主张的案件具体事实审理从而形成"类判决"[1]，造成当事人并没有"在具体的个案中感受到公平正义"。因此，在个案的司法裁判过程中，应当认识到法官裁判良知具有个性，但这种个性不是法律适用的个性，而是事实认定的个性。这种个性差异的合法性依据是个案的具体案情之不同。尊重法官裁判良知的个性实质上是赋予法官独断案件的审判权。

3. 法官裁判良知具有认知局限性

如果尊重法官的裁判良知，则必须同时承认和允许法官裁判良知具有局

---

[1] 这里所讲的"类判决"是指法官对某一类案件的审理，基于长期的审判经验而形成的模式化裁判。

限性。换言之，法官亦是自然属性的人而非圣贤，更不是神，因而其认知具有局限性。造成法官裁判良知的认知局限性，主要有三方面的原因：其一，现有的科技手段无法达到客观真实的查明；其二，在法官作出裁判之时，当事人所提供的诉讼资料和证据资料的不充分导致法官认定的事实与客观真实存在差距；其三，因双方恶意串通致使法官在审理案件时未发现而导致的错误裁判。之所以强调法官裁判良知具有认知局限性，是为了给予法官在裁判过程中充分合理认知的自由度，只要是法官基于内心确信而形成的合法裁判就应当予以尊重。对法官案件裁判质量的认定不应当以结果倒推的方式进行。

二、法官裁判良知在司法过程中的样态考察

狭义的司法过程即法官审理和裁判案件的过程。在此过程中，法官需要运用自己的知识与经验进行司法裁判，即法官的良知来源于其知识和审判经验。在司法裁判过程中，法官裁判良知主要表现为对自由裁量权、经验法则的运用等方面。由于良知的基础是关于主体"良心"的共识，因而无法给出一个明确统一的判断标准。并且法官的裁判良知就是其通过对法官知识与经验的运用对不同案件给予恰如其分的判断。这也是司法过程的本质，即司法过程从来都不是法律的机械适用，不是法律知识的简单运用，而是综合考量各种因素而作出判断和利益衡量的复杂过程。一切司法过程都必然在某种程度上具有自由裁量和"造法"的特征。[1]

(一) 法官裁判良知与自由裁量

英国法学家戴维·M. 沃克指出，"自由裁量权，指酌情作出决定的权力，并且这种决定在当时情况下应是公正、正确、公平和合理的。法律常常授予法官以权力或责任，使其在某种情况下可以行使自由裁量权。有时是根据情势所需，有时则仅仅在规定的限度内行使这种权力"。[2]法官自由裁量权的设置是为了让法官根据千差万别的具体案情酌情予以裁断，从而实现实质正义。然而，如果法官良知阙失甚至个别法官心术不正且或对纷繁芜杂的案情认知能力有限的话，法官的自由裁量权就可能异化而最终成为伤害正义的"魔

---

〔1〕 徐昕："司法过程的性质"，载《清华法学》2010年第2期。
〔2〕 〔英〕戴维·M. 沃克：《牛津法律大辞典》，北京社会与科技发展研究所译，光明日报出版社1988年版，第261页。

鬼"。因此，自由裁量权是一柄"双刃剑"。在法官自由裁量中，法官要经常"反省自己的思想，要追寻影响或引导他得出结论的那种种影响力，要掂量各种可能冲突的考虑因素——逻辑的、历史的、习惯的、道德的、法律的确定性和灵活性、法律的形式和实质等。在自由裁量中，法官应秉承自己的法官良知，胸怀"赤子之心"，服从良心的内心召唤和对自然法理念的内在认同，在公平正义的基础上作出既符合法律又符合人性的合理判决。

首先法官的自由裁量的区分还存在事实上的裁量和法律上的裁量。司法过程中的事实认定极其困难，事实认定就相当于对真理的探求，只能接近而很难完全把握。因此，从证据是否具有可采性、证明力的大小、证明责任的分配、证明标准的确定、自由心证原则直到案件事实的最后认定，自由裁量的作用都非常大。

法律上的自由裁量既有实体上的裁量，也存在诉讼程序上的裁量。前者实体上的裁量包括民事案件中具体损害结果的分担以及刑事案件中对刑事被告人量刑的确定等。而后者程序上的裁量包括法官对举证期间的确定等。

（二）法官裁判良知与经验法则

司法裁判过程中，当案件事实存在模糊时，法官需要运用经验法则、常识，甚至直觉进行认知。法官在司法过程中的认知判断大致包括两种情形：基于理性的判断和基于直觉的判断。两种判断都需要利用经验法则和常识。理性的判断直接依据经验和常识，而直觉更多体现为个人经验和常识所带来的灵感。经验法则是从生活经验中归纳出来的关于事物因果关系或属性状态的知识或法则。常识是大众认可、不证自明的基本生活知识。以例为示。

某甲租赁经营某冷冻厂期间，乙常来该厂购买冰块。2005 年 11 月 12 日，乙出具一张欠条给甲，内容为："欠冰钱 1.800 元整"。诉讼中，甲认为，欠条上的"1.800 元"系"1800 元"的误写，实际上指乙欠其冰款 1800 元。乙认为只欠"1.8 元"。最后，法院判决乙返还甲欠款 1800 元。[1]

此案中，法官就利用了经验规则和常识作出判决：首先，仅为欠 1.8 元立欠条有违常理，也不符合交易习惯；其次，倘若欠款 1.8 元，按正常的书写习惯只会写成 1.8 或 1.80 元，而不会写成 1.800 元。

---

[1] 谭卫山："经验法则在民事审判中的运用"，载 http://www.chinacourt.org/html/article/200804/07/295312.html，最后访问日期：2020 年 5 月 10 日。

在经验规则的适用上，评判的标准是以社会中存在的或者交易中惯行的经验法则为基准，而不能以法官的自我认知为中心。而这并不与之前所述的法官裁判良知的主体个性相冲突。这里需要再次重申的是，经验规则的选取是涉及案件的基本事实查证的问题，属于事实证据范畴因而受法官裁判良知的知识性的特性所约束；而法官裁判良知的主体个性是发生在裁判中的判断范畴。对于案件事实的查证则必须是统一的、明确的。

三、法官裁判运用良知的制度层面要求

有宪政学者认为要实现司法公正，应当通过人大监督的方式，而不是依靠"良心自治"。其反对司法公正应该依赖于法官的"良心自治"的理由在于，首先，我国主张法官"良心自治"观点的学者犯的第一个错误，是把西方某些学者的个人观点误视为西方的普适性真理和西方司法制度本身。具体表现为：其一，西方国家的陪审制也罢，参审制也罢，其价值内核就是以司法民主钳制可能的司法专断，就是对法官"良心自治"的不信任。其二，对法官的选用，西方国家并非都是非民选化、终身制。其三，对法官的免职，西方也并非都是实行非刑事追究不能免职的制度。以一些人津津乐道的美国联邦法院法官为例，国会的弹劾和刑事追究是两个程序。持"良心自治"观点的学者的第二个错误，是在企图把西方某些人的学说引入中国时，犯了忽视本国国情的错误。这些学者认为我国要遏制司法腐败，实现司法公正，必须建立以人大监督为核心的对司法的强大外部监督机制，而不能主要依靠所谓法官的"良心自治""良心自觉"。[1]

对此，笔者并不赞同，我国的现实国情应当成为司法改革的着力点而非阻碍司法科学的拦路虎。对于其否认"良心自治"本身的制度理由，笔者认为也值得商榷。首先，法官"良心自治"是法官基于法律"良心"之上的"良知"裁判，它是以案件事实为基础、以司法认知科学为依托，而形成的有限裁判，而非"司法任性"。并且在具体的案件审判中，"法官良知"的具体形式是"法庭良知"，是所有审判员以及当事人双方所达成的"共知"（或共识），而不是某一裁判者的独断。其次，法官选任中的民主化并不能等同于法官裁判案件民主化，反而应当尊重法官裁判的独立性和科学性，应当以信任

---

〔1〕 唐忠民："司法改革的一种新思路"，载《河北法学》2006 年第 4 期。

法官的裁判为常态，而不是对裁判权威的质疑。再者，在尊重法官的"良知"的基础上，应当再次审视"错案终身追究制"，应当弱化责任制而建立司法责任豁免制，明确司法责任的追究应当为例外情形，并且明确责任认定的标准。

（一）审判独立原则与法官良知

审判独立原则就是确保实现"法官唯以法律为上级"的法治理念，法官对案件的裁判不受案外因素的干扰，其裁判的形成只依据秉承内心对法律和案件事实的确信。

法官良知是一种知识性的系统。在宏观上，法官良知是法官职业素养的共识，是法官群体的职业尊荣的重要构成要素。法官群体的共同良知维系着司法公正的外象。在具体的案件审理中，法官的良知表现为，具体个案审理法官的事实认知和裁判方法。实际上，为了确保个体法官的司法判断符合法官良知的要求，我们的现有制度存在相关的保障设计，即合议制度和审级制度。在合议制度下，各个庭审者独立发表自己对案件的意见，虽然可能存在偏见，但是通过审判组织的合议，就可以确保这种认知是足够充分的。即便可能存在具体合议庭的偏见或"地方性"，我们依然有审监制度进行纠偏。

（二）司法责任制与法官良知

在新一轮的司法体制改革中，中央提出了完善司法责任制，"让审理者裁判，让裁判者负责"，并提出了法官错案责任终身追究制，强调办案法官对裁判结果予以负责。司法责任制的推进需要综合配套改革的完善。在过去我们的裁判文书并不完全是由合议庭出具，需要院、庭长签发。因此，某种意义上讲，裁判的最终决定者不是案件的审理者。如果案件出现错误，进行责任追查，则审理法官会因非己之过而遭受无妄责难。因此，要保障司法责任制，应保障法官的裁判是基于自身"良知"而做出。同时，关于错案的认知也有待统一。错案的提法本身具有不准确性，其命题隐含着一个被大众自觉或不自觉地接受的理论，即一个案件只能有一个唯一正确的判决，否则就是错误的判决。但是对大多数案件而言，在法律适用和事实认定方面都存在着相当大的模糊性。这也是社会科学不同于自然科学的机理所在。学者张卫平就不同意"错案"概念的提法。其他学者对错案的观点也有不同，有学者认为，错案是指各级法院对原判决认定的主要事实失实，适用法律错误，判决明显不当，按审判监督程序改判了的案件以及发生其他执法错误，需要追究责任的案件。[1]还有学者认为，错案指的是"审判人员或与审判活动有关的人员在立案、审判和执行过程中，因故意或过失违反程序法和实体法，造成处理结果错误，情节较重，依法或者有关规定需追究责任的案件"。[2]司法实务界对"错案"的认知更是五花八门。"错案"认定标准的统一对责任追究的落实亦有促进。此外，责任终身追究制的提法，使得法官裁判的风险加大，悬在头上的剑更为锋利。

根据上述理由检视"司法责任制"，笔者认为，其弊端在于对司法裁断权的行使缺乏信任，这种不信任同时会导致对法官评价的不利后果——错案责任终身追究制。因此，司法责任制的不正确定位的后果在于使法官不敢凭个人"良知"判案。

(三) 司法效率与法官良知

目前，司法案件数量庞大是司法机关所面临的一个重大问题。不断激增的案件数量令法官窒息。在东部发达地区，基层法院法官每年的结案量动辄达到 300~400 余件。因此，无论是我国的程序法修改，抑或是司法体制改革，都将如何化解法院案件审理数量激增问题作为重点。一种思路是通过案件分流，将案件通过多元化的渠道输送出去，给法院解压；另一种是加快法官审判效率，进行审判程序的改革。实际上，我国法官的裁判效率与世界各国相比并不低。

笔者个人倾向于前者的改革路径，而对后者持谨慎态度。因为，纠纷数量的增长是无法通过人为控制的，加快审判节奏并不能从根本上解决该问题。更为重要的是，司法过程必然有一个过程，提高审判效率简化程序，同时会降低法官良知形成的可靠性。因此，保障法官形成符合个案要求的"良知"需要有一定的过程。因而，在司法效率和法官良知的关系上，笔者倾向于应当降速，同时进行案件分流的管理建设。

四、结 语

本文的意图不在于通过重申对"法官良心"的职业道德的唤醒而对法官

---

[1] 丁文生："错案追究制的困境与反思"，载《广西民族大学学报（哲学社会科学版）》2013 年第 3 期。

[2] 付明亮："关于完善错案责任追究制度的几点思考"，载《河北法学》1998 年第 1 期。

进行约束，而在于重新对法官良知进行科学定位，从司法过程的性质出发，将法官良知作为一种知识性的因素看待，强调法官裁判具有司法个性的特点，尊重法官基于内心确信而形成的裁判结果。这种认知的作用体现在两个方面：一是对于法官来讲，要求其正确认知"良知"的特质并为维护职业良知和司法尊荣而践行；二是要求社会形成对法官良知的尊重以及对法官司法裁判过程的认同。

缓刑与特赦：同案不同判困局的反思与突围

——以 2015 年特赦为考察对象

叶建平[1]

内容摘要：2015 年特赦后，对于在特赦前的缓刑考验期内犯有新罪的缓刑犯是否应当被撤销特赦的问题，不同法院持有不同观点，出现了同案不同判的司法混乱。这一问题的根本解决，必须系统回答以下三个命题：第一，正本清源，缓刑本质上是一种非监禁刑，不属于 2015 年特赦的范围；第二，特赦权是一种立法权与司法权的复合性权力；第三，法院以特赦前的缓刑考验期内犯有新罪为由撤销特赦的做法，本质上是将缓刑的撤销条件与特赦的撤销条件混为一谈，也是错误的。

关键词：特赦　缓刑　现实社会危险性

2015 年 8 月 29 日，全国人民代表大会常务委员会（以下简称全国人大常委会）通过了《全国人民代表大会常务委员会关于特赦部分服刑罪犯的决定》（以下简称《特赦决定》）。根据该《特赦决定》，对依据 2015 年 1 月 1 日前人民法院做出的生效判决正在服刑，释放后不具有现实社会危险性的四类罪犯实行特赦：（1）参加过中国人民抗日战争、中国人民解放战争的（共特赦 50 人）；（2）中华人民共和国成立以后，参加过保卫国家主权、安全和领土完整对外作战的，但犯贪污受贿犯罪，故意杀人、强奸、抢劫、绑架、放火、爆炸、投放危险物质或者有组织的暴力性犯罪，黑社会性质的组织犯罪，危害国家安全犯罪，恐怖活动犯罪的，有组织犯罪的主犯以及累犯除外（共特赦 1428 人）；（3）年满七十五周岁、身体严重残疾且生活不能自理的（共特赦 122 人）；（4）犯罪的时候不满十八周岁，被判处三年以下有期徒刑或者剩余刑期在一年以下的，但犯故意杀人、强奸等严重暴力性犯罪，恐怖活动犯罪，贩卖毒品犯罪的除外（共特赦 29 927 人）。[2]本次特赦工作已于 2015 年

---

[1]　作者简介：叶建平（1982— ），男，西北师范大学法学院刑法学教师，研究方向：刑法学。

[2]　张明楷：《刑法学》，法律出版社 2016 年版，第 653 页。

底圆满完成。全国共特赦服刑罪犯 31 527 人。2019 年 6 月 29 日，国家主席习近平签署特赦令，决定对 9 类对象再次特赦。在国家逐渐激活特赦制度的背景下，急需对 2015 年特赦进行系统研究，发现可能存在的漏洞与问题，总结有益经验。

2015 年特赦取得了良好的法律效果和社会效果，但也存在极个别需要改进的地方。其中，缓刑犯被特赦后，发现其在特赦前的缓刑期间犯有新罪，是否应当撤销特赦的问题在司法实践中十分突出，存在同案不同判的情况，导致了司法的混乱和不公，损害了司法权威，而目前学界对此还未有系统有力的回应。本文针对这一问题，从同案不同判的真实司法案例入手展开讨论，旨在系统分析解决这一问题的同时，为我国特赦提供有益的经验总结。

一、案例及问题

(一) 案例呈现

(1) 案例一：李某、刘某某、曹某非法拘禁案。[1]2014 年 6 月，被告人李某等三人对李某某实施了非法拘禁。一审法院于 2016 年 12 月 26 日以 (2016) 鄂 2823 刑初 141 号刑事判决判处李某犯非法拘禁罪，处有期徒刑六个月。在该案一审中另查明：因李某犯故意伤害罪，于 2012 年 7 月 4 日被判处有期徒刑二年八个月，缓刑四年，2015 年 11 月 12 日被裁定特赦。一审后，检察机关以原审判决未对李某特赦前的缓刑考验期间又犯新罪予以认定为由，提出抗诉，要求撤销特赦。二审法院审理后，认为 (2015) 鄂恩施中刑赦字第 00026 号特赦裁定程序合法，且采信证据、适用法律正确，原审判决采信特赦裁定并无不当。裁定驳回抗诉，维持原判。

(2) 案例二：刘某某、尚某某犯非法拘禁罪、刘某某犯抢劫罪案。[2]2016 年 8 月 19 日，志丹县法院以 (2016) 陕 0625 刑初 43 号刑事判决判处尚某某非法拘禁罪成立。在该案一审中另查明：尚某某因犯故意伤害罪，于 2014 年 8 月 1 日被判处有期徒刑二年，宣告缓刑，缓刑考验期为三年，2015 年 11 月 19 日被特赦。一审判决后，同案犯刘某某不服，提起上诉。上诉法院认为，原审判决在审理时发现尚某某在特赦前的缓刑考验期内又犯非法拘

---

[1] 参见湖北省恩施土家族苗族自治州中级人民法院 (2017) 鄂 28 刑终 46 号刑事裁定书。
[2] 参见陕西省延安市中级人民法院 (2016) 陕 06 刑终 144 号刑事裁定书。

禁罪，但未对尚某某的特赦裁定予以撤销，显属不当。上诉法院审理期间按照审判监督程序以（2016）陕06刑申17号裁定，撤销（2015）延中赦字第00027号对尚某某的特赦裁定。对本案裁定如下：依照《中华人民共和国刑事诉讼法》第225条第1款第2项之规定，[1]对本案裁定撤销陕西省志丹县人民法院（2016）陕0625刑初43号刑事判决，发回陕西省志丹县人民法院重新审判。

（二）争议要点归纳

（1）相同点：第一，李某和尚某某均分别构成非法拘禁罪。第二，在一审期间，均发现两人之前都分别犯故意伤害罪，并均因此被判处缓刑。第三，两人在非法拘禁罪一审判决前均被裁定特赦。第四，一审法院在分别审理两名被告人的非法拘禁案时，都未撤销特赦。由此可见，两个案件的性质相同，属于同类案件。

（2）不同点：案例一中的二审法院认为，（2015）鄂恩施中刑赦字第00026号特赦裁定程序合法，且采信证据、适用法律正确，原审判决采信特赦裁定并无不当。抗诉意见不能成立，不予采纳。即案例一中的二审法院认为即使发现缓刑犯在特赦前的缓刑考验期内犯有新罪，特赦裁定也不应当被撤销。而案例二中的二审法院认为，原审判决在审理时发现被告人在特赦前的缓刑考验期内又犯新罪，但却未对被告人的特赦裁定予以撤销，显属不当，因此撤销特赦令，发回重审。即案例二中的二审法院认为发现缓刑犯在特赦前的缓刑考验期内犯有新罪，应当撤销特赦裁定。由此可见，两个案件的判决结果截然相反。

（3）总结：通过对两个案件的相同点和不同点的归纳，可知两案属于同类案件，但判决结果却截然相反。案例一认为：特赦裁定作出时，未发现特赦对象在缓刑期间犯有新罪，特赦裁定应当合法有效。即使之后发现了特赦对象在特赦裁定作出前的缓刑期间犯有应当撤销缓刑的新罪，仍然应当认定特赦裁定合法有效，不应当撤销特赦裁定。案例二认为：发现缓刑犯在特赦前的缓刑考验期内犯有可以撤销缓刑的新罪，就应当通过审判监督程序撤销特赦裁定，执行原判刑罚。笔者认为，要解决这一同案不同判的困局，必须系统回答以下三个相关问题：第一个问题，缓刑犯是否属于2015年特赦的范

---

[1] 此处的《中华人民共和国刑事诉讼法》（以下简称《刑事诉讼法》）第225条第1款第2项为2012年生效的《刑事诉讼法》，该条对应2018年生效的《刑事诉讼法》第236条。

围。第二个问题，特赦能否撤销。第三个问题，是否应当撤销特赦前的缓刑考验期内犯有新罪的缓刑犯的特赦裁定。下文将围绕这三个问题逐一展开。

二、缓刑犯是否属于 2015 年特赦的范围

（一）缓刑的性质

1. 缓刑考验期的性质

《中华人民共和国刑法》（以下简称《刑法》）虽然对缓刑的适用范围、考察期及后果等进行了规定，但未具体界定缓刑的性质，加之缓刑性质的复杂性，理论界及实务界对缓刑的性质一直争论不休。由于对缓刑的性质认识不清，导致缓刑在实务中产生了诸多混乱，同样也给 2015 年特赦带来了困惑。缓刑性质的实质就是缓刑考验期的性质问题。具体而言，缓刑的性质主要存在以下八种学说：第一种学说是刑罚裁量制度说。这是我国的通说。该学说认为缓刑是一种量刑制度，缓刑考验期不属于刑罚的执行。第二种学说认为缓刑是刑罚的一种狱外执行方式。从缓刑与立功、假释、自首等其他刑罚制度相协调的维度看，应将缓刑定性为刑罚的执行制度，但该学说同时认为缓刑的执行是一种与监禁刑有别的一种非监禁的刑罚执行制度。[1]第三种学说认为缓刑是刑罚裁量制度与刑罚执行制度的结合。该学说认为"从裁量是否执行所判刑罚的意义上说，缓刑是量刑制度；从刑罚执行的意义上说，缓刑也可谓刑罚执行制度"。[2]第四种观点认为缓刑是一种刑罚的消灭制度。"从不执行原判刑罚的角度讲，缓刑属于刑罚消灭制度，但这种学说同样没有回答缓刑考察的性质，没有看到执行原判刑罚的可能性，因此，也是不全面的。"[3]第五种观点是独立刑种说，这种学说认为缓刑是一种独立的刑种。我国刑法规定五种主刑和五种附加刑，并没有将缓刑规定为一种独立的刑种，这种观点与《刑法》的明确规定冲突，另外这种学说无法解释缓刑对于有期徒刑的依附性，而且有违一事不再罚原则，明显不可取。[4]第六种观点是有条件赦免说。该学说从缓刑犯在缓刑考验期内未违反考验期内的禁止性规定，则

---

〔1〕 黄景平、陈鹏展："缓刑执行说之论证——以'原判的刑罚就不再执行'为切入"，载《法学评论》2006 年第 4 期。

〔2〕 张明楷：《刑法学》，法律出版社 2016 年版，第 613 页。

〔3〕 赵兴洪："缓刑法律性质新论"，载《现代交际》2018 年第 8 期。

〔4〕 佘博通："我国缓刑适用研究"，吉林大学 2014 年博士学位论文，第 6 页。

原判刑罚将不再执行的视角出发，认为缓刑是一种附条件的赦免制度。"从不执行原判刑罚的角度讲，缓刑属于刑罚消灭制度，但这种观点同样没有回答缓刑考察的性质，没有看到执行原判刑罚的可能性，因此，也是不全面的。"〔1〕第七种观点是刑事责任说。该种学说认为缓刑是有别于刑罚的另一种刑事责任，因此缓刑考验期不属于刑罚的执行。〔2〕第八种学说认为缓刑是一种保安处分制度。该学说认为缓刑是刑罚与保安处分的结合体，其中刑罚是外壳，保安处分才是内核，因此，缓刑本质上是一种保安处分。〔3〕通过分析比较以上所有观点可知，即使认为缓刑属于刑罚执行制度的学说，也仅仅认为缓刑是一种狱外的非监禁的刑罚执行方式，而不是一种监禁的刑罚执行方式。也就是说，以上观点虽然各不相同，但都至少认为缓刑考验期是一种有别于监禁刑的非监禁刑。非监禁刑应当是以上观点对于缓刑性质认识的共识与最大公约数。

2. 缓刑与社区矫正

《刑法》第76条规定："对宣告缓刑的犯罪分子，在缓刑考验期限内，依法实行社区矫正，如果没有本法第77条规定的情形，缓刑考验期满，原判的刑罚就不再执行，并公开予以宣告。"可见，对于宣告缓刑的犯罪分子，缓刑考验期内必须实施社区矫正，同时，社区矫正也是国家对于缓刑犯在缓刑考验期内的最主要的非监禁的监管措施。因此，社区矫正的性质、社区矫正与缓刑的关系也与本文有关，需做相关的澄清。《刑法》与《刑事诉讼法》都没有对社区矫正进行明确定义，但2009年最高人民法院、最高人民检察院、公安部、司法部联合下发的《关于在全国试行社区矫正工作的意见》将社区矫正明确定义为"社区矫正是非监禁刑罚执行方式，是指将符合法定条件的罪犯置于社区内，由专门的国家机关在相关社会团体、民间组织和社会志愿者的协助下，在判决、裁定或决定确定的期限内，矫正其犯罪心理和行为恶习，促进其顺利回归社会的非监禁刑罚执行活动"。从这一定义来看，社区矫正也是一种非监禁刑罚执行方式。虽然社区矫正属于非监禁刑还是保安处分措施，在学界还有很大争议，但无论认为社区矫正属于非监禁刑还是保安处分措施，社区矫正的非监禁性应当是两种学说的共识。由此可见，社区矫正

〔1〕 赵兴洪："缓刑法律性质新论"，载《现代交际》，2018年第8期。
〔2〕 佘博通："我国缓刑适用研究"，吉林大学2014年博士学位论文。
〔3〕 赵兴洪："缓刑法律性质新论"，载《现代交际》2018年第8期。

与缓刑都具有非监禁的共性，这一共性也进一步证实了缓刑的非监禁属性。

（二）缓刑不属于 2015 年特赦的范围

1. 缓刑犯不符合 2015 年特赦令中"正在服刑"的前提条件，不应当被特赦

2015 年特赦令除了对四类特赦对象作出了详细规定外，还为四类特赦对象都设定了两项共同的前提条件。其中一项是"依据 2015 年 1 月 1 日前人民法院作出的生效判决正在服刑"的条件。缓刑犯是否符合特赦令中"正在服刑"条件，将直接关系到缓刑犯能否特赦。"服刑"从文意上应当解释为"正在被执行刑罚"，因此，问题的关键在于缓刑考验期是否属于正在被执行刑罚。通过前文的讨论可知，即使认为缓刑属于刑罚执行制度的学说，也仅仅认为缓刑是一种狱外的非监禁的刑罚执行方式，而不是一种监禁的刑罚执行方式。从这一立场出发，可以认为缓刑犯是正在被执行一种非监禁的狱外刑罚，这似乎符合特赦令中"正在服刑"的条件。但还需在文义解释的基础上，联系特赦令上下文，对于"正在服刑"进行体系解释。特赦令最后一句规定"对 2015 年 8 月 29 日符合上述条件的服刑罪犯，经人民法院依法作出裁定后，予以释放"。这一句明确规定特赦的外在效果是予以"释放"，只有被监禁的前提存在，才有释放的后果发生，如果不存在监禁的前提，就当然无从谈起释放的后果。通过综合运用文义解释和体系解释的方法，可以明确特赦令中"正在服刑"的完整解读应当为"正在执行监禁刑罚"。缓刑犯是正在执行非监禁刑，而 2015 年特赦令要求特赦的对象是正在执行监禁刑。可见，缓刑犯不符合 2015 年特赦令中"正在服刑"的前提条件，不应当被特赦。

2. 从缓刑和特赦的功能来看，缓刑犯不宜被特赦

缓刑的功能在于避免监禁刑的弊端，通过非监禁的刑罚执行方式教育、感化犯罪人，以实现刑罚特殊预防的功能。[1]"而此外，特赦的适用，可以促使犯罪人对社会感恩图报，珍惜得来不易的自由，强化教育改造的效果，从而鼓励其自新迁善，并达成预防其重新犯罪之刑罚目的。"[2]缓刑与特赦在功能上具有重合性，没有必要通过特赦实现缓刑已有的功能。另外，缓刑犯本身即未被监禁，而且缓刑犯适用于犯罪情节较轻的、人身危险性低的

---

[1] 张明楷：《责任刑与预防刑》，北京大学出版社 2015 年版，第 393 页。
[2] 赵秉志、阴建峰："和谐社会呼唤现代赦免制度"，载《法学》2006 年第 2 期。

罪犯，如果再对其特赦，很有可能会导致缓刑犯未受到刑罚的震慑，[1]而产生侥幸心理，不利于特殊预防的实现。

3. 从罪刑均衡角度出发，缓刑犯不应被特赦

罪刑均衡原则包含两方面的要求；一方面要求重罪重罚，轻罪轻罚；另一方面要求同样的犯罪行为应当被处以同样的刑罚。由于我国通说将缓刑定性为一种刑罚裁量制度。因此，对于缓刑考验期内没有违反《刑法》第77条规定的缓刑犯，在缓刑考验期满后再犯罪的，不构成累犯。如果对缓刑犯实施特赦，根据《刑法》关于累犯的规定，将可以适用累犯的规定，这导致特赦反而加重了特赦对象的刑罚，不符合罪刑均衡的原则。

4. 从对特赦对象的后续安排来看，缓刑犯无特赦之必要

2015年特赦在社会上引起了极大关注，全国人大常委会法工委刑法室副主任李寿伟在接受新华社记者崔清新、刘奕湛采访时指出，2015年特赦对未成年罪犯，"国家赦免是为了起到感化作用，但不是一赦了之，还要对他们进行教育和管理，帮助他们能够通过这次特赦接受法制教育，能进一步树立遵守法律、遵守宪法的意识，更好地回归社会，成长为社会所需要的守法公民"。[2]可见对特赦对象，在特赦后仍要加强教育管理，而缓刑的优势正是避免监禁刑弊端而有利于实现对缓刑犯的教育管理。因此，完全无必要在赦免缓刑犯后，再对其实施类似缓刑期间的教育管制措施。可见，特赦缓刑犯实无必要。

三、特赦的撤销

（一）特赦权的性质

在讨论特赦权的性质前，我们首先要区分特赦的本质与特赦权的本质这两个相似但不同的概念。特赦的本质是从实体法的角度探究特赦的性质问题，[3]而特赦权的本质是从权力归属的角度探究特赦权的法律属性。本文在此只探讨与本文相关的特赦权的本质问题，对于特赦的本质问题，学界已经有比较

---

〔1〕 张亚光、张远煌："美国震慑缓刑及其移植探讨"，载《河南警察学院学报》2017年第3期。

〔2〕 崔清新、刘奕湛："40年后再特赦，并非一赦了之"，载《解放日报》2017年9月24日第3版。

〔3〕 王娜："论赦免的本质"，载《武汉大学学报（哲学社会科学版）》2008年第5期。

成熟的论述，加之与本文论题缺少关联性，因此不再赘述。

我国学界专门探讨特赦权性质的文章很少，有的文章是在世界范围内探讨特赦权的性质，有的文章是对大赦权性质的探讨，[1]都不是针对我国的特赦权性质的讨论。因此，缺少可直接采用的关于特赦权性质的通说观点。同时，法律对我国特赦权的性质也缺少明确的规定，"在我国目前的法律中，只有宪法、刑法与刑事诉讼法对赦免制度稍有涉及。《中华人民共和国宪法》（以下简称《宪法》）第 67 条规定，全国人大常委会有权决定特赦；而第 80 条同时规定，国家主席根据全国人大常委会的决定发布特赦。我国 1997 年《刑法》和 1996 年《刑事诉讼法》也都只是在关于累犯、不起诉等其他制度的规定中，对赦免有所提及。可以说，我国现行法律对于赦免的施行既无实体规定，也无程序规定，赦免制度已完全被边缘化了。"[2]本文将从我国现行法律对特赦权的零星具体规定，重点结合 2015 年特赦的具体实施，探究特赦权在我国的权力性质。

2015 年特赦令是全国人大常委会第十六次会议根据《宪法》第 67 条决定，国家主席习近平根据《宪法》第 80 条签署后发布。人民法院根据《特赦决定》中确定的特赦范围，逐一审查具体的特赦对象，并以裁定的法律文本形式，决定对具体的特赦对象是否给予特赦。从这一过程来看，特赦权实质上通过两种法律文本运作，第一种是特赦令，第二种是特赦裁定。因此，特赦权性质的探讨，应当分别从特赦令的权力性质和特赦裁定的权力性质这两个方面来分别展开。

1. 特赦令的权力性质

从特赦令的决定机关来看，特赦令的决定机关是享有立法权的全国人大常委会；从特赦令的效力来看，特赦令的效力实质是对正在执行的司法判决效力的变更；从特赦令的制定过程来看，特赦令的决定及发布过程与立法过程相同；从特赦令的适用对象来看，特赦令适用于不特定的多数人，并不是针对具体特定个人。通过以上对特赦令的特点分析可以发现，特赦令的权力性质本质上为立法权。

---

〔1〕 阴建峰："大赦制度新论"，载《河北法学》2006 年第 6 期。

〔2〕 赵秉志、阴建峰："和谐社会呼唤现代赦免制度"，载《法学》2006 年第 2 期。

2. 特赦裁定的法律性质

特赦令发布后，人民法院根据特赦令，通过裁定的形式判定具体适用对象。从特赦裁定的主体看，特赦裁定的作出主体是人民法院；从特赦裁定的作出过程来看，特赦裁定是依据特赦令，对特赦对象的具体甄别过程，实质上是一种司法审理过程；从特赦裁定的适用对象看，特赦裁定是针对具体特定个体作出的，特赦裁定的适用对象是具体的个人。从以上对特赦裁定的特征分析可以发现，特赦裁定的权力属性应当属于司法权。

通过以上对特赦令的权力性质与特赦裁定的权力性质的分析可以发现，特赦权具有复合型，是立法权与司法权的结合。因此在讨论法院能否撤销特赦时，应当对这两种权力进行区分对待。

（二）特赦的撤销

撤销特赦本质上是对之前特赦效力的否定。是否能够撤销已经发生法律效力的特赦，必须结合特赦权的性质进行审查。通过前文的分析，我们可知特赦权是一种立法权与司法权的复合权。特赦权一方面包括具有立法权性质的特赦令决定发布权，另一方面包括具有司法权性质的法院特赦裁定的司法审查权。特赦令决定发布权属于立法权，因此特赦令的修改和废除应当适用法律修改和废除的规定。根据《宪法》第 62 条和第 67 条对全国人民代表大会及其常委会职权的规定，以及《中华人民共和国立法法》（以下简称《立法法》）第 59 条关于法律修改废止的程序规定，特赦令的修改和废止应当由全国人民代表大会及其常委会按照《立法法》规定的程序进行。特赦裁定的性质属于司法权，因此特赦裁定的撤销应当依照撤销已经发生法律效力的司法文书的程序进行，具体撤销方式又可分为两类，笔者将在下文详述。

四、特赦裁定的撤销

（一）特赦裁定撤销的两种类型

撤销特赦的法律效果实质是恢复执行被赦免的刑罚，是对犯罪人极为不利的处遇，根据罪刑法定原则，必须有明确的法律依据，方能撤销。根据特赦裁定不同的撤销原因，可以将特赦裁定的撤销分为两类：第一类是特赦令中设置了撤销特赦裁定的规范，犯罪人被特赦后，一旦出现了满足特赦令中规定的撤销条件，有权机关即可据此行使撤销权而撤销特赦裁定。这类撤销特赦的规定方式，应当类似于缓刑撤销的规定方式，具体明确地规定撤销特赦的条件和期限。第二类是特赦裁定违反特赦令的规定，违法对不符合特赦条件的犯罪人进行了特赦。例如有权裁定特赦的司法人员错误理解特赦令中规定的特赦条件，或者徇私枉法特赦了不符合特赦条件的犯罪人。第二类特赦与第一类特赦的最大区别在于：第一类特赦对象特赦时是满足特赦条件的，只是特赦后出现了撤销特赦的法定情形，有权机关依法撤销特赦。而第二类是犯罪人被特赦时即不符合特赦条件，特赦后因依法纠正而撤销特赦。

区分这两类撤销特赦裁定的意义在于这两类特赦裁定撤销的依据不同。在第一类撤销特赦裁定的情形中，因为特赦时犯罪人是符合特赦条件的，因此必须在特赦后出现了特赦令中规定的撤销特赦裁定的法定情形，才能撤销。这就要求所依据的特赦令明确设立有效的撤销特赦的规范，有权机关才能撤销特赦裁定。第二类撤销特赦裁定的情形中，因为犯罪人原本不属于特赦的范围，特赦裁定本身违法，之后的撤销只是对之前违法特赦裁定的纠正，因此不需要特赦裁定中设有明确的撤销规范，理论上，有权机关可通过审判监督程序，以纠正违法裁定的方式撤销特赦裁定。

（二）2015 年特赦中特赦裁定的撤销

2015 年特赦中特赦裁定的撤销，需按照上文对特赦裁定的两种不同分类逐一分析。2015 年特赦令中是否设有第一类撤销特赦裁定的规定，需要研读2015 年特赦令作出判断。2015 年特赦令仅限定了四类特赦对象，并同时为四类特赦对象设定了两项共同的前提条件，并未设定任何撤销特赦裁定的规范。因此 2015 年特赦不存在第一类撤销特赦裁定的情形。

2015 年特赦令执行中是否存在第二类撤销特赦裁定的情形呢？通过前文可知，缓刑不属于 2015 年特赦范围，2015 年特赦令执行中存在将不属于特赦范围的缓刑犯特赦的违法情形。理论上，人民法院可通过审判监督程序予以纠正。但考虑到造成错误特赦的原因是因为司法机关对于特赦令的理解错误所致，并不是被特赦对象的错误，加之 2015 年特赦距今已经有近 5 年之久，被特赦的缓刑犯人数又众多，并且被特赦的缓刑犯已经开始了稳定的新生活，无论是从法的安定性，还是从社会的安定性考虑，已经不宜再纠正。因此，对于被错误特赦了的缓刑犯，不宜再通过审判监督程序纠正。

五、法院"以特赦前的缓刑考验期内犯新罪为由撤销特赦裁定"是否正确

（一）"特赦前的缓刑考验期内犯新罪"不属于第一类撤销特赦裁定的情形

第一类撤销特赦的情形必须在特赦令中明确将"特赦前的缓刑考验期内犯新罪"设定为撤销特赦裁定的情形，并且应当设定明确的撤销特赦裁定的考察期，否则这种对特赦对象不利的撤销后果将以不确定的方式一直存在，不仅不利于社会的稳定和帮助特赦对象尽快融入社会正常生活，而且对法的明确性和安定性也是极大的损害。2015 年特赦令中并未有任何撤销特赦裁定的规范设置，更未将"特赦前的缓刑考验期内犯新罪"设置为撤销特赦的规范。另外，根据前文所述，缓刑犯本身就不属于 2015 年特赦的范围，因此人大常委会也更不可能在 2015 年特赦令中将"特赦前的缓刑考验期内犯新罪"设置为撤销特赦裁定的事由。因此，"特赦前的缓刑考验期内犯新罪"不属于本文第一类撤销特赦裁定的情形。

（二）"特赦前的缓刑考验期内犯新罪"不属于第二类撤销特赦裁定的情形

第二类撤销特赦裁定的情形本质上是已发生法律效力的原特赦裁定违反特赦令规定的特赦的范围，将本不应当被特赦的犯罪人错误特赦的情形。这就需要考察"特赦前的缓刑考验期内犯新罪"是否违反 2015 年特赦令。2015 年特赦令规定了四类特赦对象，并为四类特赦对象设置了两个共同的前提条件。第一个前提条件是"依据 2015 年 1 月 1 日前人民法院作出的生效判决正在服刑"，对于第一个前提条件前文已经分析，在此不再赘述。第二个前提条件是"释放后不具有现实社会危险性"，那么，"特赦前的缓刑考验期内犯新罪"是否违反"释放后不具有现实社会危险性"这一特赦的前提条件，就是我们分析的关键。对于这一问题，下文从"特赦后犯新罪"和"特赦前的缓刑考验期内犯新罪"这两个层面逐项检验。

1. "特赦后犯新罪"是否违反"释放后不具有现实社会危险性"的特赦条件

"现实社会危险性"这一概念目前在理论与实务中都没有明确的定义，而且这一概念横跨刑事程序法与刑事实体法两大领域，加之很多学者还将其与

"人身危险性""社会危害性"等概念混用，导致无法对其进行明确的定义。[1]在此，本文仅从"现实社会危险性"的判断时间点入手，探讨特赦对象在特赦后犯新罪是否违反"释放后不具有现实社会危险性"这一特赦的前提条件。"现实社会危险性"是对被判断对象在未来有无危害社会的一种可能性判断，其是对未然之罪的判断，而"社会危害性"则不同，其是对过去的已然之罪的确证。"现实社会危险性"与"社会危害性"是两个截然不同的概念。[2]既然"现实社会危险性"是对于被判断对象在未来有无危害社会的一种可能性判断，那么这种判断从逻辑上必然是一种事前判断。具体到 2015 年特赦中来看，应当是法官立足赦免令规定的时间点，[3]基于当时掌握的表征特赦对象"现实社会危险性"的证据材料，对特赦对象是否会在特赦后再次危害社会的一种预测。由于是一种预测，加之，法官又不可能全知全能，所以在预测前，就已预设了预测被后来的事实证明是错误的可能性。这种预测错误是在特赦令发布时就已预设，且应当承担的特赦成本。因此，事前判断决定了不应当用特赦时间点之后，特赦对象所为的危害社会的行为来推翻当时的特赦裁定。这也正是特赦对象在特赦后再犯罪，只可能构成累犯或再犯，而不能撤销特赦实施数罪并罚的重要原因。

2. "特赦前的缓刑考验期内犯新罪"是否违反"释放后不具有现实社会危险性"的特赦条件

特赦后发现的特赦对象在特赦之前的缓刑考验期内所犯之新罪，虽然相对于缓刑而言是新罪，但相对于特赦时间点而言却是已然之罪。前文已经谈到，"现实社会危险性"是面对未然之罪的预判，特赦之前的已然之罪最多只是起表征作用，而无法作为特赦对象未来一定犯罪的确实证据。因此，不能将特赦对象在特赦之前的缓刑考验期内犯有新罪作为证明"现实社会危险性"的依据。另外，前文已经谈到，特赦对象在特赦之后又犯罪，这种已经证实了"现实社会危险性"存在的情况，都不应当撤销特赦，那么根据"出罪则

---

[1] 卢建平、赵康："作为特赦实质条件的'不具有现实社会危险性'"，载《国家检察官学院学报》2017 年第 3 期。

[2] 卢建平、赵康："作为特赦实质条件的'不具有现实社会危险性'"，载《国家检察官学院学报》2017 年第 3 期。

[3] 2015 年赦免令明确规定："对 2015 年 8 月 29 日符合上述条件的服刑罪犯，经人民法院依法作出裁定后，予以释放。"可见判断的时间点应当为 2015 年 8 月 29 日。

举重以明轻"的刑法解释规则,[1]特赦之前的罪就更不能成为撤销特赦的理由了。相反,如果将"特赦前的缓刑考验期内犯新罪"作为证明"现实社会危险性"证据,将导出有权机关只要在特赦后的任何时间发现特赦对象在特赦前犯有新罪,都有权撤销特赦的结论,这将导致特赦极大的不稳定性,从而背离特赦的价值追求。

3. "现实社会危险性"是适用特赦的前提条件,而不是撤销特赦的依据

"现实社会危险性"是适用特赦的前提条件,但并不能将其作为撤销特赦的依据,这两者是截然不同的两个概念,不能混淆。例如,缓刑的适用条件是《刑法》第72条,而缓刑的撤销依据则是《刑法》第77条,不能依据缓刑对象在考验期内违反了《刑法》第72条规定的缓刑适用条件而撤销缓刑,因为适用条件与撤销条件完全是两回事,混淆二者是错误的。另外,如果以"特赦对象在特赦前的缓刑考验期内犯新罪"为由既撤销特赦,又进而撤销缓刑,实质是对"特赦对象在特赦前的缓刑考验期内犯新罪"这同一因素进行了不利于犯罪人的重复评价,明显是错误的。案例二中,法院认为特赦对象在缓刑考验期内犯有新罪,因此撤销特赦,实质是将撤销缓刑的依据与撤销特赦的依据混为了一谈,明显是错误的。

4. 法院不能"以特赦前的缓刑考验期内犯新罪为由撤销特赦裁定"

通过以上分析可知,"特赦前的缓刑考验期内犯新罪"既不属于第一类撤销特赦的情形,也不属于第二类撤销特赦的情形。法院不能"以特赦前的缓刑考验期内犯新罪为由撤销特赦裁定"。

六、案例分析与总结

第一,案例一与案例二的共同错误在于忽视了特赦令中对罪犯"服刑"的要求,将不符合"服刑"条件的缓刑犯予以特赦,错误地适用了特赦令。第二,案例二中的二审法院以特赦对象在特赦前的缓刑考验期内犯有新罪,通过审判监督程序撤销特赦,实质是将缓刑的撤销理由与特赦的撤销理由混为一谈,明显错误。第三,案例二中,撤销特赦的二审法院错误地理解了"社会危害性"的判断时间点,将本应事前判断的"现实社会危险性",进行了错误地事后判断,实质是混淆了"现实社会危险性"与"社会危害性"这

---

〔1〕 张明楷:《刑法学》,法律出版社2016年版,第37页。

两个截然不同的概念，明显错误。第四，虽然案例一与案例二都错误地对本不应当被特赦的缓刑犯进行了特赦，属于前文所分析到的将本不属于特赦范围的罪犯错误地进行了特赦的情形。但从法与社会的安定性考虑，不宜再全部通过审判监督程序纠正。当然，更不能错误地以特赦对象在特赦前的缓刑考验期内犯新罪为由，撤销特赦，进而再撤销缓刑，实施数罪并罚。

2015 年的特赦取得了良好的法律效果和社会效果，彰显了我国的政治自信和社会主义制度的优越性。在庆祝建国 70 周年之际，国家决定对九类罪犯再次实施特赦。特赦在国家治理领域发挥着越来越重要的作用，急需学界加强对特赦实践经验的总结与理论提炼，希望本文能起到抛砖引玉的作用。

甘肃企业对外清真餐饮投资政策法律风险识别与防范

——以对尼泊尔和阿联酋投资为例

王　兰　李泽宇〔1〕

内容摘要：近年来，甘肃企业对外清真餐饮投资的数量和规模逐渐增加，这是对甘肃企业对外清真餐饮投资的必要性和可行性的实践回应。甘肃企业对外清真餐饮投资既会面临各省企业对各国、各行业投资可能面临的一般政策法律风险，也会遇到对特定国家的清真餐饮行业投资可能遇到的特殊政策法律风险。文章分析了甘肃企业对外清真餐饮投资的现状和特点，总结了甘肃企业对外清真餐饮投资可能面临的一般性和特殊性、外源性和内源性政策法律风险，在此基础上，从政府和企业两个层面提出了风险防范的若干建议。

关键词：甘肃　清真餐饮　对外投资　法律风险

一、清真食品的含义和认证

世界各国出于不同的政治、宗教、族群关系和社会环境考虑，对清真食品的界定、管理动机以及管理方式都会有所不同。认识清真食品的概念是国际贸易、投资中研究清真餐饮相关法律规则的基础。〔2〕

在国际清真食品贸易中，"宗教说"是界定"清真食品"的通行方式，这以国际粮农组织和世界卫生组织所属的国际食品法典委员会1997年第22次会议通过的《"清真"用词的使用准则》中对清真食品的定义最为典型。该准则规定，清真食品是指"伊斯兰教法许可的食品"。〔3〕在马来西亚、沙特和埃及等主要的清真食品进出口国，清真食品被称为"Halal Food"。"Halal"

---

〔1〕 作者简介：王兰，西北师范大学云亭青年教授，法学博士；李泽宇，西北师范大学法学院2017级硕士研究生。本文系作者主持的2018年甘肃省如何融入"一带一路"研究一般项目"甘肃企业'走出去'的政策法律风险研究"的阶段性成果。

〔2〕 李雪峰等："'一带一路'背景下我国清真食品出口认证的困境及路径研究"，载《食品安全质量检测学报》2019年第4期。

〔3〕 桂希江："浅谈有关清真食品的几个问题"，载《中国穆斯林》2005年第5期。

为阿拉伯语，意为"符合伊斯兰教规定的、教法允许的"。

我国也一直用"Halal"一词表示清真的概念。[1]在我国，清真食品通常是指按照中国穆斯林饮食习惯屠宰、加工和制作的符合清真要求的饮食产品。

目前，世界各国都有各自针对清真食品的认证条例或法规，其中马来西亚标准 MS1500：2009《马来西亚清真食品——生产、配制、加工和储存——通用指南》是伊斯兰合作组织认可的穆斯林食（用）品国际标准，该标准具有强制性。世界各国在制定清真食品法规时，均以马来西亚的标准作为参考。[2]

二、甘肃企业对外清真餐饮投资的必要性与可行性

（一）甘肃企业对外清真餐饮投资的必要性

目前，全世界穆斯林人口已经超过世界总人口的 28%，约有 20 亿之多。"一带一路"沿线国家和地区是全球穆斯林最为集中的区域。其中，在东南亚和中亚地区，穆斯林人口占总人口的比例分别为 50% 和 85%；在中东地区，90% 的人口为穆斯林。按照伊斯兰教的要求，所有的穆斯林必须确保只消费获得清真认证的食品、饮料和药品。人口众多的穆斯林群体对清真食品的刚性需求（见图1），是全球清真食品行业得以持续增长的根本原因。

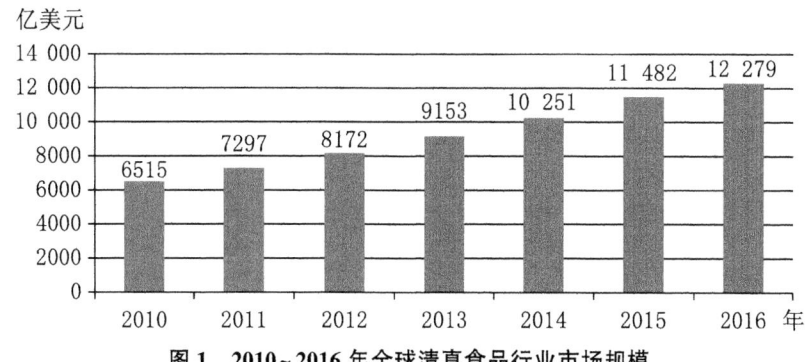

图1　2010~2016 年全球清真食品行业市场规模

全球知名通讯社路透社所属的汤森路透研究报告显示，全球清真产业的

---

〔1〕 沈丽："中国清真餐饮业如何走向世界——中国清真餐饮业发展峰会侧记"，载《中国民族》2015 年第 6 期。

〔2〕 王立洪："国内外清真食品标准现状与发展趋势"，载《轻工标准与质量》2013 年第 4 期。

产值在 2019 年将达到 3.7 万亿美元，其中单清真食品就达到 2.5 万亿美元（约合人民币 16.5 万亿元）。[1]中东国家超过 80% 的清真食品依赖进口。据马来西亚清真产业促进署提供的资料，预计到 2050 年，全球清真食品总需求量将比目前高出 70%~100%。[2]

面对如此巨大的国际市场需求，我国清真食品对外贸易和对外投资数量和规模都相对较小。中国清真食品的年均出口额近年来一直停留在 1 亿美元左右。[3] 2013~2016 年，我国住宿和餐饮业对外直接投资流量和存量均逐年攀升，但在中国对外直接投资流量和存量中的占比较小。2017 年年末，住宿和餐饮业对外直接投资存量为 35.1 亿美元，只占我国对外直接投资存量的 0.2%。（见图 2）

可见，清真食品全球市场需求巨大，我国清真食品对外贸易和对外投资数量和规模都不大，甘肃省作为清真餐饮大省，开展清真餐饮对外投资，尤其是对"一带一路"沿线国家和地区投资，属于市场驱动型投资，可带动甘肃省清真食品出口，促进甘肃省经济结构转型。

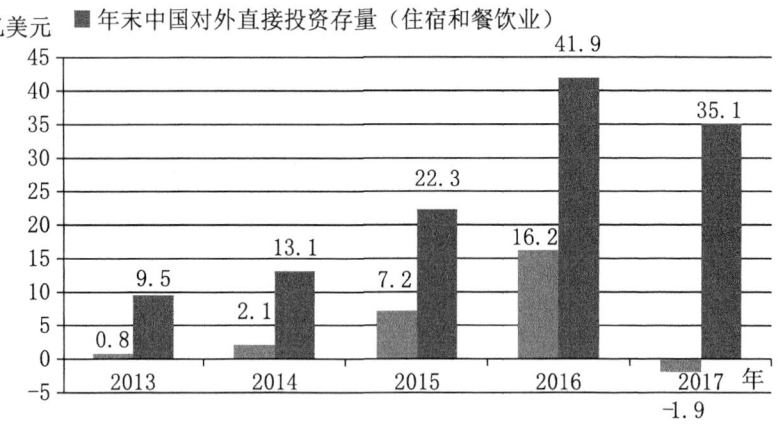

图 2　2013~2017 年我国住宿和餐饮业对外直接投资流量和存量对比

〔1〕 "外媒全球清真产业迅猛发展 身份认同成主要消费动力"，载搜狐网：https://www.sohu.com/a/206901472_ 115479，最后访问日期：2019 年 7 月 16 日。

〔2〕 谢佳君："借'一带一路'东风，清真产业'扬帆出海'"，载《金融时报》2016 年 4 月 26 日第 3 版。

〔3〕 谢佳君："借'一带一路'东风，清真产业'扬帆出海'"，载《金融时报》2016 年 4 月 26 日第 3 版。

（二）甘肃企业对外清真餐饮投资的可行性

伊斯兰教在我国拥有长达 1400 年的历史，尤其是在我国西北部地区。甘肃自古就是多民族聚居省份。2017 年末，甘肃省常住人口有 2625.71 万，其中少数民族人口为 259.95 万，占全省常住人口的 9.9%。在甘肃省少数民族中，回族、东乡族、撒拉族、保安族、哈萨克族 5 个民族都信仰伊斯兰教。全省 180 多万人有清真饮食习惯，占甘肃省少数民族总人口的 69% 以上。

目前，全省有各类清真食品生产、加工和经营企业 10 343 家，年产值 60 多亿元。[1]2018 年，甘肃省清真食品行业销售收入在全国占比为 4.02%，位居新疆、河南和宁夏之后，成为我国清真食品生产大省、消费大省和物流大省。

在甘肃这片土地上，甘南藏族自治州、天祝县、阿克塞县等天然牧场所提供的优质牛羊肉、河西走廊所生产的优质小麦等得天独厚的地理环境所产生的各类资源，连同甘肃长期的历史文化积淀和多民族融合等区域特点，都为甘肃省清真餐饮产业的发展提供了极大的优势。[2]

甘肃临夏清真食品认证中心于 2016 年 2 月 15 日获得马来西亚伊斯兰发展署（JAKIM）授权认可，成为中国的清真产品国际认证机构，这意味着甘肃临夏清真食品认证中心认证的产品可进入马来西亚市场以及马来西亚伊斯兰发展署认证的国际市场。同时，也标志着甘肃清真食品融入"一带一路"走向国际市场有了"快速通道"。[3]

综上，巨大的清真食品国际市场需求、悠久的伊斯兰教历史、众多的穆斯林人口、良好的清真食品产业基础、优越的清真餐饮发展条件以及清真产品的国际认证资质，均表明了甘肃省企业对外清真餐饮投资的可行性。

---

〔1〕 "甘肃对清真食品管理条例开展执法检查"，载法制网：http://www.legaldaily.com.cn/rdlf/content/2015-10/08/content_ 6296642.htm，最后访问日期：2019 年 7 月 16 日。

〔2〕 康春英、周凤英："对当前甘肃清真餐饮业发展的思考"，载杨怀中：《中国回商文化》（第 2 辑），宁夏人民出版社 2010 年版，第 6 页。

〔3〕 "甘肃临夏清真食品认证中心获得马来西亚伊斯兰发展署授权认可"，载中华人民共和国驻马来西亚大使馆经济商务参赞处官网，http://my.mofcom.gov.cn/article/sqfb/201602/20160201258866.shtml，最后访问日期：2019 年 7 月 16 日。

三、甘肃企业对外清真餐饮投资的现状和特点

(一) 甘肃企业对外清真餐饮投资的现状

目前，甘肃省开展清真餐饮对外直接投资的企业还比较少，主要有临夏县占云清真肉食品加工有限公司和甘肃巨鹏清真食品股份有限公司。临夏县占云清真肉食品加工有限公司在尼泊尔经营了三家拉面馆和一家美食城，经营范围还包括牛羊育肥、屠宰、冷冻以及肉食品的销售。

甘肃巨鹏清真食品股份有限公司 2015 年 3 月取得了清真食品 HALAL 认证，2015 年 12 月，通过了食品安全管理体系和 HACCP 体系认证。公司主营马铃薯及其衍生产品，产品除国内市场外，主要销往阿联酋及其周边国家。2017 年，公司董事会通过决议，拟在阿联酋迪拜设立注册资本为 500 000 迪拉姆（约合人民币 92 万元）的全资子公司——巨鹏国际清真食品自由区公司 (Jupeng International Halal Food DMCC)。

此外，甘肃全圣实业集团有限公司 2016 年在白俄罗斯明斯克市东方街投资设立了东方街中餐馆，主营兰州牛肉面、黄焖羊肉等甘肃特色美食，深受白俄罗斯人民的喜爱。该餐馆虽非清真，但也可为甘肃省企业对外清真餐饮投资提供经验借鉴。

(二) 甘肃企业对外清真餐饮投资的特点

考察甘肃省企业对外清真餐饮投资和甘肃省及我国其他行业对外直接投资的现状，可以发现甘肃省企业对外清真餐饮投资具有以下几个方面的特点。

1. 投资主体以中小型民营企业为主

我国餐饮业对外直接投资的主体以中小型民营企业为主，这一特点在甘肃省清真餐饮对外直接投资中表现得尤为突出。中小型民营企业基本沿用家族式管理模式，治理结构现代化程度不高，经营管理制度不健全，经营管理水平不高，融资能力较弱，经营规模较小，对外投资风险抵御和管控能力不强。

2. 投资形式比较单一，较少抱团出海，更少采用新兴战略联盟形式

甘肃省对外清真餐饮投资的企业通常采取在东道国独资建厂的形式"走出去"，甘肃省同行业也很少"抱团出海"，新兴的"双胞胎"、交叉持股、第三方市场合作和三方合资企业/联合体等战略联盟形式基本未被采用，由此

决定了甘肃省企业对外清真餐饮投资比较分散，对外投资风险抵御能力较弱。

3. 高端经营管理人才不足

2012 年甘肃省全部就业人员中本科以上学历人员仅占 4.7%，高中学历人员占 14.3%，初中及以下学历人员占比超过 73%。[1] 甘肃省就业人员整体素质偏低，餐饮行业更是如此。现有清真餐饮企业经营管理人员大多没有经历过专业培训，经营管理理念、能力和水平难以适应国际化经营的需要，制约了对外经营企业的做大、做强。

4. 经营范围相对狭小

甘肃省企业对外清真餐饮投资经营范围以牛肉面、牛羊肉和马铃薯等兰州特色饮食为主，品种比较单一，产品同质化严重，与提供多元化产品的现代企业经营理念有出入，由此导致经营的商业风险比较大。

5. 未形成品牌优势，低价竞争隐患大

甘肃省清真餐饮企业商标、商号、产地标记和原产地名称等知识产权意识不强，缺乏品牌经营理念，没有形成品牌优势，清真餐饮品牌附加值不高，低价竞争隐患大。比如，兰州拉面只是通用商品名称，不是产地标记，也不是原产地名称，将其作为海外经营企业的名称或者商标，很容易被仿冒。

四、甘肃企业对外清真餐饮投资的政策法律风险识别——以对尼泊尔和阿联酋投资为例

本文从最广义上理解法律风险，即凡与法律相关的或者可通过法律方法防范的风险，都属于法律风险。比如，自然风险本不是法律风险，但可通过购买保险这种法律方法防范，因此也属于法律风险。

甘肃省企业对外清真餐饮投资既会面临各省企业对各国、各行业投资可能面临的一般政策法律风险，也会遇到对特定国家的清真餐饮行业投资可能遇到的特殊政策法律风险，本文拟以已成为或将成为甘肃省企业对外清真餐饮投资的东道国——尼泊尔和阿联酋为例，识别并类型化上述一般和特殊风险。

（一）甘肃企业对外清真餐饮投资的一般政策法律风险

对外直接投资风险分为外源性风险和内源性风险。外源性风险包括政治

---

〔1〕 孙睿："甘肃省中小型企业发展现状、问题及对策"，载《商》2015 年第 20 期。

风险（东道国政局不稳，政权更迭，宗教、民族、种族冲突，恐怖活动，内乱，战争，国有化，征收，间接征收，政府违约等）、法律风险（市场准入、资源和环境保护、劳工保护、社会责任、知识产权保护、法治不健全等）、商业风险、自然风险以及文化风险等；内源性风险包括企业产权不明，治理结构不健全，对外投资风险管控意识不强、方法不当，风险管理人才匮乏，社会责任意识淡泊，涉外争端解决能力不强等。[1]

1. 政治风险

阿联酋政治经济稳定，是中东地区最具投资吸引力的国家之一。尼泊尔政治势力错综复杂，政局长期不稳，全国性的罢工、游行示威等活动时有发生。2017 年 3 月，尼泊尔南部与印度交界的萨普塔里地区举行的和平集会演变为严重的暴力冲突。2017 年 5 月，尼泊尔地方选举阶段，个别地区又出现了暴力事件。

此外，近年来，暴力恐怖势力、民族分裂势力和宗教极端势力将目标转向了安保措施相对薄弱的多民族、多宗教的发展中国家，2019 年 4 月发生在斯里兰卡的爆炸案就属于这种情形。

2. 外资企业设立风险和当地成分要求

一些伊斯兰国家外资企业设立条件非常严格。比如，根据《阿联酋商业公司法》，除在自由区内设立公司或者经相关部长与部门协商并报请内阁批准后允许例外处理的公司，一般来讲，外国公司不得在阿联酋境内直接从事经营活动，只有通过阿联酋公民或由阿联酋公民完全所有的企业法人作为保证人或代理，外国公司方可在阿联酋取得营业执照。

对于允许设立的外资企业，又有当地成分要求。比如，《阿联酋商业公司法》规定，除以下五种情况外，本国资本在境内设立的公司中所占股份不得低于51%：（1）自由区内的公司可由外商100%所有；（2）海合会成员国100%控股企业；（3）海合会成员国100%控股企业与阿联酋籍国民合作；（4）专业性公司可由外商100%所有；（5）经过相关政府部门协商并报请内阁批准的公司。

---

〔1〕 王兰、杨向荣："中国企业对哈萨克斯坦农业投资法律风险识别"，载《国际法评论》（第八卷），清华大学出版社 2017 年版。

3. 外资企业用地限制

在尼泊尔，外国自然人不得拥有土地所有权，不得以个人名义建设厂房，须在公司注册办公室注册后，购买土地并以公司名义建设开发。

4. 反垄断审查

《阿联酋竞争法》也规范经营者集中、限制竞争协议和滥用市场支配地位三种限制竞争行为。2016 年颁布的《阿联酋竞争法实施条例》规定了这三种垄断行为的适用标准：经营者集中方面，总市场份额达到 40% 以上的有义务通过预检；限制竞争协议方面，总市场份额超过 10% 时，有可能需要接受阿联酋竞争管理委员会审查；滥用市场支配地位方面，总市场份额超过 40% 时才可能发生。对违反限制竞争协议、滥用市场支配地位规定的，可处以 50 万迪拉姆~500 万迪拉姆的罚款，对于违反经营者集中规定的，可处以上一年度销售额或服务收入的 2%~5% 的罚款，如无法确定销售额和服务收入，可处以50 万迪拉姆~500 万迪拉姆（约合人民币 90 万元~900 万元）的罚款。[1]

不过，《阿联酋竞争法》适用范围非常有限，不适用于中小企业、国有企业及某些行业的企业，如电信和金融企业。

5. 劳工保护风险

外籍劳务人员占阿联酋劳动力市场的 90%，在有些私营部门，99% 的员工都是外国人。阿联酋对外籍劳务施行工作许可制度。外籍劳务人员只有取得在人力资源与本土化部注册许可企业的担保下，才能获得工作许可，且年龄不得低于 18 岁。雇主应在雇员到达阿联酋的 60 天之内为雇员办妥劳工卡；劳工卡更新必须在到期日后的 60 天内完成；劳工卡过期后，不得继续在阿联酋工作；雇主应承担有关雇佣合同及劳工卡费用，以及未及时办理或更新劳工卡的罚金。外籍劳务人员服务期满后，为确保不发生非法滞留，通常由雇主承担遣散费用。

阿联酋还施行"低薪劳工住宿保障"。据阿联酋人力资源和本土化部法令，雇主必须为月薪低于 2000 迪拉姆的低薪劳工提供免费住宿。该法令于 2016 年 12 月生效，并只适用于雇佣超过 50 名员工的企业。此外，人力资源

---

〔1〕 "阿联酋竞争法实施条例颁布引发关注"，载商务部网站，http://www.mofcom.gov.cn/article/i/jyjl/k/201611/20161101553998.shtml，最后访问日期：2019 年 7 月 16 日。

和本地化部部长还授权地方当局制定相关规章制度，进一步保障那些在不足 50 名员工企业中工作的劳工以及月薪超过 2000 迪拉姆劳工的住宿条件。

尼泊尔是劳务输出国，一方面，对外籍劳务人员的签证管理较为严格，原则上仅为具备尼泊尔人所没有的专长或经验的外籍人员发放工作签证和商务签证，此外，获得签证的审批流程和时间均较长。另一方面，对本国劳工保护周全，2017 年 9 月 4 日起施行的《尼泊尔劳动法》规定：尼泊尔人在任何企业招聘、雇用职员或工人时具有优先权；任何单位雇用的外国雇员或工人，应具有尼泊尔人没有或不能相比的专长或经验；企业解雇人员时，首先应解雇外国人而不是尼泊尔人。

6. 行政执法和司法风险

尼泊尔法治不发达，行政体系效率低下，现有优惠政策也无法充分落实。该国司法程序繁琐，周期较长，人力、财力成本较大。即使在司法程序中胜诉，能否顺利执行仍是未知数。

7. 基础设施落后

尼泊尔基础设施落后，能源短缺，各地缺水、缺电情况十分严重。

8. 自然灾害频发

尼泊尔易发生泥石流、山体滑坡等自然灾害。2015 年 4 月和 5 月，尼泊尔分别发生 8.1 级和 7.5 级地震，造成重大人员伤亡和经济损失。

(二) 甘肃企业对外清真餐饮投资的特殊政策法律风险

与甘肃企业对外清真餐饮投资的特点相对应，除上述一般风险外，甘肃企业对外清真餐饮投资还会面临一些特殊风险，或者上述一般风险在甘肃企业对外清真餐饮投资过程中表现出一定的特殊性。

1. 市场容量小

清真餐饮受众特定，因而市场容量有限。尼泊尔人口约 2960 万，其中，只有 3.8% 的居民信奉伊斯兰教。[1] 2016/17 财年尼泊尔的 GDP 构成中，酒店和餐饮业的贡献率仅为 1.98%。此外，尼泊尔是联合国确定的 48 个最不发达

---

[1] 尼泊尔 97% 的穆斯林居住在特莱地区。参见马强、莫艳婷："尼泊尔穆斯林的现状与困境"，载《中国穆斯林》2011 年第 4 期。

国家之一，2015/16 财年尼泊尔居民人均支出 70 680 卢比，其中食品支出占 53.8%（约合人民币 2434 元）。[1]受众特定，加之经济发展水平低，导致尼泊尔清真餐饮市场容量不大。

2. 清真食品认证风险

阿联酋 87% 的人口是阿拉伯人。该国对进口的清真食品有着非常严格的规定：必须符合伊斯兰教对屠夫、被宰杀动物、宰杀工具及方法等方面的要求，并获得阿联酋驻出口国使领馆或其授权机构、阿联酋有关机关认可的伊斯兰组织颁发的认证。[2]

3. 清真餐饮常用原材料进出口禁止或限制

尼泊尔政府 1992 制定了禁止进出口和限量出口商品目录。清真餐饮常用的牛肉及其制品等属于禁止进口的商品，而对于限量出口的商品目录，由政府根据具体市场的供需情况，不定期地在"政府公报"上公布。

此外，尼泊尔进口关税税率比较高，清真餐饮相关食品的税率在 10% ~ 25%。比如，羊肉的进口关税税率为 10%，加工过的各类食品进口关税税率高达 25%。

4. 食品卫生安全风险

尼泊尔卫生环境较差，不但缺水，而且水质不佳，水里多种有害物质大量超标，由此容易引发食品卫生安全风险。

五、甘肃企业对外清真餐饮投资的政策法律风险防范

结合甘肃企业对外清真餐饮投资的特点和政策法律风险的类型，可以从政府和企业两个层面采取相应的风险防范策略和措施。

（一）政府层面

1. 开展对外投资风险防范辅导与培训

考虑到甘肃省从事对外清真餐饮投资的企业多为风险防范意识、能力和

---

〔1〕 这里及以下未注明出处的尼泊尔相关数据、资料均参见《对外投资合作国别（地区）指南 尼泊尔（2018 年版）》，载"走出去"公共服务平台，http://fec. mofcom. gov. cn/article/gbdqzn/#。
〔2〕 这里及以下未注明出处的阿联酋相关数据、资料均参见《对外投资合作国别（地区）指南 阿联酋（2018 年版）》，载"走出去"公共服务平台，http://fec. mofcom. gov. cn/article/gbdqzn/#。

水平都不太强的中小型民营企业，可加大对中小型民营企业对外投资扶持力度，通过政府购买服务形式，面向拟"走出去"的中小型民营企业开展"走出去"政策法律、跨国经营、对外直接投资风险防范等辅导和培训，指引企业采取各种措施防范各种外源性和内源性风险。比如，指引企业合法经营，尊重当地风俗习惯、文化传统和宗教信仰，实施本地化经营策略，购买政策性和商业性保险，履行社会责任，通过新兴战略联盟形式"走出去"，防范各种外源性风险；指引企业明晰产权，完善治理结构，培养对外投资风险管理人才，建立事前、事中和事后风险防范机制，提高对外投资风险管控意识、能力和水平，防范各种内源性风险。

2. 推行强制性事前尽职调查与中介组织及其从业人员黑名单制度

尽职调查的理念是把专业的事交给专业的人去做。鉴于甘肃省从事对外清真餐饮业投资的企业主要是对外投资风险抵抗或管控能力弱的中小型民营企业，可推行强制性的事前尽职调查制度，防范对外直接投资风险。具体做法是，采取政府购买服务形式，通过律师、会计师和税务师事务所等中介组织事前调查与对外投资风险防范相关的所有事项，企业对外投资成功并取得利润后，全部或者部分返还政府购买服务支出的费用。

为逐步提高政府购买服务的质量，对于在尽职调查过程中存在故意或重大过失行为的中介组织及其从业人员，可将其列入"政府采购黑名单"。

3. 加大对对外清真餐饮投资的审查力度

近年来，暴力恐怖势力、民族分裂势力和宗教极端势力在全球活动猖獗，清真餐饮行业从业人员容易被这三股势力利用，也容易成为受害者。因此，对于甘肃省企业对外清真餐饮投资应加大真实性、合理性和合规性审查力度，平衡好便利化与防风险的关系。

4. 实施甘肃特色餐饮品牌化战略，防范知识产权侵权风险

品牌化战略有利于对外投资企业产品推广、提升产品附加值和防止仿冒等知识产权侵权行为。品牌除了商标、商号、产地标记和原产地名称之外，还包括世界非物质文化遗产名录。法国和土耳其美食分别于 2010 年和 2011 年被列入世界非物质文化遗产名录，就连以中餐文化为根基而衍生出的韩国泡菜和日本和食也已于 2013 年被列入世界非物质文化遗产名录。甘肃省可从政府层面推动"兰州拉面"等甘肃特色美食申请世界非物质文化遗产，防范

甘肃省对外清真餐饮投资企业及产品在境外被仿冒等知识产权侵权风险。

（二）企业层面

内源性风险和外源性风险的关系好比内因和外因的关系。事物的发展是内因和外因共同作用的结果，内因是事物发展的根据，外因是事物发展的条件，外因通过内因起作用。可见，如果企业内源性风险管控得好，可以减少或者减轻外源性风险的发生或者造成的损失。

甘肃省从事对外清真餐饮投资的企业多为中小型民营企业，针对这一特点，首先应从完善企业治理结构、建立和完善对外投资风险防控体系、培养对外投资风险管理人才、增强社会责任意识和提高涉外争端解决意识和能力等方面着力防范中小型民营企业"走出去"更容易面临的各种内源性风险。

其次，善用国际投资咨询和服务中介组织。中小企业出于成本考虑、管理理念等各方面因素，不善于使用中介组织。事实上，律师、会计师和税务师事务所等国际投资咨询、服务中介机构是营利性专业组织，海外投资风险的防控经验更多，水平更高，专业的事交给专业人士去做，以更好地防范因东道国的公司法、竞争法、劳工法、环境法以及食品安全和卫生法等引发的各种政策法律风险。

再次，企业应提高品牌意识，加强品牌保护，发挥品牌优势。品牌可区分同业竞争者，品牌优势即品牌知晓度与美誉度。[1]"兰州拉面"等甘肃清真餐饮具有较强的地方特色，可通过商号、商标、产地标记和原产地名称等知识产权形式形成品牌集群，防范仿冒等知识产权侵权风险。

复次，通过第三方市场合作和三方合资企业/联合体等新兴战略联盟形式"走出去"，提升甘肃省中小型企业对外清真餐饮投资的风险防范能力。三方市场合作是指我国企业与相关发达国家企业联合开发作为第三方的发展中国家市场。三方合资企业/联合体是指我国企业与相关发达国家企业和作为发展中国家的投资东道国企业三方建立合资企业或联合体。第三方市场合作和三方合资企业/联合体不仅是战略联盟的创新方式，而且是"一带一路"建设中最合适的国际合作方式。另外，选择与东道国关系友好的第三方国家企业合作，也是"国际化"策略的一种，可以极大地降低对外直接投资风险。当然，

---

〔1〕 邝红艳："品牌竞争力影响因素分析"，载《中国工程科学》2002 年第 5 期。

这些国际合作方式对经营管理理念、策略和方法要求都比较高，在实践中实施的难度也比较大。

又次，实施本地化经营策略。对外投资有独资、合资、合作等形式，不能认为股权比例越高越好，特别是对于政治动荡，民族、宗教矛盾尖锐的国家。实践证明"本土化"策略是防范对外投资风险的有效措施。本土化经营策略即"市场本地化、用人本地化、企业文化本地化"，此外，还可扩大从东道国、当地银行、消费者方面的融资力度，除了分散筹资风险外，还将对东道国政府采取的任何干预行为产生制约作用。

最后，遵守东道国与清真餐饮投资相关的法律法规，合法合规经营是任何东道国对外国投资的最基本的要求。同时，还应尊重当地风俗习惯、文化传统和宗教信仰，防范文化和宗教风险。

参考文献

[1] 柯银斌："战略联盟：中国企业共建'一带一路'的主导方式"，载《中国对外投资发展报告 2018》。

后　记

时光如白驹过隙，《西北法律文化资源》第三辑的编纂出版工作在西北师范大学法学院领导和学界同仁的大力支持下已经圆满完成。

本次编辑主要结合集刊的主旨和定位，以原创、实证与跨学科研究为标准，确定了二十余条篇论文作为第三辑的内容。这些学术论文的作者既有校内外成名学者，也有不同学校的硕博研究生。本期内容主要分为"学术前沿""西北农牧民政治文化""档案方志与西北法律文化资源""法史镜鉴""现代法律文化"五大栏目。

"学术前沿"收录三篇文章，即张晋伟等《古今之间：中国古代法律形式与法律体系的重新讨论——"重新认识中国古代法律形式和法律体系"学术研讨会会议综述》、赵力苇等《上下求索：中国法律史学七十年艰苦发展历程——"回顾与前瞻：中国法律史学研究七十年"学术研讨会综述》、韩青等《中国法律史中的西部经验——第二届"中国法律史上的判例与法理"学术研讨会会议论文综述》。该专题的论文对学术界有关中国古代法律形式与法律体系、地方立法等问题的研究和会议论文进行了系统的阐述和展望。

"西北农牧民政治文化"专题共收录论文十一篇，即王勇《"广袤而狭小的生存空间"——〈中国西北农牧民政治行为研究〉中的西北人文地理学观点及其启示》和《文化，抑或是国家？——〈中国西北农牧民政治行为研究〉中的问题意识及其再发现》、郭忠宁《中国现代化进程中研究农民问题的独特视角、理论和时代价值——读〈中国西北农牧民政治行为研究〉的宏观感受》、张番红《政治参与意识是新时代西北农牧民现代化的重要体现——拜读〈中国西北农牧民政治行为研究〉体会》、侯万锋《再论〈中国西北农牧民政治行为研究〉的独创性》、张文静《论现代化进程中中国公民意识的培育——读〈中国西北农牧民政治行为研究〉》、韩世强《现代国家·西北乡土·民主社会——读〈中国西北农牧民政治行为研究〉的思考》、王瑞萍《身份认同是新时代中华民族国家意识构建的第一哲学》、蔡小红《以民谚为视角看西北文化——〈中国西北农牧民政治行为研究〉述评》、邵吉梅《"官前马后少绕达"——〈中国西北农牧民政治行为研究〉中的"大白话"述评》、王寿琮

《儒源脉动与家国认同——〈中国西北农牧民政治行为研究〉的中华用典及意涵阐发》。该专题主要围绕西北农牧民政治学的奠基著作《中国西北农牧民政治行为研究》展开讨论，对其主要观点的提炼、研究方法的运用、文献资料的收集和分析等问题进行了系统探讨，阐述了该著作在西北农牧民政治行为学、西北农牧民政治心理学、西北农牧民政治文化学等方面的开创价值。该著作为西北法律文化资源的整理与应用研究开拓了新的研究领域。

"档案方志与西北法律文化资源"专题共收录学术论文三篇，即靳鹏《晚清循化厅藏区夕厂与木红部落草山纠纷案论析》，田庆锋、田嘉惠《清代〈西和县志〉中的法律资源论析》，田庆锋、刘晨《〈西宁府新志〉中的法律资源述论》。靳鹏的论文使用青海省档案馆所收藏的清代循化厅档案对循化厅藏区夕厂与木红草山纠纷案进行了系统的分析。后两篇论文主要以清代《西和县志》和《西宁府新志》为中心，对两志所包含的相关法律史料进行了初步分类整理和意义探讨。

"法史镜鉴"专题收录学术论文四篇。其中，吕虹《从"仵作"到"法医"》通过对清末以来仵作发展为法医的历史考察，指出中国法治改革必定是缓慢而渐进的，进而试图从中国司法检验职业的发展演变这个微观角度来观察理解中国司法变革的艰辛历程。金怡《清审转制度的情与法的考量》通过对清代逐级复审制度的考证分析，认为在严格主义的要求下，清代司法官仍然非常尊重《大清律例》，概括性禁律、比附等司法手段都是围绕《大清律例》展开，而非任意无边界的自由裁量，具有鲜明的现实主义精神和合理性。张晋伟等《金代法律人才的选拔和任用制度刍议》通过对金国法律人才的选拔和任用制度的实践，指出法律人才的选拔是法律制度建设的重要组织基础，是其建设的源泉和保障并进而探讨了金朝法律制度"华夏化"的进程。常少华《秦到农时：抈搎秦国"农"策法律问题》通过对秦国"农"策的分析，用法学视角去探讨秦国统一中国的某些必然性原因。

"现代法律文化"专题共收录五篇论文。其中，时溪蔓《未成年人人格权法律保护探究》从生命权、身体权、姓名权、隐私权与性权利等角度，探讨了未成年人人格权保护路径和程序问题。田庆锋等《法律检索课教学内容和教学模式研究》在学术界相关研究的基础上，对法律检索课的学科属性、价值、课程内容和教学模式等问题进行了系统的探讨。张国文《论司法过程视阈下的法官裁判良知》、叶建平《缓刑与特赦：同案不同判困局的反思与突围——

以 2015 年特赦为考察对象》、王兰等《甘肃企业对外清真餐饮投资政策法律风险识别与防范——以对尼泊尔和阿联酋投资为例》分别对法官自由裁量权的行使和缓刑与特赦关系、对外清真餐饮投资政策法律风险识别与防范等问题进行了系统的分析。

　　西北辽远，诸事不易，感谢中国政法大学出版社领导、张琮军博士和牛洁颖老师的大力支持，此集刊才得以顺利出版至今。是为记！

《西北法律文化资源》（第四辑）稿约

　　西北地区是中国一体多元法律文化历史传统及其活化资源分布和积淀的富矿区。《西北法律文化资源》集刊便是依托于甘肃省人文社会科学重点研究基地"西北法律文化资源整理与应用研究中心"，由西北师范大学法学院主办的一份综合性、跨学科的法律学术刊物和公共研究平台。本刊将致力于全面系统地发掘、整理、保护和研究西北法律文化资源，并创造性地对其加以传承和应用；回应"一带一路"国家战略的时代命题，以期为西北边疆治理乃至法治中国的建构提供更为坚实的本土资源和智力支持。

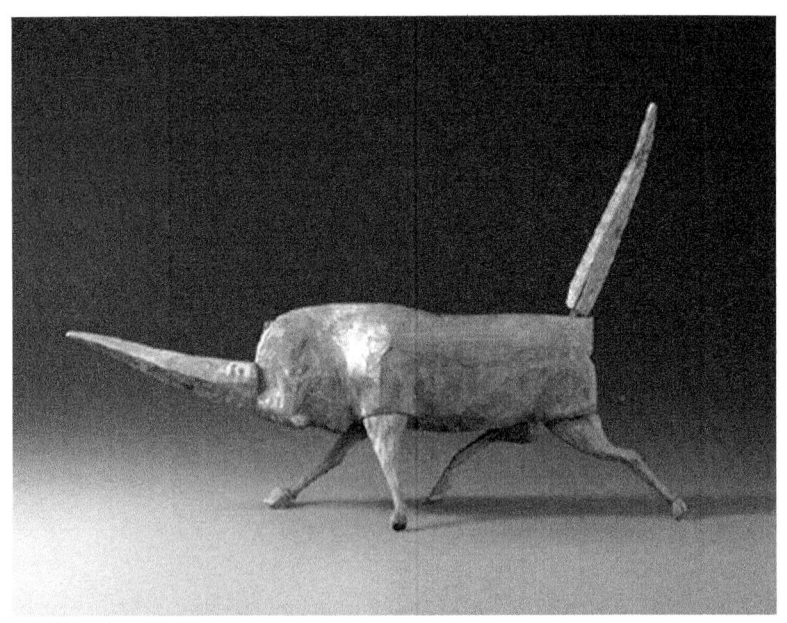

　　立足西北、锚定长城、面向中亚、国际视野，是本刊的目标愿景；探索西北游牧文化与中原农耕文化互动契合的历史经验和制度成就，是本刊的理论追求。因此，本刊将本着学术独立和学术自由的精神，期望不同观点、材料和研究能在这里交汇、展现和争鸣。来稿不拘形式、举凡学术论文、拓片

整理、图像解读、学术随笔、翻译稿件、评论文字、调研报告等，只要与西北法律文化资源整理、应用和研究相关联的稿件都在欢迎之列，尤其欢迎运用跨学科和实证研究方法的文章。稿件采纳后，本刊将酌情支付稿酬，并赠送两本样刊。

岩画中隐含着丰富的游牧法律文化因素

《西北法律文化资源》集刊由西北师范大学法学院杜睿哲教授担任主编，王勇教授（2016 年）和田庆锋副教授（2018 年）担任执行主编。本刊实行执行主编轮流担任制度，将逐渐实施专题集结方式，集中深入探讨某一方面的问题。本刊采用"随到随审"制度，随时接受来稿。具体审稿程序是，先由初审编辑形式审查，初审周期为 4 周。如通过初审，实行双向匿名评审制，由专家提出修改意见或倾向性用稿意见，编辑部综合考量决定用稿与否。《西北法律文化资源》编辑部保留对稿件必要的修改权。目前只接受电子版来稿，请将文章寄至：lcrinwc@163.com。文章体例及注释规范请参见《中国社会科学》（月刊）。

第四辑（2020 年）的截稿时间是：2020 年 10 月 30 日。

《西北法律文化资源》编辑部

2020 年 3 月 28 日